ALTE ABENTEUERLICHE REISEBERICHTE

Adam Olearius

Moskowitische und Persische Reise

Die Holsteinische Gesandtschaft beim Schah
1633–1639

*Herausgegeben
von
Detlef Haberland*

Mit 50 Illustrationen und 6 Karten

Thienemann
Edition Erdmann

Herausgeber und Verlag danken der Württembergischen Landesbibliothek, Stuttgart, für die freundliche Bereitstellung der Bildvorlagen. Die Abbildungen sind – mit Ausnahme der Karte Sigismund von Herbersteins (Seite 28/29) und der von Battista Agnese (Seite 30/32) – Wiedergaben der Originalillustrationen aus »Vermehrte Moskowitische und Persianische Reisebeschreibung« des Adam Olearius. Ferner danken wir Herrn Manfred Haberland, der die Karten mit den Reiserouten Olearius' (Seite 390/91 und 392) zeichnete.

CIP-Kurztitelaufnahme der Deutschen Bibliothek

Olearius, Adam
Moskowitische und Persische Reise: die holsteinische Gesandtschaft beim Schah; 1633–1639/Adam Olearius.
Hrsg. von Detlef Haberland. –
Stuttgart, Wien: Thienemann, Edition Erdmann, 1986.
(Alte abenteuerliche Reiseberichte)
ISBN 3-522-60650-7

Alle Rechte vorbehalten
© 1986 Edition Erdmann in K. Thienemanns Verlag,
Stuttgart-Wien
Umschlag- und Einbandgestaltung besorgten Hilda und
Manfred Salemke in Karlsruhe
Gesetzt aus der Garamond, zehn Punkt, von
Satztechnik Utesch in Hamburg
Gedruckt auf holzfreiem Werkdruckpapier
und gebunden in Irisleinen von
Clausen und Bosse in Leck

INHALT

Einführung des Herausgebers
Seite 13

Widmung an Adolf Kielmann
Seite 51

Kaiserliches Privileg
Seite 57

Vorrede an den geneigten Leser
Seite 59

VON DER REISE NACH MUSCOW UND WAS SICH AUF IHR ZUGETRAGEN HAT

Vom Nutzen der Reise in fremde Länder
Seite 67

Wie wir vor der Stadt Muscow empfangen und hineingeleitet wurden
Seite 73

Audienzen beim Zaren
Seite 78

VON DER ZWEITEN REISE NACH MUSCOW

Die Namen der Teilnehmer an der Gesandtschaft
Seite 83

Das Carmen vom Schiffbruch
Seite 88

Von der Fürstlichen und der Gesandten Hofordnung, die
wir in der Gesandtschaft einhielten
Seite 94

Wie wir uns zur Reise nach Persien anschickten und wieviele
Personen wir in Muscow angeworben haben
Seite 102

Der russische Pass
Seite 103

UNSERE REISE VON MUSCOW NACH PERSIEN

Vom Aufbruch aus Muscow. Reise bis Nisen Naugardt: Wie
wir auf der Moskwa und Oka fuhren; welche Städte, Dörfer, Klöster und Häuser wir unterwegs angetroffen
Seite 109

Von der Stadt Nisen und der Wolga
Seite 116

Von Nisen bis Wasiligorod
Seite 116

An den Städten Kusmademianski, Sabaksar, Kokschage und
Swiatzki vorbeigefahren
Seite 120

Von der Stadt Casan
Seite 122

Die Reise bis zur Stadt Samara
Seite 124

Reise von Samara nach Soratoff
Seite 131

Von Zariza bis Astrachan
Seite 139

Was sich weiter mit uns in Astrachan begeben, wie wir von dem einen und anderen besucht und mit Gastmählern bewirtet worden sind
Seite 144

Die Reise von Astrachan bis Terki
Seite 147

Von der Stadt Terki und was wir dort erlebten
Seite 154

Die weitere Schiffahrt bis zum Schiffbruch
Seite 157

Von unserem zweiten Schiffbruch
Seite 160

Von der Landschaft, vor der wir strandeten, und was wir dort erlebten
Seite 166

Wie wir vor Schamachie empfangen und in die Stadt geleitet worden sind
Seite 175

Im Jahre des Herrn 1637
Wie wir in Schamachie lebten, was wir dort gesehen und an Festen erlebt haben
Seite 180

Die Reise von Schamachie bis Ardebil
Seite 195

Wie wir vor Ardebil empfangen, in die Stadt begleitet und bewirtet wurden
Seite 201

Was sich sonst während unseres Aufenthaltes in Ardebil zugetragen hat und was wir dort sahen
Seite 207

Vom ardebilischen Lust-Feuerwerk
Seite 211

Von der Stadt Ardebil und ihrer Beschaffenheit
Seite 214

Die Reise von Ardebil bis Sultanie
Seite 217

Von der Stadt Sultanie
Seite 224

In Caswin angekommen. Die Beschreibung der Stadt und was in ihr Denkwürdiges zu sehen ist
Seite 227

Von einer Reihe von Schauspielen in Caswin
Seite 230

Reise von Caswin über Saba nach Kohm
Seite 231

Einzug in Kohm. Von dieser Stadt. Reise bis Kaschan
Seite 233

Einzug in Kaschan. Von der Beschaffenheit dieser Stadt und was sich Denkwürdiges in ihr befand. Desgleichen von der Weiterreise bis zur Residenzstadt Ispahan
Seite 236

Einzug in die königliche Residenzstadt Ispahan. Von dem blutigen Scharmützel, das wir mit den Indern hatten, sowie von dem indischen Gesandten
Seite 242

Wie wir in die Stadt Ispahan verlegt und bewirtet wurden
Seite 248

Von unserer öffentlichen Audienz und den überreichten Präsenten
Seite 250

Was nach der ersten öffentlichen Audienz in Ispahan geschah; besonders von der ersten und zweiten geheimen Audienz. Desgleichen, wie wir besucht und wieder eingeladen wurden
Seite 260

Wie der persische König den Uhrmacher Rudolf Stadler
niedersäbeln liess
Seite 262

Von den zwei Gastmählern des Reichskanzlers und was dabei
zu sehen war. Vom Reichskanzler selbst
Seite 267

Von den Geschenken des Königs und denen anderer Herren
an die Gesandten und an einige der Unsrigen. Desgleichen
von der letzten öffentlichen Audienz und dem Abschied
Seite 268

VON DER RÜCKREISE AUS PERSIEN NACH HOLSTEIN

Wie wir von der königlichen Residenz Ispahan nach Kaschan
zogen
Seite 275

Im Jahre Christi 1638
Reise von Kaschan bis Caswin
Seite 278

Von Caswin nach Kilan
Seite 282

Beschreibung der Gegend um Rubar und Reise bis Rescht
Seite 285

Von Rescht bis Kisilagatsch und zum Ende von Kilan
Seite 290

Die Reise bis zum Araxin. Desgleichen, wie Brüggemann
einen Perser totprügeln liess. Und von der Steppe Mokan
Seite 294

Reise bis Schamachie
Seite 298

Was sich während unseres Aufenthaltes in Schamachie
zutrug
Seite 300

Reise von Schamachie bis Derbend, also bis zum Ende des persischen Königreiches
Seite 303

Von der Stadt Derbend und was Denkwürdiges in ihr zu sehen war
Seite 305

Von Derbend bis zu den tagesthanischen Tataren
Seite 309

Reise durch Tagesthan
Seite 311

Von der Stadt Tarku und der Gegend. Desgleichen, wie die tatarischen Fürsten uns und wir sie besuchten. Und was sich sonst dort zutrug
Seite 314

Aufbruch von Tarku, Reise durch Schemchals Gebiet bis zum Ende Tagesthans nach Cyrcassien
Seite 321

Reise nach Terki und Beschreibung der Cyrcassen
Seite 326

Reise von Terki durch die grosse Steppe nach Astrachan
Seite 332

Was sich während unseres Aufenthaltes in Astrachan zutrug
Seite 334

Reise von Astrachan nach Muscow
Seite 337

Im Jahre 1639
Wie wir wieder in Muscow empfangen wurden, Audienz bekamen und was weiter geschah
Seite 340

Aufbruch von Muscow und Reise durch Liffland nach Holstein zur Residenz Ihrer Fürstlichen Durchlaucht unseres gnädigsten Herrn
Seite 344

Was sich nach beendigter Legation am holsteinischen Hofe zugetragen hat und insbesondere, wie der Persische und der Muscowiter Gesandte angekommen und wieder abgezogen sind
Seite 346

Bericht, wie es schliesslich mit Otto Brüggemann weiterging
Seite 349

Erläuterungen
Seite 353

Verzeichnis der im Text und in den Karten vorkommenden geographischen Bezeichnungen
Seite 385

Karte: Von Holstein bis Muscow
Seite 390

Karte: Von Muscow bis Ispahan
Seite 392

EINFÜHRUNG DES HERAUSGEBERS

> Kein Anzeichen menschlichen Lebens unter mir, nur enge Täler, tiefe Schluchten, auf einigen Gipfeln liegt Schnee. Solange es nur dämmert, ist die eine Seite der Berge hell, die andere schwarz, und als dann die Sonne plötzlich aus dem Osten hervorbricht, kann ich diese gigantische Bergwelt unter mir überblicken, die unendlich zu sein scheint. [...] Später erfahre ich, daß in den Tälern Leben ist, in den Schluchten Dörfer sind, Nomaden mit ihren Herden herumziehen. Ihre Lehmhütten sind von derselben Farbe wie die Gebirge und deshalb aus so großer Höhe nicht auszumachen.
>
> (Beschreibung eines Fluges über Zentralpersien von Max von der Grün in seinem Buch *Wenn der tote Rabe vom Baum fällt*. München, Gütersloh, Wien 1975; S. 46 f.)

Die Reisebeschreibung des Olearius – ein Werk des Barock

Der heutige Leser, der Entfernungen zumeist nurmehr in den Stunden zu messen pflegt, die der Jet, die Eisenbahn oder das Auto für die jeweilige Strecke benötigen, nimmt während der Lektüre des Buches von Adam Olearius an einem Reiseabenteuer teil, das in unserer Zeit in dieser Form weder möglich noch notwendig ist. Reisen bedeutet nicht mehr einen gefahrvollen Aufbruch in eine unbekannte und phantastische neue Welt. Reisen heißt heute: der problemlose Transfer in eine durch die Medien bereits vermittelte Kultur.

Die Gesandtschaft hingegen, der Olearius angehörte, mußte lebensgefährliche Schiffahrten überstehen und sich zu Pferd, auf Kamelen oder zu Fuß durch Steppen und Gebirge mühen. Nicht nur einmal waren wochenlange Wartezeiten in

Kauf zu nehmen, wenn keine Reit- oder Lasttiere besorgt werden konnten oder die Erlaubnis zur Weiterreise nicht erteilt wurde. Und keineswegs war sicher – obwohl man doch den vom Zaren ausgestellten Paß vorweisen konnte –, daß kleine »tatarische« Stammesfürsten die Reisegesellschaft auch unbehelligt passieren ließen. Eigene diplomatische Ungeschicklichkeit, besonders die des Gesandten Otto Brüggemann, trug nicht gerade zur Erleichterung der Mission bei. Ausdrücklich aber ist diese Reise als eine Unternehmung hervorzuheben, die im Zeitalter des Barock stattfand und nicht mit den Maßstäben unserer Zeit gemessen werden darf. Sie ist in den Rahmen ihrer geistes- und reisegeschichtlichen Bedingungen einzufügen und kann erst dann in ihrer unverwechselbaren Ausprägung erkannt werden. Auch dürfen die Persönlichkeit des Verfassers der *Muscowitischen und Persischen Reyse*, Adam Olearius, und seine Leistungen als Wissenschaftler und Schriftsteller nicht unerwähnt bleiben. Auf die literarische Form des Werkes soll, da sie nichts weniger als ein zufälliges Kuriosum ist, ebenfalls eingegangen werden. Einige erklärende Worte zu dieser Edition endlich mögen dem Leser zeigen, in welcher Gestalt ihm das Opus magnum des Olearius vorliegt und welche Kriterien für die Bearbeitung maßgebend waren.

Mit dem Namen des Barock sind ganz bestimmte Vorstellungen der allgemeinen politischen Geschichte, aber auch solche der kulturellen Entwicklung verbunden. So hat man die Schrecken des Dreißigjährigen Krieges und den Friedensschluß von Münster vor Augen, die Türkengefahr und den blutigen Kampf der Niederlande um ihre Unabhängigkeit von Spanien; zudem rücken große Persönlichkeiten und ihre Leistungen in unser Blickfeld: Mit dem Großen Kurfürsten Friedrich Wilhelm tritt Brandenburg erstmals aktiv in die europäische Politik ein, mit Ludwig XIV. ist der französische Absolutismus auf den Gipfel, aber auch auf den Wendepunkt seiner Macht gelangt, und unter den Zaren des Hauses Romanow beginnt Rußland seinen Aufstieg. Aber auch die wirtschaftspolitisch bedeutsamen Vorstöße Colberts und die Erfolge der niederländischen Ostindischen Kompanie prägen die Epoche. Das Barock erschöpft sich jedoch nicht in politischem Machtkampf und glanzvoller Entfaltung herrscherlicher Pracht. Die Kunst dieses Zeitalters – ihr Bogen spannt sich etwa von Rubens zu den Brüdern Asam, von Monteverdi zu Bach, von Góngora und Shakespeare bis hin zu Johann Christian Günther – zeigt, was sich hinter der glanzvollen Schauseite verbirgt: Der heroischen Pose – oft in antiker Verkleidung –, dem Äußeren und dem schönen Schein zugetan, weiß sich der Mensch des Barock dennoch der göttlichen Macht unterworfen. Sein ungestümer Erhöhungsdrang und die Freude an der Selbstdarstellung werden immer wieder jäh durch den Tod unterbrochen, der auf die Bühne des gesellschaftlichen Lebens tritt. Das unmittelbare Nebeneinander von Leben und Tod, von Irdischem und Göttlichem ist überall zu spüren. – »Was ist die Welt und ihre gantze Pracht?« fragt Christian Hofmann von Hofmannswaldau und gibt zur Antwort: »Ein faules Grab/so Alabaster deckt.«

Welt- und Seinserfahrung im 17. Jahrhundert aber sind nicht ausschließlich von diesen Komponenten bestimmt. Nach der Überwindung des mittelalterlichen Denkens ist nunmehr der Weg frei, um die Schöpfung Gottes auf allen Gebieten zu erforschen. Als einprägsames Sinnbild für den Wissensdrang des Barockmenschen erscheint das Frontispiz der *Instauratio Magna*, der »Großen Erneuerung der Wissenschaften« (1620) von Francis Bacon (1561–1626): Mit vollen Segeln fährt ein Schiff zwischen den »Säulen des Herkules«, wie die Meerenge von Gibraltar seit der Antike hieß, hindurch und in die Weite des Atlantik hinaus. Die »Säulen des Herkules« bedeuteten seit jeher die sichere Begrenzung der zivilisierten Welt, der »Oikumene«; sie waren eine Grenze, die dem Menschen zu überschreiten verboten war. Im 17. Jahrhundert ist jedoch der geistige Aufbruch zu neuen, unbekannten Zonen, für den die Entdeckung der Neuen Welt erst einen Anfang markierte, allgemein. Kein Bereich des Wissens ist mehr ausgenommen, in allen ist ein Vordringen in Gebiete jenseits der dem Menschen gesteckten Grenzen zu beobachten. Johannes Kepler (1571–1630) und Galileo Galilei (1564–1642) stoßen in der Nachfolge von Kopernikus und Tycho Brahe nun endgültig die Tür zum Verständnis des Weltraumes, der »Himmelsmechanik« auf, während Antony van Leeuwenhoek (1632–1723) die Welt der unsichtbaren Lebewesen mit seinem Mikroskop erschließt. Im grundstürzenden Bruch mit der aristotelischen Naturwissenschaft wird das substantielle Denken, das nach dem Wesen der Dinge fragt, durch das funktionelle ersetzt, welches ihr Verhalten in gegenseitiger Abhängigkeit feststellt. Diese Entwicklung kommt mit Isaac Newton (1643–1727) zu einem abschließenden Höhepunkt.

Die Welt wird als ein Räderwerk verstanden, in dem alle Teile – wie bei einer Uhr – harmonisch ineinandergreifen; Gott hat das Wunderwerk der Natur in Gang gesetzt und die Bahnen festgelegt, in denen sie läuft. In diesem Gedanken findet die Freude an mechanischen Spielen aller Art ihren letzten Grund. Zwar steht nunmehr außer Zweifel, daß alles Sein bestimmten Naturgesetzen gehorcht; dennoch wird die Natur nicht utilitaristisch als Ausbeutungsobjekt gesehen. Vielmehr sieht der Mensch in ihrem »Spiegel« Gott. Sie ist eine Abbildung, eine »Figur seiner Weisheit«, wie Jakob Böhme sagt. Damit ist das Analogiehafte und Metaphorische im Denken jenes Jahrhunderts angedeutet, das nicht nur in Theologie und Metaphysik, sondern auch in allen Künsten hervortritt: Die göttliche Grundordnung der Welt erscheint als in jedem Lebensbereich vorhanden und kann in klar zugeordneten Symbolen und Emblemen erkannt werden.

Zugleich wird die Welt selbst Gegenstand intensiver Erforschung. Die barocke Lust am Sammeln kurioser Dinge und die Freude an der Systematisierung tragen entscheidend dazu bei, auch das Entlegenste in »Kunst- und Wunderkammern«, wie die Kuriositätenkabinetts dieser Zeit heißen, sowie in dickleibigen Folianten aufzuhäufen. So bleibt trotz der Knebelung durch den Dreißigjährigen Krieg und der mit ihm auferlegten Beschränkungen das Interesse an exotischen Ländern und Völkern bestehen (vor allem an orientalischen, etwas geringer tritt Lateinamerika in das europäische Bewußtsein) und steigert sich sogar. Die fünfzehn Auflagen (die erste 1689, die letzte 1764) des voluminösen Staatsromans *Die asiatische Banise* des Heinrich Anshelm von Zigler und Kliphausen (1663–1697) zeugen, um nur ein Beispiel zu nennen, von dem nachhaltigen Erfolg, den diese Art der Behandlung solcher Themen beim zeitgenössischen Publikum hatte. Die inzwischen hochentwickelte Technik des Buchdrucks trägt das Ihrige dazu bei, dem Leser und Betrachter ein üppiges Bild der Welt zu vermitteln.

Namen wie Ortelius, Mercator, Hondius oder Blaeu stehen für die großartigen Druckerzeugnisse, durch die es das 17. Jahrhundert verdient, ein »Jahrhundert der Atlanten« (Bagrow) genannt zu werden. Eines der hervorragendsten Werke ist der *Atlas Maior* des Holländers Joan Blaeu (1596–1673), der elf Bände in Großfolio mit 568 Karten umfaßt und das teuerste gedruckte Werk der zweiten Hälfte des 17. Jahrhunderts darstellt. Anders als in unserer Zeit ist der Atlas ein Mittel, sich die Schöpfung Gottes zu vergegenwärtigen und sie in ihrer Vielfalt und allen ihren Wundern zu studieren. Daher ist ihm stets eine Weltkarte vorangestellt, die – angereichert durch symbolische und allegorische Darstellungen – dem Betrachter erlaubt, die ganze Welt gewissermaßen mit einem Blick zu umfassen, ehe man von Karte zu Karte die einzelnen Gebiete »entdeckt«. Wenn auch das Geistliche noch unausgesprochen hinter der Erkenntnis steht, so hat sich doch die Wissenschaft und insbesondere die Geographie aus ihrer ehemaligen Bindung an die Theologie schon weitgehend befreit. Unbestreitbar gebührt dem Lüneburger Bernhard Varenius (1622–1650) das Verdienst, mit seiner *Geographia generalis* (1650) die erste wissenschaftliche Geographie erarbeitet zu haben; noch Newton gab sie erneut als wichtiges Grundlagenwerk heraus.

Olearius – Reisechronist und Repräsentant des holsteinischen Hofes

In diese an Entdeckungen und Erfindungen reiche Zeit wird der Verfasser der persischen Reisebeschreibung, Adam Olearius, im Jahre 1599 hineingeboren. Der begabte Sohn des sächsisch-anhaltischen Schneiders Öhlschläger aus Aschersleben studiert in Leipzig Theologie, interessiert sich aber, angeregt durch einen seiner akademischen Lehrer, auch für die Naturwissenschaften. 1627 erwirbt Olearius – seinen Namen hat er, der Sitte der Zeit entsprechend, latinisiert – die Magisterwürde und muß, da eine Anstellung an der Fakultät fehlschlägt, sein Brot allerdings zunächst als Lehrer verdienen. 1632 wird er dann doch Assessor an der Philosophischen Fakultät der Universität Leipzig. Es ist die Zeit, aus der seine Freundschaft mit dem Dichter und Mediziner Paul Fleming (1609–1640) herrührt. Da Olearius' berufliche Position nicht sonderlich gefestigt ist, bewirbt er sich zu Beginn des Jahres 1633, unterstützt von dem Lizentiaten der Rechte und späteren Gesandten Philipp Crusius (1597–1676), erfolgreich um eine Anstellung am Hofe Herzog Friedrichs III. (1597–1659) von Schleswig-Holstein. Am 12. oder 13. August 1633 verläßt er Leipzig, kurz bevor die Stadt von den kaiserlichen Truppen erobert wird, und schließt sich der herzoglichen Delegation, die nach Moskau reist, als Sekretär an.

Friedrich III. plante, unterstützt von dem Hamburger Kaufmann Otto Brüggemann, den Haushalt des Herzogtums durch seine Einschaltung in den Persienhandel von drückender Verschuldung zu befreien. Denn gerade Persien erschien den Westeuropäern als *der* Umschlagplatz für die Waren des Mittleren und Fernen Osten und von unermeßlichem Reichtum. Den viermal längeren und gefährlichen Weg um das Kap der Guten Hoffnung herum hoffte Brüggemann zu vermeiden, indem die Waren über das Kaspische Meer, die Wolga aufwärts, durch Rußland und über die Ostsee nach Schleswig-Holstein transportiert werden sollten. Friedrichstadt an der Eider war als Stapelplatz für den Handel in Westeuropa ausersehen. Brüggemann erwartete Gewinne, die jene der Ostindischen Kompanie noch übertreffen und das noch zu gründende Handelsunternehmen trotz der hohen schwedischen und russischen Forderungen – Zölle und Stapelgebühren – rentabel machen sollten. Er hatte sich in geheimen Unterhandlungen bereits des russischen Wohlwollens versichert und war mit den Schweden, die ein russisches Privileg für den Persienhandel innehatten, übereingekommen, den Handel gemeinsam zu betreiben. Nunmehr mußten in Moskau Verträge über die Handelsbedingungen geschlossen werden. Dabei wollten die Schweden Holstein zunächst aus dem Geschäft verdrängen, reisten aber vorzeitig ab, als sich die russische Gunst mehr und mehr den Norddeutschen zuneigte. So bekam die Delegation Friedrichs den Zuschlag, nicht zuletzt deswegen, weil er den Russen bei weitem nicht so gefährlich werden konnte wie des Zaren großer Nachbar Schweden. Diese erste Reise der holsteinischen Gesandtschaft dauerte vom 8. November 1633 bis zum 6. August 1635. Die eigentliche Mission nach Persien – zu Verhandlungen mit dem Schah – konnte allerdings erst beginnen, nachdem Zar Michail Fjodorowitsch ein Bekräftigungsschreiben des Herzogs über die abgeschlossenen Verträge in Händen hielt; diese zweite Reise, die wiederum über Moskau führte, begann am 22. Oktober 1635 und endete, nach fast vierjähriger Dauer, am 1. August 1639. Aus dem groß angelegten

Plan ist dennoch nichts geworden, wozu das schroffe Verhalten Brüggemanns in Ispahan beigetragen hat. Zudem war die Gesandtschaft des Schahs, die Herzog Friedrich im Anschluß an die Rückkehr der Holsteiner besuchte, nicht zum Abschluß von Verträgen ermächtigt. So blieb es bei dem Versprechen weiterer wechselseitiger Kontakte – die aber nie zustande kamen. Brüggemann wurde 1640 wegen vielfacher Vergehen, Veruntreuung von Geldern, falscher Rechnungslegung, Überschreitung seiner Kompetenzen und Hintergehung des Gesandten Crusius, hingerichtet. Diese dürren Anklagepunkte lassen aber nur entfernt ahnen, welch schillernde Persönlichkeit die Gesandtschaft führte. Zwar wissen wir nicht viel über Otto Brüggemann (1600–1640), aber doch genug, um uns ein recht genaues Bild von ihm machen zu können. Dabei sind wir auf die zurückhaltenden und auf Objektivität bedachten Äußerungen Olearius' angewiesen. Brüggemann war ohne Zweifel außerordentlich begeisternd und mit beträchtlicher Überzeugungskraft begabt, dabei aber fanatisch und von einer Gemütshaltung, die schlagartig von der tiefsten Unterwürfigkeit in eine barbarische Grausamkeit umschlagen konnte. Immer wieder kommt es im Verlauf der Reise zu den unerquicklichsten Szenen und gravierenden Fehlentscheidungen aufgrund Brüggemanns eigensinniger Haltung. So sind ihm wegen mangelndem Einfühlungsvermögen in die persische Mentalität in den entscheidenden Momenten die größten Fehler unterlaufen. Auch seine raffinierte Wendigkeit und sein Einfallsreichtum konnten es nicht verhindern, daß die Mission zum Mißerfolg und dieser schließlich offenbar wurde. Brüggemann war – viel mehr als der persönlich blassere Crusius – der Motor der Gesandtschaft; er riß seine Untergebenen mit, verstand es aber nicht, das Unternehmen mit kluger, abwägender Diplomatie zum Erfolg zu führen. So ist das Buch des Olearius der einzige Glanzpunkt nach dem jämmerlichen Ende der Reise. Es ist jedoch nicht nur ein Bericht über die Fahrt nach Persien, sondern dient, dem Stilempfinden des Barock gemäß, auch der politischen Selbstdarstellung des holsteinischen Hofes. Das erklärt auch seinen Aufbau und seine Ausstattung, auf die weiter unten noch eingeganen werden soll.

Durch den logbuchartigen Charakter seines Reiseberichtes – denn Olearius schreibt Tag für Tag – wird unser Blick auf die Route selbst gelenkt und läßt uns nach ihrer Bedeutung im historischen Kontext fragen. Die Holsteiner fuhren zunächst aus Gründen der Sicherheit – denn noch war Rußland nicht vollständig in der Gewalt des Zaren Michail Fjodorowitsch – und der Schnelligkeit nicht über Land, sondern von Moskau aus die Moskwa, Oka und Wolga hinunter zum Kaspischen Meer. Durch ihren Schiffbruch bedingt (siehe Routenkarte), betraten sie den persischen Boden im Südwesten des Binnenmeeres. Ihr Weg aus dem Grenzland um Niasabath über Schamachie und Ardebil war daher keine der üblichen Routen, auf denen Reisende bislang ins Land gekommen waren; die Gesandtschaft Kaiser Rudolfs II. (1600) segelte zwar auch über das Kaspische Meer, ging jedoch in Lenkoran an Land und von dort aus nach »Caswin«. Ab Senkan aber betrat unsere Reisegesellschaft einen Weg, der vor ihr schon von Marco Polo (1272), dem Franziskaner Odorich von Pordenone (etwa 1318) und dem spanischen Gesandten Ruy Gonzalez de Clavijo (1403/5) benutzt worden war und der auch später noch von Engelbert Kaempfer (1683–85) und Carsten Niebuhr (1765) beschritten werden sollte. Diese Route führte, von Tabris kommend, über Sultanie, Caswin, Saba, Kohm, Kaschan und Ispahan nach Schiras und weiter nach Bandar Abbas am Golf von Hormuz. Das Ziel der holsteinischen Mission verbot es von vornherein, größere Abweichungen von der Route vorzunehmen, und so liegt ihr Wert denn auch nicht in der Entdeckung unbekannter Landstriche oder neuer Durchquerungsmöglichkeiten; es sollte späteren Forschern vorbehalten bleiben, umfassend auch das Innere der persischen Wüsten und der Hochebenen zu erkunden.

Aber dennoch haben die Mitglieder der Gesandtschaft bei der Bewältigung der riesigen Entfernungen Großartiges geleistet.

Olearius hat, als er 1639 nach Gottorf zurückgekehrt war, das feste Angebot, in russische Dienste zu treten. Er sieht jedoch davon ab, da er vermutet, daß man ihn eher um seiner guten Landeskenntnisse willen festzuhalten trachtet und seine Stellung am Zarenhofe daher nicht sehr vorteilhaft wäre. Sein Studienfreund Adolf Kielmann (1612–1676), Hofrat in Friedrichs Diensten, setzt sich mit Erfolg dafür ein, daß Olearius einen Posten am Hofe des Herzogs erhält: Friedrich löst den mit dem Zaren bereits geschlossenen Vertrag und ernennt Olearius noch im selben Jahr zu seinem Hofmathematiker.

Nun beginnt für ihn eine Zeit fruchtbaren Wirkens. Zunächst leitet er die Ausgabe der *Deutschen Gedichte* seines frühverstorbenen Freundes Fleming; seine Haupttätigkeit aber ist es dann auf Kielmanns Betreiben, die Reisenotizen für den Druck vorzubereiten. So erscheint der Reisebericht nach langen Vorbereitungen 1647 zum ersten Mal. Olearius hat sich nicht damit begnügt, die Stationen der Route aufzuzählen, sondern setzt sich intensiv – was nicht ohne die Förderung des Herzogs zu denken ist – mit der einschlägigen antiken und neueren Literatur zu diesem Thema auseinander. Da die Erstauflage sogleich erfolgreich und gewinnbringend ist, denkt Olearius an eine verbesserte Ausgabe. Diese erscheint 1656 und ist völlig neu gegliedert (die Landeskunden von Rußland und Persien erhalten jetzt jeweils einen eigenen großen Abschnitt) und stilistisch überarbeitet. Neu hinzugekommen ist eine große, auf präzisen Messungen beruhende Karte des Wolgalaufes, soweit die Gesandtschaft ihn befahren hatte, und ein überaus nützliches Register, welches das Werk erschließt. Zu Lebzeiten Olearius' wird der Reisebericht noch 1661, 1663 und 1671 leicht verändert nachgedruckt (auf die komplizierte Druckgeschichte kann hier nicht eingegangen werden).

Nachdem er 1649 zum Bibliothekar ernannt worden ist, leitet Olearius die Erweiterung und Katalogisierung der Hofbibliothek, die in Nordeuropa schließlich nur noch durch die Schätze der Bibliothek Herzog Augusts in Wolfenbüttel übertroffen wird. Daneben richtet er, unter anderem mit den Erinnerungsstücken aus Rußland und Persien, eine »Kunstkammer« ein, die nicht wenig zur Steigerung des wissenschaftlichen Rufes Gottorfs beiträgt.

Olearius hatte bereits das Astrolabium, das er auf der Reise benutzt und mit welchem er bei seinen persischen Freunden Bewunderung erregt, selbst gebaut. Zu seinen unbestreitbaren Leistungen gehören weiterhin die Konstruktion eines drehbaren Riesenglobus (1654), der in seinem Inneren Platz für zehn Personen bot und in einem eigens dafür errichteten Haus stand, sowie der großen beweglichen Armillarsphäre, die das kopernikanische Planetensystem darstellt (1657).[1]

Dies sowie der Bau eines Fernrohres und eines Mikroskops bringen ihm die Bewunderung der Zeitgenossen ein. Außerdem betätigt er sich als Kupferstecher, Architekt und Baudirektor und übersetzt den *Gulistān* von Saʾdī ins Deutsche. Diese Übertragung ist die erste von Bedeutung und wird noch von Goethe als »tüchtig« und »erfreulich« gelobt. Schließlich wird Olearius 1651 in die Fruchtbringende Gesellschaft aufgenommen, die erste und wichtigste der deutschen Sprachgesellschaften.

In den letzten Jahren seines Lebens widmet er sich vor allem schriftstellerischen Arbeiten: So gibt er das Tagebuch der Reise nach Indien seines Freundes Johann Albrecht von Mandelslo (1616–1644) heraus und verfaßt verschiedene religiöse, ethnologische, naturkundliche und historische Werke. Am 23. Februar 1671 ist der »Vielbemühete«, wie der Ordensname Olearius' in der Fruchtbringenden Gesellschaft lautete, in Gottorf gestorben. Und in der Tat ist sein Lebenswerk, aus dem die Reisebeschreibung und die astronomischen Instrumente als seine Hauptleistungen herausragen, umfänglich und facettenreich, und nicht allein seine Schriften, sondern ebenfalls sein Porträt (S. 56) zeigen uns einen Menschen, der, von seiner Zeit geprägt, als ernsthafter Forscher und Gelehrter über sie hinaus weitergewirkt hat.[2]

Olearius und seine Vorgänger

Die Reise nach Persien bildet auch chronologisch das Zentrum seines Lebens. Sie stellt aber, trotz Olearius' umfassender Nachbereitung, noch keine Forschungsreise im eigentlichen Sinne dar – es sollte Alexander von Humboldt vorbehalten bleiben, den »reisegeschichtlichen Dreiklang« von Vorbereitung, Ausführung und Auswertung (Beck) zum Höhepunkt zu bringen. Olearius ist aber mit Moritz von Nassau (1567–1625) und Engelbert Kaempfer (1651–1716) zu jenen Reisenden zu zählen, deren Fahrten den Übergang von den reinen Entdeckungsreisen zu den Forschungsreisen bilden. Olearius hat keinen Bericht über Persien verfaßt, der sich auf zufällig Gesehenes und auf zweifelhafte Berichte anderer stützt; er hat vor allem mit der erweiterten zweiten Auflage seines Werkes den Grund für eine Landeskunde Persiens gelegt, die ihren Wert durch seine kritische Methode erhält. Denn selbstbewußt sagt Olearius: »Was ich selbst bereist und mit eigenen Augen gesehen (ob dies immer auch bei anderen geschehen ist, ziehe ich sehr in Zweifel) und anders [als die neuen Autoren, die voneinander abschreiben] erfahren habe, scheue ich mich nicht zu schreiben.« (Seite 60f.) Diese Haltung, die heute so selbstverständlich erscheint, war es im 17. Jahrhundert keineswegs, bedeutete sie doch Kritik an den antiken Autoritäten und an der Tradition! In diesem Punkt steht Olearius beispielsweise mit Dichtern und Theoretikern wie Johannes Rist (1607–1667), Georg Philipp Harsdörffer

(1602–1658) und Philipp von Zesen (1619–1689), die den gleichen Ton anschlagen, auf der Höhe der wissenschaftlichen Anschauung seiner Zeit. So fließen in seine Darstellung von Land und Leuten keine abschätzigen Äußerungen über die islamischen »Heiden« ein, wenngleich Olearius sich als Christ denn doch im Besitz der »rechten« Religion hält. Vielmehr betrachtet er alles, was er sieht, mit einer gewissen vorurteilsfreien Neugier, die ihn eher beschreiben denn urteilen läßt. So heißt es noch 1832 in der größten deutschen wissenschaftlichen Enzyklopädie, der *Allgemeinen Encyclopädie der Wissenschaften und Künste* von Ersch und Gruber: »Die sorgfältigen Schilderungen, welche Olearius von der Natur, der Verfassung und den Sitten der von ihm bereisten Länder, vorzüglich Persiens, entworfen, haben noch jetzt anerkannten Werth von Seiten ihrer Treue und Genauigkeit [...].« Diese »Treue und Genauigkeit« gibt auch dem heutigen Leser noch Gelegenheit, das Verhältnis der Menschen zueinander in jener Zeit mitzuerleben. Olearius wird nicht müde, immer wieder zu beschreiben, auf welche Weise die Gesandtschaft vor den Städten in Rußland und Persien empfangen wird, welche Zeremonien bei den Gastmählern beachtet und welche Geschenke überreicht werden. In all diesen würdevollen und genau festgelegten Handlungen ist, und dies kann an dieser Stelle nur angedeutet werden, mehr enthalten als das Bestreben einer größtmöglichen Prachtentfaltung. Diesen Gebräuchen liegt eine tiefe Symbolik zugrunde, welche in starkem Maße auch in letzte Fragen der Etikette hineinwirkt.

Doch ist Olearius trotz aller Wißbegier kein Gelehrter, der sich mühelos aus den überkommenen Bahnen löst. Er stellt sich in diesem Werk als eine Persönlichkeit vor, die einen Scheidepunkt zwischen Altem und Neuem bezeichnet und sich beiden Seiten zuneigt. So leitet er zu Beginn seines Buches den Zweck des Reisens noch aus der Providenzlehre ab, da »Er, der große Hausvater, die Welt dem Menschen zum Wohle geschaffen hat«. Und daraus zieht Olearius den Schluß: »Und weil dies alles um des Menschen willen erschaffen ist, will der gütige GOtt auch, daß es den Menschenkindern kund und er dadurch gepriesen werde.« Reisen als Selbstzweck und als Vergnügen ist ihm also noch fremd. In vielen seiner Naturschilderungen aber weht bereits ein anderer Geist: Die Phänomene werden genau untersucht, mit bereits vorliegenden Ergebnissen verglichen, und daraus wird ein logischer Schluß gezogen. Hier wird über lange Passagen nicht mehr die Gnade Gottes als Ursache bestimmter Naturerscheinungen zugrunde gelegt, vielmehr ist ein leiser Ansatz zu rationalistischer Naturbetrachtung gegeben, wie sie uns vollendet im 18. Jahrhundert entgegentritt. Gleichwohl aber ist Olearius natürlich ein Mensch des Barock, der in symbolischen Zusammenhängen denkt und empfindet; dies zeigt zum Beispiel deutlich seine Schilderung vom Abstieg in das Tal von Rudbar (Seite 284). Die Tatsache aber, daß sogar im 18. Jahrhundert noch eine französische Bearbeitung seines Werkes erscheinen konnte (Wicquefort 1719) – zu einem Zeitpunkt, da die französische Geographie als eine der höchstentwickelten in Europa galt –, macht den hohen Rang, den die Reisebeschreibung genoß, recht anschaulich.

Für das sammellustige und wissensdurstige 17. Jahrhundert ist neben dem Gesichtspunkt des Selbsterlebten und des daher für wahr Gehaltenen auch die Kumulation der Gelehrsamkeit bedeutsam. Es sind dies heute zumeist Informationen, die nurmehr den Fachwissenschaftler interessieren – so etwa setzt sich Olearius bei den vielen Orten, welche die Gesandtschaft passiert, mit der Meinung und der Darstellung antiker Autoren auseinander: wie jene sie genannt haben, was über ihre Lage und Beschaffenheit bekannt ist und vieles mehr. Auch die zeitgenössischen Autoren (die in der umfangreichen Literaturliste die Mehrzahl ausmachen) werden auf die Angaben hin befragt, die sie über Rußland und besonders über Persien machen.

Was nun Rußland betrifft, so ist es der österreichische Diplomat Sigismund von Herberstein (1486–1566), der in seinen außerordentlich erfolgreichen *Rerum Muscowiticarum Commentarii* (Basel 1541) das erste »deutliche Bild Moskowiens, über das man bis dahin höchst unzureichend unterrichtet gewesen war« (Henze), entwirft (Seite 28/29). Er hat das europäische Rußlandbild mit am nachdrücklichsten geprägt und ist einer der Hauptgewährsmänner des Olearius. Zudem ist es das vierbändige Werk des schwedischen Historikers Petrus Petrejus de Erlesund über das Großfürstentum Moskau[3], welchem Olearius recht genaue Auskünfte über das Rußland des ersten Drittel des 17. Jahrhunderts entnehmen kann. Die Berichte von Mitgliedern der englischen »Muscovie Company« hat er vermutlich nicht gekannt.

Wesentlich schlechter ist es bei den Europäern um die Kenntnis Persiens bestellt. So kommt der Landeskunde, die Olearius bietet, eine besondere Bedeutung zu. Sie ist, nimmt sie doch mit 152 Seiten einen beachtlichen Teil des ganzen Buches ein, nicht nur eine stoffreiche Abhandlung über die natürliche Beschaffenheit der einzelnen Provinzen; vielmehr steht in ihrem Zentrum der Mensch: Olearius trägt Mitteilungen über Persiens Herrscher zusammen und gibt Auskunft über die verschiedensten Sitten und Gebräuche. Wenngleich er in diesem großen Abschnitt manche Fabel berichtigt, die seit altersher überliefert wird, so glaubt er doch selbst hin und wieder anderen wunderlichen Überlieferungen. Seine Informationen über Persien sind jedoch, insgesamt gesehen, ein großer Fortschritt zu einem gegenüber seinen Vorgängern zutreffenderen Persienbild.

Zu Beginn der Reise liegen außer den Werken antiker Klassiker und neueren Kompilationen – etwa von Pietro Bizarri (*Rerum Persicarum historia*. 1601), von Barnabas Brissonius (*De regio Persarum principatu*. 1606) und von Johannes de Laet (*Persia seu regni persici status*. 1633) – keine Werke von Gewicht und Bedeutung über dieses Land vor. Ja, auch diese

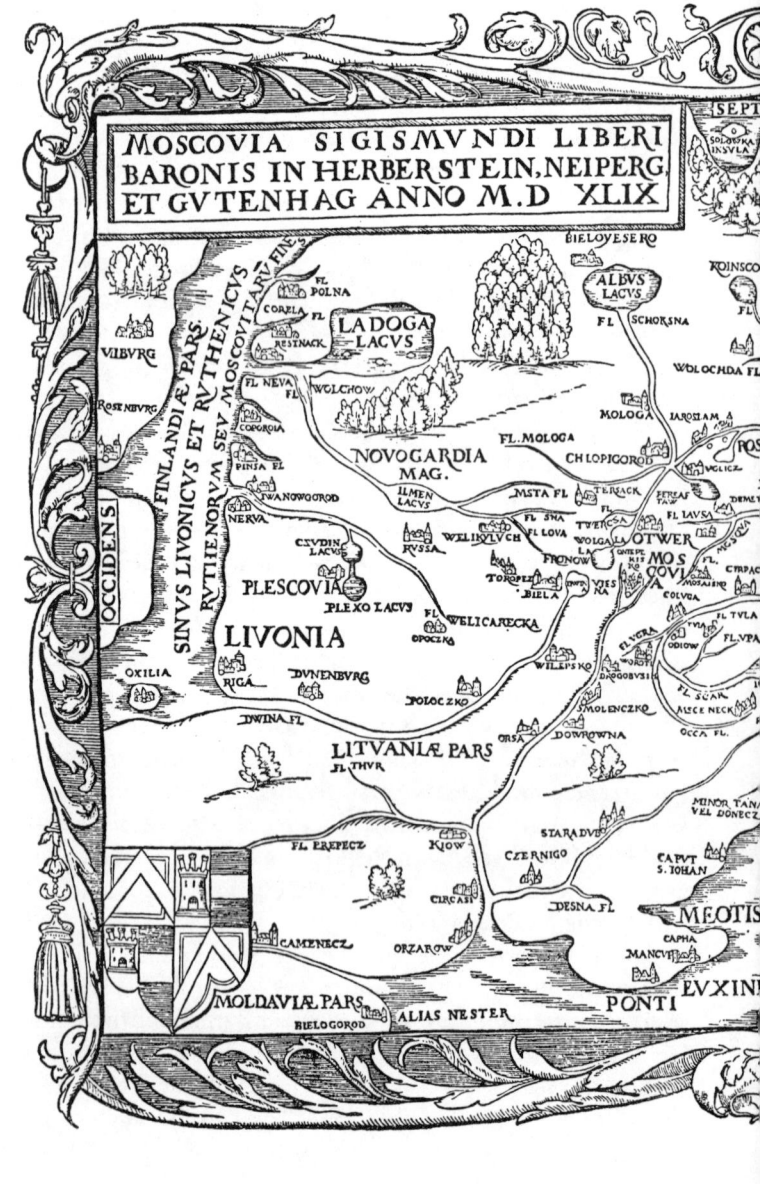

Autoren kennen es nicht selbst und verlassen sich sehr auf ihnen zugetragene Mitteilungen. Aber auch in dem Reisebericht von Thomas Herbert (1606–1682), der 1628 mit einer Expedition im Rahmen der englischen Vorstöße, mit Schah Abbas wegen des Seidenhandels Kontakt aufzunehmen, durch Persien reiste (*Some reares into divers Parts ex Asia and Afrique.* London 1638), hat Olearius keine fundierte Darstellung gefunden. Denn in Herberts Reisebericht häufen sich Ungenauigkeiten, vor allem seine Karte – damals eine der wenigen neuen von Persien – ist enttäuschend, so daß sie, was die Exaktheit der Ortsnamen sowie die Topographie angeht, Olearius für die Ergänzung seiner Angaben keinen guten Dienst erwiesen hat. Auch die kurze Erwähnung Persiens im Reisebericht von Jan Huygens van Linschoten (1563–1610) (*Navigatio sive Itinerarium in orientalem Indiam cum Annotationibus Paludani.* 1614) – er berührt Persien nur bei Hormuz – ist keine Grundlage für Olearius' Arbeit. Der Bericht über die zwar schon 1620–1625 durchgeführte Reise des Schlesiers Heinrich von Poser (1599–1661) erschien erst 1675. Ebenso schlecht ist es auch um das Kartenmaterial bestellt, welches bis dahin von Rußland und Persien erschienen war.

Rußland und Persien im Spiegel der Kartographie

Die wichtigsten Karten von Rußland – mit denen zugleich die moderne kartographische Erfassung dieses Reiches beginnt, sind folgende: Zunächst die Karte *Moscoviae tabula...* (1525) in einem Atlas des genuesischen Kartenzeichners Battista Agnese (tätig 1536–1564), die auf Mitteilungen Paolo Giovios zurückgeht (Seite 32/33); dieser fragte im Auftrage des Papstes den Gesandten des Zaren, Dmitry Gerassimow, aus, und Agnese zeichnete sofort eine Karte zu seinem Bericht; dann die Rußlandkarte aus der *Cosmographia* Sebastian Münsters (1544 und viele weitere Ausgaben; Olearius zitiert die Ausgabe Basel 1562) sowie die Karte *Moscovia* des Danzigers Anton Wied in Abraham Ortelius' *Theatrum orbis terrarum* (lateinische Ausgabe 1573). Es ist noch hinzuzufügen, daß die Karte Münsters auf einer noch früheren, aber nicht bekannten Karte Wieds basiert, also keine eigenständige Arbeit darstellt. Weiterhin zu nennen ist – und von Olearius auch in seiner Bibliographie erwähnt – das umfangreiche, bereits genannte Werk Herbersteins (1549), dem eine Karte des Nürnbergers Hirschvogel beigefügt ist. Die Rußlandkarten von Anthony Jenkinson (1562), Isaak Massa (ca. 1610) und Hessel Gerard (1614) scheint Olearius nicht gekannt zu haben. Jene des Mercator (*Russia cum confiniis*, in den ersten Ausgaben seines Atlas, 1595 und 1607) geht auf Wied zurück. Was zeichnet jene Karten aus? Sie geben – trotz der erstaunlich vielen topographischen Angaben, durch die sich besonders die Karte Wieds hervorhebt – nur ein sehr ungefähres Bild des Landes. Zwar sind die wichtigsten Flüsse, Wasserscheiden und Städte eingetragen, aber im ganzen ist deren Lage nicht genau bestimmt, ja, teilweise sind sie nicht identifizierbar. So verläuft die Wolga, auf die es uns hier besonders ankommt, in einem einfachen, groß und undifferenziert dargestellten Bogen zum Kaspischen Meer. Das Binnenmeer ist, soweit auf den Karten überhaupt eingetragen, in einer sehr phantastischen und für diese Zeit typischen Form – einem sich von West nach Ost erstreckenden Oval – wiedergegeben. Olearius kommt, und auch dies macht seine Reisebeschreibung bedeutend, bei seiner Beschäftigung mit dem Kaspischen Meer (Buch IV, Kapitel 16) zu einer begründeten Ablehnung des Weltbildes von Ptolemäus, das ja in Atlanten des ganzen 16. Jahrhunderts immer wieder dargestellt wird und auch noch in der Zeit unseres Autors präsent ist. (Siehe Persienkarte des Olearius auf Seite 38/39.) Olearius schreibt:

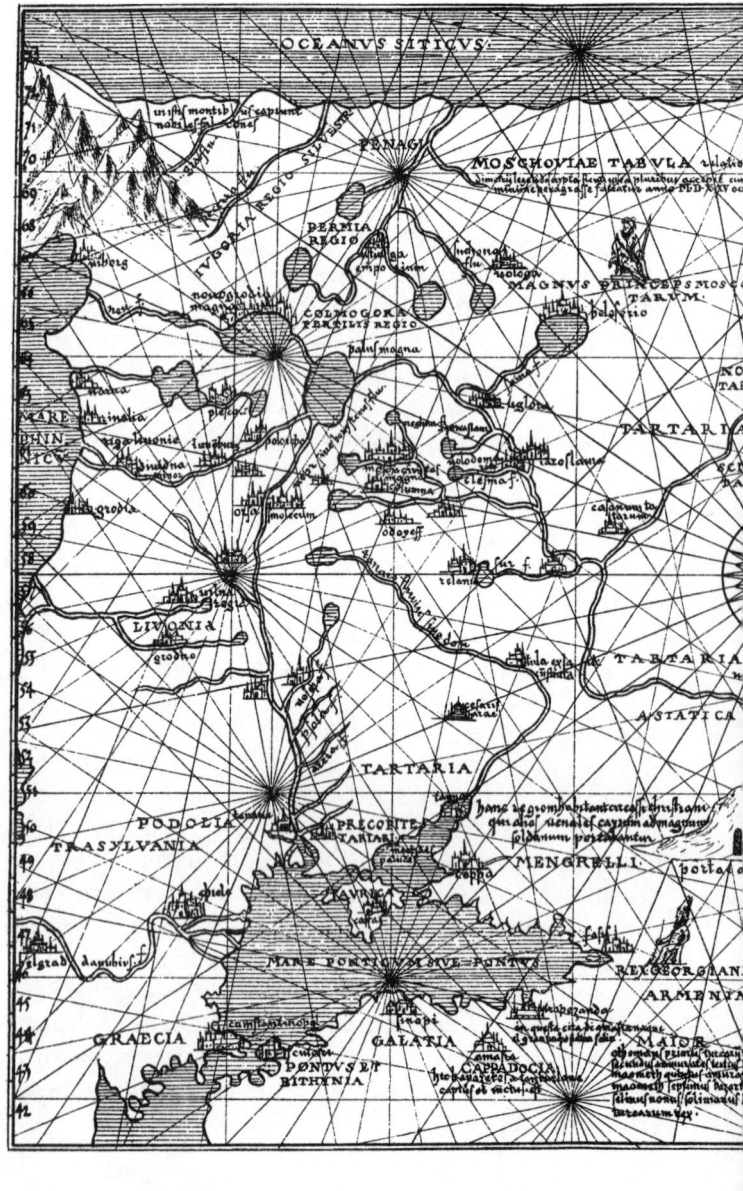

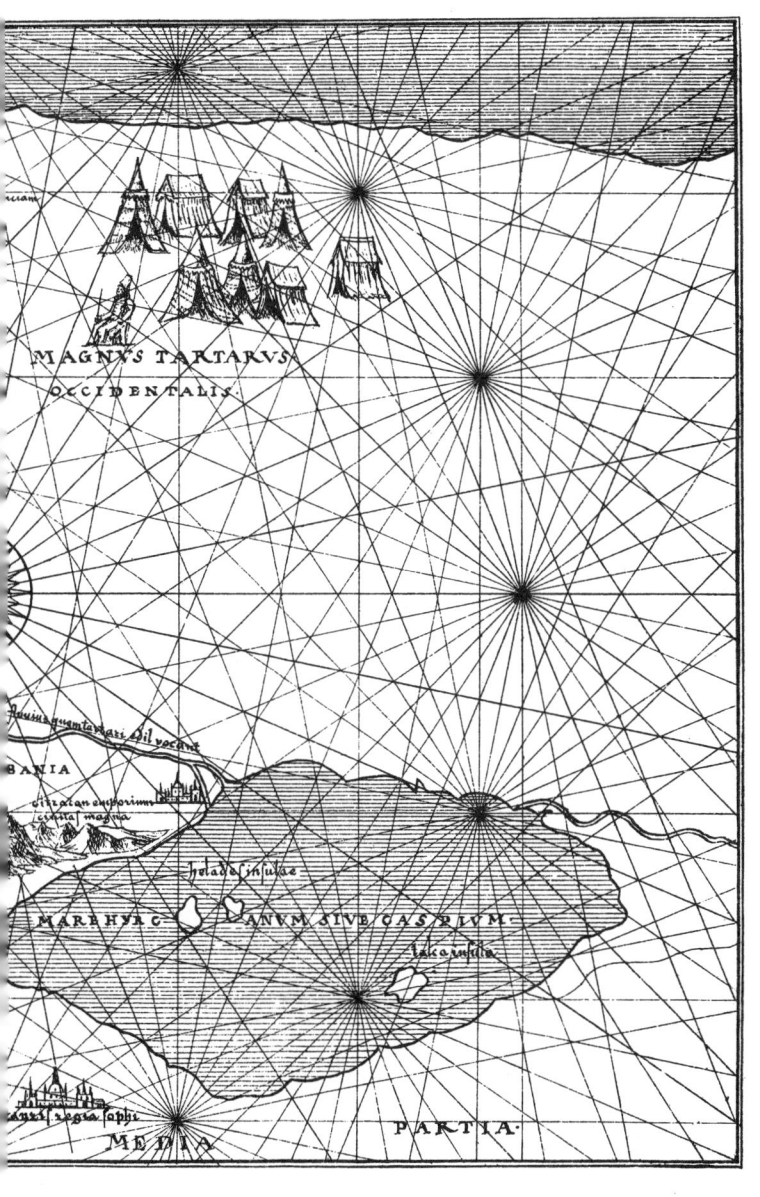

Die Wolgakarte des Olearius.

Die Länge des Kaspischen Meers wird im allgemeinen von den Verfassern auf fünfzehn, die größte Breite aber auf acht Tagereisen geschätzt, wenn man es, wie sie sagen, ohne Hilfe des Windes rudernd ungehindert überqueren könnte. Wenn ich aber seine Grenzen nach den am Ufer gelegenen Städten und Orten festlegen will, die ich nicht allein in dem Verzeichnis der Längen- und Breitengrade, das ich von den Persern bekommen habe und das gleichermaßen in den *Astronomischen Fragmenten* des Johannes Gravius ist, sondern auch zum Teil selbst erforscht habe, so wird sich die Länge des Meeres nicht, wie bisher in den Landkarten angegeben, von Osten nach Westen, sondern von Norden nach Süden oder von Mitternacht nach Mittag, die Breite aber von Osten nach Westen oder von Morgen gegen Abend erstrecken. Die Länge vom Ostio maris oder dem Beginn des Meeres bei Astrachan bis nach Ferabath [Bandar-E-Farahnāz] wird acht Äquatorgrade und also einhundertzwanzig deutsche Meilen, die Breite aber von der Landschaft Chuaresm bis an das Cyrcassische Gebirge sechs Äquatorgrade und also neunzig Meilen sein.

Es haben mir etliche meiner guten Freunde von der Universität Leipzig, nachdem sie in meiner ersten Edition die Landkarte Persiens gesehen habe, geschrieben und es ablehnen wollen, daß ich das Kaspische Meer so gelegt habe; es wäre gegen die Meinung aller bisherigen Geographen. Weil ich aber, wie gesagt, von dieser Sache bessere Kunde habe, darf ich mich an die Meinung der anderen nicht kehren. Da Dionysius Alexandrinus das

Meer irrtümlich so gelegt hat, sind andere, von denen sie keiner gesehen hat, ihm gefolgt. (Seite 407 des Originals)

Seine neue Festlegung der Lage des Kaspischen Meeres ist insofern folgenreich, als sie mit ihrer neuen Längen- und Breitengradbestimmung natürlich auch die Ausdehnung und Lage Persiens in den Karten berührt.

Bei der Kunde vom Morgenland ist man zu Beginn der nachantiken und nachmittelalterlichen Kartographie allein auf die Berichte von Händlern, Abenteurern oder Mönchen angewiesen gewesen. Diese sind oft sehr ungenau, zumal sie von Beobachtern stammen, die geographisch und astronomisch nicht geschult waren. Von den Gelehrten der frühen Neuzeit hingegen überhaupt nicht zur Kenntnis genommen wurde die arabische Geographie. Es war bereits der Kartograph des Roger von Sizilien, der Nordafrikaner Idrisi (1099–1164), der in seinen Weltkarten (1154 und 1192) die Nord-Süd-Ausdehnung des Kaspischen Meeres in einer für seine Zeit ganz ungewöhnlichen Weise festgehalten und damit den Rang der arabischen Kartographie dokumentiert hat. In den Drucken der Ptolemäus-Atlanten war die Südgrenze des Kaspischen Meeres in der uns bereits bekannten West-Ost-Ausdehnung stets mit ungefähr 40° bis 41° nördlicher Breite angegeben. Dieser Fehler setzte sich naturgemäß in der Lage Persiens fort. Noch in der Weltkarte Frederik de Wits (*Nova Orbis Tabvla*. Um 1670) ist dieser Fehler zu finden, obwohl doch der Wendekreis des Krebses und der Persische Golf durchaus an der richtigen Stelle liegen. An dieser Stelle ist einzuflechten, daß Herbert in seiner Karte (*The Persian Empire*. 1628/29) zwar die Südgrenze des Kaspischen Meeres ungefähr mit 38° ansetzt – was etwa den heutigen Messungen entspricht –, jedoch die topographische Aufteilung der Landmasse zwischen Schwarzem Meer und Indien völlig phantastisch ausfüllt. Es ist deutlich, in welchem Maße die Persienkarte des Olearius alle vorherigen übertrifft und wie er recht eigentlich als Pionier auf dem Wege zu einem geographisch richtigen Persienbild gelten kann. Erst den Kartographen des frühen 18. Jahrhunderts gelingt dann eine wesentlich bessere Darstellung.

Die Reisebeschreibung als sprachliches und typographisches Kunstwerk

Kann also die Persische Reisebeschreibung des Olearius, was ihre wissenschaftlichen Ergebnisse betrifft – die hier freilich nur angedeutet werden konnten –, als wegbereitend für eine moderne Kartographie und Landeskunde Persiens und Rußlands angesehen werden, so ist es auch ihre literarische Form, die Beachtung verdient. Daß Olearius seit 1651 Mitglied der Fruchtbringenden Gesellschaft ist, schlägt sich in der zweiten Auflage dieses Werkes (1656) sichtbar nieder. Gemäß einem Anliegen der deutschen Sprachgesellschaften, die Sprach- und Dichtungspflege als einen wichtigen Bestandteil der kulturellen Erneuerung betrachteten, ist Olearius ebenfalls der Pflege der deutschen Sprache verpflichtet. So hat er die Fremdwörter der ersten Ausgabe weitgehend, so es sich nicht um Termini technici handelt, durch deutsche Ausdrücke ersetzt. Von der grundsätzlichen Trennung des Buches in Reisebeschreibung und Landeskunde war bereits die Rede. Pflege der deutschen Sprache aber bedeutete nicht, sie zu vereinfachen; vielmehr sollte mit den eigenen, deutschen Mitteln das der jeweiligen Stilforderung entsprechende Kunstwerk gestaltet werden. Daß es sich bei dem Reisebericht ebenfalls um ein Kunstwerk handelt, wenn auch um eines, das an eine bestimmte Sache gebunden ist, zeigt sein Aufbau. Hier ist nichts dem Zufall überlassen, jeder Teil des Buches nimmt einen ganz bestimmten, unverrückbaren Platz ein.

Nova Delineatio PERSIAE ET CONFINIORUM
Veteri longe accuratior edita Anno 1655

NAGAIA
MARE CASPIUM Sive HYRCANUM Persis KÜLSUM
CHUA
MAW ERE NAHER vel
BUCHARA
RESSEM USBECO RUM TERRA
CATA IÆ PARS
CHETH
LAN
TABRUSTAN
MARGIANA
SUSITANA
CHO RASAN
BACTRI
SABLUSTAN
Kubokaran mons
PARO PANISYS
KIR MAN
PER SIA
SIGE STAN
ME KERAN
Ormus
India pars
Illustrissimo ac Celsissimo Domino Dno FRIDERICO Hæredi Norwegiæ Duci Slesvicensi Holsatiæ Stormariæ & Dithmarsiæ Comiti Olden burgi & Delmenhorsti Dno suo Clementissimo hanc Tabulam dedicat Autor M. Adam Olear.

Da ist zunächst ein großartiges Titelkupfer – auf welches wir noch zu sprechen kommen –, dem gleich der ausführliche Titel selbst folgt. Das Porträt Adolf Kielmanns, dem das Buch gewidmet ist, sowie eine Zueignung schließen sich an. Vor der kaiserlichen Druckerlaubnis steht dann das Porträt des Autors. Obgleich er in ebenso würdiger Haltung erscheint, mit einer goldenen Kette und einem seidig schimmernden Umhang angetan, unterscheidet sich sein Bildnis von dem des ehemaligen Studienfreundes dadurch, daß es – obwohl von gleicher Größe – viel schlichter gehalten ist und auf den architektonischen Schmuck verzichtet: Es ist dies eine Geste der Bescheidenheit gegenüber dem ranghöheren Beamten des Herzogtums.

Nach der Vorrede und dem »Catalogus Autorum«, dem Literaturverzeichnis, stehen Zueignungen von Freunden unseres Autors. Sie preisen seine Leistung und wünschen ihm Ruhm. Nunmehr reihen sich die Porträts der beiden Gesandten, Otto Brüggemann und Philipp Crusius, an; sie sind – wohlbedacht – wiederum etwas kleiner ausgefallen als das Bild des Autors. Über der Überschrift des ersten Buches, das nunmehr folgt, steht das Motto, das für die gesamte Beschreibung gilt: »GOtt allein die Ehre!« Der Leser wird also nicht unmittelbar und brüsk mit dem Text konfrontiert, sondern auf einem kunstvoll ausgewogenen und abgestuften Weg zu ihm hingeführt. Neben der Beschreibung erfüllen die sie begleitenden Kupferstiche eine wichtige Aufgabe: Sie führen dem Leser die fremden, exotischen Stätten plastisch vor Augen und geben ihm eine Vorstellung von dem, was seine Landsleute sahen. Dem formvollendeten Werk aber würde nach der Auffassung jener Zeit die harmonische Abrundung fehlen, schlösse es nicht mit einem Dank an den Schöpfer, der die Reisenden auf ihrer Fahrt beschützte. – Mit dem Empfang der persischen Gesandtschaft in Gottorf und der Verurteilung Brüggemanns klingt das Buch aus; dies letzte Kapitel liest sich gewissermaßen wie ein ausschließlich irdisches Nachspiel.

Wichtig ist jedoch die menschliche Erfahrung, die hinter dem kunstvollen Aufbau des Buches steht. Es ist, und dies kann nicht genug hervorgehoben werden, eine überaus gefahrvolle Fahrt in islamisches und deshalb feindlich-heidnisches Land. Dort kann man sich gewisser Konventionen, die in den Staaten des christlichen Europa gelten, nicht sicher sein, stets ist man unvermuteten Gefahren ausgesetzt und hat mit Tücken und Schwierigkeiten aller Art zu kämpfen. Aber bereits in der Ostsee, also gewissermaßen noch vor der eigenen Haustür, geriet unsere Gesandtschaft in einen derart schweren Sturm, so daß etliche Teilnehmer »erstarrt dasaßen und vor Todesangst weder singen noch beten konnten«. Währenddessen tobte der Sturm, wie Olearius erzählt, »gleich einem Erdbeben, als wenn er Himmel, Erde und Meer über den Haufen stürzen wollte«: »Es sauste und brauste heftig in der Luft; die berghohen, schäumenden Wellen wüteten grausam, und das Schiff wurde von der See des öfteren gleichsam verschlungen und wieder ausgespien.« Von derartigen Bedrängnissen, durch die die Mitglieder häufiger in Lebensnot geraten, ist die Reise in überreichem Maße voll, und am Ende ist dem Autor Olearius die Erleichterung über die gesunde und glückliche Heimkehr wohl anzumerken.

In dieses Werk fügen sich die Gedichte Paul Flemings (1609–1640), des bedeutendsten der Opitz-Schüler und persönlichsten unter den Barockdichtern, dennoch harmonisch ein und sind keineswegs eine entbehrliche Zugabe, die man getrost überlesen könnte. Fleming, der als einer der »Hoff-Juncker und Truchsessen« der Gesandtschaft nach Persien mitreiste, nimmt in seinen formstrengen Sonetten oder »Carmina« – also Fest- oder Gelegenheitsgedichten – auf die Ereignisse während der Reise Bezug. Dadurch wird dem Leser Gelegenheit gegeben, das eben Aufgenommene noch einmal in gebundener Form und poetisch durchgestaltet nachzuvollziehen. So zum Beispiel auch das Erlebnis des eben geschilderten Sturmes auf der Ostsee, der mit Schiffbruch und dem Verlust der wertvollsten Geschenke an den Schah endete (siehe Seite 86f.). Fleming verleiht den Geschehnissen durch mythologische und andere Anspielungen einen weiteren Rahmen und eine tiefere Symbolik. Die Bedeutung dieser Gedichte ist damit jedoch nicht ganz erklärt. Sie besteht darin, daß es dem jungen Dichter gelingt, das Element des Menschlichen mit seiner Gelehrsamkeit zu verbinden und in dem direkten Bezug zu den Geschehnissen einen anteilnehmenden Zug anklingen zu lassen.

So scheint das Sonett auf Seite 88ff. zunächst nicht mehr zu bieten als eine mythologische Anspielung (Nymphen), Personifikationen (Vater Kam, Wolga) sowie ein Lob auf den Landesfürsten Holsteins, Herzog Friedrich. Betrachtet man es jedoch genauer, so entpuppt es sich zugleich als lebendiger Ausdruck dessen, was die Gesandtschaft auf ihrem Weg bereits durchlitten hatte oder noch befürchtet erleben zu müssen: Es geht dabei um Untiefen (blinder Sand, falscher Grund), in denen das Schiff steckenbleibt und nur mit viel Mühe, zuweilen unter Verlust eines Ankers, wieder flottgemacht werden kann. Es wird auch die nicht unbeträchtliche Gefahr angedeutet, die von den umherziehenden und von Michail Fjodorowitsch noch keineswegs gebändigten Kosaken droht (Überfall, Mord und Raub).

In einem anderen Sonett (Seite 328) beschreibt Fleming, wie die Gesandtschaft die Stadt Terki (und damit russisches, das heißt christliches Gebiet) wieder erreicht hat. »Der Weg ist überhalb« – mehr als die Hälfte des Weges von Persien nach Holstein ist endlich geschafft (wenngleich die Durchquerung der Nogaischen Steppe bis Astrachan noch bevorsteht) und die Heimat ein gutes Stück näher gerückt. Was in jenen Gedichtzeilen spürbar wird, ist ein Aufatmen fern aller barocken Steifheit und die Freude, der größten Bedrängnis entronnen zu sein. Noch befreiter aber läßt Fleming sich in der Ode hören, aus der Olearius einen Teil zitiert (Seite 333f.). Über alle mythologischen Anspielungen hinaus wird jenseits der Form der *Mensch* Fleming sichtbar, der nach überstandener Gefahr erlöst am Ufer der Wolga niederkniet und erst einmal seinen Durst löscht.

Auch das Titelkupfer ist nicht etwa ein entbehrlicher Buchschmuck, sondern hat eine festgelegte Funktion. In diesem Bild, das wir deshalb ausführlich besprechen wollen, wird uns das barocke emblematische Denken[4] anschaulich vor Augen geführt. Der Leser kann – und hier ist an die Weltkarte in den Atlanten zu erinnern – die gesamte Reise mit einem Blick überschauen. Und nicht nur dies, ihr wird ein Platz im Heilsgeschehen zugewiesen.

Im Zentrum des Blattes steht der kalligraphisch gestaltete kurze Titel des Buches. Sind die Augen des Lesers bei dem Namen des Autors angelangt, sehen sie die Adjektive »moscowitisch« und »persianisch« bildhaft in zwei sich symmetrisch entsprechenden Personenpaaren umgesetzt. Rechts sind es ein russischer Adliger (Bojar) und ein Strelitze (Soldat), bewaffnet mit Pfeil und Bogen. Zur Linken steht ein vornehmer Perser, gefolgt von einem Diener, der ihm eine Schale mit Getränk reicht. Die soziale Abstufung wird dadurch deutlich, daß die beiden Höherrangigen im Vordergrund stehen. Über diesen hängen an den kannelierten, von korinthischen Kapitellen abgeschlossenen Säulen zwei Wappenschilde – die Repräsentation der obersten Reichsmacht, des Schahs und des Zaren. Auf ihnen sind jeweils die Hauptbestandteile der Wappenembleme Rußlands und Persiens zu sehen: St. Georg und der persische Löwe (hier nicht mit dem Schwert, sondern springend). In der Mitte über dem Titel erkennen wir ein Emblem, das als Staffelei ausgeführt und von einer prächtigen Kartusche umrahmt ist. Ihr vorderes, unteres Ende läuft in einer wilden, tatarischen Maske aus, in deren geöffnetem Mund zwei pralle Fruchtgirlanden zusammenlaufen – eine Anspielung auf die Fruchtbarkeit der beiden Reiche. Neben dem Emblem stehen brennende Öllampen – sie sind Sinnbild für die Erdölquellen der durchquerten

Gebiete. Das Emblembild – welches die Hand Gottes darstellt, die den Menschen an einem Seil über die Erde führt – und der Spruch deuten auf Psalm 73, Vers 24 (er kehrt im Porträt des Autors wieder): »Du leitest mich nach deinem Rat/Vnd nimpst mich endlich mit ehren an.« Die Emblemkartusche ragt noch über die dürren Pflanzen hinaus – es ist dies ein Symbol für die trockenen Steppen, die zu durchqueren waren. Diese wachsen auf dem halbrunden Umgang, der die Szene nach hinten abschließt, und stehen in scharfem Kontrast zu den reifen Früchten. Auch in diesem winzigen Detail findet das bildhafte Analogiedenken des Barock seinen lebendigen Ausdruck, und gleichzeitig wird ein direkter Bezug zu der gefahrvollen Reise der Holsteiner sichtbar: Irdische Vielfalt und weltliche Hierarchie stehen sichtbar *unter* Gott und sind in seiner Hand.

Der Leser des 20. Jahrhunderts findet in diesem Werk ein Unternehmen beschrieben, dem durch sein Scheitern ein Weiterwirken in der Geschichte nicht möglich war. Durch die Schilderung des Olearius aber ist die ertragreiche, geographie- und kulturgeschichtliche bedeutsame Reise nicht dem Vergessen anheimgefallen. Sie liegt als ausdrucksstarkes Zeugnis einer großen Leistung vor uns.

Zu dieser Ausgabe

Unsere Ausgabe zielt in erster Linie auf die Darstellung der historisch bedeutsamen Reise. Daher rückt die Route in den Mittelpunkt der Darstellung, und all das, was der Leser am ehesten entbehren kann, wird weggelassen. Dies mußte geschehen, weil das Werk im Original einschließlich des Vorwortes, der Widmungen, des Literaturverzeichnisses, des Registers und der Illustrationen 838 Seiten umfaßt. Daraus wäre bei vollständiger Übertragung und Kommentierung ein Band von weit mehr als 1000 Seiten entstanden, der den Leser über Gebühr strapaziert hätte. Daher hat sich der Herausgeber entschlossen, die überaus breit angelegten Landeskunden Rußlands und Persiens herauszulassen, die ohnehin in der zweiten Auflage von 1656 scharf in den Reiseverlauf einschneiden. Diese Entscheidung wurde dadurch begünstigt, daß keine erschwingliche Ausgabe der *Muscowitischen und Persischen Reyse* mehr im Handel erhältlich ist, die einer breiteren interessierten Leserschaft die bedeutsame Leistung darstellt und sie ihr damit erneut ins Gedächtnis ruft; ältere, aber vergriffene Ausgaben bringen ein buntes Potpourri aus Reiseroute und Landeskunde in einer völlig neuen Aufteilung, in welcher der barocke Charakter des Werkes vollständig verloren geht.[5] Um aber nicht ganz auf landes- und volkskundliche Details zu verzichten, die ja auch den Reiz der Darstellung des Olearius ausmachen, sind seine in den Text eingeschobenen Beobachtungen teilweise wiedergegeben.

Dieses Buch kann und soll die historisch-kritische Edition nicht ersetzen. Dem interessierten Leser ist aber die Möglichkeit gegeben, mit der vorliegenden, wissenschaftlich erarbeiteten Auswahlausgabe dieses Barocktextes den Faksimiledruck zu einer eingehenden Beschäftigung mit der Persienreise heranzuziehen und sich so eingehender mit ihr zu beschäftigen. Um diese denkbare Auseinandersetzung zu erleichtern, sind nicht nur der Aufbau des Werkes, sondern auch die Buch-, Kapitel- und Absatzeinteilung des Originals in dieser Auswahl beibehalten, lediglich die Numerierung der einzelnen Bücher und Kapitel entfiel (wo innerhalb eines Absatzes gekürzt wurde, sind die Teile zu einem entsprechend kleineren zusammengefügt worden). Durch diese Anordnung kann jede Stelle im Originaltext schnell wiedergefunden werden. Alle jene Bestandteile des Werkes, die nicht in dieser Übertragung erscheinen, werden in den kursiv gedruckten Zusammenfassungen erwähnt, so daß die Gestaltung des Ganzen trotz der – notwendigen – Kürzungen deutlich hervortritt.[6] Der gesamte vorliegende Text mußte in modernes Deutsch übertragen werden, da sich, anders als bei Gedichten, das Satzgefüge der barocken Prosa an vielen Stellen nicht nur einer flüssigen Lektüre, sondern vor allem dem Verständnis des heutigen Lesers widersetzt. Dies gilt in erster Linie, aber nicht ausschließlich, für die Zueignung, das Vorwort und den Reisepaß, in denen die Verfasser bestrebt waren, durch besondere, rhetorisch kunstvolle Formulierungen die Bedeutung des Textes herauszustreichen. Um diesen Verlust ein wenig aufzuwiegen, sind die ausgewählten Gedichte in den Erläuterungen in der Fassung abgedruckt, in der sie bei Olearius auftreten; eine erste Kontaktnahme mit barocker Sprache ist somit möglich.

Die genauen Routenkarten vermitteln dem Leser einen plastischen Eindruck von den Wegen, die die Gesandtschaft zurücklegte. Das Register enthält die von Olearius verwendeten geographischen Namen und ihre heutige Entsprechung. Ist im Falle der Gedichte der Einheit des neuhochdeutschen Textes dadurch Rechnung getragen worden, daß sie ebenfalls in einer Übertragung geboten werden, so sind aus gutem Grund im Text die alten geographischen Namen verwendet worden: Manche Orte gibt es heute nicht mehr, und viele haben ihren Namen geändert. So hätte eine Vermischung beider Formen und Erklärungen den Erläuterungsteil unnötig anschwellen lassen. In diesem werden kulturell und historisch bedeutsame, aber abgelegene Details erklärt, die nicht ohne weiteres aus dem Text verständlich sind.

All jenen, die mir mit Hinweisen und Auskünften behilflich waren, sei an dieser Stelle gedankt. Vor allem sind hier Herr Professor Dr. Hanno Beck, Herr Professor Dr. Mehdi Roschanzamir und nicht zuletzt mein Freund Wolf-Dieter Grün zu nennen.

Bonn, im August 1984   Detlef Haberland

Vermehrte
Moscowitische
und
Persianische
Reisebeschreibung

Zum Andern mahl
herauß gegeben
Durch
Adam Olearius

Im Jahr
1656

Vermehrte
Newe Beschreibung
Der
Muscowitischen vnd Persischen Reyse

So durch gelegenheit einer Holsteinischen Gesandschafft an
den Rußischen Zaar vnd König in Persien geschehen.

Worinnen die gelegenheit derer Orter vnd Länder / durch
welche die Reyse gangen/ als Liffland/ Rußland/ Tartarien/ Meden vnd
Persien/ sampt dero Einwohner Natur / Leben/ Sitten/ Hauß-Welt-und Geistlichen
Stand mit fleiß auffgezeichnet/ vnd mit vielen meist nach dem Leben
gestelleten Figuren gezieret/ zu befinden.

Welche
Zum andern mahl heraus gibt
Adam Olearius Ascanius/ der Fürstlichen Regierenden
Herrschafft zu Schleßwig Holstein Bibliothecarius
vnd HoffMathematicus.

Mit Röm: Kayserl. Mayest. Privilegio nicht nachzudrucken.

Schleßwig/
Gedruckt in der Fürstl. Druckerey/ durch Johan Holwein/
Im Jahr M DC LVI.

Die Natur hat KIELMANN *mit einem solchen ehrwürdigen Antlitz beglückt, sie, die allnährende, den großen Mann mit vielen Gaben. Wie groß er an Klugheit, Rechtschaffenheit und Treue sei, bestätigt der Fürst der Schleswig-Holsteiner, das Kabinett und jeder Beliebige.*

Widmung an Adolf Kielmann

Dem Wohlwürdigen, Hochedlen, Gestrengen Herrn Johann Adolf Kielmann, Erbsasse[1] auf Satrupholm, Domprobst der Kirchen von Hamburg, derer zu Schleswig-Holstein etc., der Regierenden Fürstlichen Durchlaucht hochbetrauter geheimer Rat, Kammerdirektor, Hofkanzler und Amtmann auf Morkirch.

Meinem hochzuehrenden Herrn und mir vielfach geneigten Patron.

Wohlwürdiger, Hochedler und Gestrenger Herr: Es ist mir noch frisch im Gedächtnis, wie Sie, als ich nach vollendeter persischer Reise aus Holstein nach Muscow reisen wollte, wo ich in Ihrer Majestät des Zaren Dienst einzutreten gesonnen war, wozu ich mich nach einer bereits ergangenen schriftlichen Einladung verpflichtet hatte, wie Sie nach alter, auf der Universität Leipzig gepflogener guter Freundschaft mir stichhaltige Gründe dafür vorbrachten, daß ich meinen Vorsatz ändern und lieber am holsteinischen Hofe meinen Sitz nehmen sollte. Daher habe ich mich dem gnädigsten Begehren des Durchlauchtigsten Hochgeborenen Fürsten und Herrn, Herr Friedrich, Erbe zu Norwegen, Herzog von Schleswig-Holstein, Stormarn und Dithmarschen, Graf zu Oldenburg und Delmenhorst etc., bereitwillig unterworfen und bin, nachdem Sie mich durch gnädigstes Eintreten wieder aus russischem Dienst befreit haben, in seinen Dienst getreten. Worin ich auch zu meinem besonderen Wohlergehen wahr gefunden, was Eure Hochedlen Gestrengen mir damals von den vortrefflichen Tugenden Seiner Fürstlichen Durchlaucht rühmten: Wie dieser unter anderem nicht allein mit hohem Verstand begabt und dabei ein gütiger Herr sei, sondern wie Sie selbst gelehrt und in vielen, einem so hohen Potentaten geziemenden Wissenschaften und freien Künsten erfahren sei; daher sind auch diejenigen, die für ihn arbeiten, ihm mit besonderer Dankbarkeit zugetan. Daher schätze ich mich auch glücklich, ebenso wie die Königin von Arabien die Diener des weisen Königs Salomo pries, einem solchen Herrn aufwarten zu dürfen, dessen gnädigsten Anblick, hohe Weisheit samt den wirklichen Gnaden ich täglich empfinde und genieße.

So wie nun Ihr, Hochedler Gestrenger Herr, der Förderer meiner Glückseligkeit gewesen seid und gleichsam den ersten Stein zum Bau meines hiesigen Sitzes gelegt habt, so sind Sie auch der erste Anreger und vornehmste Mahner gewesen, daß ich meine Reisebeschreibung, und was ich sonst in fremden Ländern gesehen und aufgezeichnet habe, im Druck herausgeben und meinen Landsleuten deutscher Nation bekanntmachen sollte, wie dies aus Euer Hochedlen Gestrengen treffender Epistel, die dem Werk vorangesetzt ist, sattsam erhellt wird.

Darüber hinaus haben Eure Hochedlen, Eure Gestrengen mir große Unterstützung für die zweite Auflage dieses Werkes zuteil werden lassen: Ich habe neben anderen vielfältig genossenen Wohltaten wirklich verspürt, mit welcher großen Zuneigung Sie meiner Wenigkeit allezeit zugetan waren und noch sind. Daher habe ich große Ursache, Euer Hochedlen, Euer Gestrengen mein dankbares Gemüt erkennen zu geben. Dazu hat es bisher nur am Vermögen und an guter Gelegenheit gemangelt. Ich hätte zwar bei der Erstausgabe dieses Werkes die Gelegenheit ergreifen können, wenn nicht überhaupt nach Billigkeit, ja Pflichtschuldigkeit die erste Zueignung eher der Hocherwähnten Fürstlichen Durchlaucht, unserem beiderseits gnädigen Herrn, als Urheber dieses allen gebührt. Denn weil Seine Fürstliche Durchlaucht die höchstlöblichem Zweck dienende teure Gesandtschaft ausgerüstet und also Grundstock, Mittel und Ziel gegeben haben, daß man von so fernen Ländern und Nationen etwas Näheres berichten und schreiben kann, war es auch billig, daß Seiner Fürstlichen Durchlaucht der Erstling dieses Werkes dargeboten und zugeeignet würde. Und derselben Fürstlichen Durchlaucht bleibt das Hauptwerk auch zugeeignet.

Weil aber das, was in der vorigen Ausgabe enthalten ist, jetzt wiederholt wird, schickt es sich meines Erachtens nicht, ein Werk einem Herren zweimal zu widmen; die Höflichkeit gemahnt mich vielmehr, mit der zweiten Ausgabe etwas niedriger zu gehen und doch gleichwohl einen solchen Schirmherrn zu wählen, der Seiner Fürstlichen Durchlaucht am nächsten steht. Da finde ich dann Eure Hochedlen, Eure Gestrengen als Seiner Fürstlichen Durchlaucht hochbetrauten geheimen Rat, Kammerdirektor, Hofkanzler und Amtmann in solcher demselben und dem Hochfürstlichen Hause zugetaner Treue, daß Sie Seiner Fürstlichen Durchlaucht wo nicht der Nächste, jedoch auch nicht gar so weit entfernt sind, durch den das Land löblich regiert und sein Aufschwung und Wohlstand fleißig beobachtet wird. Ich könnte dafür genug Beispiele anführen, wenn ich nicht wüßte, daß die ersprießliche Auswirkung Ihrer vielen nützlichen Verrichtungen, darunter insbesondere die im Jahre 1641 und 1642 sowohl am Römischen Kaiserlichen Hofe als auch auf dem Reichstag zu Regensburg Ihrer Fürstlichen Durchlaucht und dem herzoglichen Hause und diesen Ländern erwiesenen eifrigen treuen Dienste, im Lande bekannt wären. Daher schweige ich auch von den Jahren 1643 und 1644, in denen Sie nach überstandenen Kriegszeiten unter vielfältiger ins Auge gefaßter Gefahr zwischen den Armeen hin- und hergereist sind und daran gearbeitet haben, die großen Schwierigkeiten zu des Landes besonderem Nutzen und Aufrechterhaltung zu mindern, wo es nicht möglich war, sie gänzlich zu beseitigen. Sie haben auch bei den höchstansehnlichen und fruchtbaren Eheverbindungen und Bündnissen zwischen diesem Hochfürstlichen holsteinischen und auch anderen Hochfürstlichen Häusern Ihre Treue und Ihren Einsatz spüren lassen.

Zudem will ich nicht daran denken, wie sehr Sie es sich von jeher haben angelegen sein lassen, die Ihrer Fürstlichen

Durchlaucht und dem Fürstlichen Hause zustehende Fürstliche Reputation nicht allein in der rechten Weise zu erhalten, sondern gezielt zu erweitern und zu vermehren und zu diesem Zweck bei dem Fürstlichen Hause manche nützliche Anordnung anzuregen; und schließlich haben Sie sich sowohl in der Öffentlichkeit als auch in der Handhabung der heilsamen Justiz allemal dahingehend befleißigt, wie sich Seiner Fürstlichen Durchlaucht in aller Welt hochblühender und an sich unsterblicher Nachruhm noch mehr ausbreiten und auch dem Vaterlande viel Nützliches zuwachsen und dieses in friedlichem ruhigem Stande erhalten und bewahrt werden möge.

So haben sich also Euer Hochedlen, Euer Gestrengen um diesen Hochfürstlichen Hof und das ganze Land der unschätzbaren und auch noch täglich andauernden wohlgemeinten wirklichen Treue halber höchst verdient gemacht, daß Ihnen jeder mit Ehrerbietung und Dienstwilligkeit zu begegnen Ursache hat. Dies will ich von meiner Seite aus nach Schuldigkeit beachten und mit diesem Vorwort, das unter Euer Hochedlen, Euer Gestrengen Namen und Titel herausgegeben wird, nach Kräften gern leisten, in der unerschütterlichen Hoffnung, Eure Hochedlen, Eure Gestrengen werden sich diese meine Intention samt der Arbeit desto gefälliger und angenehmer sein lassen, weil Sie nicht nur solche Schriften und Geschichten, soweit es Ihre mit hohen Amtsgeschäften stets überfüllte Zeit zuläßt, gerne lesen, sondern auch selbst stattliche Reisen in fremde Länder und Königreiche getan haben, wobei Sie es ohne Zweifel verstehen, aus der Beobachtung der verschiedenen nationalen Polizeiwesen den richtigen Schluß zu ziehen und zugleich Ihre wichtigen Hof- und Landesgeschäfte zu allgemeinem Nutzen einzurichten und auszuführen.

Ich aber habe mit dieser Zueignung ein Monument meiner schuldigen Dankbarkeit, und zwar öffentlich (wie Seneca I, 2. benef. cap. 23 sagt: »Ingratus est, qui remotis arbitris agit gratias.«)² errichten und mich dabei Eurer Hochedlen, Eurer Gestrengen samt der ganzen Familie anbefehlen wollen. Ich bilde mir dabei aber nicht ein, daß ich durch dieses Vorhaben die Unsterblichkeit Eures Hochedlen, Eures Gestrengen Namens herbeiführen könnte, welche Sie durch Ihre hohen Verdienste bereits erlangt haben. Der alten Perser ewiges Feuer hat auf dem Altar durch kein anderes als reines Palmenholz ernährt und erhalten werden dürfen: Wenn ich ebenfalls dem hochlöblichen Kielmannischen Ansehen einen Altar setzen und Ihren guten Ruf nach persischer Art der Zukunft übermitteln könnte, würde ich das beliebte und in hieroglyphicis bekannte Palmenholz[3] nirgend reiner und besser als an Euer Hochedlen, Euer Gestrengen Hofe in deren Eigentum (das heißt seiner glorwürdigen Tugenden) zu holen und anzulegen wissen. Wozu dann Ihre Herren Söhne, die jetzt gottlob in voller Blüte stehen, ihrerseits künftig mit GOttes Hilfe es an nichts werden mangeln lassen, was der allwaltende GOtt in Gnaden geschehen lassen möge! In dessen Schutz befehle ich treulich Euer Hochedlen, Euer Gestrengen samt der ganzen Familie.

   Gegeben zu Schleswig, den 5. März,
   am Tage FRIEDRICH im Jahr 1656.
   Euer Hochedlen, Euer Gestrengen
     Unterdienstbeflissener
      Adam Olearius.

Wer Du auch seist, wende Deine Blicke hierher, das ist OLEARIUS. Er gibt Dir hier ein Bildnis seiner Persönlichkeit, die auch der Zar aller Reußen für würdig gehalten hat, zur Kenntnis zu nehmen, wie auch Schah Sefi, Herr über die Deinigen, reiches Persien. Kann er zwar nicht wie ein universales Genie abgebildet werden, hat er sich doch dargeboten wie er ist.

KAISERLICHES PRIVILEG

Wir, Ferdinand der Dritte, von GOttes Gnaden gewählter Römischer Kaiser, zu allen Zeiten Vergrößerer des Reiches in Germanien, Ungarn, Böhmen, Dalmatien, Kroatien und Slavonien etc., König und Erzherzog zu Österreich, Herzog von Burgund, Steiermark, Kärnten, Krain und Württemberg, Graf von Tirol etc., bekennen öffentlich mit diesem Brief und tun öffentlich kund, daß Unser und des Reiches lieber Getreuer, Adam Olearius, in Untertänigkeit zu vernehmen gegeben hat, daß er seine in Persien verfaßte Reisebeschreibung und dieses Buch unter dem Titel »Moskowitische und Persische Reise« erweitert und zum zweiten Mal zu drucken entschlossen sei, mit der untertänigsten Bitte, daß Wir ihm dazu Unser Kaiserliches Druckprivileg zu erteilen gnädigst geruhen wollen, so daß dieses Buch innerhalb von zehn Jahren nicht nachgedruckt werde. Da Wir die eben erwähnte angemessene Bitte sowie die mühsame Arbeit an diesem Werk gnädig angesehen haben, so haben Wir selbst in Gnade die Freiheit dazu gegeben. Wir tun dies auch kraft dieses Briefes, daß er, Adam Olearius, dieses Buch, »Moskowitische und Persische Reise« genannt, in öffentlichem Druck erscheinen, gelegentlich nachdrucken, es zum Verkauf anbieten und verkaufen lassen dürfe. Daß dieses niemand ohne sein Einverständnis und Wissen innerhalb von zehn Jahren, vom Datum dieses Briefes an gerechnet, im Heiligen Römischen Reich nachdrucken und verkaufen lassen dürfe. Und Wir verbieten dies allen Unseren und des Heiligen Reiches Untertanen und Getreuen, insbesondere aber allen Buchdruckern, Buchführern und Buchhändlern bei einer Strafe von sechs Mark lötigen Goldes[4], die jeder bei freventlicher Zuwiderhandlung zur Hälfte der Kaiserlichen Kammer und dem genannten Adam Olearius oder seinen Erben zu bezahlen habe. Hiermit befehlen Wir ernstlich, daß weder ihr noch einige von euch oder jemand durch euch die persische Reisebeschreibung innerhalb der oben bestimmten zehn Jahre nachdruckt, verteilt, zum Verkauf anbietet, verleiht oder verkauft noch dies auch anderen gestattet, bei Vermeidung Unserer Kaiserlichen Ungnade und Verlust eures Drukkes, den der oft erwähnte Olearius oder seine Erben, auch deren Auftraggeber mit der Hilfe und Unterstützung jeder örtlichen Obrigkeit, wo sie sie immer finden werden, beschlagnahmen dürfen und nach ihrem Gefallen behandeln dürfen.

Mit Urkunde dieses Briefes, besiegelt mit Unserem Kaiserlichen aufgedruckten Geheimsiegel, der gegeben ist in Unserer Stadt Wien am vierten Tag des Monats August im sechzehnhundertfünfundfünfzigsten Jahre nach Christi, Unseres lieben HERRN und Seligmachers gnadenreicher Geburt, im neunzehnten Jahre Unseres, des Römischen Reiches, im dreißigsten des Ungarischen und achtundzwanzigsten des Böhmischen.

L. S.

Justus von Gebhardt mp.[5]

Auf Befehl des Heiligen Kaisers
Eigentum der Majestät
Wilhelm Schröder mp.

Vorrede an den geneigten Leser

Lieber geneigter Leser. Ich habe vor zehn Jahren die Beschreibung der von den holsteinischen Gesandten nach Muscow und Persien unternommenen Reise in öffentlichem Druck herausgegeben. Weil aber alle Exemplare vergriffen sind und dennoch die Beschreibung von vielen hohen und niederen Standespersonen weiterhin begehrt wird und ich gleichsam genötigt wurde, diese wieder neu aufzulegen, habe ich es für meine Schuldigkeit erachtet, ihnen und anderen Landsleuten zu willfahren. Erstens, weil die geringe Arbeit Anlaß gab, mich sowohl schriftlich als auch mündlich um weitere Berichte von Themen zu bitten, die ich entweder nur kurz angeschnitten oder ausgelassen habe. Ich bekenne, daß ich in der ersten Ausgabe viel umfassender und ausführlicher hätte sein können. Es hat mir auch nicht an Stoff, sondern an Zeit gemangelt, die meine damaligen Geschäfte und mein häusliches Unglück, das mich leider traf, in Anspruch nahmen. Weil ich aber nunmehr gottlob von solchen Behinderungen etwas befreit bin und es mehr Gelegenheit zu dieser Arbeit gegeben hat, so habe ich nicht nur das bereits Gedruckte wiederholt, sondern auch das hinzugefügt, was früher wegblieb – und was ich gleichwohl für nötig erachtet habe zu berichten. Es fehlt, was die Perser noch mehr an fabelhaften sowohl biblischen als auch ihre Religion betreffenden historischen Berichten in ihren Schriften haben. Das soll, neben anderen hübschen persischen Themen und Kupferstichen, in einer besonderen Abhandlung mit GOttes Hilfe bald folgen.

Es gehört zwar zu einer Reisebeschreibung nicht eigentlich ein ausführlicher Bericht von den Ländern, der Völker Leben und Sitten, dem Polizeiwesen und der Religion. Weil ich aber sehe, daß es andere Autoren vor mir mit dazugenommen haben, habe auch ich es nicht ratsam gefunden, daraus ein neues Buch zu machen. Daher habe ich die reine Reisebeschreibung mit anderen Dingen für den Leser, der mehr zu wissen wünscht, verbunden. In dieser Ausgabe habe ich aber nicht allein den jetzigen Zustand der Nationen umrissen, sondern auch beschrieben, wie dieser früher und im Altertum gewesen ist, damit man sehe, was vom Altertum her überliefert ist und wie die Veränderung vor sich gegangen ist. Das wird meines Erachtens dazu dienen, daß man bei der Lektüre der alten und neuen Geschichte erkennt, inwieweit man sie noch für gültig halten und ihr Glauben schenken könne. Die russische christliche Religion war anfangs in allem mit der der Griechen gleich. Wenn man aber sieht, was ich vom jetzigen Zustand ihrer Kirche berichte, und dagegen das Rituale Graecorum Jacobi Goar[6] hält, wird man sehen, wie's mit den Russen geendet hat. Desgleichen wird man auch im täglichen Leben und in der Religion einen großen Unterschied zwischen den heutigen und den alten Persern finden. Ich habe daher bei der Beurteilung des Sachverhaltes oft von neueren Autoren abweichen und sie teilweise auch widerlegen müssen, um den an den Wissenschaften Interessierten die Wahrheit und richtige Beschaffenheit der Tatsachen zu vermitteln. Ich habe nichts geschrieben, wozu ich keinen guten Grund hatte. Nichts Höheres fordert man ja von einem Geschichtsschreiber als Wahrheit. Daher habe ich mich auch nicht umstimmen lassen, als nach der Ausgabe des ersten Druckes manche guten Freunde auf den Universitäten mir vorhielten, warum ich bei der persischen Landkarte und besonders bei der des Kaspischen Meeres von den weltberühmten alten Geographen Ptolemäus, Strabon, Dionysius Alexandrinus und anderen abgewichen bin. Aber diese selbst sind sich nicht einig, wie ja auch ihre Kommentatoren bemerkt haben. Was die neuen Autoren betrifft, so heißt es, weil einer vom anderen abschreibt: »Errante uno, errant omnes.« Was ich selbst bereist und mit eigenen Augen gesehen (ob dies immer auch bei anderen geschehen ist, ziehe ich sehr in Zweifel) und also anders erfahren habe, scheue ich mich nicht zu schreiben. Zumal es noch viele lebende Zeugen gibt, die mit uns gereist sind und vieles wissen.

Es hat sich mancher gewundert, woher ich so viele Auskünfte über diese Länder und Nationen, insbesondere über Persien, bekommen habe, da wir doch kaum ein Jahr dort gewesen sind. Aber man muß wissen, daß ich in Persien so fremdartige und von den Geschichtsschreibern noch nie genannte Dinge antraf, daß ich desto größere Lust bekommen habe, selbst mehr darüber zu wissen und den Europäern bekannt zu machen. Es war mir daher keine Mühe zuviel, bei den Leuten herumzufragen, um mein Ziel zu erreichen. Dabei haben mich dann teilweise die europäischen Mönche, die in der Hauptstadt[7] wohnen, als da sind: Portugiesen, italienische Augustiner, französische Karmeliter und Barfüßer, von denen viele über zweiunddreißig Jahre im Lande gewesen waren, nicht nur in Freundschaft aufgenommen, sondern auch gefördert. Teilweise haben mich die Perser, die bei uns in Holstein geblieben und Christen geworden sind, unterstützt – abgesehen von den Informationen, die ich aus ihren mitgebrachten Büchern zog.

Der geneigte Leser lasse es sich aber nicht verdrießen, daß ich bisweilen etliche nebensächliche Dinge, die manchem der Tinte nicht wert erschienen wären, beachtet habe; aber aus schlechten Sachen und Begebenheiten kann man oft die Eigenart der Leute oder die Beschaffenheit eines Dinges erkennen. Wenn ihm denn vielleicht etwas Unangenehmes begegnen möchte, wolle der geneigte Leser dem Rat des Scheichs Saadi folgen, den dieser in der Vorrede über seinen *Kulistan*[8] gibt und der da empfiehlt, schnell zu lesen und bei dem, was ihm besser gefällt, desto länger zu verweilen.

Es wird auch mancher meine Absicht verkennen, wenn ich viele Dinge erwähnt habe, die ich wohl anständigerweise hätte verschweigen sollen; aber man bedenke, was Nicephorus Gregoras[9] an den Anfang seines Buches setzt: »Die von etwas schreiben wollen, müssen den geschickten Malern folgen, die nicht alle Gebrechen und Mängel der Natur darstellen, sondern darüber hinwischen.« Aber das hätte gleichwohl geheißen: *die Wahrheit auszulassen,* nach welcher der Leser billigerweise begierig ist. Ich habe noch viel mehr in meinem Tagebuch aufgezeichnet, was ich jedoch, weil es zur Sache nichts beiträgt, ausgelassen habe.

Ich erachte es auch der Erwähnung wert, daß ich bei der Schreibung der fremden Wörter der hochdeutschen Schreibweise und Aussprache gefolgt bin, wie es auch in anderen Sprachen geschieht. Denn damit man weiß, wie die Aussprache im Original lautet, sollte man sehen, wie sie in den verschiedenen Sprachen geschrieben wird. Ich sehe in diesem Fall bei den Autoren lateinischer Sprache große Unterschiede. Die Spanier, Italiener und Franzosen richten sich in ihrem Latein in Buchstaben und Wörtern nach ihrer Muttersprache. Wenn dies nun ein Deutscher liest und nicht beachtet und alles nach seiner Aussprache einrichten will, geschieht es oft, daß man weder den richtigen Klang der ursprünglichen Wörter noch ihre richtige Bedeutung trifft. Wenn ich in Persien ein Wort, das ich bei den Lateinern gefunden hatte, in unserer Aussprache sagte und etwas fragen wollte, so hat kein Perser gewußt, was ich wollte. Ein Spanier schreibt »China« und sagt, wie die Perser auch, »Tzina« oder »Tschina«, desgleichen »Xa« für »Schah«.

Ich habe mir auch im Deutschen die Freiheit nehmen wollen, die Eigennamen bisweilen gegen die neue Gewohnheit mit der und auch ohne die lateinische Beugung zu gebrauchen, je nachdem wie mir es gut schien, auch etliche lateinische Wörter und Fachausdrücke, die im Deutschen nicht immer gut klingen, nach alter Gewohnheit beizubehalten. An den Stellen habe ich das Lateinische beibehalten, an denen nämlich etwas Obszönes vorkam, wodurch die Jugend oder Frauenzimmer verletzt werden könnten, was aber durch die Art der Andeutung nicht gut hat übergangen werden können.

Die griechischen Autoren habe ich nicht nach ihren Originaltexten, sondern nach ihrer lateinischen Übersetzung zitiert, weil viel mehr Leute Latein verstehen als Griechisch. Daher hat Brissonius[10] mit seinem ansonsten schönen und fleißigen Buch, in dem er nur die griechischen Originaltexte verwandte, denen, die kein Griechisch können, keinen guten Dienst erwiesen.

Alles in allem habe ich mit diesem Buch den Gelehrten und Ungelehrten dienen wollen, wobei ich wünschte, daß sich gute Gemüter finden möchten, die das Buch mit dem gleichen Eifer, mit dem ich es geschrieben habe, lesen mögen – dann wird die Arbeit nicht vergebens gewesen sein. Mache ich es auch nicht allen recht, so ist es genug, wenn ich nur einigen wenigen bescheidenen Leuten gefalle. In diesem Falle will ich mich mit dem Segen Jupiters, der nicht allen winkt, bescheiden.

Der geneigte Leser gehabe sich wohl.

*

Es folgen ein Literaturverzeichnis mit 165 Titeln, in dem Olearius seine Quellen angibt, danach Widmungen von Johann Adolf Kielmann und Geheimrat Lewin Klaus Moltke, in bester humanistischer Tradition auf lateinisch, sowie vier lateinische Gedichte.

Mit solchem Mund und Stirn war ich in Stadt und Land, im Herzen aber nur dem Himmel wohl bekannt. Das Leben Hamburg gab, Hispanien den Mut, und Holstein großes Glück, mein Tun den Tod mir tut.

Durch Geist und Tugend edel, ein Themistos durch Begabung, edler aber noch durch seine Redekunst, die selbst Sefi bestaunte. CRUSIUS *trägt diese himmelsgleichen Zierden, beide Hemisphären kannten den Glanz seines Ruhmes.*

GOTT ALLEIN DIE EHRE!

VON DER REISE NACH MUSCOW UND WAS SICH AUF IHR ZUGETRAGEN HAT

Vom Nutzen der Reisen in fremde Länder

Ich behaupte, daß es eine von den größten Glückseligkeiten ist, die in dieser Welt einem Menschen, der mit Aristoteles ζῶον πολιτικόν[1] genannt werden soll, widerfährt, wenn er bei guter Gelegenheit Reisen in ferne Länder tun, die Welt durchwandern, fremde Länder und Leute sehen und ihre Eigenart erkunden und betrachten kann.

Auch ist es der Natur eines tapferen Gemütes zuwider, daß er wie die Schnecke immer im Hause (was dem weiblichen Geschlechte und Hausmüttern wohl ansteht) bleiben soll. Daher sagt Lipsius[2] zu Recht: »Nur Leute von schlechter und geringer Natur haben Lust, hinter dem Ofen zu sitzen und in ihrem Vaterland angebunden zu bleiben; diejenigen aber sind edler und voll Geist, welche dem Himmel folgen und zur Bewegung Lust haben.«

Es kann auch GOtt dem HERRN, der nach der Heiligen Schrift immer ein besonderes Auge auf die Reisenden und Fremden gehabt, nicht zuwider, sondern vielmehr angenehm sein, weil Er, der große Hausvater, die Welt dem Menschen zum Wohle geschaffen hat. Er hat ihm die Erde als das zeitliche Wohnhaus und den Lustgarten gegeben, welcher von Ort zu Ort mit immer anderen Herrlichkeiten und Früchten geschmückt ist. Und weil dies alles um des Menschen willen erschaffen ist, will der gütige GOtt auch, daß es den Menschenkindern kund und Er dadurch gepriesen werde.

Daher kann es nicht falsch sein, wenn einer schaut und betrachtet, wie GOtt nach seinem weisen Rat durch die Himmelsordnung, die Natur und seine besondere Gnade die verschiedenen Weltgegenden und deren Einwohner mit unterschiedlicher Glückseligkeit begabt und mit Wunderwerken und Wohltaten beseligt hat, daß man sich daran nicht allein erfreuen, sondern mit dem König David dem großen GOtt zu Lob den 104. Psalm hören lassen soll:

> HERR, wie sind deine Werke so groß und viel! Du hast sie alle weise geordnet, und die Erde ist voll deiner Güter!

Wer nun nicht nur die Länder durchstreift wie die gemeinen Boten, die nur beobachten, wo die besten Wirtshäuser anzutreffen sind, sondern seine Reisen mit Verstand und rechtschaffenem Vorsatz unternimmt, dessen Wanderschaft zeitigt neben Belustigung und GOttes Lob auch viel Nutzen – für den Reisenden selbst wie auch für sein Vaterland. Man kann von fremden Völkern immer, wenn man nur will, etwas Gutes lernen; sind ihre Sitten und Gebräuche tugendhaft und lobenswert, so folgt man ihnen billig. Sind sie hingegen lasterhaft, soll man sie verabscheuen und das Gegenteil tun und sich und seine Heimat in einem solchen Fall glücklich schätzen. So kann man auch von Barbaren und bösen Leuten etwas lernen. Anderer Leute Fehler und Irrwege sollen uns eine Ermahnung für den rechten Weg sein, sagt Diodorus Siculus.[3] Daher sagt der weise und bei den Persern hochgerühmte Lokman[4], als er gefragt wurde, woher er seine Weisheit habe: »Von dummen und groben Leuten habe ich gelernt. Denn was mir an ihrem Tun und Wesen mißfiel, das vermied ich.«

Mit welchem großen Nutzen Politiker, Rechtsgelehrte und

solche, die weltliche Ämter erlangen und regieren wollen, reisen können, wird niemand in Zweifel ziehen. Daher haben auch viele vornehme Herrscher weit zu reisen beliebt, wie etliche dem Johan a Chokier[5] in seinem *Thesaurus politicus* erzählen. Horaz rühmt deswegen den Odysseus, wenn er in seiner *De arte poetica* sagt:

> Dic mihi musa virum captae post tempora Trojae
> Qui mores es hominum multorum vidit et urbes.[6]

Die vortrefflichen Reisen des Kaisers Karl V. sind aus den Geschichtsschreibungen wohl bekannt. Trajan sagte, als er im Krieg gegen die Parther viel Gefahr ausgestanden hatte und ausfuhr, um den Ozean zu erkunden, und sah, daß einige Schiffe nach Indien fuhren: »Ach, wenn ich noch jünger wäre und es meines Leibes Kräfte zuließen, wollte ich auch nach Indien fahren, um das Land zu erforschen.«

Weil es nun nicht jedermanns Stand und Lebensumstände zulassen, daß er sich auf ferne Reisen begibt und die fremden Dinge selbst in Augenschein nimmt, so tun diejenigen, die dieses Glück haben, meines Erachtens gut daran, daß sie nach ihren Reisen eine gewissenhafte Beschreibung verfassen und herausgeben. Dann können auch andere sich mit ihren Gedanken in ferne Länder schwingen – wie sonst durch das Lesen alter Geschichten in längst vergangene Zeiten – und sich die Beschaffenheit unbekannter Dinge vorstellen und sie kennenlernen; ja, sie reisen, um es einmal so zu sagen, zu Hause sitzend durch die ganze Welt.[7]

Wie aber unter den vier Teilen der Welt Asien von alters her der herrlichste und vornehmste war, so ist es unter den orientalischen Ländern das persische Königreich. Dies hat viele Gründe; vor allem ist es die frühere glanzvolle Monarchie, die das Land bei den Liebhabern der Geschichtsschreibung beliebt macht und in ihnen die Begierde erweckt, von seinem jetzigen Zustand zu wissen.

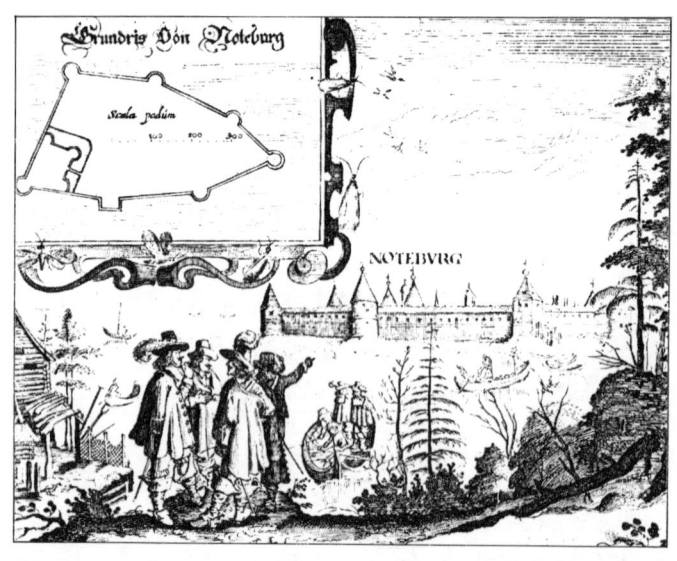

Die Festung, deren Name Olearius aus ihrem nußähnlichen Grundriß ableitet, wurde im Dreikronenkrieg (1563–70) von den Schweden »mit accord« eingenommen.

Nun sind die persischen Landschaften und Provinzen bereits in manchen Reisebeschreibungen geschildert worden, so daß man es für unnötig erachten könnte, noch einen weiteren Bericht von ihnen zu geben. Wie aber alle Dinge im Lauf der Zeiten Veränderungen erfahren haben, so hat sich auch der Zustand des persischen Reiches – wie er in den alten Geschichtsbüchern beschrieben ist – so gewandelt, daß man jetzt wohl Persien in Persien suchte und es nicht fände. Denn dort ist fast nichts mehr als nur der Weg und was daneben liegt unverändert geblieben. Dies haben wir bei Gelegenheit der von Holstein an den Schah von Persien abgegangenen Hochfürstlichen Gesandtschaft selbst gesehen und erfahren. Darum haben manche der Unseren ihre Reise bedauert und, weil sie das Land ihrer Einbildung nach nicht in dem alten

Zustand gefunden und dabei noch allerhand Ungemach und Beschwerlichkeit ausgestanden haben, in die Stammbücher geschrieben:

> Was suchen wir doch viel die alten Herrlichkeiten,
> Die unterworfen sind dem Fraß der Zeiten?
> Ich habe Persien in Persien gesucht
> Und darum meinen Weg wohl hundertmal verflucht.

Den Zustand und die Beschaffenheit dieses Königreiches wie auch anderer Länder, Provinzen und Völker, durch die wir gezogen, samt dem, was uns auf der langen und mühseligen sechsjährigen Reise denkwürdig vorgekommen ist und der Öffentlichkeit zu übergeben wert ist, dies habe ich dem Vaterland deutscher Nation hiermit treu und aufrichtig herausgeben wollen.

*

Am 22. Oktober 1633 bricht eine vierunddreißigköpfige Gesandtschaft aus Gottorf nach Moskau mit dem Ziel auf, Zar Michail Fjodorowitsch um den Durchzug durch Rußland nach Persien zu bitten. Herzog Friedrich bestimmt Philipp Crusius, königlich schwedischer Hofrat, Burggraf zu Narwa und Generaldirektor der Handelsniederlassungen in Estland und Ingermanland, sowie Otto Brüggemann, Kaufmann aus Hamburg, zu Gesandten. Ein Schiffer, Michael Cordes, wird angeheuert, um die Gesandtschaft die Wolga hinab und über das Kaspische Meer zu fahren. Man schifft sich am 9. November in Travemünde ein und passiert bald darauf Bornholm. In dichtem Nebel erreicht man Dünamünde, wo ein Lotse das Schiff übernimmt und in den Hafen Rigas bringt (14. November). Dort bleibt die Gesandtschaft bis zum 14. Dezember, bis Schnee und Eis die Weiterfahrt auf Schlitten möglich machen. Mit einunddreißig Schlitten geht die Fahrt weiter über Wolmar und Dorpat, wo man Weihnachten feiert. Am 3. Januar

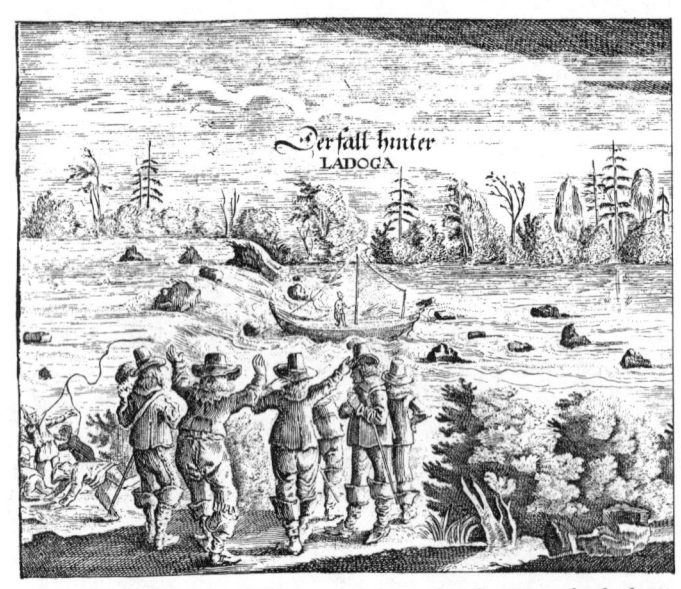

Der gefährliche Wasserfall hinter Ladoga, den die Gesandtschaft mit ihren Booten glücklich überwindet. Man berichtet ihnen, daß selbst kundige Schiffer hier umgekommen seien.

1634 wird Narwa erreicht. Dort trifft man die schwedische Gesandtschaft, die ebenfalls zum Zaren reist und das gleiche Ziel wie die Holsteiner hat: nämlich um Durchzug nach Persien zu bitten. Ein Teil der Holsteiner fährt nach Moskau voraus, während eine Gruppe in Narwa bleibt und eine dritte nach Reval weiterreist. Schließlich erfährt man, daß die schwedischen Gesandten in Neuschanz warten, wo man am 1. Juni (nach langem Stilliegen) eintrifft. Gemeinsam wartet man, bis auch die schwedische Gesandtschaft vollzählig ist. Von da geht es nach Nöteburg, wo die schwedische Gesandtschaft von russischen Pristaffen abgeholt wird. Die Holsteiner müssen noch drei Wochen warten. Endlich, am 20. Juli 1634, kommt der Vertreter des Zaren, der sie in Empfang nimmt.

Nunmehr geht es nach »Ladoga« und von dort die »Wolchda« hinauf nach »Naugardt«, wo man am 28. Juli eintrifft. Fast überall wird die Gesandtschaft von den Woiwoden[8] begrüßt, es wird Salut geschossen und Branntwein getrunken. Am 12. August 1634 erreicht man »Twere«, die letzte Stadt vor Moskau.

Wie wir vor der Stadt Muscow empfangen und hineingeleitet wurden

Am 14. August morgens trat der Pristaff[9] mit seinem Tolk[10] und Schreiber vor die Herren Gesandten, dankte für die auf der Reise von uns genossenen Wohltaten und bat daneben um Verzeihung, daß sie uns nicht, wie es sich gebührt, aufgewartet hätten. Dem Pristaffen wurde ein großer Pokal, dem Dolmetscher und den andern aber Geld verehrt. Als der Bote wieder aus der Stadt zurückkam, schickten wir uns zum Einzug in folgender Ordnung an:

1. Voran ritten die Strelitzen[11], die uns begleitet hatten.
2. Drei unserer Leute, darunter der Furier und Schiffer.
3. Denen folgten drei Handpferde.
4. Der Trompeter.
5. Der Marschall. Dem folgten
6. Die Hofjunker und Truchsessen[12] in drei Gliedern zu je drei Mann.
7. Dann der Sekretär, der Leibarzt und der Hofmeister.
8. Die Herren Gesandten, vor denen je vier Leibschützen mit Karabinern gingen.
9. Der Pristaff ritt rechts neben den Gesandten, jedoch ein wenig hinter ihnen.
10. Es folgten die Pagen, sechs in zwei Gliedern.

11. Eine Kutsche, von vier Apfelschimmeln gezogen.
12. Der Wagenmeister mit acht Personen in drei Gliedern.
13. Auf fünf Gestellen wurden die Fürstlichen Geschenke, die dem Zaren überreicht werden sollten, mit Tapeten bedeckt getragen.
14. Eine Kalesche mit dem kranken Simon Friese.
15. Zuletzt ritten drei Jungen.

Als wir nun in solcher Ordnung sehr langsam vorgingen und etwa eine halbe Meile vor der Stadt waren, kamen zehn reitende Posten in vollem Galopp einer nach dem anderen uns entgegen. Sie deuteten dem Pristaffen an, wo die Russen wären, die uns empfangen sollten, und brachten den Befehl, bald schnell, dann wieder etwas langsamer zu gehen, damit nicht eine Partei eher als die andere an einen bestimmten Ort kommen und dort warten müsse. Es kamen uns auch unterschiedliche Rotten wohl ausstaffierter Russen entgegen, machten hinter uns kehrt und ritten wieder zurück. Unter ihnen waren auch etliche aus der schwedischen Gesandtschaft. Diese durften uns jedoch nicht die Hand reichen, sondern konnten uns nur von ferne zurufen. Als wir auf eine viertel Meile der Stadt nahe waren, erwarteten uns über viertausend Russen in köstlichen Kleidern und Pferden, durch deren Spalier wir ritten.

Kaum waren wir noch einen Pistolenschuß weitergegangen, da kamen zwei Pristaffen mit goldenen Stücken[13] und hohen Zobelmützen auf wohl aufgezäumten weißen Pferden, die anstatt des Zaumes silberne Ketten hatten. Deren Glieder waren über zwei Zoll breit und nicht über einen Messerrücken dick, jedoch so weit, daß man eine Hand fast hindurchstecken konnte; das gab bei der Bewegung der Pferde ein lautes Klirren und einen fremdartigen Klang. Diesen folgte der Großfürstliche Stallmeister mit zwanzig weißen Handpferden und einer großen Menge hinter sich zu Pferd und zu Fuß. Als diese vor die Gesandten kamen, stiegen die Pristaffen und Gesandten ab, der älteste Pristaff entblößte sein Haupt und begann folgende Rede:

Der große Zar[14] und Großfürst Michail Fjodorowitsch, aller Russen Selbsterhalter, zu Wladimir, Muscow, Naugardt, Zar zu Casan, Zar zu Astrachan, Zar zu Sibirien, Herr zu Pleskau, Großfürst zu Twerski, Jugerski, Permski, Wadski, Bolgarski und anderen, Herr und Großfürst zu Naugardt in Niedrigen Landen, Rosanski, Rostoffski, Gereslaffski, Beloserski, Udorski, Obdorski, Condinski und Gebieter der ganzen Nordküste, Herr der Juerischen Länder: Kartalinski, Igrusinski, Zar der Kabardinski-Länder, Cyrcaski und Jorski Fürsten und Herr und Herrscher vieler anderer Herrschaften etc. läßt Euch, des Herzogs zu Schleswig-Holstein, Stormarn und Dithmarschen, des Grafen von Oldenburg und Delmenhorst große Gesandte durch Uns empfangen, gewährt Euch und Euren Hofjunkern die Gnade, auf Euern Pferden einzureiten. Er hat uns beide zu Pristaffen bestellt, damit Wir Euch während der Zeit, die Ihr in Muscow verbringt, aufwarten und mit allen Notwendigkeiten versorgen.

Als der Gesandte Philipp Crusius die Gegenantwort gegeben hatte, wurden zwei große Schimmel mit gestickten deutschen Sätteln belegt und mit allerhand Zierat geschmückt, hervorgezogen und den Gesandten zum Einritt in die Stadt gegeben. Sobald die Herren Gesandten aufgesessen waren, mußte der vorige Pristaff mit den Kosaken, die uns von der Grenze bis Muscow gebracht hatten, wegreiten. Den Vornehmsten der Gesandtschaft wurden ebenfalls zehn Schimmel zur Verfügung gestellt, welche mit goldverzierten russischen Sätteln belegt waren. Die Gesandten ritten zwischen den beiden Pristaffen. Hinter den Pferden gingen russische Diener, trugen die Satteldecken aus Leopardenfell, Goldstickerei und

Scharlacken[15] nach. Neben den Gesandten ritten die anderen Muscowiter mit vollem Gedränge bis in die Stadt und vor das Gesandtenhaus. Wir wurden innerhalb der weißen Mauern einquartiert: in Zarskigorod, das heißt »des Kaisers Stadt«. Beim Einritt sahen wir auf allen Gassen und vor allen Häusern eine unüberschaubare Menge Volks, die unserem Einzug zuschaute. Die Gassen waren aber sehr verwüstet wegen des großen, kurz vor unserer Ankunft geschehenen Brandes; in dem waren über fünftausend Häuser eingeäschert worden. Daher wohnten die Leute auch in Zelten, und auch wir wurden nicht wie üblich in dem Gesandtenhof untergebracht, der ebenfalls in Flammen aufgegangen war, sondern in zwei hölzernen Bürgerhäusern einquartiert.

*

Olearius beschreibt nun, wie die Gesandtschaft in Moskau lebt, wie sie vom Zaren bewirtet wird und welche Feste und Festlichkeiten veranstaltet werden. Am 19. August 1634 haben die Holsteiner ihre erste öffentliche Audienz beim Zaren. In genau festgelegter Ordnung und in Begleitung der beiden Pristaffen reitet man zum Schloß. Dabei werden eine ganze Reihe von Geschenken an den Zaren mitgeführt, darunter einige wertvolle Pferde, eine »chemische Apotheke« in einem mit Gold beschlagenen Kasten aus Ebenholz, ein kristallenes Kännchen, mit Gold und Rubinen besetzt, ein großes Uhrwerk in einem Gehäuse aus Ebenholz und Silber und anderes mehr.

Die erste Audienz dient ausschließlich dem Austausch von Grußadressen, der Danksagung seitens der Gesandtschaft für die gute Bewirtung und der Übergabe des Beglaubigungsschreibens von Herzog Friedrich an den Zaren. Die Geschenke werden hereingetragen und vorgezeigt, und danach reitet die holsteinische Gesandtschaft wieder in ihre Unterkunft. Dort gibt ein Kammerjunker des Großfürsten ein Bankett zu Ehren des Zaren.

So war Zar Michail *Fjodorowitsch anzuschauen; keinen anderen, gnädigeren Fürsten als ihn hatte es gegeben.*

Die Deutschen erhalten die nicht übliche Erlaubnis, die zur gleichen Zeit in Moskau befindliche schwedische Gesandtschaft ohne Begleitung von Pristaffen zu besuchen; Olearius beschreibt das Neujahrsfest der Russen, das am 1. September stattfindet. Am 3. September findet die erste geheime Audienz statt: Schweden und Holsteiner werden gleichzeitig empfangen und geben ihre schriftlich verfaßten Ansuchen ab.

Unterdessen werden tatarische, türkische und griechische Gesandte in Moskau empfangen: Diese Ereignisse, die jedes Mal mit großem Gepränge vor sich gehen, beobachtet Olearius genau. Dazwischen finden am 19. September, am 8. und 23. Oktober weitere geheime Audienzen zusammen mit der schwedischen Gesandtschaft statt. Diese verläßt Moskau am 28. Oktober. Schließlich erhalten die Holsteiner ihre letzte geheime Audienz:

Audienzen beim Zaren

Am 19. November hatten wir die fünfte und letzte geheime Audienz. In dieser wurde den Gesandten verkündet, daß Ihre Majestät der Zar sich nach sattsamer Erwägung des Sachverhaltes aufgrund der mitgeteilten Unterlagen endlich dahingehend erklärt und beschlossen hätte, Ihrer Fürstlichen Durchlaucht, Herzog Friedrich von Schleswig-Holstein etc., als Ihrem Freund, Oheim und Schwager aus besonderer Zuneigung in dem Begehren, das bisher vielen Potentaten abgeschlagen worden war, zu willfahren und zu gestatten, daß die Gesandten durch Rußland nach Persien und wieder zurück reisen dürften. Erst jedoch müßten sie wieder nach Holstein fahren und über die abgehandelten Übereinkünfte einen Bekräftigungsbrief Ihrer Fürstlichen Gnaden bringen.

REVALIA IN LIVONIA

Nach diesem, durch viel vorausgegangene Mühe und Arbeit erlangten Abschluß gönnten wir uns das Vergnügen, viele gute Freunde zu besuchen: Die Herren Gesandten und viele von uns waren beim schwedischen Residenten[16] zur Kindtaufe, zu Besuch bei Herrn Dr. Wendelin, dem Leibarzt des Zaren, zur Hochzeit bei unserem ehemaligen lieben Reisegefährten Herrn Garleff Lüder, der danach am holsteinischen Hofe der Lehrer der Fürstlichen Fräulein wurde. Schließlich waren wir bei Herrn David Rützen, einem vornehmen Kaufmann, der für uns ein köstliches Gastmahl gab.

*

Am 16. Dezember findet die letzte öffentliche Audienz für die holsteinische Delegation statt. Durch seinen Kanzler läßt Zar Michail Fjodorowitsch das Antwortschreiben an Herzog Friedrich überreichen. Den Gesandten wird wiederum die »Gnade der Speisen von der Tafel des Zaren« zuteil:
Nach einer Stunde kamen das großfürstliche Essen und die Getränke. Die Gerichte, auf sechsundvierzig Schüsseln, waren meistenteils gesottene, in Öl gebratene und gebackene Fische, vielerlei Gemüse und anderes Gebackenes. Dabei war kein Fleisch, weil gerade die Fastenzeit der Russen war, die sie jährlich um die Weihnachtszeit halten. Nach dem Essen kamen des Großfürsten Stallmeister und Kellermeister wie auch diejenigen, die die ganze Zeit über Speisen und Getränke in das Haus der Gesandten gebracht hatten, und begehrten Geschenke. Dem Stallmeister, dem Kellermeister wie auch dem Ordonanzfürsten wurde jeweils ein Pokal, den anderen (es waren insgesamt sechzehn Mann) im Ganzen zweiunddreißig Rubel, das sind vierundsechzig Reichstaler, verehrt.

Nachdem die Gesandten Geschenke von seiten des Zaren überreicht bekommen haben, kaufen sie sich Schlitten und rüsten zur Heimfahrt. Der Schiffer Michael Cordes wird mit sechs Mann nach »Nisen«, hundert Meilen östlich von Mos-

kau, geschickt, um das Schiff zu bauen, das die Gesandtschaft die Wolga hinunter und auf dem Kaspischen Meere befördern soll. Am 24. Dezember 1634 wird die Rückreise angetreten. Die Reise wird durch die vereisten Straßen sehr erleichtert. Man fährt über »Naugardt« und Narwa und erreicht am 10. Januar 1635 Reval. Dort bleibt man ungefähr drei Wochen, ehe eine Entscheidung über die Rückreiseroute fällt: Da die Seefahrt über die Ostsee nicht ratsam erscheint und man auf der anderen Seite auch nicht den ganzen Winter in Reval bleiben möchte, wird beschlossen, über Land, durch Preußen, Pommern und Mecklenburg, zurückzukehren. Die meisten Mitglieder der Gesandtschaft werden in Reval zurückgelassen; die Gesandten selbst mit zehn Begleitern reisen zurück. Die Fahrt geht über Pernau, Riga (6. Februar), Mitau (14. 2.), Memel und Königsberg (20. 2.), wo aus Mangel an Schnee die Schlittenfahrt aufhört. Überall wird die Reisegesellschaft »wohl tractiret«, das heißt auf das beste bewirtet und versorgt. Weiter geht es über Danzig (27. 2.), Stettin (25. 3.) und Rostock (29. 3.), bis man am 1. April in Lübeck angelangt ist und schließlich, am 6. April 1635 abends, wohlbehalten in Gottorf eintrifft. Am folgenden Tag erstattet die Gesandtschaft Herzog Friedrich Bericht.

VON DER ZWEITEN REISE NACH MUSCOW

Die Namen der Teilnehmer an der Gesandtschaft

Als nun Ihre Fürstliche Durchlaucht vernommen hatte, daß der Großfürst in Muscow den Durchzug durch sein Reich nach Persien gestattet hatte, hat Sie keine Unkosten gescheut, Ihren Vorsatz weiter zu verfolgen. Daher hat Sie Befehl gegeben, die zweite Gesandtschaft an den König von Persien gut vorzubereiten: Für sie sind Ausrüstungsgegenstände, kostbare Geschenke für den persischen König angeschafft und die Reisegesellschaft vermehrt und ansehnlich ausgestattet worden. Unterdessen sandten mich Ihre Fürstliche Durchlaucht in einer geheimen Mission nach Brabant zum Kardinal-Infanten[1]. Auf der Rückreise wurde ich von einer so schweren Krankheit befallen, daß mich unser Arzt in Hamburg praktisch als einen toten Mann in Empfang nahm. Während dieser Krankheit bin ich in Brüggemanns Haus aufgenommen und von den Seinen zu meiner ganzen Zufriedenheit gepflegt worden.

Das schreibe ich ihnen zum Ruhm, und deshalb ertrug ich von ihm auf der Reise auch manche Widerwärtigkeit mit Geduld. Auch die anderen Mitglieder der Gesandtschaft sind in Brüggemanns Haus gespeist und mit Wohltaten traktiert worden, je nach Würde und Gelegenheit. Es wurde bei ihm wie auch während der Reise öffentlich zur Tafel geblasen.

Den Personen der Gesandtschaft[2] wurden nach Hofes Art verschiedene Ämter und Titel verliehen, deren Ordnung wie folgt ist:

Hermann von Staden aus Riga in Livland, Marschall.
Adam Olearius aus Aschersleben in Sachsen, der Gesandten Rat und Sekretär.
Der Wohledle Johann Albrecht von Mandelslo aus Schönberg von dem Stift Ratzeburg, Stallmeister.
Der Wohledle Johann Christof von Üchteritz, Erbsasse von Litzena bei Leipzig in Meißen, Kammerherr.
Hartmann Gramann aus Ilmen in Thürigen, der Gesandten Leibarzt.
Heinrich Schwarz aus Greifswald in Pommern, Hof- und Küchenmeister.

Hofjunker und Truchsessen:

Hieronymus Imhoff, Patrizier aus Nürnberg.
Thomas Melvil aus Aberdeen in Schottland.
Magister Paul Fleming von Hartenstein aus dem Voigtland.
Hans Grünewaldt, Patrizier aus Danzig.
Herr Salomon Petri aus Penick in Meißen, Hofprediger.
Hans Arpenbeke aus Dorpat in Livland, Oberdolmetscher des Russischen.
Heinrich Krebs aus Hamburg.
Lyon Bernoldi aus Antwerpen.

Kammerpagen:

Christian Ludwig Hübener aus Brünn in Mähren.
Georg Pius Pöhmer, Patrizier aus Nürnberg.
Hans Voigt aus Freiberg in Meißen.
Bernd Koch aus Reval in Livland.

Andere Pagen:

Thomas Glantz aus Wolgast in Pommern.
Elias Galle aus Herzberg in Meißen, Diskantist.[3]
Hans Michel aus Kleinplesna bei Leipzig.
Sigfried Desebruch aus Haselow in Holstein, Altist.

Insgesamt umfaßt die Gesandtschaft einhundertneunundzwanzig Personen. Unter ihnen sind außerdem verschiedene Diener und deren Jungen (Kammerdiener, Silberdiener usw.), Musiker (Feldtrompeter, Streicher usw.) und Sänger, Handwerker (Uhrmacher, Bäcker, Schuster, Tischler, Schlachter, Schneider, Köche, Wagenmeister usw.), Feldschere, Schiffer, Bootsleute, Segelmacher, Quartiermeister, ein türkischer, ein russischer und zwei persische Dolmetscher. Ein Teil der Gesandtschaft stößt erst während der Reise dazu, darunter auch angeworbene russische Soldaten und Offiziere.

*

Am 22. Oktober 1635 bricht die Gesandtschaft in Hamburg auf, kommt am 24. in Lübeck an und erreicht am 26. Travemünde. Am 27. geht man an Bord, eine plötzlich auftretende Sturmflut verhindert aber die Ausfahrt; das eigene Schiff kollidiert mit zwei anderen. So geht man erst am 28. Oktober früh um 5 Uhr unter Segel. Am darauffolgenden Tag erhebt sich ein Sturm, und das Schiff läuft abends um 10 Uhr auf eine »blinde, aber platte Klippe«, wie Olearius sagt. Das Schiff legt sich schräg; man fürchtet schon unterzugehen und weiß sich keinen Rat. Am Morgen stellt man dann fest, daß man vor der Insel Öland festsitzt. Öländische Bauern und Schiffer booten die Besatzung aus, wobei der Schiffszimmermann ertrinkt. Als das Schiff wieder flottgemacht ist, geht man in Kalmar wieder an Bord und segelt durch den Kalmar-Sund. Zwei Leute werden zurück nach Gottorf geschickt, um neue Beglaubigungsschreiben zu holen, da die mitgeführten naß und unbrauchbar geworden sind. Nachdem man sich entschlossen hat, die Reise nicht über den Landweg fortzusetzen, segelt die Gesandtschaft an Öland vorbei – unter »so grausamem Sturm aus Nordost, daß das Vorderteil des Schiffes mehr unter als über dem Wasser geht und die Wellen bis an die Segel schlagen«. Schließlich erreicht man die Insel Gotland, deren Geschichte Olearius ausführlich beschreibt.

Schiffbruch der Gesandtschaft vor der Insel Hochland: »*Als die Mannschaft sah, daß das Schiff nicht länger zu halten war, lösten sie das Ankertau in der Hoffnung, das Schiff würde näher an Land gebracht und von den Wellen nicht mehr hochgehoben und auf Grund gestoßen werden...*«

Als die Gesandtschaft Gotland passiert hat (am 5. November), erhebt sich wiederum ein so heftiger Sturm, daß das Schiff vom Kurs abkommt. Am 6. erblickt man Dagö, wird aber durch den Sturm wieder seewärts getrieben und schließlich zu gefährlichen Untiefen in Richtung auf Hunds Ort (Ösel). Weil der Sturm so sehr wütet, getraut sich der Schiffer weder in den Hafen von Reval einzulaufen noch vor »Nargo« vor Anker zu gehen – man treibt also wieder auf der See. Nachts geht, bei steigendem Sturm, der Großmast über Bord, ein Bootsmann wird durch ein Tauende erschlagen, und das Schiff schlingert von einer Seite auf die andere. Weder am 8. noch am 9. November gelingt es, den Hafen anzulaufen, da sich ein so gewaltiger Sturm erhebt, wie ihn selbst die erfahrenen Seeleute noch nie erlebt haben. Man entschließt sich, hinter der Insel »Hogland« Schutz zu suchen, wo ein Schiffer einen guten Ankergrund weiß. Weil nur das Focksegel intakt ist, glaubt man die Insel nicht zu erreichen; zudem schlägt achtern eine schwere See in die Kajüte, so daß alle, um nicht zu kentern, pumpen müssen. Nach allem Schrecken geht man abends dann doch hinter der Insel vor Anker. Am 9. November bleibt man vor Anker liegen, flickt das Schiff so gut es geht, und die Gesandten fahren mit einer Schaluppe auf die Insel. Da kein Entschluß gefaßt werden kann, ob sich die Gesellschaft nun nach Narwa oder Reval wenden solle, bleibt man noch liegen. Nachts erhebt sich der Sturm wiederum so heftig, daß alle ausgebootet werden; das Schiff aber wird gegen Felsen getrieben, schlägt leck und sinkt. Die Schiffbrüchigen suchen bei livländischen Fischern auf der Insel Zuflucht. Am andern Tag rettet man noch etwas von den Gütern und einige Pferde aus dem Wrack.

In Reval allerdings vermutet man, daß das Schiff mit Mann und Maus untergegangen sei und niemand überlebt habe. Am 12. November wird Johann Christof von Üchteritz mit einem finnischen Boot nach Reval geschickt, um dort Nachricht vom Verbleib der Gesandtschaft zu geben. Der Rest der Besatzung läßt sich von Schiffern aufs feste Land rudern, was auch nicht ohne Gefahr abgeht. Am 18. November hat die Gesandtschaft schließlich wieder festen Boden unter den Füßen und fährt nach Kunda auf den nur wenige Meilen entfernten Hof des Schwiegervaters von Olearius. Dort bleibt man erst einmal drei Wochen und erholt sich von dem ausgestandenen Schrecken. Anfang Dezember zieht man dann in Reval ein, wo die ganze Stadt von herzlichem Mitleid erfaßt wird: Es gibt Danksagungsgottesdienste in allen Kirchen und Gratulationsempfänge im Gymnasium.

Das Carmen vom Schiffbruch

Dieses Kapitel besteht aus einem »Carmen«, einem Gelegenheitsgedicht, das Paul Fleming auf den Schiffbruch vor Hochland verfaßt hat. In ihm werden noch einmal die Schrecken und die Angst vergegenwärtigt, die die Teilnehmer der Gesandtschaft durchlebten. Das Gedicht ist, abgesehen von dem aktuellen Anlaß, ein Beispiel für das barocke Lebensgefühl: Inmitten des Lebens wird der Tod als nahe und bedrohlich erfahren.[4]

Mich dünkt, ich höre noch den Zorn der tollen Wellen,
den Grimm der wilden Flut, daß mir die Ohren gellen;
mir ist, als seh' ich noch die drohend' Not,
die augenblicklich euch zusammen schwur den Tod
in einer langen Qual durch zweimal sieben Tage.
Hilf GOtt, was führet ihr allda für eine Klage!
Was für ein Angstgeschrei! Noch war bei aller Pein
die härt'ste, daß ihr noch am Leben mußtet sein.
    Der Bauer hatte schon das Winterfeld bestellet,
der Gärtner für den Frost nach Notdurft Holz gefället;
die Sonne, die verließ nun gleich den Skorpion,
das Unglückstier. Der abgewandte Mon
zog seine Hörner ein, wie furchtsam, anzusehen,
was bei der bösen Nacht euch würde bald geschehen.
Der Tag war ohne Tag. Die Nacht war mehr als Nacht,
als die kein edler Stern durchaus nicht lichte macht'.
Neptun kann keinem gut für seinen Schaden sagen,
der sich in seiner Flut auf späten Herbst will wagen.
Er selbst ist nicht sein Herr, wenn Äolus sich regt
und ihm der Wellen Schaum in seine Haare schlägt.
Es war zur Abfahrt schon für euch ein böses Zeichen:
Zwei Schiffe konnten sich zu weichen nicht vergleichen.
Der übergeb'ne Baum lief fast wie taub und blind

Er brachte den nach Dichterruhm strebenden Deutschen das Feuer der Rhetorik und die Begeisterung. Leser: Fleming wirkte auf diese Weise durch seine Lieder.

in sein Verderben hin. Das Wetter und der Wind
versetzt' euch euren Lauf, daß er auf so viel Striche
nach Norden, seinem Feind, ohn' Acht des Schiffers wiche.
Der sich're Steuermann tat fast, als ob er schlief',
bis das verirrte Schiff mit allen Segeln lief
auf Ölands harten Grund. Die starken Planken krachten,
der Kiel saß auf dem Fels, es schlug der Zorn der Wachten
Kajüten hoch und mehr. Und was noch mehr erschreckt,
die Luft war mit der Nacht und Wolken ganz bedeckt.
Ihr wußtet in der Angst nicht, wie euch war geschehen.
Ein Wort war aller Wort: Ach, möchten wir nur sehen!
Der eine fiel erblaßt auf sein Gesichte hin,
der andre der rief laut: Hilf, JEsu, wo ich bin?
Der Höchste ließ da so vieler Seelen Flehen,
so mancher Herzen Angst ihm noch zu Herzen gehen,
schuf wieder die Vernunft, daß bei so böser Fahrt
auch das verzieh'ne Schiff noch ganz erhalten ward.
Ihr mußtet weiter fort, GOtt weiß mit was für Grauen,
und euer furchtsam's Heil der strengen See vertrauen,
die gleich auf diese Zeit in unerhörter Tat
so manches kühnes Schiff in sich verschlucket hat.
Ihr wurdet aufgespart noch einem größern Glücke:
Was euch der Tag gab vor, das zog die Nacht zurücke.
Der Sturm flog klippenhoch, der Mast ging über Bord;
so mußte auch der Meisan von Grund aus fort.
So trieb das kranke Schiff mit Tiefen ganz beschlossen,
mit Wassern unterschwemmt, mit Wellen übergossen,
des Wetters leichter Ball. Der Grund war unbekannt.
Und täte sich denn auf ein nicht zu fernes Land,
wer kannt' es, was es war? Ihr, wie Verlor'ne pflegen,
vergaßt die ganze Welt, rieft bloß nach GOttes Segen
auf euren nahen Tod. Die Focke war zu schwach,
das schwere Schiff zu zieh'n aus diesem Ungemach.
Ihr ließet euch so ungeschützt dem feindlichen Gewitter,
triebt sicher in Gefahr. Kein Tod, der war euch bitter.

Das Leben war euch leid. Es war in aller Pein
nur dies der ärgste Tod, nicht stracks tot zu sein.
 Wir, die wir unser Heil noch ferner mit euch wagen,
was traf auch uns für Angst! Was führten wir für Klagen
in Hargens lieber Stadt, die oftmals nach euch sah
und oftmals mir rief zu: Ach, sind sie noch nicht da?
Der Weg zum Strande zu ward ach! wie viel getreten!
Die Kanzeln wünschten euch mit sehnlichen Gebeten.
Das Rathaus und der Markt, ja, fast ein jedes Haus
redete über euch und sah erbärmlich aus.
Die Zeit war längst vorbei, in der ihr wolltet kommen.
Kein Schiff von Holstein her kam durch den Belt ge-
                                    schwommen.
Wir schickten hin und her, zu wissen, wie es sei.
Die Post lief wunderlich, man sagte mancherlei:
Der hätt' euch auf der See gesehn, der gar gesprochen,
der meinte, hier und da wär' euer Schiff gebrochen.
Das wär' ein deutsches Pferd, ein solch und solcher
                                    Mann,
dort wieder dies und das ans Land getrieben an.
Wie sicher anfangs wir auf euer Glücke waren,
so kleinlaut wurden wir, als nichts nicht zu erfahren
als Trauern von euch war. Die Furcht wuchs mit der Zeit,
es dachte mancher schon gar auf ein Trauerkleid,
der traurig schien um euch. Es war so bald nicht Morgen,
wir eilten auf den Wall. Wir freuten uns mit Sorgen,
wenn auf der See ein falsches Segel kam.
So wurden wir zuletzt auch unsrer Hoffnung gram.
 Es liegt ein hohes Land in Amphitritens Armen,
die manchen Schiffes sich hier pfleget zu erbarmen,
das deinen Schären zu, o Finnland, wird gejagt,
da sein gewisser Tod weit von ihm nach ihm fragt.
Das Land heißt, wie es liegt, hoch in die Luft gestrecket,
dem stets ein kahles Haupt mit Wolken ist bedecket,
kalt, felsicht, trocken, leer, wild, doch ohn' alles Wild,

kaum dreier Fischer Stall, ein wahres Ebenbild
der reichen Armut selbst. Hier waret ihr gesonnen
zu sehn, was Klotho euch würd' haben abgesponnen,
Gold oder blasses Blei. Ihr liefet willig an.
Das soll man gerne tun, was man nicht ändern kann.
Das Schiff, das obenher von Winden war zerrissen,
ward von der Fluten Macht nun unten auch geschmissen
hart an den blinden Fels. Das Rohr sprang plötzlich ab.
Hier saht ihr euren Tod, hier saht ihr euer Grab.
Der Kiel ging rasch entzwei mit Krachen und mit Schüttern,
die Planken huben sich mit Zittern an zu splittern.
Es brach die See beständig ein. Das tote Schiff ertrank,
das leichte Gut floß weg, das schwere, das versank.
Da war es hohe Zeit, sich an das Land zu machen,
da saht für euer Heil ihr recht den Himmel wachen;
ihr sprangt furchtsam aus, des nahen Landes froh.
Das reiche Gut des Schiffs mag bleiben, wie und wo
und wem das Glücke will. Ein Mann, der Schiffbruch leidet,
schätzt nichts dem Leben gleich, tut, was er dennoch meidet,
stürzt bloß sich in die See, faßt einen dopplen Mut.
Bringt er nur sich davon, so hat er alles Gut.
Das arme Land erschrak vor diesen neuen Gästen,
halb furchtsam und halb froh. Es hatte nichts zum Besten,
an allem Mangel reich. So nahmet ihr vorlieb,
was an den hohlen Strand aus eurem Schiffe trieb
an Früchten, Brot und sonst: Dies währte ziemlich lange.
Es war euch billig auch vor nahem Winter bange,
der euch den Tod auch schwur durch Hunger und durch Frost,
bis daß uns endlich kam von euch die edle Post.
Ganz Livland weinte froh, nachdem es euch vernommen;
ganz Reval lief euch nach, da es euch sahe kommen.
Die Kirchen dankten GOtt, die Schulen wünschten Heil.
Was vorher nur Seufzen war, ward Jauchzen in der Eil'.
 Dies hat mein teurer Freund mit alles ausgestanden,
dies alles gibt er hier zu lesen allen Landen,

sein wahrer Zeuge selbst. Hört's, wer's nicht lesen kann!
Schau, deutsche Christenheit, das wird für dich getan!
Es hat Gewalt und Neid sich hart an uns gewaget,
wir haben sie getrost zu Felde doch gejaget.
So hat der lange Weg beglaubt genug gemacht,
was List und was Gefahr uns hatten zugedacht.
Der Höchste hat uns nun erfreut auf allen Schaden,
hat uns gesund gebracht nach seinen milden Gnaden,
hier, da die Wolga sich ins Delta reißt
und in die Kaspisee mit vollen Krügen geußt.
Der spreche ferner ja zu unsern hohen Sachen,
der wolle weiter so für unser' Häupter wachen,
sie führen hin und her! Das edle Holstein lacht,
daß dies' sein großes Werk so weit nun ist gebracht.
Was Kaisern ward versagt, was Päpsten abgeschlagen,
was Königen verwehrt, steht uns nun frei zu wagen.
Auf, Nordwind, lege dich in unser Segel ein,
das wohlgefaßte Werk wird bald vollführet sein!
1636 vor Astrachan, den 3. Tag des Weinmonats.

*Von der Fürstlichen und der Gesandten Hofordnung,
die wir in der Gesandtschaft einhielten*

Da nun die Gesandten in Reval ihre ganze Reisegesellschaft beisammen hatten, ließen sie die Fürstliche, zu Gottorf empfangene Ordnung vorlesen, welche lautet:

Wir, Friedrich, von GOttes Gnaden Erbe zu Norwegen, Herzog zu Schleswig-Holstein, Stormarn und Dithmarschen, Graf zu Oldenburg und Delmenhorst etc., entbieten allen, die sich bei Unserer Gesandtschaft, die Wir nach Muscow und Persien entsandt haben, befinden, Unsere Gnade. Wir haben aus gewichtigen Gründen Unsere Veste[5], die hochgelehrten Räte und lieben Getreuen, den Licentiaten der Rechte, Philipp Crusius, und Otto Brüggemann zu Unseren Gesandten an den Großfürsten in Muscow, Herrn Michail Fjodorowitsch, Unseren freundlich geliebten Herrn Oheim und Schwager, und weiterhin an den König von Persien bestimmt und ihnen eine ansehnliche Gesandtschaft unterstellt. Wir haben vorliegende Hofordnung ausfertigen lassen, daß Unsere ihnen anvertraute Fürstliche Reputation nebst der Verrichtung der von Uns befohlenen Geschäfte von allen ohne Ausnahme beachtet werde und Unserem Respekt alle schuldige Ehre, Aufwartung und Gehorsam geleistet werden möge; dies geschehe auf folgende Weise:

1. Fürs erste sollen alle, die sich bei Unserer Gesandtschaft befinden, obengenannten beiden Gesandten alle schuldige Ehre, Gehorsam und Aufwartung erweisen. Dem, was sie selbst nach Maßgabe der Umstände oder durch ihren Marschall anordnen oder befehlen werden, ist ohne Widerspruch oder Weigerung zu gehorchen und auf alle Fälle geziemende Folge zu leisten. Wir geben Unseren Gesandten hiermit die Autorität und Macht, die Widerspenstigen und Ungehorsamen in Ansehung der Vorfälle streng zu beurteilen und zu bestrafen.

2. Und weil die Gottesfurcht der Anfang, das Mittel und das Ende aller Handlungen sein soll und vor allem auf solchen weiten Reisen von jedem angemessen befolgt wird, sollen alle Mitglieder der Gesandtschaft sich vor allen Dingen die wahre Gottesfurcht in höchstem Maße anbefohlen sein lassen. Sie sollen sich bei den Predigten und Gottesdiensten jederzeit einstellen und GOtt den Allmächtigen um des glücklichen Erfolges dieses Unseres wichtigen Unternehmens anrufen helfen, sich dagegen des Schwörens, Fluchens und Gotteslästerns und anderer grober Laster gänzlich enthalten, um Unserer Ungnade und Strafe zu entgehen, welche Unsere Gesandten denjenigen, die fehlgehen, nach Wichtigkeit des Delikts ohne Ansehen der Person zumessen werden.

3. Desgleichen wollen Wir auch hiermit alles unordentliche Leben, das heißt Fressen, Saufen und andere Üppigkeiten, woraus allerhand Unannehmlichkeiten zu entstehen pflegen, ernstlich verbieten.

4. Insbesondere aber sollen sich alle, die sich bei dieser Gesandtschaft befinden, der Einigkeit befleißigen. Ein jeder soll mit seinen Kameraden nach Standes Gebühr in gutem Einvernehmen leben und einer dem anderen alle gute Freundschaft, Zuneigung und Hilfestellung erweisen, sich dagegen aber des Zankens, Streitens, unnötigen groben Handelns, Beschimpfens und Schlagens enthalten. Wenn es zu einem Mißverständnis kommt, soll das nicht zu Tätlichkeiten führen; wer sich über einen anderen zu beschweren hat, soll solches dem Marschall anzeigen. Der legt entweder die Mißhelligkeit selbst gütlich bei oder, wenn er diese allein nicht beheben kann, zeigt sie Unseren Gesandten an. Die entscheiden dann mit ihrem Uns bekannten Takt, und ihrem Urteil ist zu gehorchen. Wir wollen auch das Herausfordern, Raufen und Duellieren bei dieser Unserer Gesandtschaft nicht zulassen, sondern hiermit ernstlich und vollkommen verbieten, weil dadurch Unserer hohen Fürstlichen Reputation, vor allem bei fremden Nationen, leicht Schaden zugefügt werden

kann. Das trifft sowohl auf hohe Offiziere als auch auf gemeine Bediente ausdrücklich zu.

5. Und damit bei dieser Unserer Gesandten Hofhaltung alles mit desto besserer und richtiger Ordnung zugehen, andererseits alles Durcheinander und daraus entstehender schlechter Ruf verhütet werden möge, soll der Unseren Gesandten beigegebene Marschall auf der Reise wie auch bei Aufenthalten alles sorgfältig unter Kontrolle halten.

6. Beim Reisen soll er den Aufbruch, wenn dieser von Unseren Gesandten gewünscht wird, allen seinem Kommando Unterstehenden befehlen, damit ein jeder sich nach Aufladen des Gepäcks und anderen Verrichtungen bereithalte, um Unsere Gesandten nicht durch Zögerlichkeiten in Verzug zu bringen.

7. Ebenso wird er, der Marschall, alle Anweisungen geben, damit in guter Einigkeit und gebührender Bescheidenheit alles ohne unziemlichen Tumult verrichtet werde.

8. Bei Rastpausen aber soll er darauf sehen, daß Unseren Gesandten jederzeit und zu allen Gelegenheiten, sowohl von den Hofjunkern wie auch Pagen, Lakaien und anderen Dienern, bei Tag und Nacht fleißig aufgewartet und gedient wird.

9. Weil zur Erhaltung Unserer hohen Fürstlichen Reputation an dieser Aufwartung besonders gelegen ist, sollen alle Hofjunker, Pagen, Lakaien und anderen Diener Unseren Gesandten nach der Ordnung, die diese bestimmen werden, in der täglichen Aufwartung willig, fleißig und stets gewärtig sein, damit sie Unseren Gesandten bei anstehenden Besuchen Fremder stets bei der Hand sind und alles mit Anstand zugehe.

10. Dem, was der Marschall bei der Hofhaltung im Namen Unserer Gesandten anordnen und befehlen wird, ist ohne Verzug Folge zu leisten. Er soll bevollmächtigt sein, die Vergehen derjenigen, die seinem Kommando nicht unterstehen, Unseren Gesandten anzuzeigen, die anderen aber selbst zu bestrafen. Wir wollen jeden, der sich nicht nach Gebühr

verhalten wolle, Unserer besonderen Bestrafung und Ungnade ausdrücklich vorbehalten sein lassen.

11. Würden Unsere Gesandten eine Abordnung an die kommandierenden Gouverneure, Statthalter, Magistrate oder anderen Bedienten in den Festungen oder Städten schicken wollen, sollen sich diejenigen, die sie dazu aus der Gesandtschaft auswählen, unverdrossen und ohne Weigerung dazu gebrauchen lassen. Sie sollen den befohlenen Auftrag mit geziemender Bescheidenheit und Treue ausführen und das, was sie verrichtet, Unseren Gesandten wieder getreu berichten. Unter ihnen aber soll darüber, daß einer dem anderen vorgezogen wird, weder eine geheime noch eine öffentliche Mißgunst herrschen, weil die Gesandten am besten verstehen, wer zu solchen Verrichtungen am tauglichsten ist.

12. Keiner soll die fremden Nationen bei der Durchreise wie auch bei Aufenthalten beschimpfen oder verspotten; vielmehr soll man sich gegen diese sittsam, freundlich und solcherart bezeigen, daß die Fremden veranlaßt werden, den Unsrigen alle guten Dienste und Gegenbezeigungen zu erweisen. Daher soll der Marschall jeden vorkommenden Mutwillen und Vorwitz gleich mit Ernst bestrafen und seine Autorität gebrauchen.

13. Alle Mitglieder der Reisegesellschaft sollen die ganze Reise über bei Unseren Gesandten bleiben und sich ohne deren Wissen nicht in andere oder fremde Dienste begeben. Auch Unser eigener Leibarzt, Hartmann Gramann, den Wir Unseren Gesandten auf dieser Reise zugeordnet und mitgegeben haben, soll bei ihnen auf der Hin- und Rückreise bleiben und mit ihnen zu Uns zurückkommen.

14. Weil in dieser Unserer Hofordnung nicht alle möglichen Vorkommnisse aufgezählt werden können, stellen Wir es den Gesandten anheim, nach ihrer Uns bekannten Diskretion weitere gute Regeln aufzustellen und diese je nach Zeit, Ort und Umständen zu vermehren.

Was zur Erhaltung Unserer hohen Fürstlichen Reputation und der guten Ordnung Unsere Gesandten entweder selbst oder durch andere befehlen oder anordnen werden, das soll von allen ohne Ausnahme vollkommen befolgt und mit schuldigem Gehorsam geleistet werden, als ob es von Uns selbst in dieser Unserer Hofordnung ausdrücklich niedergelegt wäre.

15. Damit ein jeder seine Stelle und seinen Rang beim Gehen, Sitzen und Speisen, während der Reise und auch sonst immer wissen möge, haben Wir die ganze Gesandtschaft nach Brauch Unseres Fürstlichen Hofes in bestimmter Weise aufgeteilt.

Wir befehlen allen gnädig, dieser Unserer Hofordnung und dem, was Unsere Gesandten des weiteren anordnen werden, in allen Punkten gehorsam zu sein, ihnen in keiner Weise zuwider zu handeln und sich so zu verhalten, daß sie Unsere Ungnade und Bestrafung, die Wir hiermit den Widerspenstigen und Ungehorsamen androhen, vermeiden und Wir hingegen Ursache haben, nach glücklich beendeter Reise jedem Unsere Fürstliche Gnade zu erweisen. Das meinen Wir im Ernst. Wir haben dies mit Unserem vorgedruckten Fürstlichen Kammer-Siegel und beigesetztem Handzeichen bekräftigt. Gegeben auf Unserem Schloß und der Fürstlichen Residenz Gottorf, den 1. Oktober Anno 1635.

L. S.   Friedrich.

*

Die Gesandten erlassen, weil sie bemerken, daß Mitglieder der Reisegesellschaft sich den Anordnungen Herzog Friedrichs nicht fügen, eine weitere Ordnung, die im wesentlichen die Punkte seiner Hofordnung noch einmal aufgreift und in bezug auf die geschehenen Ereignisse detailliert ausführt. Vor allem ist es ihnen um das anständige Benehmen der Expeditionsteilnehmer zu tun: Es sollten keine »Saupossen« und

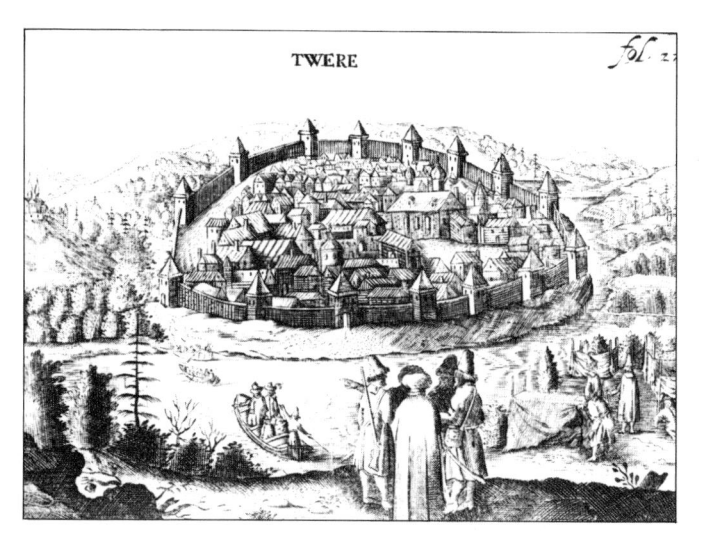

*Twere war im 14. und 15. Jahrhundert eines der bedeutendsten
Handelszentren Rußlands und Gegenspieler Moskaus
im Kampf um die Vorherrschaft.*

»Unfläterei« verübt, Saufen und Zechen unterlassen werden und das Benehmen Fremden gegenüber derart sein, daß das Ansehen der Gesandtschaft gewahrt bleibt – und vieles andere mehr.

*

Olearius gibt im folgenden eine Beschreibung und Geschichte der Stadt Reval und eine Landeskunde von Livland, dem späteren Estland und Lettland. Das ist für ihn deshalb von Interesse, weil es der schleswig-holsteinische Mönch Meynard aus Segeberg war, der das Christentum nach Livland brachte. Er berichtet über Sitten und Gebräuche der livländischen Bevölkerung: sei es Religion, Aberglaube oder Rechtsprechung.
Am 2. März 1636 reist die Gesandtschaft weiter, nachdem

die beiden von Kalmar abgeschickten Diener mit den neuen Empfehlungsschreiben eingetroffen sind. Man fährt bis Narwa – von dieser Stadt gibt Olearius eine eingehende Beschreibung und erzählt grausige Geschichten von der Gefahr, die den Bewohnern dieser Gegend von wilden Tieren droht. Weiter geht die Fahrt durch das Ingermanland; bei »Orlin« wird man von einer Abordnung von vierundzwanzig Strelitzen mit neunzig Schlitten an der russichen Grenze erwartet. Am 11. März erreicht die Gesandtschaft »Naugardt«. Auch von dieser Stadt, nahe dem Ilmen-See gelegen, gibt Olearius eine eingehende Beschreibung, in der er detailliert auf ihre wechselvolle Geschichte eingeht. Auf Schlitten geht die Reise weiter über »Columna«, »Torsok« und »Twere«, bis man schließlich am 29. März in Moskau einzieht. Einzug und Unterbringung der Gesandtschaft gleichen denen, die im ersten Buch der Reisebeschreibung geschildert sind, nur wohnt man jetzt in einem steinernen Palast, dessen ehemaliger Bewohner, ein Erzbischof, in Ungnade gefallen und nach Sibirien verbannt worden ist.

In Moskau werden die Gesandten zu öffentlichen und geheimen Audienzen empfangen; sie überbringen Fürst Friedrichs Schreiben an den Zaren, in dem er sich für den Brief des Zaren Michail und die darin ausgesprochene Erlaubnis des Durchzugs durch dessen Land bedankt. Am 5. und 9. April hat die holsteinische Abordnung zwei geheime Audienzen, von denen Olearius aber nichts mitteilt.

Nach dem Osterfest, das er ausführlich beschreibt, erhält der Gesandte Brüggemann am 29. April »seinem Begehren nach« eine geheime Audienz, an der sonst niemand teilnimmt, auch Herr Crusius »darf davon nichts erfahren«. Im Mai wird man zu drei weiteren geheimen Audienzen empfangen, dazwischen verlustiert man sich bei der Falkenjagd und anderen Festlichkeiten. So ausführlich Olearius auch über die Umstände der Verhandlungen berichtet, von diesen selbst und ihren Themen sagt er kein Wort.

Bedrohung russischer Bauern durch Wölfe in der Gegend um Narwa.

Empfang der Holsteiner beim Zaren. Er ist umgeben von Wachen, Bojaren und dem Reichsrat, alle in »sehr köstlichen Kleidern und hohen, schwarzen Fuchsmützen«.

Wie wir uns zur Reise nach Persien anschickten und wie viele Personen wir in Muscow angeworben haben

Am 20. Juni kamen die Pristaffen und Schreiber und teilten den Gesandten im Namen Ihrer Majestät des Zaren mit, daß sie, wenn es ihnen beliebe, aus Muscow aufbrechen und nach Persien ziehen könnten. Aber sie würden nicht jetzt vom Zaren empfangen, sondern wenn sie wieder zurückkämen; jetzt würde es sich nicht schicken, weil sie nicht ihren völligen Abschied nähmen und nach Hause zögen. In der letzten öffentlichen Audienz würde dann Ihre Majestät der Zar das Rekreditiv[6] aushändigen und Ihrer Fürstlichen Durchlaucht seinen Gruß entbieten lassen, welches nicht vor der Persienreise der Gesandtschaft geschehen könne.

Wir bereiteten uns für die Weiterreise vor und ließen etliche Boote bauen, um mit ihnen von Muscow nach Nisen zu fahren. Und weil uns der Weg dahin – besonders die Wolga – wegen der Kosaken und Räuber als sehr gefährlich beschrieben worden war, haben die Gesandten mit der Einwilligung Ihrer Majestät des Zaren dreißig Mann Offiziere und Soldaten in unseren Dienst und mit nach Persien genommen.

Olearius zählt nun diese auf und schreibt sogar dazu, wo welcher von den Leuten umkam und auf welche Weise.

Diese Leute wurden zusammen mit einigen Metall- und Steingeschützen, die wir in Muscow kauften, und unserer Ausrüstung und dem Gerät am 24. und 25. Juni nach Nisen vorausgeschickt.

*

In einem eigenen Kapitel berichtet Olearius von dem ausgesprochen feindseligen Verhalten einer polnischen Delegation, die weder Geschenke überreichte noch bei den Audienzen ihre Anträge stehend vorbrachte, und anderes mehr.

Der russische Paß

Als wir nun unsere Angelegenheiten in Muscow erledigt hatten, machten wir uns zur Weiterreise fertig. Wir bekamen vom Großfürsten einen offenen Paß, der an die Großfürstlichen Woiwoden und Untergebenen adressiert und vom Dolmetscher des Zaren übersetzt war. Aus ihm ist der Russen Kanzleistil zu ersehen.

Der offene Paß
Ihrer Majestät des Zaren,
ausgestellt für die Fürstlich-Holsteinischen Gesandten.

Von dem großen Herrn und Großfürsten aller Reußen, Michail Fjodorowitsch, an Unsere Bojaren, Woiwoden und Deaken und alle Unsere befehlshabenden Leute: Aufgrund der Absprache über die Reise und den Handel der holsteinischen Kaufleute sind die Gesandten des holsteinischen Fürsten Friedrich, Philipp Crusius und Otto Brüggemann, mit ihren deutschen Leuten auf Unseren Befehl aus Muscow abgefahren über Colomna, Pereslaw, Rosanski, Kasimowa, Murama, Nisen, Casan und Astrachan nach Persien zum Schah Sefi. Es sind fünfundachtzig Personen, mit dreißig Deutschen aus Muscow, die sie als Begleitschutz angenommen haben. Es ist ihnen erlaubt, diese Zahl in Nisen um elf Russen oder Deutsche zu vermehren; auch ist ihnen gestattet, zu Nisen zwei Steuerleute, die den Lauf der Wolga kennen, zu heuern. Und wenn sie in Persien gewesen sind und wieder zurückreisen nach Holstein durch Unsere muscowitische Herrschaft, so ist den holsteinischen Gesandten ebenso bewilligt, in Astrachan oder Casan, wo es ihnen am geeignetsten scheint, bis zu vierzig freiwillige Russen oder Deutsche als Bediente oder Begleitschutz anzuheuern. Sie sollen Unseren Bojaren[7] und Woiwoden und Deaken[8] in den jeweiligen Städten nennen, wo sie die Leute angenommen haben, wie viele und was für welche. Wenn sie im Winter aus Persien zurückkommen, so ist ihnen gestattet, für ihr eigenes Geld von Unseren russischen Völkern Podiwodden[9] anzuheuern, damit es ihnen möglich ist weiterzukommen.

Als Pristaff ist aus Muscow bis Astrachan der astrachanische Edelmann Rodion Gorbato mitgeschickt; und wenn Rodion mit den holsteinischen Gesandten dort angelangt ist, so sollt ihr, Unsere Bojaren, Woiwoden, Deaken und alle Unsere Befehlshaber, Rodion und die Gesandten an allen

Orten ohne Aufenthalt passieren lassen. Und wenn sie in Persien gewesen sind und wieder zurückreisen nach Holstein durch Unsere Muscowiter Herrschaft, so sollt ihr ihnen gestatten, als Bedienung und Begleitschutz auf der Wolga bis zu vierzig Mann anzuheuern. Sei es in Astrachan oder Casan, wo es ihnen am geeignetsten erscheint. Wann, wie viele Russen oder Deutsche sie anheuern und wo, das sollen sie euch in den jeweiligen Städten schriftlich geben, damit ihr Bescheid wißt und kein Räuber oder entlaufener Golop[10] unter diesen sein möge. Und sofern die holsteinischen Gesandten im Winter aus Persien zurückkommen, so sollt ihr gestatten, daß sie von Unseren russischen Völkern für ihr Geld Podiwodden anheuern, soviele sie benötigen. Daß ihnen weder auf der Hin- noch Rückreise keinerlei Aufenthalt oder Übervorteilung von irgend jemandem widerfahre! Und die holsteinischen Gesandten sind in Ehren zu halten, und auch ihren Leuten ist alle Freundschaft zu erweisen. Auch sie selbst und ihre Leute werden auf der Hin- und Rückreise allen Unseren russischen Landsleuten gleichfalls keinerlei Übervorteilung oder Gewalttätigkeit antun. Sie werden nicht befehlen, die Lebensmittel für sich selbst und die Gesandtschaft mit Gewalt von jemandem einzutreiben. Aber es ist angeordnet und gestattet, daß sie für sich selbst und ihre Untergebenen wie auch für die angeheuerten Leute auf der Hin- und Rückreise um ihr eigenes Geld Proviant von denjenigen zu kaufen, die ihnen etwas verkaufen wollen. Geschrieben in Muscow im Jahr 7144[11], den 20. Juni.

Der Zar und Großfürst aller Reußen, Michail Fjodorowitsch Deak Maxim. Matuschkin.[12]

*

Das dritte Buch der neuen persischen Reisebeschreibung, das hier nicht wiedergegeben wird, handelt von Rußland und seinen Einwohnern: Olearius gibt eine Landeskunde des rus-

Wippe und Schaukel als Zeitvertreib russischer Frauen findet Olearius höchst bemerkenswert.

sischen Reiches. Detailliert geht er auf alle ihm wichtigen Phänomene historischer, geographischer, statistischer, volkskundlicher und religiöser Art ein. Ausgehend von einer allgemeinen Betrachtung des Reiches und der Provinzen, beschreibt er im weiteren meteorologische und klimatische Gegebenheiten und geht auf Fauna und Flora Rußlands ein. Sodann widmet er sich den verschiedenen Stämmen, die in dem riesigen Land wohnen, und dann den Russen selbst. Akribisch beschreibt er ihr Äußeres, ihr Leben und ihre Sitten und Gebräuche. Ein eigenes Kapitel ist sogar ihrer Art, Hochzeit zu halten, gewidmet; ein anderes beschäftigt sich ausschließlich mit dem Leben der Frauen. Olearius betrachtet zudem die politische Gliederung Rußlands und schreibt eine Geschichte der Großfürsten von Iwan dem Schrecklichen *(1533–1584)* an. Die Krönung und Hofhaltung des zu seiner

Die Trunksucht ist so allgemein, daß »die Weiber es nicht als Schande ansehen, sich vollzusaufen und neben den Männern niederzufallen«.

Zeit regierenden Zaren Michail Fjodorowitsch werden ebenfalls genau beschrieben. Außerdem setzt sich Olearius mit der zeitgenössischen Innenpolitik und der Verwaltung auseinander. Jusitz und Religion, Schrift, Sprache und Unterrichtswesen sind gleichermaßen Gegenstände seiner Landeskunde. Bei alledem zieht Olearius antike Schriftsteller hinzu und korrigiert, wo es notwendig ist, deren Ansichten. Damit setzt er sich nicht wenige Male in Widerspruch zu der schriftlichen Tradition. Diese Haltung aber begründet Olearius mit seiner eigenen Erfahrung: »Was ich selbst bereist und mit eigenen Augen gesehen (ob dies immer auch bei anderen geschehen ist, ziehe ich sehr in Zweifel) und also anderes erfahren habe, scheue ich mich nicht zu schreiben.« Dies gilt in gleichem Maße für die Landeskunde Persiens, die er in seinen Reisebericht einschiebt (siehe unten Seite 273).

UNSERE REISE VON MUSCOW NACH PERSIEN

Vom Aufbruch aus Muscow. Reise bis Nisen Naugardt: Wie wir auf der Moskwa und Oka fuhren; welche Städte, Dörfer, Klöster und Häuser wir unterwegs angetroffen

Wir wenden uns nun wieder unserer Reise nach Persien zu. Als der oben erwähnte Großfürstliche Paß durch die Pristaffen ausgehändigt war, brachen wir am 16. Juni 1636[1] von Muscow auf. Den ganzen Tag lang wurden wir zu guter Letzt bei und durch Ihre Fürstliche Durchlaucht, Herrn Faktor[2] David Rützen, auf einem wohlausgestatteten Gästeboot bewirtet. Und als die letzte Stunde des Tages kam (denn die Russen haben die babylonische Zeitrechnung und zählen die Stunden vom Sonnenaufgang bis -untergang), schickte der Zar uns die üblichen Pferde, auf welchen wir im Geleit unserer alten Pristaffen und vieler vornehmer Deutschen drei Werst[3] hinaus bis zum Kloster Simana ritten; dort erwartete uns das Schiff, das wegen des großen Bogens, den die Moskwa macht, vorausgefahren war. Wir gingen also, mit den wohlmeinenden Wünschen guter Freunde versehen, an Bord.

Als wir kaum abgelegt hatten, kam auch des jungen Prinzen Hofmeister, der allerlei köstliche Getränke und seine Trompeter bei sich hatte; er bat die Gesandten, noch einmal kurz anzulegen, da er sie zum Abschied bewirten wollte; die Gesandten jedoch weigerten sich. Weil er aber in Muscow einigen von uns auf der Falkenjagd viel Vergnügen bereitet hatte, beschenkten wir ihn mit einem silbernen Trinkgeschirr.

Darauf fuhr er in einem eigenen kleinen Boot eine gute Weile neben uns her und ließ seine Trompeter lustig blasen, denen die unsrigen antworteten. Nach einer Weile kam er gar auf unser Schiff und trank mit unseren Edelleuten bis zum Morgen, an dem er dann von ihnen voll Zuneigung und Wein und mit nassen Augen Abschied nahm.

In dieser Nacht, in der die russischen Bootsleute, die jeweils zu acht rudern, noch frisch waren und jeder eine Schale Branntwein bekam, ging es stromabwärts so rasch fort, daß wir am nächsten Tag (nämlich dem 1. Juli) bald nach Sonnenaufgang den Edelhof Dworeninow, ungefähr achtzig Werst (oder sechzehn deutsche Meilen) von Muscow linker Hand gelegen, erreicht hatten.

Am Abend des 2. Juli kamen wir bei der Stadt Colomna an. Ihre Entfernung wird von Muscow zu Wasser hundertachtzig Werst oder sechsunddreißig deutsche Meilen, zu Lande aber, besonders im Winter, wenn man geradewegs auf sie zureisen kann, auf kaum achtzehn Meilen geschätzt. Sie ist dem äußerlichen Ansehen nach mit steinernen Mauern und Türmen wohl geschützt. Und die Moskwa, über die eine lange hölzerne Brücke geht, fließt neben den Stadtmauern hin. Hier hat der einzige Bischof, den es im ganzen Lande gibt, seinen Sitz. Und weil es auch einen Woiwoden gibt, mußten wir warten, bis der Pristaff unseren Paß vorgezeigt hatte. Unterdessen kam eine unüberschaubare Menge Volks auf die Brücke. Von dieser aber mußten sie dann einen Teil abbauen, um unserem Schiff, das wegen des Daches etwas zu hoch war, einen Durchgang zu machen. Das geschah in kurzer Zeit.

Drei Werst hinter Colomna mündet die Moskwa in die Oka, einen breiten tiefen Strom, der von Süden kommt. Nach dem Zusammenfluß beider Wasser wurde das Land immer fruchtbarer und bewohnt, so daß wir uns im Anschauen der Gegend sehr ergötzten. Hier gibt es so viele Eichen, wie wir sonst in Rußland nie gesehen hatten.

Am 4. Juli kamen wir zur Stadt Pereslaw, Sitz eines

Woiwoden. Sie liegt einhundertsieben Werst von Colomna entfernt. Hir habe ich die Höhe des Polarsternes mit 54 Grad und 42 Minuten gemessen.

Am 5. Juli fuhren wir am Flecken Resan vorbei, der früher eine große Stadt gewesen sein soll, und zwar Hauptstadt der Provinz gleichen Namens. Als aber 1568 die Krimtataren eingefallen waren und alles mit Mord und Brand verwüstet hatten, ist auch diese Stadt zerstört worden. Weil aber diese Provinz (zwischen der Oka und dem gegen die Tataren aufgeführten Wall) früher ein Fürstentum und über alle Maßen reich an Ackerbau, Weiden und Wild war, so daß sie auch alle umliegenden Provinzen übertraf, hat der Zar nach ihrer Verwüstung aus allen Orten viele Leute zusammengezogen und das Land wieder aufbauen und in den vorherigen Stand bringen lassen. Und da man zur Wiedererrichtung der Stadt Resan einen besseren Ort, nämlich Peresla, der acht Meilen von Resan entfernt liegt, gefunden hatte, so wurde das übriggebliebene Material der Gebäude dorthin gebracht und eine ganz neue Stadt aufgebaut. Sie wurde »Peresla Resanski« genannt, weil die meisten und vornehmsten Bürger, die sie erbauten und bewohnten, aus Peresla stammten.

Mich nimmt Wunder, warum Petreus[4] diese Landschaft, von Muscow aus gesehen, in den Westen legen will, da sie doch seinem eigenen Bekenntnis nach zwischen Oka und Don liegt. Diese sind von Muscow aus im Osten, wohin sie auch fließen. Die Landschaft Resan liegt südöstlich von Muscow. In Resan hat noch heute einer von sieben Erzbischöfen seinen Sitz.

Heute sind wir an verschiedenen kleinen Klöstern und Dörfern vorbeigefahren. Beim ersten Dorf schwamm ein nackter menschlicher Körper auf dem Wasser, der schon eine geraume Zeit getrieben sein mochte, da er von der Sonne ganz schwarz und hart gedörrt war. Man meinte, daß er von den Kosaken oder entlaufenen Sklaven, die sich in dieser Gegend herumtreiben sollen, umgebracht worden sei.

Am 7. Juli sind wir endlich gegen Abend an dem Städtchen Kasimow angekommen. Das ist eine tatarische Stadt, die zu dem tatarischen Fürstentum Kasimow gehört. Hier wohnt in einem alten steinernen Gebäude, dem früheren Schloß, ein junger tatarischer Prinz namens Res Kitzi mit seiner Mutter und seinem Großvater, welche sich vor vielen Jahren dem Großfürsten unterworfen haben. Diese Stadt ist ihnen zum Unterhalt gegeben worden. Hier sahen wir auch die erste mohammedanische Kirche. Man erzählte, daß die Russen dem jungen Prinzen vorgeschlagen hatten, der Großfürst würde ihm seine Tochter zur Frau geben, wenn er sich zur russischen Religion bequemen und taufen lassen wollte. Er aber gab zur Antwort, er sei noch zu jung (da er nur zwölf Jahre alt sei), wolle aber, wenn er zu reiferem Alter und Verstand käme, sich dazu erklären.

Unsere Gesandten ließen ihm ihren Gruß entbieten und ihm ein Pfund Tabak und eine Flasche französischen Branntwein verehren, was ihn so freute, daß er seinen Gruß vermelden, vielmals danken und sich entschuldigen ließ, daß er die Herren Gesandten nicht – wie er wohl gern wolle – in seinem Hause bewirten und ihnen Ehre erweisen könne. Dann würde es auch den Woiwoden verdrießen, der es sonst auch keinem Fremden gern gestatte, ihn zu besuchen. Er schickte aber durch seine tatarischen Diener, die nur mit unserem persischen Dolmetscher reden konnten, allerhand Lebensmittel als Gegengabe, nämlich: zwei Schafe, ein Fäßlein Met, ein Fäßlein Bier, Branntwein, einige Stücke Eis, saure Milch und frische Butter, die seine Frau Mutter, wie die Diener sagten, selbst gemacht habe.

Am 9. kamen wir dann zur Stadt Murama, die gleichermaßen von Russen und Tataren bewohnt wird. Hier fängt das Gebiet der mordwinischen Tataren an, die alle dem Großfürsten untertan sind. Weil in der Stadt ein Markt war, schickten wir unsere Dolmetscher zum Kauf von frischem Proviant dorthin.

Als wir noch eine viertel Meile diesseits der Stadt waren, ließen sich zur Rechten am Ufer einige Tataren sehen, die sich bald im Gebüsch verloren und auf uns feuerten, so daß eine Kugel übers Schiff pfiff. Als wir ihnen aber mit unseren Musketen antworteten, wurden sie still, bis daß wir die Stadt passiert hatten. Wir meinten, und unsere Besatzung vermutete Gleiches, daß sie uns in der kommenden Nacht überfallen würden. Wir ankerten deshalb neben einer Insel, ungefähr einundfünfzig Werst vor der Stadt und hielten gut Wache; wir vernahmen aber niemanden weiter.

Am 11. Juli kamen wir, nachdem wir recht vergnügt an zur Rechten und zur Linken liegenden Dörfern vorbeigefahren waren, gegen Abend vor die vornehme Stadt Nisen. Dort begaben wir uns dann nicht in die Stadt, sondern alsbald auf das von den Unsrigen selbst gebaute Schiff, das wir »Friedrich« getauft haben.

Dieses Schiff hatte der Schiffer Michael Cordes mit Hilfe russischer Zimmerleute aus Föhrenholz gebaut. Es war hundertzwanzig Fuß lang, hatte drei Masten und einen flachen Boden, der nur sieben Fuß Tiefgang hatte. Es besaß vierundzwanzig Riemen und war zur Fahrt auf der Wolga bestimmt, damit wir über die Sandbänke und Untiefen, deren es sehr viele in ihr gibt, fahren und, wenn kein Wind weht, auch ohne Segel fortkommen konnten. Im Schiff gab es verschiedene Kajüten, in denen die Gesandten und Gefolgsleute bequem wohnen konnten. Für Küche und Vorratskammern war ebenfalls gesorgt. Wir hatten das Schiff auch mit allerhand Kraut und Lot, Metall- und Steingeschützen, mit Granaten und anderen Waffen gegen Räuberüberfälle wohl versehen.

Außer dem Schiff hatten wir auch eine Schaluppe bauen lassen und gut ausgerüstet. Mit dieser beabsichtigten wir, auf der Wolga und besonders auf dem Kaspischen Meer – weil die Schiffer und Bootsleute auf See bleiben mußten, während wir in Persien beim König waren – die Gegend zu erforschen, unbekannte und flache Orte, wohin wir uns mit dem Schiff

NISEN.

Occa fluu

Wolga fluu

nicht wagten, zu besegeln und im Notfall das Schiff zu erleichtern. Wir blieben bis zur Fertigstellung der Schiffe fast drei Wochen daselbst.

Von der Stadt Nisen und der Wolga

Als wir bis Ende Juli in Nisen gelegen hatten und gewahr wurden, daß das Wasser, das bislang hoch gewesen war, geschwinder zu fallen begann, rüsteten wir uns zum Aufbruch. Denn die Schiffe und großen Boote, die auf der Wolga nach Astrachan wollen, geben auf die Jahreszeit acht und fahren dann, wenn das Wasser noch im Anschwellen oder am höchsten ist. Das pflegt im Mai oder Juni zu sein, wenn die Ströme im Norden voll sind und sich in die Wolga ergießen. So kann man dann nicht nur über die Untiefen, sondern auch über die niedrigen Inseln, welche tief unter Wasser gesetzt werden, sicher hinfahren. Es kommt aber auch bisweilen vor, daß, wenn man über einer solcher Insel abends vor Anker geht und das Wasser geschwind fällt, man auf ihr sitzen bleibt. So haben wir solche aufgelaufenen und beschädigten Strusen[5] und Boote an vielen Stellen der Wolga gesehen.

Von Nisen bis Wasiligorod

Nachdem wir nun unser Schiff klar gemacht und mit gutem Provint versorgt sowie einen Lotsen angeheuert hatten, der uns den rechten Weg zeigen sollte, brachen wir am 30. Juli 1636 auf, ungeachtet dessen, daß uns der Wind entgegenstand, und lavierten davon. Wir waren aber kaum zwei Werst von der Stadt entfernt, da saßen wir schon auf Grund und blieben sitzen. Wir mußten einen Anker ausbringen und das Schiff in vierstündiger mühevoller Arbeit wieder flottmachen.

Am nächsten Tag saßen wir nach einer Werst wieder fest, wurden aber bald wieder flott, und als ein starker Regen einfiel und uns ein Sturm aus Südost entgegenkam, blieben wir bis zum folgenden Tag vor Anker liegen.

Am 1. August wurde eine Wachordnung aufgestellt, und die geworbenen Soldaten sowie die eigenen Mannschaften wurden in drei Rotten eingeteilt, die sich miteinander abwechseln sollten. Die erste führte der Gesandte Crusius, die andere Brüggemann, die dritte der Reisemarschall. Die Gesandten aber hatten jeder ihren Hauptmann, Crusius den Stallmeister und Brüggemann den Sekretär, die neben dem Marschall wechselweise mit ordentlichem Trommelschlag die Wache auf und ab führten. Die Posten auf dem Vorder- und Hinterkastell des Schiffes wurden von jetzt an immer stark besetzt.

Danach versuchten wir, weil uns der Wind noch immer entgegenstand, mit Rudern fortzukommen. Aber nach eines Büchsenschusses Länge gerieten wir wiederum auf Grund; und als wir losgekommen waren, blieben wir vor Anker liegen. Einge von uns gingen an Land, um Vögel zu schießen, von denen sich viele Arten sehen ließen. Denn es gibt auf dem Land von Nisen bis Casan allenthalben schöne Büsche und Bäume wie auch durchgehenden Wald.

Weil das Segeln anfangs so schlecht ging, daß wir in vier Tagen nicht viel über zwei Meilen gekommen waren (und es noch ungefähr sechseinhalb hundert deutsche Meilen bis zum Kaspischen Meer waren), ließen manche von uns den Mut sinken; hinzu kam, daß uns unser Lotse, der seit acht Jahren die Wolga nicht mehr bereist hatte, nur wenig sichere Auskunft geben konnte.

Den 3. August ging es etwas besser fort; wir passierten viele

Russische Struse (Lastschiff), die von Ruderern die Wolga hochgezogen wird.

Dörfer und Inseln. Uns begegnete eine große Struse oder Schute, die von Astrachan kam. Auf dieser befanden sich zweihundert Leute. Denn die Russen segeln nicht, wenn sie nicht den Wind im Rücken haben, sondern bringen mit einem Boot einen Anker nach dem anderen etwa eine viertel Meile im voraus an. Dann ziehen hundert oder mehr hintereinander stehende Leute das Schiff gegen den Strom an Bastseilen hinauf. Sie können aber am Tag nicht über zwei Meilen fortkommen.

Am 5. August kamen wir zu guter Zeit zum Dorf Parmino, gegen neunzig Werst von Nisen entfernt. Hier brachten die Bauern mit drei Booten junge Hühner und anderen Proviant, der billig zu kaufen war, an unser Schiff. Gegen Abend wurden wir des Städtchens Wasiligorod ansichtig, und weil davor eine Untiefe ist, warfen wir Anker und blieben vor ihr liegen.

Hier erreichte uns eine Post, die aus Muscow nachgeschickt worden war, mit Briefen aus Deutschland, die vom Mai datierten.

Wasiligorod ist ein kleines Städtchen, ganz aus hölzernen Häusern gebaut, ohne Ringmauer, und liegt auf der rechten Seite der Wolga am Fuß eines Berges. Hundertzwanzig Werst von Nisen entfernt, unter der Polhöhe 55 Grad und 51 Minuten. Der Großfürst Wasilius soll sie erbaut und mit Soldaten besetzt haben, daß sie den einfallenden Tataren wehren sollten. Jenseits der Stadt kommt von Süden ein recht großer Fluß, Sura genannt. Dieser Strom hat früher das casanische Gebiet von dem russischen getrennt.

Am 6. August ging das Schiff ganz knapp über die obenerwähnte Untiefe, so daß es fast immer den Grund berührte und mehr darüber rumpelte und gleichsam tanzte als schwamm.

Indem wir gegen Mittag an der Stadt vorüberfuhren, ließen wir als Begrüßung einen Schuß los, und die Trompeter bliesen. Solches geschah auch später vor allen Städten, an denen wir vorüber kamen.

*

Olearius beschreibt dann in Kürze die »ceremissischen« Tataren[6]*, deren Stammesgebiet sich von »Wasiligorod« bis »Casan« beiderseits der Wolga erstreckt. Sie sind »trefflich gute Bogenschützen«, weiß unser Autor zu berichten, aber auch, daß sie ein »falsches, räuberisches und zauberisches Volk« seien.*

An den Städten Kusmademianski, Sabaksar, Kokschage und Swiatzki vorbeigefahren

Am 7. August erreichten wir die Stadt Kusmademianski, vierzig Werst von der vorigen Stadt entfernt und ebenfalls an einem Berg gelegen. Sie hat einen Woiwoden oder Statthalter. In dieser Gegend wachsen sehr viele Linden, ja ganze Lindenwälder, von denen man den Bast schält, welcher im Lande gehandelt wird. Aus ihm werden Schlitten, Gefäße und Kisten gefertigt. Die Bäume schneiden sie in zylindrische Stücke, höhlen sie aus und gebrauchen sie als Zuber, Tonnen und dergleichen. Man haut auch ganze Boote, Kähne und Särge aus ihnen und verkauft diese zuweilen auf den Märkten.

Drei Werst hinter der Stadt legten wir uns an eine Insel, verrichteten unseren Gottesdienst und feierten das Abendmahl. Hier boten die Bauern abermals frischen Proviant zum Kauf an. Als wir eine Weile weitergesegelt waren, erhob sich ein starker Sturm; daher ließen wir wiederum den Anker fallen und hielten Nachtlager.

Am 8. August bekamen wir guten Wind, setzten Segel und fuhren am Vormittag frisch fort. Nachmittags aber liefen wir mit vollen Segeln auf ein Sandriff, daß die Masten krachten, blieben vier Stunden sitzen und mußten uns durch drei Anker wieder fortbringen.

Hier ließen sich zur rechten Hand am Ufer sehr viele ceremissische Tataren zu Pferd und zu Fuß sehen. Gegen Abend kamen wir vor die Stadt Sabaksar, die auch vierzig Werst von der gestrigen entfernt am Ufer liegt und ebenso aus Holz gebaut ist. Sie ist von den dreien wegen der Lage und der Häuser die schönste. Als aber die Einwohner, noch ehe wir sie erreicht hatten, unser Schiff von ferne sahen, wußten sie nicht, was dies bedeuten sollte. Daher schickte der Woiwode uns ein Boot voll Strelitzen entgegen, um zu erfahren, was für ein Volk wir denn seien. Die Soldaten ruderten von ferne um unser Schiff herum und eilten wieder zur Stadt. Nachdem aber unser Paß in der Stadt vorlag, kamen ungefähr dreihundert Leute, jung und alt, an den Strand gelaufen, um uns zu sehen. In dieser wie auch in den benachbarten Städten liegen viele russische Soldaten, damit bei einer Rebellion der unterjochten Tataren alsbald ein Kriegsheer beisammen ist.

Am 10. trieb uns der Strom mit seiner schnellen Strömung an das Ufer, wo wir etliche Stunden hängenblieben. Hier stieg ich mit dem von Mandelslo an Land und ging mit ihm in den Wald; wir wollten uns verlustieren und Waldfrüchte suchen. Unterdessen aber, da der Wind stärker wurde, zogen sie die Segel auf und fuhren davon; als wir wieder an das Ufer kamen und kein Schiff sahen, liefen wir eine gute Weile den Fluß entlang, in der Meinung, das Schiff einholen zu können. Wir sahen aber kein Schiff, sondern ein Boot, das uns entgegenruderte. Anfangs dachten wir, daß es Kosaken wären, es war aber von unserem Schiff uns entgegengeschickt worden. Wir ruderten dem Schiff nach, das in einer Biegung des Stromes durch den Wind festgehalten wurde. Weil dieser sich mehr und mehr erhob, blieben wir auch über Nacht hier liegen.

Am 12. versuchten wir mit Hilfe eines kleinen Ankers das Schiff um die Kurve zu ziehen. Der Anker jedoch hatte sich in einem am Grund liegenden Baum verfangen; das Tau zerriß, und er blieb unten. Es soll sich auf der Wolga häufiger zutragen, daß Bäume, die durch Hochwasser mitgerissen werden, auf dem Grund liegenbleiben. Die Russen sagten uns, daß hier so viele Anker lägen, als ein Fürstentum wert sei. Bisweilen werde auch der eine oder andere Anker wieder herausgezogen.

Bis Casan, wohin es noch zwanzig Werst waren, fuhren wir an vielen rechter Hand liegenden Kreidefelsen und Sandbergen vorbei. Abends erreichten wir Casan und ankerten. Hier trafen wir auch die persischen und kirgisischen Reisegesellschaften wieder, die einige Tage vor uns aus Muscow abgefahren waren. Bei der einen befand sich ein persischer Coptzi oder Kaufmann, der als Gesandter in Muscow gewesen war; bei der anderen ein kirgisischer Prinz namens Mussal aus Terki, der nach dem Tode seines Bruders das Lehen vom Großfürsten empfangen hatte.

Von der Stadt Casan

Was die Stadt Casan angeht, liegt diese sieben Werst vom linken Ufer der Wolga entfernt auf ebenem Felde bei einem kleinen Hügel. Um die Stadt fließt die Casanka, von der sie und das Land den Namen bekommen haben. Die Polhöhe habe ich dortselbst mit 55 Grad und 38 Minuten gemessen. Es ist die Stadt zwar, wie alle an der Wolga liegenden Städte, mit Ringmauern, Türmen und Holzhäusern versehen und ziemlich groß, das Schloß aber mit starken, dicken Mauern, Geschützen und Soldaten wohl bewacht. Der Großfürst hat auf dem Schloß nicht allein einen Woiwoden, sondern auch einen besonderen Statthalter in Casan selbst, der die Einwohner regieren und Gerechtigkeit üben soll. Die Stadt wird von Russen und Tataren bewohnt, das Schloß jedoch nur von Russen. In ihm darf sich kein Tatar bei Leibesstrafe sehen lassen.

Das Land Casan erstreckt sich links der Wolga nach Norden bis nach Sibirien; nach Osten aber bis an die Nogaische Tatarei. Es ist vorzeiten ein tatarisches Königreich gewesen. Weil es sehr volkreich war – man konnte ungefähr sechzigtausend Mann ins Feld schicken –, hat es mit den Russen schwere, blutige Kriege geführt und diese bisweilen gezwungen, Tribut zu zahlen. Endlich sind sie doch dem Zarenreiche unterwürfig gemacht worden.

Als ich vernahm, daß das Schiff am 15. August den ganzen Tag vor Anker liegen bleiben sollte, bin ich mit dem von Mandelslo in die Stadt gegangen, um sie anzusehen und sie zu zeichnen und auch, um Einkäufe zu machen. Wir fanden aber auf dem Markte nichts als Obst, welches sie in großer Menge zum Verkauf anboten, besonders viele Melonen, die nicht kleiner als Kürbisse waren. Sodann gesalzene alte, faule Fische, welche einen so üblen Gestank von sich gaben, daß wir ohne zugehaltene Nasen nicht vorübergehen konnten. Unterdessen war, weil es der Gesandte Brüggemann nicht gern gesehen hatte, daß wir in die Stadt gegangen waren, der Anker gelichtet worden und das Schiff abgesegelt. Die Bürger Casans, die am Strand gewesen waren und das Schiff angeschaut hatten, sagten uns auf dem Rückweg von dort, daß die Gesandten bereits abgereist seien. Wir nahmen zwei Wagen und fuhren eine gute Weile am Strand entlang. Zwei Meilen hinter Casan trafen wir unser Schiff und ließen uns von unseres Pristaffen Boot übersetzen.

Die Reise bis zur Stadt Samara

Die Wolga verlief von Nisen bis Casan meist in östlicher oder südöstlicher Richtung, dann aber bis Astrachan und in die Kaspische See direkt nach Süden. Man findet nun, obwohl es an der Wolga viele fruchtbare Orte gibt, wegen der Kosaken und Tataren nur sehr wenige Dörfer.

Am 15. August kamen wir auf dem Strom, der hier wegen der geringen Breite des Flusses sehr schnell fließt, rasch fort, gelangten aber hinter Casan an eine Untiefe, über die wir uns mühselig hinweglavieren mußten. Als wir hinüber waren, blieb der kleine Anker abermals am Grunde hängen, so daß wir den ganzen Nachmittag daransetzten, um ihn loszubekommen. Da dies nicht glückte, blieben wir auch die Nacht dort liegen. Am folgenden Tag wurde bis zum Mittag wieder daran gearbeitet und auch der große Anker gelichtet. Aber die Taue an beiden Ankern rissen, so daß wir den großen mühevoll suchen und wieder aus dem Wasser fischen mußten. Den kleinen ließen wir stecken, da er allzu fest saß, und fuhren davon.

Gegen Abend kamen wir zu dem großen Strom Kama[7], der von Casan sechzig Werst entfernt ist. Er kommt von Nordosten und soll in der Landschaft Permia seinen Ursprung haben. Er ist so breit wie in Deutschland die Weser und führt braunes Wasser. Über ihn schrieb Paul Fleming folgendes Sonett:

Schwimmt näher zu uns her, stellt euch so furchtsam nicht,
ihr wilden Fürstinnen des öden Permerstrandes.
Kommt Nymphen an den Port, das Ufer dieses Randes
ist büschig, kühl und frisch, da keine Sonne sticht.

Kommt, schauet dieses Schiff, von dem ganz Reußen
                                              spricht,
auch dies ist eine Zier der ersten meines Landes,
des treuen Holsteins Pfand, der Knoten eines Bandes,
das zwischen mir und ihm in Ewigkeit nicht bricht.

Und du, o Vater Kam, gieß' deinen braunen Fluß
mit vollen Krügen aus, daß unsern föhr'nen Fuß
kein blinder Sand halt' auf, kein falscher Grund versäume.

Die Wolga fließt vorweg, bestellt die Sicherheit,
deut' auf gut Glück und Heil, setzt Wohlfahrt ein und
                                              schreit:
daß Anfall, Mord und Raub ihr beides Ufer räume.[8]

Den 18. August ging die Fahrt mit Segeln frisch fort. Um die Mittagszeit sahen wir die Stadt Tetus, hundertzwanzig Werst von Casan entfernt, hoch auf dem Berg mit zerstreut liegenden Häusern und Kirchen; alles ist aus Holz gebaut und anstatt einer Mauer mit einem Staketenzaun[9] umgeben. Von diesem Ort an bis zur Mündung der Wolga sahen wir kein einziges Dorf mehr. Hinter einer Insel begegnete uns der Woiwode von Terki mit acht Booten, der nach seiner dreijährigen Regimentsverwaltung wie üblich nach Moskau beordert worden war. Ihm folgte ein starker Geleitzug. Ein Boot mit Strelitzen fuhr voraus und näherte sich unserem Schiff, um dieses zu begutachten. Weil wir nicht wußten, wer sie wären und ob ihnen zu trauen sei, wurde gerufen, sie sollten nicht näher kommen, sonst würden wir das Feuer eröffnen. Sie erzählten uns, daß ungefähr dreitausend Kosaken an den verschiedensten Orten uns auflauerten, zum Teil an der Wolga, aber auch am Kaspischen Meer. Es hätten sich auch nicht weit von hier am Strand siebzig zu Pferde sehen lassen, die ohne Zweifel Kundschafter seien. Diese hätten sich bestimmt darauf vorbereitet, uns anzugreifen.

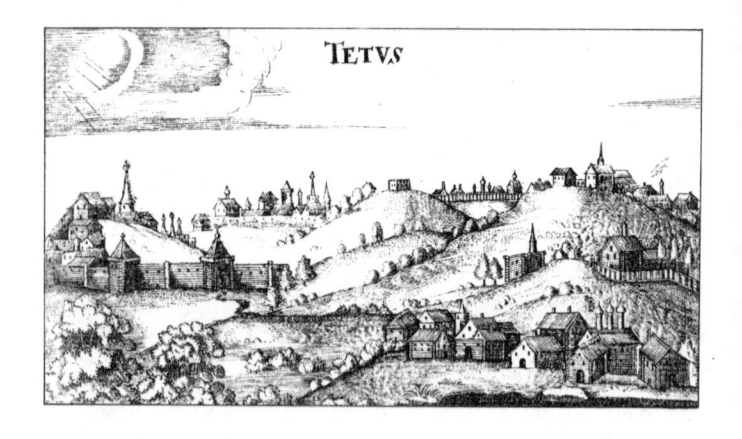

Wir schossen Salut und fuhren weiter. In dieser Nacht machten die Gesandten einen Probealarm, um zu sehen, wie sich die Mannschaft, wenn es die Gelegenheit gebe und es zum Treffen käme, verhalten würde. Gegen Morgen wurde Alarm geschlagen: Die Wache gab, nach den gebräuchlichen Rufen, einen Schuß ab und darauf den Ruf: »Kosaken!« Dann wurden die Trommeln gerührt, Lärm geschlagen, Musketen und Geschütze abgefeuert. Die Leute taten richtig mit, gingen an die ihnen befohlenen Posten und stellten sich zur Gegenwehr. Solch ein Alarm wurde auch in Persien auf der Rückreise gemacht, davon weiter unten mehr.

Hinter einer Insel war der Strand voll von runden Steinen; sie waren wie Zitronen oder Pomeranzen[10] anzusehen, hart und schwer und faßten sich wie Eisen an. Schlug man sie auf, so hatten sie in ihrer Mitte die Figur eines Sternes in Silber, Gold, Braun und Gelb und waren schwefel- und salpeterhaltig. Wir nahmen von ihnen ein gut Teil mit, um sie für unsere Steingeschütze zu gebrauchen. Danach kamen wir an einen schönen begrünten Platz, wo vor Zeiten eine tatarische Stadt gestanden hat. Kaum waren wir vorbei, wurden wir auf dem Land zwischen den Bäumen zweier Reiter gewahr und stellten eine Wache in den Mastkorb, um das hohe Ufer zu überwachen; wir sahen aber weder diese noch andere.

Hier entledigten wir uns unserer Proviantschute, die wir von Nisen mitgenommen und nunmehr ausgeleert hatten; und damit sie nicht den Kosaken zugute kommen sollte, steckten wir sie in Brand und ließen sie dahintreiben.

In dieser Gegend hat das Land zur Rechten, das nicht sehr hoch ist und kaum bewachsen, einen schönen fetten Boden. Es war allenthalben mit dichtem Gras bewachsen, wurde aber nicht genutzt, noch war auch die Gegend bewohnt. Man sah hin und wieder Anzeichen von ehemaligen Städten und Dörfern, die alle durch die Kriege des Timur Lenk[11] verwüstet worden sind.

Am 23. August hatten wir abermals einen starken Gegenwind, so daß wir vor Anker gehen mußten. Hier war die Polhöhe 53 Grad und 48 Minuten. Nachmittags versuchten wir zu kreuzen, kamen aber in fünf Stunden kaum eine halbe Meile fort.

Am 24. wurden wir durch den widerwärtigen Wind zweimal an das Ufer getrieben, was wiederum eine kurze Tagesreise zur Folge hatte. In diesen Tagen sind uns, wie fast die ganze Zeit bisher, die Untiefen und der Wind in unserer Fahrt sehr hinderlich gewesen. Denn wenn wir schon bisweilen guten Wind hatten, kamen wir auf Sandbänke; hatten wir tiefes Wasser, so war uns der Gegenwind beschwerlich. Die nächsten vier Tage erhob sich der Wind beizeiten früh um 9 Uhr und legte sich nachmittags um 5 Uhr wieder, so daß wir also die beste Zeit des Tages entweder mit Stilliegen oder mit Mühe und Arbeit zubringen mußten. Das verursachte schlechte Laune und Mißvergnügen unter uns, besonders wenn wir den noch bevorstehenden langen Weg betrachteten und die kurze uns verbleibende Zeit des Sommers. Die Mannschaft der Gesandtschaft wurde zudem durch die andauernden Mühen ermattet und verdrossen. Denn die, die nachts mit den Soldaten zugleich die Wache gestellt hatten (es wach-

»Der Jungfernberg liegt am rechten Ufer der Wolga und ist sehr schön anzusehen, weil er verschiedene Stufen aus rotem, gelbem und blauem Sandstein hat.«

ten stets zwanzig Leute), mußten über Tag mit den Russen beim Rudern und am Spill[12] mit Hand anlegen. Dabei bestand ihre Verpflegung zumeist aus hartem Brot, trockenem Fleisch und Wasser. Außerdem hatten sie mit dem Gesandten Brüggemann manche widerwärtige Auseinandersetzung, daran soll aber nicht erinnert werden. So war also Sorge, Arbeit und Verdruß unser tägliches Frühstück und Abendbrot.

Bald darauf passierten wir den Berg Diwiza Gora (oder

Jungferberg genannt), bei dem der Strom tief und eng ist. Der Berg liegt rechter Hand, ist sehr hoch und zum Strand hin steil abfallend. Er ist sehr lustig anzusehen, da er aus verschiedenen Absätzen, wie aufeinandergestapelte Bänke, besteht und aus rotem, gelbem und blauem Sandstein ist; das Ganze sieht aus wie eine alte Mauer. Auf den Absätzen stehen, als seien sie so hingepflanzt worden, Tannenbäume in Reih und Glied. Was die Russen uns von diesem Berg berichteten, ist folgendem Sonett Paul Flemings zu entnehmen.

Ist's, wie ihr Reußen es nicht lasset unerwiesen,
daß niemand von uns weiß, ist dies derselbe Berg,
auf dem auf eine Zeit gewohnt ein kluger Zwerg
und eine Jungfrau auch, der Ankunft von den Riesen,

davon er jetzt noch heißt, und weiter bis nach Nisen,
der weitgelegnen Stadt? Was für ein Wunderwerk
bekräftigt euer Wort? Zeugt nichts nicht ihre Stärk',
ihr Leben und ihr Tun, der Tochter der Odrysen?

Nein. Die vergeßne Zeit hat alle mit sich fort.
Ich wunder' mich des Tuns und ehre diesen Ort,
der mir fast halbe Furcht mit seiner Wildnis machet.

Der wolkengleiche Fels wirft frech sein Haupt empor.
So tut ein wilder Mensch und trotzt der Götter Chor,
der ihn doch mehr nicht scheut, als daß er seiner lachet.[13]

Hier erreichte uns abermals eine Post, die uns von unserem Faktor aus Muscow nachgeschickt worden war. Dabei waren auch Briefe aus Nisen, in denen uns berichtet wurde, daß vier unter unseren russischen Arbeitsleuten und Ruderknechten rechte Kosaken wären. Außerdem hieß es, daß über zwei- bis dreihundert Kosaken sich vereinigt hätten und gewiß an irgendeinem Ort uns auflauern würden. Das machte uns, die wir zwar bis jetzt stets gut aufgepaßt hatten, noch aufmerksamer.

Als wir heute abend in der Dämmerung am Strande zur Rechten zwei große Feuer aufflammen sahen, meinten wir, daß es Kosaken wären, und schickten deshalb sogleich unseren Pristaffen in seinem Boot mit einigen Soldaten aus, damit sie die Lage erkundeten. Als die Unsrigen knapp vor dem Strand mit drei Schuß Losung gaben, antworteten die auf dem Lande wiederum mit drei Schüssen und berichteten, daß sie Strelitzen seien, die als Geleitschutz der persischen Karawane aufgeboten seien. Indem unsere Soldaten sich am Strand ein wenig verweilten und den Bericht anhörten, wollte dies dem Gesandten Brüggemann verdächtig vorkommen. Und als sie schließlich nach einem Pistolenschuß wieder längsseits lagen und auf Zurufen Brüggemanns zwar antworteten, der Wind aber ihre Worte nicht verstehen ließ, wollte der Gesandte ein grobes Geschütz auf sie abfeuern. Der Gesandte Crusius aber widersprach, da es uns nicht zustehe, uns anders als defensiv aufzuführen.

Am 26. August passierten nachts zwei Personen in einem kleinen Boot ganz lautlos unser Schiff. Sie mußten, von der Wache angesprochen, anlegen und an Bord kommen. Sie gaben vor, daß sie Fischer seien und gewohnt, bei ihren Landsleuten, den Russen, Tag und Nacht ohne Bedenken an den Schiffen zu passieren. Weil man uns aber gesagt hatte, daß Räuber derart zu agieren und die Ankertaue zu kappen pflegten, und weil die beiden, als man sie getrennt vernahm, Unterschiedliches aussagten (der eine behauptete, daß auf einer Insel vor der Stadt Soratoff fünfhundert Kosaken auf uns warteten, der andere aber stritt dies ab), wurden sie über Nacht auf dem Schiff behalten und eingeschlossen, am folgenden Morgen aber mit unserem Pristaffen zum Woiwoden nach Samara, das nahe vor uns lag, geschickt.

Inmitten des Gebirges, ungefähr acht Werst vor der Stadt, bildet ein breiter, weißer Fels einen großen kahlen Platz; die

Wolga davor ist mit Felsen durchsetzt, so daß die Russen sie an dieser Stelle scheuen. Als wir mittags näher kamen, hatten wir starken Gegenwind, so daß wir Anker werfen und liegenbleiben mußten, bis er sich wieder legte. Unterdessen kamen zwei rotbunte Schlangen an einem unserer Anker, die ins Wasser niedergingen, heraufgekrochen und aufs Schiff. Als unsere russischen Ruderer sie sahen, waren sie guter Dinge und sagten, man solle sie ungehindert herauflassen, denn man könne sie essen. Es wären keine giftigen Schlangen, sondern gutartige, die die Nachricht brächten, daß St. Nicolas mit einem guten Wind sie eine Zeitlang von den Rudern ablösen würde.

Reise von Samara nach Soratoff

Am 28. August machten wir uns beizeiten wieder auf den Weg und näherten uns noch vor Sonnenaufgang der Stadt Samara, die ungefähr dreihundertfünfzig Werst von Casan entfernt liegt. Sie liegt linker Hand zwei Werst vom Ufer entfernt. Sie ist im Quadrat angelegt und hat nur einige wenige steinerne Kirchen und Klöster.

Wir waren zwar willens, vor der Stadt zu ankern und zu hören, was die zwei mit unserem Pristaffen vorausgeschickten Gefangenen ausgesagt hätten. Weil aber der Wind so köstlich gut wurde, gaben wir ihm die Segel und fuhren davon. So hatten wir heute eine so gute Tagesreise, wie wir sie bislang noch nicht erlebten: Wir kamen nämlich abends vor dem Kosakenberg, der etwa hundertfünfzehn Werst von Samara entfernt liegt, vor Anker zu liegen. Die gestrige Voraussage der Russen wegen des guten Windes begann also einzutreffen.

Der Kosakenberg ist kahl, ohne sonderlich viel Gebüsch

und fünfzig Werst lang. Er hat seinen Namen von den Donkosaken, die sich bei ihm in großer Zahl aufhalten, die vorüberfahrenden Schiffe anfallen und ausplündern. Nachdem sie aber eines Tages von den aus Samara ausgesandten Strelitzen überfallen und einige Hundert niedergemacht wurden, haben sie sich dort nicht mehr so häufig sehen lassen.

Als wir am 29. August nach Vorbeifahrt am Kosakenberg bei einer Insel vor Anker gingen, kam eine ganze Reihe Fischer mit der Nachricht an Bord, daß sich nicht ferne von hier am Strand vierzig Kosaken hätten sehen lassen. Hier fingen die Bierfässer an, leer zu werden, so daß unsere Mannschaft Wasser, mit ein wenig Essig vermischt, trinken mußte.

Am 30. August kamen wir früh an den Fluß Zagra, vierzig Werst danach an eine Insel, auf welcher zufolge eines vor Samara aufgenommenen Fischers einige hundert Kosaken liegen und auf uns warten sollten. Wir passierten sie voll gerüstet, bemerkten aber niemanden. Mittags kamen wir an den Berg Tychi, der einen Bogen macht und das Aussehen hat, als wolle er den Durchfluß der Wolga verschließen. Bei diesem ist überall flaches Wasser und eine Hauptfurt. Hier sollen die Kosaken durch die Wolga waten und reiten können. Dabei liegen auch viele kleine, mit Gebüsch bewachsene Inselchen – wie geschaffen für Räuber. Zwei Fischer begegneten uns und berichteten, vor acht Tagen hätten die Kosaken ihnen ein großes Boot gestohlen und gesagt, daß in wenigen Tagen ein großes fremdes Schiff mit Deutschen käme. Gegen Abend riefen wir wiederum zwei Fischer, einen alten und einen jungen, an Bord und fragten sie wegen der Kosaken. Der Alte wollte zwar erst gar nichts wissen, als aber der Junge herausbrach und sagte, daß gleich gegenüber im Gebüsch sich vierzig von diesen aufhielten, bekräftigte dies auch der Alte und sagte, daß die Kosaken sechs Boote hätten, welche sie am Land in den Büschen versteckten. Man dürfte nicht viel davon erzählen, denn wenn es woanders erfahren würde, wären sie ihres Leben nicht sicher; sie baten darum, daß wir sie gleich als Gefangene mit uns nähmen und an einem anderen Ort nachts wieder aussetzten, was auch geschah. Wir trauten ihnen aber ebensowenig wie den Kosaken und verdoppelten diese Nacht die Wache. Die Fischer ließen wir früh in der Dämmerung wieder laufen.

Am letzten Tag des August hatten wir abermals sehr guten Wind, so daß wir am Abend hundertzwanzig Werst gemacht hatten. Ungefähr hundert Werst vor der Stadt Soratoff fuhren wir über ein Sandriff, und das Schiff berührte einige Male den Grund, aber doch ohne Aufenthalt und ohne besondere Verzögerung. Dann begegneten uns zwei russische Schuten, die dem Patriarchen von Muscow gehörten, und eine große Nassade[14] mit Kaviar (das ist gepökelter Störrogen), die für den Großfürsten bestimmt war. Auf jeder von ihnen waren vierhundert Leute. Als sie sich uns näherten, gaben sie mit ihren Flinten Salut; wir aber antworteten mit einem groben Geschütz. Unter Koltoff lagen am Ufer wieder vier Schuten, mit Salz und gepökeltem Fisch beladen, die Gregorij Mitikow, dem vornehmen Kaufmann in Muscow, gehörten. Sie alle kamen von Astrachan. Die Leute berichteten, daß ihnen nicht weit von Astrachan auf den verschiedensten Booten zweihundertfünfzig Kosaken begegnet seien; sie hätten aber kein Wegegeld von ihnen gefordert.

Am 1. September begegneten uns in der Frühe drei große Strusen mit dreihundert Lasten. Sie hatten zwölf Fuß Tiefgang und schleppten eine Menge kleiner Boote nach, mit welchen sie die Schiffe vor den Untiefen erleichterten. Sie begrüßten uns mit Salutschießen. Gegen Mittag segelten wir an der Stadt Soratoff vorbei. Diese Stadt liegt vier Werst vom Hauptstrom entfernt in der Ebene, an einem Seitenarm linker Hand der Wolga. Sie wird von etlichen Strelitzen, die von einem Woiwoden und einem Obersten regiert werden, bewohnt. Sie wehren die Tataren ab, die sie Kalmücken nennen und die von hier bis an das Kaspische Meer und den Strom Jaika herumstreiften und oft die Wolga heraufkämen.

Soratoff liegt 52 Grad 12 Minuten unter der Polhöhe und ist von Samara ungefähr dreihundertfünfzig Werst entfernt. Heute begegnete uns wieder eine große Struse, von welcher einige Leute in einem Boot zu uns kamen und erzählten, daß ihnen hinter Astrachan stromaufwärts zwar siebzig Kosaken begegnet wären, die jedoch ruhig vor sich hingefahren seien und sie nicht belästigt hätten. Vor vier Tagen hätten aber nur zehn Kosaken sie angegriffen und sie gebrandschatzt, so daß ein Schaden von vielen hundert Rubel entstanden sei. Zwar wären diese nicht bis ans Schiff herangekommen, da man sich ihrer tapfer erwehrt habe. Die Räuber hätten aber die vorausgehenden Boote mit den Ankern, auf die man freilich nicht verzichten konnte, beschlagnahmt, bis eine Summe Geldes erlegt worden sei.

Als wir nach Sonnenuntergang vor Anker gegangen waren, sahen wir linker Hand zehn Kosaken rasch den Strom hinaufeilen und mit einem Boot übersetzen. Der Gesandte Brüggemann befahl sogleich acht Musketieren, ihnen auf einem Boot nachzufahren und sie an Bord zu bringen. Die Kosaken aber hatten ihr Boot an Land gezogen und sich im Gebüsch versteckt, und so kamen die Unsrigen unverrichteter Dinge bei finsterer Nacht wieder aufs Schiff. Unser Reisemarschall hatte darauf mit dem Gesandten Brüggemann einen heftigen Streit, weil er meinte, daß es sehr mißlich und gefährlich sei, die Mannschaft bei Nacht zu einem solchen Vorhaben auszuschicken, da man ihnen nicht helfen könne; ihm wurde aber verdrießlich widersprochen.

Am 3. September sahen wir zur Rechten den runden Urakoffskarul, der hundertfünfzig Werst von Soratoff entfernt ist. Dieser Berg soll seinen Namen von dem tatarischen Fürsten Urak haben, der sich hier mit den Kosaken schlug. Er blieb auf dem Schlachtfeld und wurde hier begraben. Weiter südlich ist zur Rechten der Berg Kamuschinka und der Fluß gleichen Namens. Dieser Fluß entspringt aus dem Flüßchen Iloba, und dieses wiederum mündet in den Don, der in den

Pontus[15] geht und so der Scheidestrom Asiens und Europas ist. Von ihm aus nehmen die Donkosaken mit ihren leichten Booten den Weg zur Wolga. Daher ist dieser Ort ihrethalben der gefährlichste. Auf dem hohen Ufer zur Rechten sahen wir eine Menge hölzerner Kreuze stehen. Vor einigen Jahren hat es hier zwischen einem russischen Regiment, das den Ort befestigen und den freien Durchgang zur Wolga schließen wollte, und den Kosaken eine Schlacht gegeben, bei der auf jeder Seite tausend Mann gefallen sind; die Russen wurden hier beigesetzt.

Als wir diesen Ort passiert hatten, bemerkten wir vor uns die persische und tatarische Reisegesellschaft, welche mit sechzehn großen und sechs kleinen Booten neben- und hintereinander unterwegs war. Weil wir merkten, daß sie uns erwarteten und die Ruder sinken ließen und also nur mit dem Strome forttrieben, brachten wir die Segel voll in den Wind und griffen zugleich frisch in die Ruder, um sie einzuholen. Als wir ihnen nahe waren, ließen wir unsere Trompeter lustig blasen und gaben Salutschüsse aus vier groben Geschützen. Darauf antworteten uns die Gesellschaften von allen Booten mit ihren Musketen, und daraufhin ließen sich auch unsere Musketiere hören, und so war auf beiden Seiten ein großes Frohlocken.

Nach den Freudenschüssen schickte der tatarische Prinz Mussal, einer der beiden Führer, ein Boot mit Strelitzen, von denen sie vierhundert als Begleitschutz bei sich hatten, herüber und ließ die Gesandten begrüßen und nach ihrer Gesundheit fragen. Als sie vor unser Schiff kamen, hielten sie erst an und gaben einen Salutschuß ab, und erst danach stieg ihr Hauptmann an Bord und bestellte seinen Gruß. Als diese kaum abgefahren waren, ließen unsere Gesandten dem tatarischen Prinzen gleichfalls durch den von Üchteritz, Thomas Melvil und Hans Arpenbeke, den russischen Dolmetscher, samt etlichen Soldaten ihren Gruß entbieten. Ich aber wurde mit dem von Mandelslo und dem persischen Dolmetscher und einigen Mann Besatzung auf zwei Booten zu dem königlichen Kaufmann gesandt.

Unterwegs begegneten uns viele Perser, die von diesem zu unseren Gesandten geschickt waren. Indem wir aber zu dem persischen Schiff kamen und an der Backbordseite anlegen wollten, kamen eilends die Diener gelaufen und winkten eifrig, daß wir nicht dort, sondern auf der anderen Seite das Schiff betreten sollten. Denn die Gemahlin des Herren, welche niemand sehen durfte, hatte ihr Gemach auf der linken Seite des Schiffes. Als wir nun auf der Steuerbordseite an Deck kamen, standen dort viele Diener, die uns unter die Arme griffen, uns an Bord halfen und uns zu dem Kaufmann führten. Dieser saß auf einem mit schönen Stoffen belegten Sessel, die Beine nach ihrer Art unter sich geschlagen und den Rücken an ein rotes Atlaskissen gelehnt. Er empfing uns freundlich, indem er die Hand an die Brust schlug und den Kopf neigte. Denn solche Zeremonien haben sie für den Empfang ihrer Gäste. Er nötigte uns, bei ihm auf den Teppichen zu sitzen. Weil wir aber solche Art des Sitzens nicht gewohnt sind, kam es uns sauer an, und wir mußten uns kümmerlich behelfen. Unser Anliegen hörte er sich mit freundlichen Gesten an und gab seine Antwort mit vielen höflichen und ehrerbietigen Worten, derer sich die Perser wohl zu bedienen wissen. Unter anderem freute er sich herzlich über unsere Ankunft und sagte, daß er, als er unser Schiff gesehen habe, so froh geworden sei, als wenn er Persien oder dort sein Haus, nach welchem er sich lang gesehnt habe, gesehen hätte. Er beklagte die schlechte Gewohnheit der russischen Nation, die wir eben durchquerten, daß man als Fremder gewissermaßen eingesperrt sei und keiner den anderen besuchen dürfe. Wenn wir nach Persien kämen, hätten wir in diesem Punkte mehr Freiheit als die Einwohner des Landes selbst. Und er hoffe sehr, daß er, wenn wir zum Schah Sefi[16] (so hieß ihr König) kämen, unser Mehemandar oder Begleiter sein könne. Er wolle uns alsdann alle Freundschaft erzeigen, und wenn er jetzt etwas in seinem Schiff hätte, womit er uns dienen könne, so solle dies uns nicht versagt sein – und was dergleichen Reden mehr waren.

Er bewirtete uns aus vergoldeten Schalen mit starkem russischem Branntwein, Rosinen, persischen Haselnüssen oder Pistazien, die teils gedörrt, teils gesalzen waren. Als unterdessen auf unserem Schiffe mit dem persischen Abgesandten des Kaufmanns Gesundheit getrunken, die Trompeten geblasen und Musketenschüsse abgegeben worden waren, fing auch er an, auf die Gesundheit unserer Gesandten zu trinken. Als wir dann von ihm Abschied nahmen, ließ er den Gesandten im Vertrauen wissen, daß er gewisse Kunde davon habe, daß der polnische König einen Legaten an Schah Sefi geschickt habe, der über Constantinopel (oder Stambul, wie sie es nennen) eingereist und nunmehr auf der Rückreise begriffen sei und in Astrachan läge. Dieser habe auch Befehl, dem russischen Großfürsten aufzuwarten; der Woiwode wolle ihn nicht eher gehen lassen, bis deswegen ein Befehl aus Muscow käme. Die Gesandten möchten doch nachdenken, was dessen Ansinnen wohl sein könne. Auch andere Gesandte der Reisegesellschaft kamen zu uns, ließen uns begrüßen und bitten, daß wir ihnen Gesellschaft leisten möchten. Sie wollten gerne, wenn wir etwa auf Grund liefen, auf uns warten und uns, wenn wir dessen bedürften, gerne helfen. So fuhren wir also, nachdem abermals auf allen Schiffen und Booten Salut geschossen worden war, miteinander weiter.

Gegen Abend gab es zugleich mit einem Sturm Gewitter und Platzregen, in deren Verlauf es zweimal donnerte. Bald darauf verzogen sich aber die Wolken, und es wurde sehr still. Dies gab unserem Fleming Anlaß zu folgendem Sonett:

Wie, Eol, was, Neptun? Gefällt euch Jovis Schluß,
der Rat der Götter nicht, den nächst Merkur verfaßte,
ihr selbst mit unterschriebt im ewigen Palaste?
Was, Eol, wie, Neptun? Was soll denn dieser Guß?

Der Donner, dieser Sturm, der den erschreckten Fluß
von Grund aus reizet auf, daß er so schnell erblaßte?
Der Grimm des Wetters rast und pfeifet um die Maste,
es setzet furchtsam ein der Anker seinen Fuß.

Was aber ist mir das? Wo kommt der lichte Strahl,
die schnelle Stille her, die Jupiters Gemahl
von Ost nach Westen führet? Ich wunder' mich des
                                        Wunders.

Wird euer Grimm gestraft, ist euch der Eifer leid?
Bedeutet es für uns gut' oder böse Zeit?
Man sage, was man will, ich denke 'was Besonder's.[17]

Am 5. September liefen wir, kaum daß wir uns aufgemacht hatten, auf eine Untiefe und mußten uns seitwärts hinabwinden, so daß das Schiff mit großem Schüttern darüber hinwegging. Unterdessen segelte die Reisegesellschaft bis nach Zariza voraus, wo sie neue Strelitzen als Begleitschutz nehmen wollte.

Am 6. trafen wir sie vor Zariza wieder an. Sie hatten ihre Zelte am Strand aufgeschlagen und erwarteten den neuen Geleitschutz. Weil wir guten Wind hatten, segelten wir an ihnen vorbei. Die Stadt, deren Entfernung von Soratoff auf dreihundert Werst gerechnet wird, liegt zur Rechten auf einem Hügel am Ufer, ist klein und in Form eines Parallelogrammes gebaut und hat sechs hölzerne Bollwerke und Türme. Sie wird von lauter Strelitzen bewohnt, die wegen der Tataren und Kosaken ein wachendes Auge haben und den passierenden Schuten als Geleitschutz dienen müssen.

Von Zariza bis Astrachan

Von hier ab bis hinter Astrachan und weiter zum Kaspischen Meer ist wüstes, sandiges und für Getreideanbau unfruchtbares Land. Daher müssen die Städte dieses Landstriches – wie auch Astrachan – von den fruchtbaren Orten ihr Korn, und davon das meiste von Casan, die Wolga herabgeschickt bekommen. Und wegen der großen Menge, die verschifft wird, ist es dortselbst viel wohlfeiler als in Muscow; gleiches pflegt ja auch in Holland zu geschehen.

Gleich hinter Zariza liegt zur Rechten eine Insel. Auf derselben pflegen die Strelitzen ihre Kühe und ihr Vieh zu weiden. Kurz vor unserer Ankunft hatten die Kosaken, da sie beobachtet hatten, daß die Weiber und Töchter der Strelitzen täglich die Kühe melken kommen und oft ohne Begleitschutz zu der Insel fahren, aufgepaßt und sie erwischt, sie vergewaltigt, aber sonst unversehrt wieder zu den Strelitzen nach Haus geschickt.

An diesem wie auch den folgenden Tagen hatten wir ständig eine so große Hitze, wie sie bei uns an den Hundstagen herrscht. Wie die Russen berichteten, soll es hier jedes Jahr um diese Zeit so heiß sein.

Am 17. September war es so trübe und stürmisch, daß kein gutes Fortkommen war. Nachdem wir zehn Werst getrieben waren, sahen wir zur Rechten auf einem hohen roten Sandhügel einen Galgen stehen, der der erste war, den wir in diesem Lande sahen. An ihm pflegt der Woiwode der nächsten Stadt die räuberischen Kosaken aufzuknüpfen. Es soll aber keiner über acht Tage daran hängen bleiben und von seinen Kameraden wieder gestohlen werden.

Der Gesandte Brüggemann befahl hier die Mannschaft der Gesandtschaft zu sich und hielt ihnen vor, daß er von einigen die starke Vermutung hätte, daß sie heimlich gegen ihn konspirierten. Daher würde er, wenn es die Notwendigkeit erforderte, sich ihnen gegenüber nicht gnädig erzeigen, was er gleichwohl hoffte tun zu können. Das hätte er, auch wegen seiner schweren Amtsverwaltung und täglichen Fürsorge für sie, nicht verdient. Er forderte deshalb von den Musikanten und Tafellakaien, das Treuegelöbnis durch einen körperlichen Eid zu leisten. Diesen leisteten sie gerne, erklärten sich aber gegenüber einer solchen Anklage frei von jeglicher Schuld. Sie meinten, schon allein vermöge ihrer Ernennung zur Gesandtschaft zur Treue sattsam verpflichtet zu sein. Mit dem Eid verbanden sie wiederum die Bitte, daß der Gesandte nicht mehr, wie bisher oft ohne Anlaß geschehen sei, auf jeglichen ohne Unterschied mit ehrenrührigen und erniedrigenden Worten losfahren möge. Sie wollten hingegen, wenn sie nur ein gutes Wort zu hören bekämen, nicht nur ihm allein treu und ergeben sein, sondern auch aus Zuneigung zu ihm im Notfall ihr Leben lassen. Es wurde der Mannschaft zwar versprochen, dieser Bitte nachzukommen, aber, aber...

Gegen Abend brachte ein Fischer einen uns unbekannten Fisch an Bord, den man Tziberika nannte. Er war über dreieinhalb Ellen lang, hatte einen breiten langen Schnabel, wie eine Ente, auf dem Rücken und zu beiden Seiten schwarze und weiße Flecke, wie ein polnischer bunter Hund, die aber ganz manierlich verteilt waren. Auf dem Bauch war er ganz weiß. Sein Geschmack war süß und lieblich, fast wie der eines Lachses. Sie brachten auch eine Art von Stör, den man Sterling nannte, nicht ganz eine Elle lang, mit sehr gutem Geschmack. In der Wolga gibt es von ihnen überall sehr viele, sie werden aber sehr teuer verkauft.

Am 8. September holte uns die Reisegesellschaft wieder ein. Von hier, siebzig Werst von Zariza entfernt, bis zum Berg Kamnagar, gibt es etliche Inseln und Untiefen, an denen teils wir, teils die Perser hängenblieben. Weil aber der Wind zur Weiterfahrt sehr gut war, wollten wir nicht säumen, griffen alle zu und wanden uns mit zwei Ankern wieder heraus. Nach einer langen Tagesfahrt mit vollen Segeln waren wir hundertfünfunddreißig Werst oder siebenundzwanzig Meilen gesegelt.

In dieser Gegend bis hin nach Astrachan wächst auf beiden Seiten des Stromes die Glycyrrhiza oder das Süßholz sehr häufig und dicht. Seine Stengel sind hier über einen halben Mann hoch, und der Same ist in langen Schalen wie schwarze Wicken.

Am 9. September kamen wir gegen Mittag mit einem starken Sturm vor das Städtchen Tzornogar und gingen vor Anker. Es war vom Großfürsten vor neun Jahren erst eine halbe Meile weiter unten besser aufgebaut gewesen, aber wegen eines eingefallenen Ufers war es erst vor zwei Monaten an diesen Ort versetzt worden.

Weil wir vor dem Winde fuhren und die Segel stets gebrauchen konnten, kamen wir am 11. September auf hundertzwanzig Werst Tagesreise. In der Nacht hatte der Gesandte Brüggemann Wache. Da trieb mitten im Strom ein großes Boot leise an unserem Schiff vorbei. Als aber anfänglich auf unser Zurufen niemand antworten geschweige denn an Bord kommen wollte, wurden fünfzehn Musketen darauf abgeschossen. Dem Konstabel wurde befohlen, mit einem Geschütz auf das Boot zu zielen. Unterdessen kam einer von ihnen auf einem kleinen Boot zu uns und berichtete, daß sie keine Feinde, sondern Russen seien. Weil sie von der Karawane, die einen Büchsenschuß hinter uns lag, mit Branntwein beschenkt worden waren, lägen seine Kameraden alle und schliefen und hätten das Boot treiben lassen. Und als er noch von unserem Lotsen erkannt wurde, denn sie waren beide aus Nisen, gab man ihm einige Schalen Branntwein und ließ ihn wieder abfahren. Am anderen Morgen brachte er eine Menge Sterlinge als Dank für die nächtliche Bewirtung. Welch ein Wunder, daß keiner von ihnen durch das ungerechtfertigte Beschießen verletzt worden war!

Da der Wind die ganze Nacht sehr gut war, wollten wir ihn nicht vergebens vorbeigehen lassen, und wir machten uns deshalb gegen Morgen um 3 Uhr wieder auf. Später sahen wir von ferne auf einem Sandhügel eine große gekenterte Struse, die den Unsrigen als eine Schanze der Kosaken vorkam. Da sich auch im Gebüsch Kosaken hatten sehen lassen, mußte die Mannschaft ans Gewehr; es wurde befohlen, einige Male ins Gebüsch zu schießen. Dabei zersprang unserem Küchenknecht Jakob Hansen die Muskete, weil sie doppelt geladen war, und riß ihm den linken Daumen, den er über den Lauf gehalten hatte, aus der Hand; auch an Stirn, Brust und Armen war er vielfach verletzt.

Als in unserer Betstunde am 13. September gerade das dreizehnte Kapitel des vierten Buches Mose gelesen werden sollte, in dem von der Erkundung des Landes Kanaan und dessen reichen Früchten und großen Weintrauben gesprochen wird, bekamen wir auch die ersten Früchte zu sehen. Denn es kamen zwei Boote von Astrachan und verkauften uns schöne große Weintrauben, deren Beeren so groß wie Walnüsse waren, sowie große, sehr wohlschmeckende Pfirsiche und Melonen.

Gegen Mittag des 15. September sind wir dann mit gutem Wind und Wetter vor der weitberühmten Stadt Astrachan

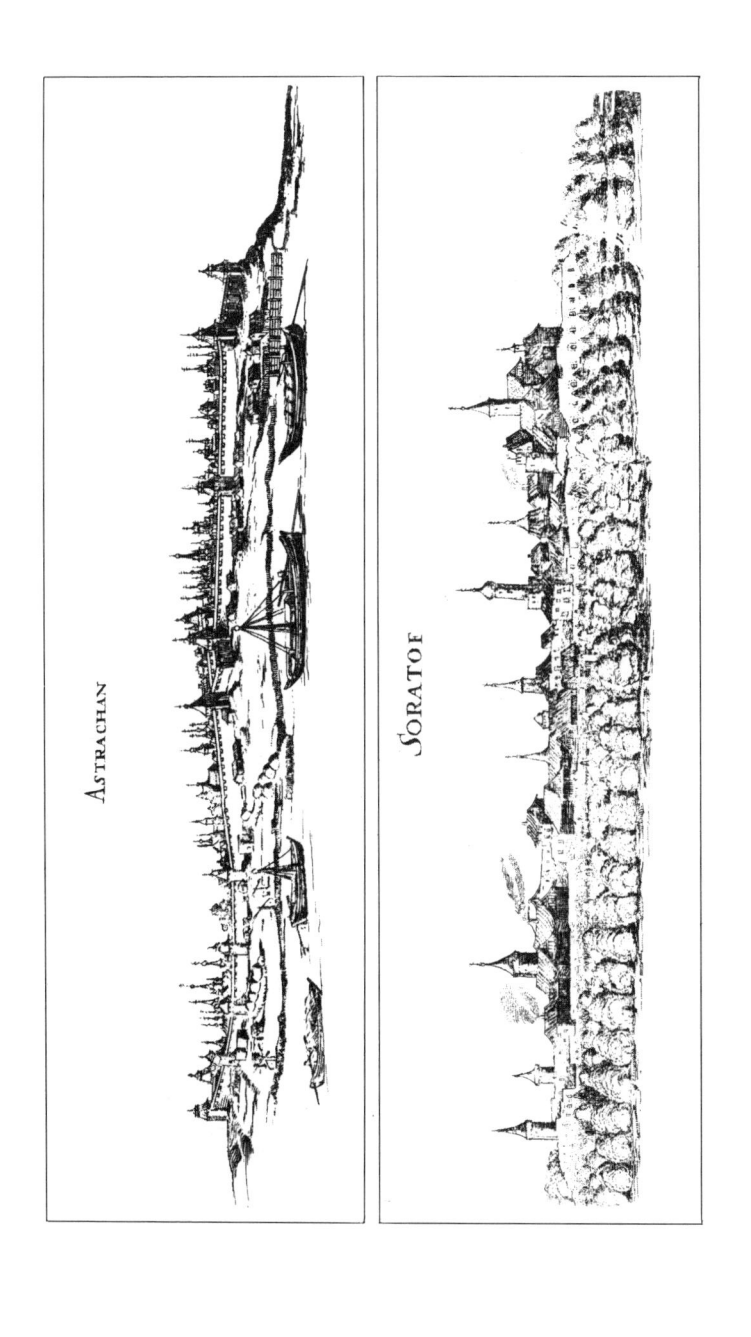

Astrachan

Soratof

angelangt und haben durch GOttes gnädige Hilfe aus Europa (als dem ersten Teil der Welt) gleichsam den ersten Schritt nach Asien getan. Denn Astrachan liegt jenseits der Wolga, die Europa von Asien scheidet. Wir ankerten vor der Stadt mitten auf dem Strom und ließen als Salut von unserem Schiffe alle unsere Geschütze hören, was den Einwohnern, von denen über tausend vor der Stadt am Ufer standen, sehr verwunderlich vorkam.

*

Bevor Olearius mitteilt, was in Astrachan geschah, schildert er das Land »Nagaia«, das heißt das Gebiet um Astrachan, mit seinen Einwohnern (»Tataren«), ihren Sitten und Gebräuchen.

Was sich weiter mit uns in Astrachan begeben, wie wir von dem einen und anderen besucht und mit Gastmählern bewirtet worden sind

Die Zeit über, während derer wir vor Astrachan lagen, um zu brauen, zu backen, zu schlachten und unsere leeren Vorratskammern nach Bedarf zu versorgen, wurden den Gesandten von den Persern und dem tatarischen Prinzen und anderen des öfteren Abordnungen geschickt, wurden sie beschenkt und persönlich von ihnen besucht und wiederum zu ihnen gebeten.

Denn kaum hatten wir, wie oben beschrieben, vor Astrachan die Anker geworfen und Salut geschossen, schickte der königliche persische Kaufmann (wie auch andere persische Kaufleute, die gerade erst aus Persien angekommen waren) den Gesandten viele schöne Arpusen[18], Melonen, Äpfel, Pfirsiche, Aprikosen sowie große Weintrauben als Willkommensgruß mit der Bitte, mit ihnen, die sie hier auch Fremde seien, vorlieb zu nehmen. Wenn GOtt uns nach Persien helfen wolle, solle all das Ihre unser sein. Die Gesandten ordneten wiederum etliche von uns ab, dem Kaufmann wie auch Prinz Mussal allerhand köstliche Wasser, Branntwein und Konfekt zu verehren.

Am Tage nach unserer Ankunft kamen viele persische Kaufleute auf unser Schiff, um es anzuschauen und die Gesandten zu besuchen. Jeder brachte Früchte mit, denn es ist in Persien der Brauch, daß niemand vor einem großen Herrn ohne Geschenke, und wenn es auch nur geringe sind, erscheint. Sie verhielten sich nach ihrer Landsleute Brauch gar freundlich und leutselig, was uns nach der russischen Grobheit sehr fremdartig und, weil sie das neue, lang ersehnte Volk waren, mit dem wir ja mehr Umgang pflegen wollten, auch sehr angenehm war. So ließen wir sie nach eigenem Willen bei uns sein. Sie tranken sich alle einen so guten Rausch an, daß einige beim Verlassen des Schiffes ins Wasser fielen und ein betagter, ansehnlicher Kaufmann einschlief und über Nacht bei uns blieb. Dieser war beim Trinken so treuherzig, daß er, als ihm die Gesandten ein Glas mit Frankenwein reichten und sagten, auf ihre starken Getränke würde ihm der Wein unseres Landes vielleicht nicht schmecken, mit den Worten zugriff: »Und wenn es Gift wäre und aus euren Händen käme, wollte ich es doch trinken.«

Mit den Dienern des Kaufmannes kamen auch andere persische Seeleute, die unser Schiff betrachteten und sich über eine solche Konstruktion verwunderten und meinten, es würde auf dem Kaspischen Meer – bei den herrschenden sehr hohen und kurzen Wellen – nicht tauglich sein. Zumindest aber sollte man die Masten kürzen. Das Külsüm (so nennen sie das Mare Caspium) hätte, solange es besegelt worden sei, noch nie ein so großes Schiff gesehen. Denn ihre Schiffe sind wie unsere kleinen Schuten, sind ähnlich wie unsere Badewannen gebaut, stehen sehr hoch über dem Wasser und werden mit vielen Querhölzern, die auf beiden Seiten herausragen, von unten bis oben zusammengehalten. Da sie mittschiffs ganz offen sind und keine Pumpe haben, muß das Wasser ausgeschöpft werden. Wie die Russen führen sie nur ein großes Segel und verstehen sich nicht aufs Kreuzen. Wenn nun ein Sturm ausbricht, müssen sie also entweder mit dem Winde segeln, und zwar mit höchster Gefahr, oder Anker werfen. Keiner wagt sich über zehn Faden tief in das Meer hinein.

Nachdem die Perser wieder von Bord waren, schickten unsere Gesandten durch den Sekretär der Gesandtschaft einen großen Pokal an den obersten Woiwoden als Geschenk. Außerdem wurde seine Meinung und sein Rat wegen unserer Weiterreise eingeholt: ob sie zu Land bequemer sei als zur See. Der Woiwode bat um einige Tage Aufschub, daß er sich mit Seeleuten beraten könne. Aus vielerlei Gründen wurde es für ratsamer erachtet, zu Wasser weiterzureisen als zu Land.

*

Olearius beschreibt nun im folgenden alle Besuche, die stattfanden und die mit großer Zeremonie und Feierlichkeit vor sich gingen. Am 19. September war der tatarische Prinz auf dem Schiff der Holsteiner zu Besuch. Die Schaluppe, die ihn empfing, wurde mit kostbaren Stoffen ausgelegt. Zwei Stunden lang schaute er sich das Schiff an, dann eilte er wieder auf sein eigenes. Am 20. luden die Gesandten den persischen Prinzen ein, der auch am folgenden Tage mit seiner Musikkapelle kam. Am 22. kamen in der Frühe die Geschenke des Woiwoden: zwanzig Seiten Speck, zwölf große, geräucherte Fische, eine Tonne Kaviar, ein Faß Bier und ein Faß Met. Mittags kamen Abgesandte des polnischen Gesandten mit einer Flasche persischen Weins. Am folgenden Tag wird wiederum der tatarische Prinz besucht – auf Pferden, die man sich vom Woiwoden leiht. Am 24. kommt der russische Gesandte des Zaren, ein gewitzter Mann von nur dreißig Jahren. Darauf wird die gesamte Gesandtschaft vom persischen Prinzen zu einem Bankett eingeladen. Auch er wohnt, wie der tatarische Prinz, in einem Haus in Astrachan, das aufs prächtigste ausgestattet ist. Hier können sich die Holsteiner im Essen nach persischer Art üben: Reis, Geflügel, Rind- und Schaffleisch werden mit den Fingern in kleine Stücke zerteilt und ohne Besteck gegessen. Zum Beschluß wird jedem »eine porcellanen Schale voll heiß schwartz Wasser / so sie Kahawe[19] nennen« vorgesetzt: Man trinkt also zu guter Letzt noch einen Mokka. Am 27. September schaut man sich das Lager der Tataren an und bestaunt die Jagdfalken. Am 28. wird den Gesandten ein Bankett von seiten der persischen Kaufleute gegeben, fast noch prächtiger als das des Prinzen. Der Gesandte Brüggemann führt lange Reden gegen die Türken, die zwar die Feinde der Perser, nicht aber die der Russen waren. Da auch letztere dabei waren, bat man ihn, davon abzulassen und ausschließlich fröhlich zu sein. Am 30. September kam vom Woiwoden ein Geschenk in Form russischen Konfektes. Am 1. Oktober ging Olearius schließlich noch in die Kanzlei des Woiwoden, um einige Geschäfte zu erledigen. Damit war der Aufenthalt in Astrachan auch fast beendet, und man begann, sich zur Weiterreise zu rüsten.

Die Reise von Astrachan bis Terki

In diesen Tagen schafften wir das Bier und Brot, das wir durch unsere Leute haben brauen und backen lassen, nebst anderem Proviant auf das Schiff. Wir kauften von den Tataren zwanzig sehr große, fette Ochsen und einige Tonnen gesalzene Fische und schickten uns an, über das Kaspische Meer zu segeln. Weil uns aber dieses unbekannt war und wir hörten, daß sich gleich zu Beginn flacher Grund auf viele Meilen hin erstrekken sollte, so nahmen wir außer einem russischen Lotsen einige nogaische Tataren mit einer Schute mit. Die sollten unser Schiff bei den Untiefen erleichtern. Und so brachen wir am 10. Oktober 1636 von Astrachan wieder auf und fuhren um 12 Uhr mittags bei schönem stillem Wetter wieder davon. Der Kurs bis zum Meer war meist Süd und Südwest. Als wir aber kaum eine Meile gefahren waren, erhob sich der Wind und kam uns stark entgegen, so daß wir am rechten Ufer Anker werfen mußten. Dort blieben wir aus eben diesem Grund auch den folgenden Tag liegen.

An diesem Ort wie auch an anderen nördlich von Astrachan fanden wir Kräuter in ungewöhnlicher Größe: die Esula oder Wolfsmilch in Manneshöhe und höher, die Angelica[20] mit einem Stengel von Armesdicke.

Als sich der Sturm am 12. Oktober etwas gelegt hatte, zogen wir das Schiff mit Ankern fort, konnten aber kaum eine Meile fortkommen. Am folgenden Tag hatten wir jedoch wieder gleichmäßige Fahrt.

Am 14. bekamen wir guten Wind, nämlich Nordnordost, der uns ein gut Teil weitertrieb. Nachmittags kamen wir zu einer Kapelle, dreißig Werst von Astrachan entfernt, hinter der die Hauptfischgründe anfangen, die zum Kloster Troitz in Astrachan gehören. Hier teilt sich die Wolga in viele Ströme und bildet die unterschiedlichsten Inseln, die alle, wie auch das Ufer des Kaspischen Meeres, mit langem Schilf und niedrigem Gebüsch bewachsen sind. Gegen Abend kamen wir zu einem anderen Fischgrund, etwa fünfzehn Werst von dem Meer, wo die Wolga gegen den Einfall der auf See streifenden Kosaken mit einem Staketenzaun verbarrikadiert ist und von hundert Strelitzen bewacht wird. Dahinter ankerten wir des Nachts zwischen zwei Inseln an einer engen Stelle. Hier sahen wir viele Seehunde, auch Löffelgänse, deren Schnäbel vorne aussehen wie platt geschlagene Löffel. Desgleichen viele Kropfgänse, die von den Russen »Babba«, von

Pelikane am Kaspischen Meer.

den Persern »Kuthan«, von den Mohren in Guinea »Bumbu«, von Plinius, Albertus Magnus und von Ulisse Aldrovandi[21] »Onocrotalus« (weil er bisweilen, den Schnabel ins Wasser steckend, ein Geschrei macht wie das eines Esels), also kurzum »Pelikan«[22] genannt werden. Daß es aber ein solcher Pelikan sein soll, wie ihn die Maler abbilden und manche der Klassiker beschrieben haben, wie er auch noch heutzutage von vielen Geistlichen als Gleichnis für das Blutvergießen Christi benutzt wird, ein solcher Pelikan ist es nicht. Es meint auch Aldrovandi, daß so ein Pelikan auf der Welt nicht zu finden sei.

Am 15. Oktober sind wir zur Mündung der Wolga gelangt. Man sah hin und wieder kleine Holme und Inseln, die mit Schilf bewachsen waren; daher meinen viele, daß die Wolga mit vielen geteilten Strömen in das Meer fließe. Auf sechs Meilen hatten wir nur Schlickgrund, über dem das Wasser nie über vier, fünf oder höchstens sechseinhalb Fuß tief war. Daher kamen wir auch des öfteren auf Grund und blieben im Schlick stecken; schließlich schafften wir in sieben Tagen nicht mehr als vier Meilen.

Die allerbeschwerlichsten Tage waren uns der 18. und 19. Oktober. Denn am 18. gerieten wir auf eine Sandbank. Nachdem wir uns über diese in fünfstündiger, saurer Arbeit gebracht und sechs Fuß Wasser unter uns hatten, stellten wir fest, daß dies nur ein Loch war, welches von allen Seiten mit Untiefen von vier und fünfeinhalb Fuß Wasser umgeben war. Mit derselben Mühe mußten wir deshalb wieder zurück auf die vorige Stelle ziehen. Als sich in der Nacht der Wind auf Nordwest drehte, fiel das Wasser zusehends, daß wir nur noch drei Fuß Wasser unter dem Kiel hatten und tief in den Schlick einsanken. Zwar konnten wir mit Hilfe der tatarischen Schute und unserer Schaluppe das Schiff von den schweren Gütern und Ankern erleichtern; aber obwohl die Mannschaft den ganzen Tag über in einer wahren Roßarbeit ohne Essen und Trinken fortfuhr, das Schiff weiterzuziehen, wollte alles nichts helfen. Wir mußten also auf Glück und guten Wind warten. Das jagte nicht wenigen unter uns Furcht ein, so gleichermaßen als Gefangene der Kosaken zu sitzen. Dazu fiel dicker Nebel ein, so daß wir kaum eine Schiffslänge Sicht hatten. Als bei solch trübem Wetter eine russische Schute von seewärts auf uns zukam und wir nicht wußten, was das für Leute seien, wurde auf Befehl des Gesandten Brüggemann ein Geschütz über sie abgefeuert. Das haben die Russen übel empfunden und uns zornig entgegengehalten, das Wasser gehöre Ihrer Majestät dem Zaren und wäre ihnen so frei wie uns; und wenn wir so große Lust zu schießen hätten, sollten wir uns an die Kosaken, die auf uns warteten, halten. Danach begegneten uns abermals zwei russische Schuten, von denen unseren Gesandten, als wir ihnen freundlich zuriefen, schöne Früchte – Birnen, Walnüsse und Mispeln – verehrt wurden.

Das Wasser fing am Abend des 21. Oktober an zu steigen, so daß es uns nun leichter fiel, weiter in das Meer hinauszufahren. Am folgenden Tag kam aber ein schwerer Sturm von seewärts aus Südsüdost, der das Wasser neun Spannen hoch auflaufen ließ. Und weil dieser Sturm fünf Tage dauerte, mußten wir so lange auf einer Stelle vor Anker liegenbleiben.

Den Stand der Sonne bestimmte ich am 23. morgens bei klarem Himmel mit dem Kompaß mit 22 Grad mehr Südneigung, als ich vermutet hatte. Woraus zu schließen ist, daß die Abweichung des Magneten an diesem Orte 22 Grad von Norden nach Westen betragen muß.

Als sich der Wind etwas gelegt hatte, nahmen wir die Güter wieder ins Schiff, entließen die tatarische Schute und fingen an zu segeln. Wir waren aber nicht über eine Meile fortgekommen, da steckten wir abermals im Grund und mußten unsere Schaluppe schicken, um die Tataren wieder zu holen. Wir bemerkten am folgenden Tag, als wir das Schiff wieder flottbekommen hatten, dreizehn Segel, die uns aus der Wolga nachkamen. Da wir vermuteten, daß es die persische und tatarische Reisegesellschaft sein würde, entließen wir die Tataren und warteten auf die herannahenden Schiffe. Es waren aber Prinz Mussal und zwei persische Kaufleute sowie fünfhundert Strelitzen mit einem Obersten, die vom Zaren als Besatzung nach Terki geschickt worden waren. Weil wir sahen, daß unser russischer Lotse weder Weg noch Kurs wußte und wir nach den Bezeichnungen der allgemeinen See- und Landkarten ganz falsch gefahren waren (wie aus unserer mit Fleiß ausgeführten und hinten angefügten Karte erhellt), bemühten wir uns, unter den Russen einen guten Lotsen zu suchen. Deshalb ließen wir abends, als die Schiffe vor Anker gegangen waren, den Obersten der Strelitzen begrüßen und zu uns aufs Schiff bitten. Dieser fing, als er zuvorkommend empfangen und mit allerhand köstlichen Getränken bewirtet worden war, an, mit vielen Worten und großen Gesten sein gutes Herz und seine Liebe für uns zu rühmen. Unter anderem sagte er, daß ihm das Herz geweint habe und er nicht schlafen könne, bevor er uns von Sorgen befreit sehe. Er müßte auch alsbald unser Wohlergehen dem Woiwoden nach Astrachan zurückmelden. Er freue sich, Gelegenheit zu haben, uns dienlich sein zu können, und seine Mannschaft solle uns zu Diensten sein. Er wollte auch sogleich von seinem Schiff den besten Lotsen zu uns senden – und was der willfährigen Angebote mehr waren, durch die wir, wie die Sache nun einmal bestellt war, nicht wenig erfreut waren. Sobald er aber wieder auf seinem Schiff war, ließ er die Segel aufziehen und fuhr davon. Vielleicht hatten wir ihn nicht, wie es die Russen im allgemeinen tun, mit Geschenken überhäuft und ihm die Hände gefüllt.

Dieser Soldat hatte zudem die große Unverschämtheit, daß er später vor Terki mit anderen vornehmen Herren wieder auf unser Schiff kam, um die Gesandten zu besuchen. Auf diesen Streich angesprochen, gab er nichts weiter zur Antwort als: »Ja Winowat!«, d. h. »Ich habe halt gesündigt!«

Wir waren also getäuscht worden und schickten zu einem fremden persischen Schiff, um Rat und Hilfe zu holen. Der persische Patron, der zugleich der Besitzer war, erbot sich selbst, unser Lotse zu sein. Er befahl seinen Dienern das Schiff und die Güter und begab sich zu uns, ein Verhalten, wie es nicht leicht von einem Christen zu vermuten gewesen wäre. Der Perser kannte das Meer sehr gut, kannte sich mit dem Kompaß aus, obgleich die meisten Perser nicht nach ihm segeln und sich entweder immer in Küstennähe halten oder sich nach dem Nordstern richten. Als nun dieser gegen 11 Uhr nachts auf unser Schiff kam und sah, daß gutes Wetter und Mondschein war, hieß er den Anker lichten und fuhr in Richtung Süden mit angenehmem Ostwind weiter. An diesem Tag vor einem Jahr sind wir auf der Ostsee vor Travemünde unter Segel gegangen, und zwar mit eben demselben Glück. Die Nacht über hatten wir nicht mehr als zehn Fuß Wasser, später wurde es tiefer: bis dreizehn Faden und mehr.

Am 30. Oktober gingen wir unter Segel, als sich der Himmel rötete, und nach dem Sonnenaufgang erblickten wir das Land Cyrcassien[23], das sich mit der Krümmung eines halben Mondes von Südwesten nach Nordosten in das Meer erstreckt und dabei eine ziemlich große Bucht bildet. Wir hatten zwar Kurs auf die äußerste Spitze genommen; weil uns aber der Wind, der sich nach Südosten drehte, in den Meerbusen zu treiben begann, setzten wir uns um die Mittagszeit selbst auf Grund. Dieses Kap ist schätzungsweise sechs Meilen von Terki entfernt. In der Bucht sahen wir zwanzig Boote, und da wir meinten, es seien Kosaken, gaben wir einen Schuß ab. Es waren aber nur cyrcassische Fischer aus Terki, die später viele Weißfische an Bord brachten.

Diesen Tag begingen wir freilich mit einem Dankfest, weil wir an ihm vor einem Jahr mit des vielgütigen GOttes Hilfe von den öländischen Klippen errettet worden waren. Unterdessen fuhr unser persischer Lotse zu seinem Schiff, um seiner Mannschaft weitere Order zu geben. Anfangs glaubten wir, er würde nach Art des russischen Obersten Wort halten, aber am anderen Morgen kam er beizeiten wieder an Bord und ließ sein Schiff vor uns her fahren.

Am letzten Tag des Oktober hatten wir früh dicken Nebel und keinen Wind. Als es um Mittag aufklarte und der Wind schwach aus Norden kam, brachten wir uns mit Kreuzen und Rudern aus dem Winkel und richteten unseren Kurs auf die vorspringende Landspitze. Nach Mitternacht gingen wir wieder unter Segel und kamen mit gutem Wind am 1. November früh vor die Stadt Terki, zwei Büchsenschuß von dem sehr flachen Strand entfernt, zu liegen.

Des Nachts waren einige hundert Kosaken zu Boot mit einem Anschlag auf uns aus, hatten uns jedoch verfehlt und waren auf den Mussal und die Strelitzen gestoßen. Da sie aber durch vieles Hin- und Hergeschrei durch die Strelitzen erfahren hatten, daß sie auf viel Widerstand gestoßen wären, haben sie sich zurückgezogen, um die Deutschen zu suchen. Als nun am Morgen das Gerücht von den Kosaken in die Stadt kam, verursachte es einen großen Auflauf. Denn sie meinten, daß der Mussal, ihr Fürst, mit den Kosaken noch im Streit begriffen sei. Daher wurde ihnen auch unser Salutschießen aus groben Geschützen verdächtig. Russen und Tataren kamen deswegen häufig mit Gewehren zu Pferd oder zu Fuß an den Strand. Da sie aber sahen, daß Prinz Mussal samt den Strelitzen munter hinter uns herkamen, er, der Prinz, bei Passieren unseres Schiffes uns mit entblößtem Haupte freundlich zuwinkte und uns einlud, sahen sie, daß wir Freunde waren, und es entstand große Freude und Frohlokken unter ihnen.

Von der Stadt Terki und was wir dort erlebten

Die Stadt Terki liegt eine gute halbe Meile vom Strand entfernt an einem kleinen, gewundenen Fluß. Weil das Ufer hier auf eine viertel Meile sehr niedrig, morastig und mit Schilf bewachsen ist, kann man von der See her nur über den Fluß zur Stadt gelangen. Es ist die letzte Stadt, die auf dem Hoheitsgebiet des Zaren liegt. Sie ist mit hölzernen Palisaden und Türmen umgeben und mit vielen kleinen und großen Metallgeschützen wohl versehen. Auf dem Platz vor des Woiwoden Hof sahen wir unter anderem zwei große lange Geschütze und zudem zwei halbe Kartaunen stehen.

Am Tag nach unserer Ankunft vor der Stadt schickten der persische Kaufmann und andere Kaufleute wieder viele Früchte als Geschenke und ließen fragen, ob wir die Weiterreise zu Wasser oder zu Land machen wollten. Es gäbe jetzt eine bequeme Gelegenheit, auf dem Landweg weiterzukommen, da ein russischer Gesandter, der auf der Rückreise aus Persien sei, in drei Tagen hier erwartet würde. Dieser brächte zweihundert Kamele und ebensoviele Maulesel mit sich bis zur Grenze. Mit diesen könnten wir wie gewünscht weiterkommen und die Tagesthaner Tataren, die ganz durchtriebene Räuber seien, umgehen; sie selbst wollten mit uns gehen. Daher baten unsere Gesandten den Woiwoden um Durchzug über Land und sandten unseren persischen Dolmetscher an die Grenze, die sechs Meilen hinter Terki lag. Die Perser waren aber mit ihren Tieren bereits wieder zurückgereist, das heißt nach Persien! Der Woiwode ließ anfänglich unser Begehren ablehnen, aber kurz darauf, vielleicht weil er gehört hatte, daß mit den Persern kein Fortkommen sei, uns durch einen Obersten sagen, daß er gesonnen sei, uns die Reise zu Land – obwohl er keinen Befehl des Zaren hätte – nicht nur zu gestatten, sondern uns auch dabei soviel wie möglich zu helfen. Es folgte aber wenig darauf.

In dieser Nacht erhob sich ein großer Streit auf dem Schiff unter den Matrosen, die sich gegen den Schiffer Michael Cordes auflehnten, so daß man einige von ihnen in Eisen schließen lassen mußte. Am folgenden Tag wurde darüber öffentlich Gericht gehalten: Es wurden alle angehört und der Segelmacher Tietz Manson als Rädelsführer zu Gefängnis verurteilt. Der Woiwode schickte einen Obersten und ließ den Gefangenen abholen. Er sollte bis zu unserer Rückkehr im Gefängnis von Terki bleiben.

Am 5. November wurde ich mit dem von Mandelslo und anderen unserer vornehmen Bedienten zum Woiwoden geschickt, um ihm einen großen Pokal und dem Ober- und Unterkanzler jeweils einen Rubinring zu schenken; außerdem begrüßten wir den Prinzen Mussal und seine fürstliche Mutter und beglückwünschten diese zu der glücklichen Rückkehr ihres Sohnes. Wir wurden überall sehr gut empfangen und mit Obst, Branntwein, Bier, Met und Wein geradezu prächtig bewirtet. Der Woiwode ließ es an Pracht und Herrlichkeit nicht fehlen. Unter anderem erwähnte er auch die Eigenschaft der Perser und ihre Denkungsart. Sie gäben sehr glatte und schmeichelhafte Worte, welchen man aber kaum Glauben schenken dürfte, denn die Tat folge ihren Worten kaum in entsprechender Weise.

Der persische Kaufmann ließ unsere Gesandten am 6. November ein Schreiben lesen, das der Gouverneur von Derbend ihm auf seinen Brief, der am 25. September von Astrachan abgeschickt worden war, gesandt hatte. Darin hieß es, daß der Sultan sich herzlich über unsere Ankunft freue; der Kaufmann solle ja nicht kommen, ohne uns übers Wasser mitzubringen.

Elf Tage später kam unser persischer Dolmetscher von der Tagesthaner Grenze zurück und berichtete, daß die Perser nicht allein die Kamele und Wagen, sondern auch alles Holz und Gestrüpp, was sie für schlechte Wege bräuchten, mit sich genommen hätten. Daher wurde beschlossen, die Reise zu Wasser fortzusetzen.

Der Mussal erwies sich gegen unsere Gesandten gar artig und bat zuletzt, man möge unseren gefangenen Segelmacher wieder freilassen und in Gnaden annehmen, was auch geschah. Ich wurde deshalb mit einem Hofjunker am späten Abend in die Stadt zum Woiwoden gesandt, um den Gefangenen wieder abzuholen und Beschwerde über den unfähigen russischen Lotsen zu führen. In der Nacht kam uns ein Lakai nachgelaufen und meldete, daß der Wind sehr gut sei. Wir sollten zum Schiff eilen, auch wenn wir unverrichteter Dinge kämen. Als wir aber nach guter Verhandlung wieder an die Küste kamen, war das Schiff schon weitergesegelt; da der Wind erneut umgesprungen war, hatten wir es mit dem Hinterherrudern nicht leicht. Daher ließ man auch den Anker schließlich wieder fallen. Unterdessen schickte der Woiwode uns seine Geschenke, als da waren: hundert Stück geräuchertes Fleisch, vier Tonnen Bier, eine Tonne französischen Wein, eine Tonne Met, eine Tonne Essig, zwei Schafe, vier lange Pfefferkuchen und viele Brote. Die Diener, die die Geschenke brachten, wurden mit vielen Rubeln beschenkt und bekamen Branntwein, soviel sie wollten, so daß sie ziemlich angefüllt zurückkamen.

Die weitere Schiffahrt bis zum Schiffbruch

Bei anbrechendem Tage sind wir am 10. November mit Südwestwind unter Segel gegangen in der Absicht, unseren Kurs auf die russisch-persische Grenzstadt Derbend zu nehmen. Gegen Mittag sahen wir von ferne ein großes Boot uns entgegenkommen, das erst rechts an uns vorbei wollte, dann auf uns zulief, bald Segel setzte, bald diese wieder strich. Als wir merkten, daß die andere Seite Angst hatte, ließ Brüggemann direkten Kurs auf das Schiff nehmen, die Mannschaft eine Gewehrsalve darauf abschießen und ein grobes Geschütz abfeuern. Die armen Leute strichen ihr Segel mit großer Furcht. Als wir uns ihnen näherten, sahen wir, daß es persische Kaufleute waren mit Äpfeln, Birnen, Quitten, Nüssen und dergleichen. Auf dem Boot war der Bruder unseres persischen Lotsen. Als er hörte, er solle längsseits kommen, und seinen Bruder auf unserem Schiff sah, rief er: »Ach Bruder, du bist von diesen fremden Leuten gefangengenommen worden, und nun nehmen sie auch mich gefangen! Wie kommst du zu dem Unglück?« Und obgleich ihm der Bruder zurief: »Fürchte dich nicht, es sind keine Feinde!«, so konnte er sich doch ob seiner Bestürzung, seinen Bruder und unsere fremden Gestalten zu sehen, nicht fassen und meinte, sein Bruder müsse solches aus Zwang sagen. Er wehklagte so lange, bis der Bruder ihm erzählte, aus welchen Gründen er bei uns sei und daß sein Schiff nachfolge. Da gab er sich zufrieden, kam an Bord und verehrte den Gesandten allerlei Obst, die ihm Geld und Branntwein gaben. So hatte dieser Apfelkrieg ein Ende.

Bald darauf kamen wir zu einer Insel, die zu unserer Linken lag und acht Meilen von Terki entfernt war. Sie wurde von den Russen Tzetlan, von den Perser »Tzenzeni« genannt; wir legten uns nach Art der Perser, welche hier ihr Etmal[24] zu setzen pflegten, vor Anker. Von hier ab sahen wir in Südwest auf dem festen Lande ein sehr hohes Gebirge, das in den fernen Höhen von einem Blau wie der Himmel war. Es erstreckt sich von Norden nach Süden und erhebt sich in der Form, die die nachfolgende Kupfertafel zeigt. Die Unsrigen nannten es das cyrcassische Gebirge, weil es südlich von Cyrcassien anfängt. Die Russen und Cyrcassen nannten es Salatto. Es ist aber das weltberühmte Gebirge Kaukasus, das in Kolchis[25] liegt. Es heißt so nach dem Bericht *De Argonautica* des Apollonius Rhodius.[26] Dieses Gebirge hat wegen seiner großen Höhe (es überragt sogar die Wolken um einiges) den Dichtern Anlaß zu der Geschichte gegeben, daß Prometheus, auf seinem Gipfel stehend, mit einem Reis das Feuer der Sonne gestohlen und es den Menschen gebracht habe.

Dieses Gedicht enthält (nach der Auslegung Servius'[27]) aber folgende wahre Geschichte: Prometheus hat als ein kluger Mann, wie es schon sein Name sagt, auf dem Gebirge Kaukasus den Lauf und den Auf- und Niedergang der Planeten und anderer Sterne mit viel Fleiß erforscht. Er ist der erste gewesen, der den Assyrern die Astronomie vermittelt hat. Er hat, weil er sich weit über den Wolken befand, beobachtet, wie Blitz und Donner unter ihm abliefen und wie man das Feuer von den Sonnenstrahlen anzünden könne. Solches habe er kunstfertig nachgemacht und den Leuten gezeigt. Und weil er, wie leicht zu vermuten ist, auf dem rauhen Gebirge viel Ungemach und große Kümmernis wird ausgestanden haben, hat man gesagt, er sei an einen Felsen gebunden und ein Adler fresse von seinem Herzen.

Diese Gebirgskette erstreckt sich sehr weit. Sie beginnt in Kappadokien, geht durch ganz Persien hindurch bis nach Indien. In der Breite wird der Kaukasus auf fünfzig Meilen

Olearius erwähnt die Insel Tzetlan deshalb besonders, weil der einzige Überlebende der Persien-Gesandtschaft Kaiser Rudolfs (1602) hier die ihm geschenkten Pferde hat schlachten müssen.

geschätzt und hat an den verschiedenen Orten unterschiedliche Namen. An den Kaukasus stößt das Armenische Gebirge, in dem sich der Ararat findet.

Der Ararat, auf welchem sich die Arche Noah nach dem achten Kapitel des ersten Buches Mose nach der Sintflut niedersetzte, wird jetzt von den Armeniern Messina, von den Persern Agri, von den Arabern aber Sübeilahn genannt. Dem Anblick nach war er noch höher als der Kaukasus und das höchste Gebirge, das wir auf der ganzen Reise gesehen haben.

Es ist ganz schwarz, und auf den Gipfeln liegt sommers wie winters Schnee. Die höchsten Spitzen sind ungefähr zehn bis fünfzehn Meilen vom Kaspischen Meer entfernt. Sowohl die Armenier wie auch die Perser glauben, daß noch heute ein Stück von der Arche Noah, das inzwischen so hart wie ein Stein geworden sei, oben stehe. Zu Schamachie in Meden[28] wurde einigen von uns in der armenischen Kirche ein Kreuz von über einer halben Elle gezeigt, das ganz aus schwarzbraunem Holz war. Dies sollte ein Stück der Arche sein. Auf den Berg soll man aber nicht mehr hinaufkommen. Denn ihn umgeben nicht nur von allen Seiten tiefe Täler und hohe Felswände, der Berg selbst ist, vielleicht durch Erdbeben, so zerklüftet, daß dahin, wo die Arche steht, jetzt kein Weg mehr führt.

Am 11. November gingen wir nach Sonnenaufgang wieder unter Segel und nahmen den Kurs gen Süden. Zwischen der Insel und dem Festland ist jedoch eine Meerenge, die das Segeln wegen der Untiefen gefährlich macht. Als wir durch das Lot die Fahrrinne gefunden hatten, segelten wir gen Derbend, so daß wir zur Rechten immer Land sahen. Um Mitternacht aber drehte der Wind und blies uns entgegen. Wir kreuzten die ganze Nacht, gewannen aber keine Meile. Als am Morgen der Wind immer stärker wurde, gingen wir vor Anker.

Von unserem zweiten Schiffbruch

Am Abend des 12. November drehte sich der Wind und blies stark aus Norden; so machten wir uns wieder auf und segelten mit dem Wind. Da dieser aber zu einem starken Sturm auflief, wollten wir in unbekanntem Wasser und dazu bei finsterer Nacht nicht allzu schnell segeln und refften daher alle Segel, um nur noch vor dem Winde zu treiben. Nach Mitternacht stieß uns ein Unglück nach dem anderen zu. Erst blieb das Lot beim Hochziehen am Schiff hängen, riß ab und ging unter. Wir ließen anfänglich die Schaluppe durch zwei Bootsleute steuern und segeln. Weil sie aber so niedrig war, schlugen die Wellen häufig über Bord; die beiden Seeleute konnten der Gewalt des Wassers keinen Widerstand leisten, kamen an Bord und banden die Schaluppe mit einem Tau an. Wir zogen außerdem zwei Boote hinter uns her, die wir von den Russen gekauft hatten. Diese waren unversehens mit Wasser vollgeschlagen und gingen beide unter. Endlich riß auch die Schaluppe ab und sank. Auf ihr waren einige Steingeschütze, Kugeln, Ketten, Taue, Teer und andere notwendige Ausrüstungsgegenstände. Das war der Anfang unseres Schiffbruchs auf dem Kaspischen Meer. Die hohen und kurzen Wellen bewirkten, daß das Schiff, weil es lang und aus Föhrenholz war, sich wie eine Schlange wand und in allen Fugen ächzte. Die Spanten knarrten derart, daß man unter Deck kaum sein eigenes Wort verstehen konnte. Die Wellen schlugen so gefährlich an und über das Schiff, daß wir mit Pumpen und Balgen[29] nicht aussetzen konnten. Uns war nicht wohl dabei, besonders wenn wir daran dachten, was das Schiff auf der Wolga und bereits auf dem Kaspischen Meer durch das Herunterziehen von den Untiefen gelitten haben mochte. Der persische Lotse wünschte sich auch, auf seinem Schiff und dem Lande näher zu sein. Denn wenn das Schiff untergegangen wäre, hätte man nichts gehabt, um sich zu retten. Daher brachten wir die Nacht abermals in großem Schrecken, in Furcht und Angst zu.

Als der Tag am 13. November zu grauen begann, wurden wir gewahr, daß wir nicht weit vom Lande waren, und sahen auch das derbendische Gebirge, dessen Entfernung wir auf ungefähr zehn Meilen schätzten. Da wir nachts weit draußen auf dem Meer waren und der Nordwestwind noch immer sehr stark war, segelten wir dem Winde nach und passierten schmerzlich bewegt Derbend. Wir suchten einen Hafen, den wir auch zehn Meilen hinter Derbend in dem Dorf Niasabath (von den Unsrigen Nisawar genannt) fanden. So gingen wir vor Anker; kaum aber war das geschehen, so setzten Wind und Wellen dem Schiff so hart zu, daß die Ruderpinne am Rohr abbrach. Das Schiff lag so unruhig vor Anker und wurde so leck, daß wir den Rest des Tages mit Pumpen zubringen mußten. In einer Stunde zählte ich zweitausend Stiche, und doch wurde das Schiff nicht trocken.

Der Sturm beruhigte sich am folgenden Morgen. Wir wären gern an Land gewesen, hatten aber kein Boot, um überzusetzen. Wir gaben einige Schüsse aus Musketen und Geschützen ab, damit die Perser zu uns hinauskommen möchten. Endlich kamen auch zwei Boote zu uns, die der Dorfvogt geschickt hatte. Sie brachten zwei große Säcke mit Äpfeln und Birnen als Willkommensgeschenk und erboten sich zu allen gewünschten Diensten. Sie baten die Gesandten, mit ihnen an Land zu kommen und die wertvollste Habe mitzunehmen, denn es wäre dem ruhigen Wetter nicht zu trauen – was später auch zutraf.

Die Gesandten begaben sich denn auch mit einigen aus der Mannschaft, Musketieren und Leutnants samt der wichtigsten Ladung auf die persischen Boote. Die übrigen, unter welchen auch ich mit dem von Üchteritz sowie dem Reisemarschall und Hofmeister aus bestimmten Gründen war, blieben auf dem Schiff, bis sie übergesetzt werden sollten. So setzten die Gesandten mit GOttes Hilfe zum ersten Male Fuß auf persisches Land.

Mit uns anderen aber fing – um mit Mandelslos Worten zu sprechen – der kaspische Neptun die Tragödie an zu spielen, so wie vor einem Jahr um diese Zeit der baltische. Denn kaum waren die Gesandten an Land, erhob sich ein starker Wind aus Süden, der zu einem so schrecklichen Sturm wurde, daß ich bezweifle, daß der auf der Ostsee heftiger war. So konnte niemand vom Land auf das Schiff und umgekehrt. Da gerie-

»*Das Schiff ging oben bei den Rahen so weit auseinander, daß wir befürchteten, es könnte, weil es auch sonst in keinem guten Zustand war, in der Mitte auseinanderbrechen...*«

ten wir wiederum in äußerste Gefahr und Angst. Das Schiff wurde, weil es leichter war, von den berghohen Wellen des öfteren hochgerissen, dann gleichsam von der See verschlungen und wieder ausgespieen. Das Wasser stand ständig einen Fuß hoch auf dem Oberlauf.[30] Der Anker begann zu schleppen und trieb ungefähr eine viertel Meile fort. Wir brachten daher noch zwei Anker aus, die aber gegen Abend abrissen. Darauf warfen wir noch einen großen Hauptanker. Das Schiff wurde so leck, daß auch kein Pumpen mehr half. Wir mußten deswegen ohne Unterlaß das Wasser mit Kesseln ausschöpfen. Um Mitternacht drehte sich der Wind nach

Ost, und dadurch kam das Schiff längsseits zwischen die Wellen, die es so sehr schwenkten, daß es bis zur Reling ins Wasser tauchte. Da ging der Mast in drei Stücke und schlug samt dem Besanmast[31] mit großem Krachen über Bord. GOtt half, daß niemand dadurch verletzt wurde, obwohl wir uns doch an Deck neben den Besanmast gesetzt hatten.

Wir, die wir wegen der drei täglichen Stürme nicht viel gegessen hatten und durch das Wachen und die ständige Arbeit ganz ermattet waren, ließen endlich die Hände sinken und gaben uns verloren. Da übermannte uns abermals Todesangst, und man hörte lautes Winseln und Wehklagen. Fleming und ich nahmen jeder ein paar von den leeren Branntwein-Fäßchen, banden sie mit Stricken zusammen und hingen sie uns an den Hals. Darauf setzten wir uns aufs Oberkastell in der Meinung, wenn das Schiff unterginge, uns auf diese Weise entweder tot oder lebendig um so schneller zu den Unsrigen an Land zu bringen.

Obgleich die am Ufer unsere Gefahr deutlich vor Augen gehabt hatten und versuchten, uns Hilfe zu bringen, so war es doch unmöglich, bei solchem Wetter zu uns hinauszugelangen. Ja, Brüggemann trieb sogar, um uns zu helfen, die gemeine Mannschaft mit bloßem Degen zu den Booten der Perser ins Wasser. Zwar hatte sich gegen Morgen der Wind etwas gelegt, doch war die erzürnte See unruhig und trieb eine Welle nach der anderen an Land, gegen die keine Mühe etwas nutzte.

Als wir am Nachmittag keine Hilfe bekamen und der Schiffer berichtete, daß nur noch der große Hauptanker halte, daß zudem zu befürchten sei, daß der Sturm abends wieder aufleben werde – wie es dann auch geschah –, da hielt ich mit dem Hauptbootsmann heimlich Rat, was weiter zu tun sei. Ob es nicht ratsam sei, das Schiff einfach stranden zu lassen, damit wenigstens die Mannschaft gerettet würde. Dieser wie auch ein anderer Bootsmann meinten, daß das Schiff schwerlich noch so viel aushalten könne; sie erachteten es für gut, wenn ich mit der Mannschaft darüber beriete. Die Seeleute aber meinten, als der Marschall und ich sie auf ihre ehrliche Meinung befragten, daß, sofern die Mannschaft in ihrem Bemühen nicht nachlassen würde, das Schiff wohl noch eine Weile halte. Daneben wandten sie ein, daß sie die elendsten und am meisten verachteten Mitglieder der Gesandtschaft seien, wenn sie kein Schiff mehr unter ihren Füßen hätten. Ja, sie fürchteten, daß sie sich sogar an ihrer Besoldung Abzüge gefallen lassen müßten und es ihnen nicht mehr so gut gehen würde. Andererseits meinten sie, daß der Gesandte Brüggemann, wäre er noch an Bord, das Schiff schon längst hätte stranden lassen; so waren also die Seeleute anderer Ansicht als wir. Die gesamte Mannschaft aber flehte uns mit Bitten und Geschrei an, man solle doch das Schiff an das Ufer bringen, damit sie gerettet würden.

Es entbrannte ein Streit, ob man nun das Schiff stranden lassen solle oder nicht. Schließlich fiel die Entscheidung: Der Marschall und ich mußten zum Ankertau gehen und den ersten Hieb darein tun, die Bootsleute kappten es vollends, ließen das Focksegel fallen und sich zum Ufer treiben. Da das Schiff keinen Kiel hatte, setzte es weich auf den Sand auf, etwa in dreißig Faden Entfernung vom Strand. Der eine Bootsmann nahm ein Tau um den Leib und schwamm ans Ufer, von wo er mit Hilfe der anderen das Schiff näher zog. Die Gesandten und der andere Teil der Mannschaft waren über unsere Rettung glücklich, hatten sie uns doch schon verloren geglaubt und bereits für unsere Seelen gebetet. Sie empfingen uns mit Freudentränen, und einige sprangen vor Freude ins Wasser und trugen uns auf ihren Schultern an Land. Und als wir uns bei den Gesandten für unseren Entschluß, den wir in dieser Not gefaßt hatten, entschuldigen wollten, erfuhren wir, daß der Gesandte Brüggemann schon längst dem Cornelius Clausen befohlen habe, das Schiff auf Sand zu setzen. Diesen seinen Willen habe er auch auf zwei Blättern, die er seinem Notizheft entnahm, uns kund tun wollen, wenn es nur ein Mittel gegeben hätte, uns die Nachricht zu überbringen.

*

Nun erzählt Olearius ausführlich von dem Kaspischen Meer, seiner geographischen Lage und Beschaffenheit. Dazu zieht er alle Autoren von der Antike bis zu seiner Zeit heran, die er kennt, und setzt sich mit ihren Äußerungen auseinander. So stellt er beispielsweise gegen alle Geographen fest, daß das Kaspische Meer sich nicht in west-östlicher, sondern in nord-südlicher Richtung erstreckt. Mit dieser, teilweise selbst nachgeprüften Behauptung hat er sich auch gegen »etliche meiner guten Freunde von der Universität Leipzig« durchzusetzen.

Von der Landschaft, vor der wir strandeten, und was wir dort erlebten

Die Gegend um den Ort unseres Schiffbruchs wurde Müskür genannt und ist ein Teil der Provinz Schirvan. Diese erstreckt sich von Derbend bis Kilan und umfaßt zweihundert Dörfer. Regiert wird sie vom Sultan zu Derbend. Das Land war überall sehr schön, vor allem weil die Bäume noch grün waren. Der Landstrich ist sehr fruchtbar, hier wächst Reis, Weizen und Gerste, auch gutes Obst. Es gab vereinzelt Bäume, hingegen wenig Gebüsch, in dem aber die Vögel sogar noch im Dezember sich lustig hören ließen.

Das Vieh ist sommers wie winters auf der Weide, daher macht man hier kein Heu, und wenn dies doch geschieht, dann meist nur für Reisende. Weinstöcke fanden wir hin und wieder an den Hecken wild wachsend. Einige hatten sich auch an den Bäumen acht bis zehn Faden hochgezogen, was sehr schön anzusehen war.

Wir sahen viel prächtiges Federwild, vor allem Fasane, desgleichen Hasen in großer Menge, die zu jagen wir Lust hatten. Es gibt dort auch eine Art Fuchs, den die Bewohner Schakal nennen; er hat zwar die Größe der gewöhnlichen Füchse (von denen es auch viele gibt und die Tulki genannt werden), aber auf dem Rücken ein dickes, wolliges Fell mit langen Haaren. Unter dem Bauch ist er schneeweiß; er hat kohlschwarze Ohren und einen kleinen Schwanz. Nachts liefen sie um das Dorf und schrien und klagten jämmerlich.

Die Bauern haben viele Ochsen, mit denen sie Bretter, Bäume und große Lasten fortschleppen. Die Milch der Kühe ist so fett, daß sie mehr als zwei Finger dicken Rahm ansetzt und eine wohlschmeckende Butter gibt. Käse wird aber nicht aus Kuhmilch, sondern nur aus Schafsmilch gemacht.

Das Dorf Niasabath, in dem wir uns nun befanden, hatte kaum fünfzehn Häuser, die verstreut lagen. Sie hatten fast doppelte Mannshöhe und ein flaches Dach. Das ist mit Grassoden belegt, auf denen man wie auf dem richtigen Gras umhergehen kann. Diese Art, Dächer zu bauen, beobachteten wir in ganz Persien, ja, so wird es fast in ganz Asien gehalten. Des Sommers sieht man dann die Leute hin und wieder auf dem Dache wohnen, mit oder ohne Zelt, essen und nachts auch schlafen. Da begriffen wir erst[32], wie es geschehen konnte, daß der Gichtkranke durch das Dach zu Füßen JEsu Christi hinuntergelassen wurde. Desgleichen, was es bedeutet, wenn Christus sagt, daß derjenige, der auf dem Dache ist, nicht hinuntersteigen soll, um etwas zu holen. Innen waren die Bauernhäuser reinlich gehalten und die Böden der einzelnen Zimmer mit Teppichen belegt.

In Niasabath wurden wir in die verschiedenen Häuser einquartiert und anfangs von unseren Wirten auch wohl bewirtet. Weil unsere Gesandtschaft aber zahlreich war, das Dorf jedoch klein war und auch keinen Befehl hatte, uns zu bewirten, so wurden wir auf unsere Kosten nicht in den Häusern, sondern neben dem Quartier der Gesandten in

*Das Lager der holsteinischen Gesandtschaft
in der Provinz Schirvan.*

einem Zelt gespeist, wo wir mangels frischen Brotes und Bieres harte Fladen und trübes Bachwasser zu uns nehmen mußten. Das Schiff wurde unterdessen abgewrackt und zu Brennholz zerkleinert.

Am 19. November schickte der Sultan von Derbend zwei stattliche Männer, um die Gesandten willkommen zu heißen. Diese brachten neben einem Schreiben zwei Pferde, zwei Ochsen, zwölf Schafe, zwanzig Hühner, drei große Krüge mit Wein, einen Krug mit klarem Wasser, zwei Körbe Äpfel und fünf Säcke Weizenmehl als Geschenk. Als aber die Gesandten hörten, daß in dem Schreiben des Sultans nur ein Pferd erwähnt wurde, wollten sie auch nur eines entgegennehmen. Die Abgesandten aber wandten ein, daß der Sultan auch nur von einem Gesandten gewußt und darum auch nur ein Pferd geschickt habe. Da sie jedoch vernommen hätten, daß unsere Gesellschaft zwei Gesandte habe, so hätten sie noch ein weiteres Pferd dazugekauft, wohl wissend, daß dies dem Sultan gefallen würde. Als Brüggemann sah, daß sein Pferd nicht so gut war wie das des Crusius, wollte er es partout nicht annehmen, wie sehr ihn die Perser auch darum baten und gegen die Beleidigung, die dem Sultan dadurch angetan würde, protestierten. Man gab ihnen auch kein Gegengeschenk für den Sultan mit, was in Persien wie in Rußland üblich ist. Danach bekamen wir zu spüren, daß uns der Sultan übel gesonnen war und uns in allem mehr behinderte als förderte.

Während die Gesandten am 22. November drei unserer Leute nach Schamachie zum Khan oder Generalgouverneur gesandt hatten, um von unserer Ankunft zu berichten und um Transportmittel für die Weiterreise zu bitten, kam unterdessen ein vom Khan geschickter Reisebegleiter; er und unsere Abordnung hatten sich unterwegs verfehlt. Er empfing die Gesandten freundlich und meldete, daß der Khan ihn zu unserem Mehemandar (so nennen sie die Pristaffen oder Reisebegleiter) bestimmt habe. Er solle die Gesandtschaft mit allem Notwendigen ausrüsten und nach Schamachie begleiten.

Am 30. November kamen unsere Leute zurück und erzählten, sie hätten den Khan nicht in der Stadt, sondern einige Meilen außerhalb mit vierhundert Mann in einem Zeltlager angetroffen. Er sei bereits verständigt worden, daß wir mit dreihundert Mann angekommen seien. Selbst wenn wir doppelt so viele wären, so wartete doch der Schah (so nennen sie ihren König) mit Freuden auf uns. Insgeheim hatte der Khan unsere persischen Dolmetscher eifrig nach unserer Gesinnung, unserem Leben und unseren Gebräuchen gefragt.

Als der Abgesandte des Khan wußte, wie viele Pferde und Wagen wir benötigten, brach er auf, um das Gewünschte aus dem schamachischen Gebiet zusammenzubringen. Wir mußten unterdessen über einen Monat in Niasabath verbringen.

In jenen Tagen kam auch der königliche Kaufmann, der auf dem Kaspischen Meer ebenfalls große Gefahren ausgestanden hatte, in unserem Orte glücklich an.

Wie groß anfänglich unsere Freude war, daß wir das ersehnte Persien nach so vielen überstandenen Mühsalen endlich erreicht hatten, so scharf wurde sie uns versalzen durch große Widerwärtigkeiten und eine nicht geringe Verstimmung der Gemüter. Die Ursache dafür war die Eigensinnigkeit einer wichtigen Person[33]; davon wollen wir jedoch lieber schweigen, was höflicher ist.

Am 9. Dezember kam unser Mehemandar wieder und vertröstete uns, daß unser Aufbruch in vierzehn Tagen geschehen könne. Er habe nicht allein vom schamachischen, sondern auch vom derbendischen Gebiet Kamele, Pferde und Wagen zu besorgen gehabt.

In diesen Tagen ließ der Gesandte Brüggemann viele dicke Bohlen zersägen, von denen die Perser sagten, daß der König sie mit großen Kosten hier an den Strand habe bringen lassen, um ein Schiff zu bauen. Brüggemann ließ aus ihnen Untersätze zimmern, um darauf die Kanonen zu transportieren. Wenngleich auch die Perser einwandten, daß des Königs Schiff nicht gebaut werden könne, wenn wir die besten Bohlen nähmen, hielt man ihnen entgegen, die Art ihrer Nation sei eben so, daß man das, was sie gütlich nicht gäben, mit Gewalt nehmen müsse. Aber auch die Perser wußten ihren Willen durchzusetzen: Sie besorgten zu unserer Abreise weniger Pferde, so daß die Untersätze liegenbleiben und die Geschütze auf Kamele verladen werden mußten.

Am 21. Dezember kamen der schamachische und der derbendische Mehemandar und brachten vierzig Kamele und dreißig Wagen mit Ochsen und ungefähr achtzig Pferde. Sie luden das Gepäck auf und gingen mit einigen wenigen Dienern voraus. Als die Gesandten mit der Reisegesellschaft, den Küchen und dem Bettzeug folgen wollten, stellte sich heraus, daß für vierundneunzig Leute kaum sechzig Pferde blieben.

Der Mehemandar schwur beim Haupte seines Königs, daß es ihm unmöglich sei, in kurzer Zeit mehr Pferde herbeizuschaffen. Es sei dies das Gebiet des Sultans von Derbend, den wir uns zum Feinde gemacht hätten und der nun seinen Widerstand spüren ließ. Wir sollten doch, um nicht noch mehr Zeit zu verlieren, aufbrechen und weiterreisen, so gut es eben ginge. Sobald wir in das Gebiet des Khans von Schamachie kämen, wolle er den Mangel ausgleichen.

Also reisten wir am 22. Dezember von Niasabath ab, nachdem wir dort fünf Wochen gelegen hatten. Die Reise ging längs dem Kaspischen Meer nach Süden. Wir passierten das Dorf Mordow, das bereits zu Schamachie gehört. In diesem wie in den umliegenden Dörfern wohnt ein Volk, das man Padar nennt. Es hat eine besondere Sprache, die weder der türkischen noch der persischen verwandt ist. Zwar sind sie türkischen Glaubens, haben aber daneben eine Reihe von besonderen abergläubischen Gebräuchen. So lassen sie die heißen Speisen so lange stehen, bis sie eine mundgerechte Temperatur haben. Es darf niemand auf sie blasen, und wenn dies ein Fremder unwissentlich tut, muß das Essen als unrein weggeschüttet werden.

Hier forderte der Gesandte Brüggemann den Kaucha oder Vogt von Niasabath vor sich und hielt ihm vor, wie übel uns der Sultan von Derbend mitgespielt hätte. Es kränke ihn, Brüggemann, sehr, daß seine Leute, die er, weil sie mit ihm leben und sterben müßten, wie seine Augen liebte, eine solch beschwerliche Reise zu Fuß durch Morast und Bäche tun müßten. Er würde nicht umhin können, beim König Klage zu führen. Der Vogt entgegnete, daß er nicht gewußt habe, wie umfangreich unser Gepäck sei. Zudem wußte er auch nicht, warum wir die Segel, die Geschütze und die Untersätze für die Steinkanonen mitnehmen wollten; ob wir denn meinten, daß es kein Holz im Lande gäbe? Ohne Zweifel würde uns der König auf die Klage seine Antwort geben. Am folgenden Morgen brachte unser Mehemandar noch zwanzig Pferde. Es

Der Berg Barmach.

wurden unnütze Kisten und Tonnen zerschlagen, das intakte Gerät dem anderen beigepackt, und so zogen wir weiter.

Am 24. Dezember kamen wir vor den Berg Barmach und kehrten in einer Karawanserei ein, die an seinem Fuße liegt. Solche Karawansereien oder Herbergen gibt es in Persien an den Heerstraßen viele. Sie sind jeweils eine Tagesreise von der anderen entfernt. In den meisten findet man aber nichts als leere Gewölbe und Ställe. Man muß deswegen Proviant und Futter mit sich führen. Weil die derbendischen Fuhrleute verlauten ließen, daß sie mit ihren Kamelen und Pferden von hier wieder abrücken und zurückkehren und uns also auf die von Schamachie warten lassen wollten, ließen die Gesandten durch Trommelschlag und Trompetensignal die Mannschaft zusammenrufen und taten so, als wollten sie alle zu Fuß nach Schamachie gehen und das Gepäck auf Verantwortung der Fuhrleute zurücklassen. Da wurden diese anderen Sinnes.

Als wir am heiligen Christfest im Stall Gottesdienst gehalten und Weihnachten gefeiert hatten, machten einige von uns eine Exkursion auf den Berg, von dem uns die Perser viel erzählt hatten. Er liegt gut zwei Musketenschüsse vom Kaspischen Meer entfernt, ist rund und hat oben einen steilen Fels, den man auf türkisch Barmach (das heißt Finger) nennt, weil er sich wie ein ausgestreckter Finger über die anderen Hügel erhebt. Oben fanden wir, nachdem wir nicht ohne Gefahr hinaufgeklettert waren, die Luft so kalt, daß Gras und Kräuter fast völlig vereist waren und wie Kandiszucker aussahen. Im Tal war es jedoch warm und angenehm. Wir fanden einige merkwürdige Ruinen vor, Reste einer Festung, die von Alexander dem Großen erbaut und von Timur Lenk zerstört worden sein soll. Wir setzten uns auf den Fels und schworen uns aufrichtige und beständige Freundschaft. Unterdessen hatte es im Tal geregnet, während wir auf dem Berg das schönste Wetter hatten und unter uns nur Nebel sahen.

Am folgenden Tag zogen wir weiter, ließen das Gepäck in der Ebene um Baku herumgehen und ritten selbst durchs Gebirge.

Tags darauf kamen wir in das Dorf Pyrmaraas, das drei Meilen von Schamachie entfernt liegt. Dort ist ein persischer Heiliger, Seid Ibrahim[34], begraben. Die Perser erzählten, daß dies eine alte Grabstätte sei, die Timur Lenk verschont habe. Sie ist mit steinernen Mauern und zwei Vorhöfen wie ein Schloß gebaut und verziert. Unsere Gesandten begehrten die Grabstätte zu sehen, durften aber nicht weiter als bis in den Vorhof hinein, wo eine Menge Grabsteine stehen. Ich war auch begierig, das Grab zu sehen, und machte mich daher abends wieder auf, nahm meine Schreibtafel mit und schrieb die arabischen Inschriften von den Wänden und Grabsteinen ab. Als ich sah, daß dies den Persern gefiel, die meinten, es geschähe ihrem Heiligen zur Ehre, wagte ich es, durch die Tür in den oberen Hof zu gehen, wo sich der Eingang zu des Heiligen Grab befand. Als ich nach einer halben Stunde niemanden sah, bin ich schließlich durch die Tür, die nur mit einem Pflock gesichert war, hineingeschlichen. Drinnen habe ich mich, wiewohl nicht ohne Furcht und Grauen, gut umgeschaut. Ich fand verschiedene Gewölbe, in die das Licht durch enge Fenster hineinfiel, und einige hochaufgemauerte Grabmäler. Im dritten Gewölbe lag Seid Ibrahim, über dessen Grab eine gelbe Lamadecke gebreitet war. Überall standen auf großen Messingleuchtern Wachskerzen und Laternen. Als ich unbemerkt wieder draußen war, hatte unser Pastor auch Lust hineinzugehen. Ich wagte es also ein zweites Mal und ging mit ihm sicher ein und aus. Zwei Musketenschüsse vom Dorf entfernt liegt ein weiteres Grabmal. Es ist das des heiligen Tiribabba[35], der der Lehrer des Seid Ibrahim war. In Pyrmaraas darf niemand von den Persern Wein trinken, sondern nur Wasser, damit nicht durch den Gesetzesbruch, der im Koran steht, diese heilige Stätte geschändet würde.

Am 29. Dezember sandten wir auf Ratschlag unseres Khans unseren Quartiermacher voraus nach Schamachie. Als wir aber gegen Abend folgen wollten und bereits im Aufbruch begriffen waren, schickte der Khan einen Boten und ließ uns bitten, noch eine Nacht hier zu bleiben. Denn sein Astrologe hatte, wie wir später erfuhren, gesagt, daß dieser Tag nicht gut sei, Fremde zu empfangen. Zur Labung schickte er uns zwei große Krüge mit Wein und zwei Säcke mit Granatäpfeln, Äpfeln, Wein, Birnen, Quitten und Kastanien. Außerdem jedem Gesandten ein herrliches, mit Sattel und Zaumzeug wohl versehenes Pferd. Am folgenden Tag sind wir morgens um 8 Uhr aufgebrochen und nach Schamachie gekommen, wo wir dann sehr prachtvoll empfangen wurden.

Wie wir vor Schamachie empfangen und in die Stadt geleitet worden sind

Als wir noch zwei Meilen von der Stadt entfernt waren, kam uns ein Bote zu Fuß entgegen, der meldete, daß die Gesandtschaft dem Khan willkommen sei und von ihm selbst vor der Stadt empfangen werde. Fortan ging er vor den Pferden der Gesandten her. Als wir noch eine Meile vor der Stadt waren, kamen dreißig prächtige Reiter, betrachteten uns eine Weile und sprengten in Galopp wieder zurück. Kurz darauf hielten hundert Mann zu Pferd, die ein Spalier bildeten, durch das wir hindurchritten. Nach zwei Büchsenschüssen kam ein Reitertrupp, unter denen zwölf Leute mit ganz absonderlichen Hüten waren, die oben wie die Turmspitzen zuliefen.

Diese neigten sich vor den Gesandten und riefen uns auf türkisch freundlich zu (da sie lieber türkisch als persisch reden) und hießen uns willkommen. In ihrer Begleitung ritten wir mehr als eine halbe Meile und sahen dann auf einem Hügel ein Heer von mehr als fünftausend Mann halten. Weil wir hörten, daß der Khan und der Kalenter (das heißt Statthalter) dort warteten, um uns zu empfangen, wollte der Gesandte Brüggemann anfänglich nicht vom Wege, der zur Stadt führte, abweichen und ihm entgegengehen. Er meinte, die Perser seien gekommen, um uns, und nicht wir, um sie zu empfangen; daher müßten sie zu uns kommen. Indem aber unser Mehemandar insistierte und einwandte, unten sei der Weg zu kotig, oben aber gebe es einen zum Empfang besser geeigneten Platz, nahmen wir mit unserem Trupp die Richtung auf den Hügel. Als wir nun näher kamen, ritt uns der Khan mit einem überaus prächtigen Geleit entgegen. Vor ihm gingen zu Fuß, und zwar zur Rechten, sechs junge, starke, prunkvoll aufgeputzte Lakaien mit vergoldeten Bogen und Pfeilen. Ihm zur Linken sechs Leibschützen mit langen Musketen. Neben und hinter dem Khan eine Menge stattlicher

Reiter in goldenen Panzern und mit silbern und golden durchwirkten Mendilen oder Turbanen auf dem Kopf. Der Khan näherte sich den Gesandten und reichte ihnen gegen persische Sitte und nur den Deutschen zuliebe die Hand und hieß sie willkommen. Er ließ eine silberne Schale mit Wein füllen, trank ihnen zu, und darauf mußte jeder der beiden ihm zweimal Bescheid tun. Bei dem Khan hielt auch der russische Poslanik[36] Alexei Sawinowitz, welcher uns allen die Hand reichte und uns freundlich willkommen hieß.

Wir hörten auch die Feldmusiker, die sich mit einer fremdartigen Musik vernehmen ließen. Vier von ihnen ritten vor uns auf, wendeten sich gegeneinander und bliesen ihre kupfernen Instrumente, die wie Schalmeien[37] aussahen. Sie waren vier Ellen lang und der Schallausgang ungefähr eine Elle im Durchmesser. Die Instrumente wurden Kerrenai genannt. Diese hielten sie während des Blasens gen Himmel und machten damit mehr ein grausames Gebrülle als einen wohlklingenden Ton.

Neben diesen gab es die gemeinen Schalmeienbläser oder Surnatzi. Desgleichen viele Pauker, die die Pauken, die aussahen wie lange Töpfe, vor sich auf den Pferden hatten. Es gab auch Musiker mit langen Krummhörnern und Handpauken und andere. Als wir in solchem Geleit ein wenig weiter geritten waren, mußten die Gesandten dem Khan abermals mit etlichen Schalen Wein Bescheid tun. Unterdessen machte der Narr des Khans, den sie Tzausch nennen, mit einer Klapper und Gesang allerlei seltsame Possen.

Eine viertel Meile vor der Stadt hielten über zweitausend Mann Fußvolk (die meist armenische Christen waren) mit fünf Fähnlein an sehr hohen Stangen, so daß ein starker Mann jeweils dafür nötig war. Auch sie hatten eine extra Kapelle mit großen Zimbeln[38] in Gestalt von Messingschüsseln, dazu Pfeifen und andere seltsame Instrumente, die man nicht alle beobachten konnte. Mit diesen ließen sie sich freudig hören und wünschten uns zu unserem Einzug in die Stadt Glück.

Viele winkten mit den Händen, schwangen die Mützen über dem Kopf, warfen sie in die Höhe und fingen sie wieder auf, schrien und jubelten in dieser Art und Weise vor und neben uns. An dieser Stelle hielt der Khan zum dritten Mal und trank mit den Gesandten.

Als wir uns der Stadtmauer nahten, sahen wir auf den Zinnen ebenfalls viele Pauker, Schalmeienbläser und Trompeter, die neben Sängern ein solches Jubelgeschrei veranstalteten, daß man kaum sein eigenes Wort verstehen konnte.

Der Khan bat die Gesandten und die Vornehmsten der Gesandtschaft hinaus in sein Schloß zum Empfangsessen. Die Gemächer waren alle mit schönen Teppichen belegt. Als wir sahen, daß die Perser ihre Schuhe auszogen und vor der Tür stehen ließen, wurden wir ebenfalls gebeten, desgleichen zu tun. Man führte uns durch drei schöne Gemächer in einen köstlich ausgestatteten Saal, der mit einer Reihe erotischer Gemälde und kunstvoll gewirkter Teppiche geschmückt war und in dessen Mitte ein Springbrunnen war, aus dem das Wasser in Form eines runden Glases herausspritzte. Um den Brunnen herum standen silberne und gläserne Flaschen voll Wein neben allerlei Konfekt. Man hatte uns zu Gefallen neue Stühle machen lassen und in einer bestimmten Reihenfolge hingestellt. Der Khan begab sich in die Mitte des Saales, setzte sich auf einen Stuhl und ließ die Gesandten zu seiner Rechten sitzen. Auf der linken Seite des Khans saßen der Statthalter, der Astrologe, der Leibarzt und viele würdige Männer. Vor dem Khan standen die Musiker; am Eingang des Saales standen ansehnliche junge Leute mit goldenen Brustpanzern und schußfertigen Bogen und Pfeilen. Alle, die so saßen oder standen, hatten ihren Rücken der Wand zugekehrt, keiner hatte einen Hintermann, so wie es bei den Persern stets üblich war.

Für je zwei von uns wurde ein kleines Tischlein gebracht. Darauf lagen eine Menge Früchte. Durch zwei Knaben wurde Wein ausgeschenkt; sie gingen nach ihrer Sitte mit einer

Weinflasche und Schalen von einem zum anderen, reichten den Gästen in der Rangfolge die Schalen, und wenn sie unten angekommen waren, fingen sie bald oben wieder an. Darauf wurde das Konfekt abgenommen, die Tische mit bunten Leinendecken belegt und Speisen darauf gesetzt, nach einer Stunde aber wieder mit Konfekt gewechselt. Endlich wurden die Tische ganz weggenommen und der Fußboden des Saales zur Hauptmahlzeit vorbereitet. Der Tafeldecker breitete über die anderen Teppiche lange bunte Decken als Tischtücher. Ihm folgte der Vorschneider mit einer hölzernen Schüssel voll Kuchen, die schätzungsweise anderthalb Ellen lang waren und so dünn wie Pergament; sie werden Jucha genannt. Er warf jedem einen zu, den man vor sich hinlegen und anstatt der Servietten gebrauchen mußte.

Dann kamen zahlreiche Diener, die das Essen in großen kupfernen und verzinnten Töpfen (die silbernen nicht unähnlich sahen) auf den Köpfen trugen und es mitten in den Saal stellten. Der Suffretzi, so wird der Vorschneider genannt, kniete daneben. Hin und wieder standen neben uns Speinäpfe in Größe und Gestalt unserer Nachttöpfe, oben aber mit einem runden Loch versehen; da hinein sollten die Knochen, Obstschalen und anderer Abfall getan werden, damit es bei jedem reinlich und ordentlich aussehe.

Während der Mahlzeit wurde mit Lauten, Geigen, Handpauken musiziert und dazu gesungen, was eine fremdartige und wilde Harmonie ergab; dabei wurden seltsame Tänze von zwei Knaben ausgeführt, die auch sonst allerlei Spaß und Kurzweil trieben. Wir empfanden diesen Tag nach den ausgestandenen Strapazen als so große Erfrischung, daß wir meinten, im irdischen Paradies angekommen zu sein. Unter anderem war die Augenlust nicht die geringste. In der ganzen Stadt brannten auf allen Dächern und längs der Wände über zwanzigtausend Laternen, die als Freudenfeuer die halbe Nacht leuchten mußten; dazu erklang auf den Stadtmauern eine lustige Musik von Pauken und Schalmeien. Und weil das

Schloß auf einem Hügel an der Stadtmauer lag, konnte man die ganze Stadt überblicken und die Lichter überall wahrnehmen. Der Khan gab eine Probe seiner Kunstfertigkeit im Schießen, als er die Gesandten bat, eine beliebige Laterne auszuwählen, die er mit einer Muskete herunterschoß. – Als wir bis tief in die Nacht getafelt hatten und es anfing, kalt zu werden, führte der Khan uns mit vielen der vornehmsten Perser in einen Gewölbesaal zum Kaminfeuer und bewirtete uns aufs neue mit Konfekt, Wein und Branntwein. Die Perser bekamen bei dieser Lustbarkeit so starke Räusche, daß ein vornehmer Beck (oder Edelmann), der zuvor niemals Branntwein getrunken hatte, sich überreden ließ und so viel trank, daß er am folgenden Tag starb.

Nachdem wir bis Mitternacht genügend lustig gewesen waren, entließ uns der Khan und gab uns Quartier in den Häusern der Armenier und Christen. Da wir aber nichts außer nackten Zimmern vorfanden, die noch nicht einmal Tische und Bänke enthielten, mußten wir diese Nacht, weil das Gepäck noch nicht angekommen war, frierend auf der Erde liegen, was nach der vorangegangenen Schwelgerei verdrießlich war.

Am letzten Tag des Dezember schickte der Khan den Gesandten Proviant und viele Krüge Wein; zudem wurde vom Statthalter die Anordnung getroffen, daß uns täglich siebzehn Schafe, zwanzig Hühner, hundert Eier, Salz, Brot, fünfzig Batman Wein[39] und zwanzig Eselslasten Holz in die Küche geliefert werden sollten. Eine Reihe von Tagen wurde auch alles richtig geliefert. Weil aber der Mehemandar den Proviant von den Dörfern holen mußte und daher die Lieferung hin und wieder nur jeden zweiten oder dritten Tag bringen konnte, wurde es für gut befunden, daß die Gesandten selbst jemanden zum Markt schickten und für ihr Geld einkauften, was ihnen beim Aufbruch alles wieder erstattet werden sollte. Vielleicht sollte dabei auch festgestellt werden, ob wir ausreichend Geld hätten.

Auf dem Markt erging der Befehl, daß man den Frenki (so nennen sie die Deutschen) den Proviant um einen billigen Preis überlassen solle. Denn wir mußten drei ganze Monate in Schamachie liegenbleiben, bis eine Anordnung vom König wegen der Aufnahme und weiteren Reise eintraf. Unterdessen erzeigten uns sowohl der Khan als auch der Statthalter große Ehre und Freundschaft und veranstalteten uns zuliebe verschiedene köstliche Bankette und Jagden. Bisweilen kamen sie auch persönlich die Gesandten besuchen und schickten oft Wild und Wein ins Haus.

Im Jahr des Herrn 1637
Wie wir in Schamachie lebten, was wir dort gesehen und an Festen erlebt haben

Das erste, was wir in diesem neuen Jahre anschauen konnten, war das Leichenbegängnis des persischen Edelmannes, der sich bei des Khans Gastmahl zu Tode trank. Die Leiche wurde mit einer prächtigen Prozession und besonderen Zeremonien in eine Mestzid oder Kirche getragen. Davon soll weiter unten bei der Beschreibung der Begräbnisbräuche der Perser ausführlich berichtet werden.

Am 2. Januar kam der Khan mit dem Statthalter und vielen Dienern zu den Gesandten. Sie brachten Wein und Konfekt mit und wünschten unsere Musik zu hören, die aus einer Viola, einer Pandora[40], einer Viola da Gamba und dem Diskantisten bestand. Weil ihnen diese so gut gefiel, baten sie die Gesandten, mit auf das Schloß zur Abendmahlzeit zu reiten und im Saal des Khans noch einmal aufzuspielen. Auf inständiges Bitten wurde ihrem Willen entsprochen und dieser Abend ebenfalls in guter Stimmung und Fröhlichkeit zugebracht. Dabei führte der Khan seine allerbesten Pferde vor, siebenundzwanzig Stück an der Zahl, worunter drei waren, von denen er behauptete, der König hätte sie ihm als Zeichen der Gnade geschickt. Auf jedes mußte sich sein Kammerdiener setzen und ungeachtet der im Saal liegenden Teppiche hin- und herreiten.

Am 5. Januar ließ der Khan den Gesandten mitteilen, daß morgens die Armenier ihr Fest der Eintauchung des Kreuzes ins Wasser feiern würden. Dies geschähe bei einer besonderen Brücke außerhalb der Stadt, und er wolle sich selbst einfinden und den Gesandten, wenn sie Gefallen daran finden würden, dem Vorgang zuzuschauen, einen Platz reservieren. Die Gesandten gingen nebst einigen von uns, weil sie nicht weit von der Kapelle wohnten, hin, um den Gottesdienst und die Zeremonie anzusehen. Diese sind den römisch-katholischen Riten nicht unähnlich. Da sprach dann der Bischof, ein alter Mann, der des Festes wegen aus einem anderen Ort gekommen war, nach einer langen Predigt von der Offenbarung Christi bei den Heiden. Er kam dann zu den Gesandten und redete mit ihnen durch den Dolmetscher sehr freundlich; er freute sich herzlich darüber, daß so vornehme Leute, die auch Christen wären, von so weit gekommen seien und ihrer Gemeinde zum Trost dem Gottesdienst beiwohnten. Er selbst bat neben den Priestern sehr darum, daß die Gesandten sich beim Khan dafür verwandten, damit der angefangene und bislang von den Persern behinderte Klosterbau ungehindert weitergehen könne.

Gegen Mittag wurden uns auf Befehl des Khans von den Armeniern fünfzehn Pferde gebracht, mit welchen wir uns zu dem Fluß, der eine halbe Meile jenseits der Stadt lag, aufmachten. Die Armenier kamen aus allen umliegenden Dörfern in großer Menge zusammen und gingen mit vielen Bildern, Kreuzen und Fahnen in einer schön anzusehenden Prozession singend und spielend zu dem Fluß. Sie wurden von vielen persischen Soldaten des Khans begleitet, damit nicht etwa das lose Gesindel der Muselmanen oder Mohammedaner sie belästige und beschimpfe. Gegenüber der Weihestätte, auf der anderen Seite des Flusses, hatte der Khan ein Zelt aufschlagen und mit Teppichen schmücken sowie ein reichhaltiges Büffet anrichten lassen, wobei allerlei Gaukel- und Taschenspiel getrieben wurde.

Nachdem er uns freundlich empfangen hatte, gab er den Armeniern Befehl, mit der Wasserweihung (deren Beginn nicht im Belieben der Armenier, sondern in dem des Khans stand) anzufangen.

Indem man nun am Ufer anfing zu lesen, sprangen vier nackte Armenier ins Wasser, um dieses, weil es mit dünnem Eis zugefroren war, zu öffnen. Eine Weile schwammen sie herum. Als einer unserer Hunde, der zum Apportieren abgerichtet war, dies sah, sprang er ebenfalls ins Wasser und schwamm mit ihnen herum. Das verursachte unter den Persern, denen die Hunde als unrein gelten (und die keiner gerne anfaßt), ein großes Gelächter, da doch das Wasser geweiht werden sollte. Denn allem Anschein nach hielten die Perser von solchen Prozessionen und Handlungen nicht mehr als von ihrem Gaukelspiel, das sie dabei veranstalteten. Die armenischen Priester waren ihnen eben das, was Simson[41] den Philistern bei ihrem Bankett sein sollte, ungeachtet dessen, daß die Armenier dem Khan für die Erlaubnis, ein solches Fest abhalten zu dürfen, und daß er es mit seiner Gegenwart und seinem Schutz beehre, jedes Mal tausend Taler aus der Kirchenkasse zahlen.

Nachdem der Bischof eine gute Stunde gelesen und die Gemeinde gesungen und mit Zimbeln gespielt hatte, goß er ein wenig geweihtes Öl in das Wasser und tauchte dahinein ein kleines silbernes, mit Edelsteinen besetztes Kreuz. Danach hielt er seinen Stab über das Wasser und segnete es. Bald danach schöpften die Gemeindemitglieder das Wasser, tranken es und wuschen sich die Gesichter. Einige junge Leute sprangen auch hinein, die meisten besprengten sich aber nur damit. Einige aus dem Gesinde des Khans liefen mit

Schaufeln umher und begossen die Priester und das Volk, besonders die Frauen, die in großer Furcht, das Wasser zu schöpfen, hinzutraten. Bald trieben sie es so grob, daß es der Khan verbieten mußte. Nichtsdestoweniger ließ er selbst, als die Priester mitten in ihrer Andacht waren, seine Grobbläser[42] tönen und, als sie mit Gesang um ihren Bischof herumtanzten, seinen Narren, dem der Untermarschall folgte, auf der anderen Seite tanzen und also ihrer spotten. Währenddessen fragte der Leibarzt des Khans, ein Araber von ironischer Wesensart, die Gesandten überaus höhnisch, was sie von Christus hielten, ob er GOttes Sohn sei. Darauf wurde ihm mit Ja geantwortet und hinzugefügt, was es ihn als Spötter anginge; man sei nicht hierher gekommen, um mit ihm zu disputieren.

Nach der Weihung gab es einen kräftigen Umtrunk, und als der Khan sehr berauscht war, stand er stillschweigend auf, setzte sich auf sein Pferd und ritt fort. Ihm folgten andere Perser. Wir, die wir einen solchen Abschied nicht gewohnt waren, wußten nicht, wie wir solches verstehen sollten, und saßen ebenfalls auf. Der Khan hielt aber nicht weit von dem Zelt entfernt und wartete auf die Gesandten. Später hörten wir, daß es ein allgemeiner Brauch bei den Persern wäre, wenn sie in Gastereien der Khane oder ihres Schahs ihren Teil zu sich genommen hätten, daß sie stillschweigend aufständen und ohne Gruß sich entfernten; und zwar sowohl der Wirt als auch die Gäste. Solches sahen wir häufig an des Königs Tafel.

Am 10. Januar wurden die Gesandten samt der ganzen Gesandtschaft von dem königlichen Statthalter in dessen Palast herzlich bewirtet. Unser erstes Vergnügen war die Besichtigung des zierlichen Palastes und seiner sehr schönen und ordentlich angelegten und mit allerhand Schmuck gefüllten Gärten und Gemächer.

Merkwürdig war der Saal, in dem das Gastmahl gehalten wurde. Inwendig, besonders im Gewölbe, war er mit einer Intarsienarbeit aus Kalkstein auf eine fremdartige Weise kunstvoll verziert. Auf einer Seite hatte der Saal eine schöne Aussicht in die daneben liegenden gepflegten Gärten, zumal der Saal etwas höher gelegen war. Von einem Lustgang an diesem Saal sprang eine Fontäne in die Höhe, die sich mit einem anmutigen Geräusch in eine tiefer und in einem anderen Gemach befindliche Brunnenschale ergoß. Von da floß das Wasser aber sogar in eine dritte Schale, die sich in dem Garten befand. Das konnte man, neben dem Fenster sitzend, nicht ohne Vergnügen sehen. Auf diesem Gastmahl erschien der Khan mit seinen vornehmsten Hofleuten und dem königlichen Marschall, der eben erst von Ispahan angekommen war. Als Gäste und Wirt spät in der Nacht in guter Freundschaft und Vertrautheit sich miteinander berauscht hatten, wurden wir mit Pferden und Fackeln nach Hause geleitet.

Am 15. wurde ich mit unserem Marschall und Hofmeister zum Khan geschickt, um diesem Geschenke zu übergeben: feines rotes Tuch, blauen Atlas, eine Tonne Branntwein, ein Flaschenfutter[43] mit süßen Wassern und vier Messer mit eingelegten Bernsteingriffen. Als wir merkten, daß die Stimmung gut war, brachten wir die Bitte der Armenier vor und bekamen darauf vom Khan zur Antwort: Noch nie hätten die Christen zu Schamachie eine Kirche oder ein Kloster gehabt, er sei auch nicht gesonnen, ein wiederholt vorgetragenes Ansinnen der Armenier zu gestatten. Gleichwohl wolle er die Bitte der Gesandten gelten lassen und den Weiterbau nicht mehr behindern; auf Ansuchen gab er dies auch schriftlich. Die Armenier waren darüber höchst erfreut und bedankten sich sehr. Den Namen der Gesandten wollten sie zum ewigen Andenken an diese der Christenheit erwiesene Tat in der Kirche einmeißeln.

Am 20. Januar kam der Bote, den der Khan, als wir in Niasabath gelegen hatten, zum König nach Ispahan gesandt hatte, wieder zurück. Wir hofften sehr, daß dieser eine Anordnung für unsere Weiterreise bringen würde. Deswegen sollten einige von uns zum Khan gehen und sich nach dem

Inhalt des königlichen Schreibens erkundigen. Der Khan aber sagte, daß unseres Aufbruches noch nicht gedacht sei, wir sollten selbst hören, was der König schreibe. Seinem Arzt wurde ein Brief gegeben, den dieser zuerst an seine Stirn drückte und küßte und dann verlas. Der Bote des Sultans von Derbend sei eher als der des Khans von Schamachie angekommen und habe den Bericht gebracht, daß ein russischer Gesandter eingetroffen sei. Dieser habe angedeutet, daß auch deutsche Gesandte folgen würden. Wenn also diese Deutschen ankämen, solle man sie nach der vom Sultan erteilten Order bewirten und also nach Schamachie bringen. Wenn sie dort angekommen seien, solle der Khan abermals einen Boten abschicken und weitere Order abwarten. Ansonsten sei der König dem Khan mit großen Gnaden zugetan. Darauf wünschte der Khan eine Liste unserer Gesandtschaftsmitglieder und wollte, daß eines jeglichen Beruf, Handwerk oder sonstige Kenntnisse mit eingetragen seien; besonders, ob wir einen Arzt, Barbier, Maler oder Musikanten bei uns hätten. Ihm wurden aber nur die Namen mit ihren in der Gesandtschaft bezeichneten Ämtern übergeben. Am folgenden Tag riefen wir den Boten heimlich zu uns und fragten, was die Ursache seines langen Ausbleibens und unseres langen Aufenthaltes sei. Dieser berichtete, nachdem wir ihm etwas geschenkt hatten, im Vertrauen, daß der Bruder des Khans, des Königs Konstabel[44], wegen eines Verbrechens vor nicht allzulanger Zeit enthauptet worden sei. Nach persischer Sitte sei nun dessen ganzes Geschlecht in Ungnade gesetzt worden, und niemand habe sich erkühnen wollen, dem König den Brief des Khans, weil man auch dessen Inhalt nicht kannte, zu überreichen. Nicht der König, sondern ein anderer Hofmann hätte dem Khan geantwortet. Und der Inhalt sei der gewesen, den der Khan uns hätte vorlesen lassen. Daneben hätte der König befohlen, daß denjenigen, der den Deutschen Leid zufüge, der Sultan oder der Khan vor ihren Augen niedermetzeln lassen solle. So mußten wir also noch eine geraume Zeit liegenbleiben, bis der Bote, den der Khan aufs neue abfertigte, wieder zurückkam.

Am 5. Februar bin ich mit einigen der Unsrigen in ein neben dem Basar oder Markt liegendes Gebäude gegangen, das mit seinen vielen Gängen und Gemächern wie ein philosophisches Kollegium aussah. Und als wir an verschiedenen Plätzen sowohl Erwachsene als auch Kinder mit Büchern sitzen sahen, fragten wir, was dies für ein Ort sei. Darauf bekamen wir zur Antwort, dies sei ein Madresà oder Gymnasium, deren es einige in Persien gibt. Am folgenden Tag ging ich wieder in die Schule und brachte einen Himmelsglobus mit, den ich auf die Reise mitgenommen hatte. Ich ging in einen anderen Hörsaal, wo man mich sehr willkommen hieß. Es wunderten sich die Professoren, und sie freuten sich, daß die Astronomie auch bei uns Deutschen bekannt wäre und daß sie einen so wohl ausgeführten Globus (der acht Zoll im Durchmesser hatte) zu sehen bekamen, denn so etwas gibt es bei ihnen nicht häufig. Denn sie behelfen sich mit dem Astrolabium[45] und müssen ihre Schüler danach unterrichten.

In diesen Tagen bin ich auch in eine Kirche gegangen, die nicht weit von unserer Herberge lag, um zu sehen, auf welche Art die Jugend belehrt wird. Die Knaben saßen den Wänden entlang, der Molla[46] und einige Erwachsene standen in der Mitte; als sie mich sahen, baten sie mich, näher zu treten und bei ihnen zu sitzen. Bei ihnen war auch ein alter arabischer Astronom. Dieser las in Arabisch aus dem Euklid. Als ich diesen an den geometrischen Figuren erkannte und einige Beweise ausführte, soviel ich auf persisch (was ich nicht gut konnte) andeuten konnte, gefiel dies dem Alten wohl. Er zog ein kleines Astrolabium aus seinem Gewand und fragte mich, ob ich dieses ebenfalls verstünde. Und als ich ihm die Teile erklärte und sagte, daß ich auch eines hätte, war er sehr begierig, dieses zu sehen. So ging ich und holte Globus und Astrolabium, worüber sich alle sehr verwunderten. Nun vernahmen sie noch, daß ich das Astrolabium selbst gefertigt

Persische Schule. »*Man findet selten einen Perser, welch Standes er auch sei, der nicht lesen und schreiben kann, denn man hält die Jugend gar frühzeitig zum Lernen an... Wenn die Jungen Unfug getrieben haben, werden sie nicht wie die unsrigen mit Ruten auf den Hintern, sondern mit Stecken geschlagen. Wenn der Mutwille und das Vergehen zu groß war oder der Knabe sich nicht bändigen lassen will, schneiden sie ihnen die Fußsohlen auf und streuen Salz hinein.*«

hätte, und der Alte bat mich, einiges zu zeichnen, denn ihre Zirkelrisse und Gradeinteilungen seien nur sehr grob gestochen. Da ich dies geschwind und fein zu zeichnen wußte und auch die Gradeinteilung lehrte, wußte der Mann nicht, was er mir zu Gefallen tun könne. Er besuchte mich oft in meiner Herberge und ließ einmal ein angerichtetes Essen und Früchte von einem Tafellakaien hinter sich hertragen; er bat mich, sein Gast zu sein, und erbot sich, alles zu tun, was ich wünschte, und mir zur Verfügung zu stehen.

Auch der Molla dieser Schule, ein junger, lustiger und frommer Mann, erzeigte mir gute Dienste bei der Erlernung des Persischen. In dieser Zeit wurden viele Leute unserer Mannschaft krank und bettlägerig. Dies kam ohne Zweifel von dem hiesigen Wein, den sie, nachdem sie so lange Wasser getrunken hatten, so unmäßig zu sich nahmen, daß sie durch einen öffentlichen und ernsten Befehl der Gesandten davon abgehalten werden mußten. Einmal hatte unser Arzt zweiundzwanzig Leute in Behandlung; er brachte sie aber alle wieder mit GOttes Hilfe und guter Aufsicht auf die Beine.

Am 7. Februar[47] ist der Gedenktag des Ali, der ein großer Heiliger der Perser ist. Er wird jedes Jahr in der ganzen Stadt mit besonderen Zeremonien und großer Andacht gefeiert, und zwar in einem speziell dafür erbauten Haus. Als einige von uns die Feier anschauen wollten, wurde auf Befehl des Khans, der mit dem Statthalter und anderen hohen Herren anwesend war, Platz gemacht, daß wir nahe hinzutreten und alles wohl in Augenschein nehmen konnten. Unter einem aufgespannten Tuche saß der Redner in einem blauen Trauerkleid (denn was bei uns die schwarze Farbe bei Trauer, ist bei ihnen die blaue). Er las singend fast zwei Stunden mit einer hellen, reinen Stimme aus dem Buch, das von des Ali Leben und Tod handelt. Um seinen Stuhl herum saßen viele Priester auf der Erde, alle mit weißen Mendilen oder Turbanen auf dem Kopf, die bei der Rezitation verschiedene Male anfingen zu singen. Als die Geschichte seiner Ermordung verlesen wurde, die beim Gebet geschah, und wie dann seine Kinder sich so übel nach des Vaters Tod aufgeführt hatten, da weinten die meisten so, daß sie aufschluchzten. Nach Beendigung der Rezitation bekam der Vorleser einen neuen seidenen Rock geschenkt, den er sofort anziehen mußte. Darauf wurden drei mit schwarzem Tuch überzogene Särge im Kreise herumgetragen: Das waren die Särge von Ali und seinen zwei Söhnen. Dazu zwei mit blauem Tuch behangene Kisten, in denen geistliche Bücher des Ali aufbewahrt wurden. Einer trug auf einer Stange einen kleinen runden Turm, den sie Nachal nannten, auf den vier Säbel gesteckt waren. Viele trugen auf

Persisches Volksfest aus Anlaß von Alis Todestag.

dem Kopf kleine Nachbildungen ihrer Moscheen, die mit Federbüschen, bunten Bändern, Blumen und anderem Schmuck behangen waren. Darin soll der Koran aufgeschlagen liegen. Sie hüpften und sprangen nach einer traurigen Musik, die mit Zimbeln, Pfeifen, kleinen und großen Pauken veranstaltet wurde. Dieser Tag, an dem der Ali seinen Geist aufgegeben haben soll, wird in ganz Persien auf die eben geschilderte Art und Weise in großer Traurigkeit begangen. Ihrem großen Propheten Mohammed wird kein Gedächtnistag gehalten.

Am 27. Februar kam der Bote des Khans wieder zurück und hatte Briefe vom König mit dem Befehl, nunmehr unsere

Abreise vorzubereiten. Die Gesandten waren durch diese gute Nachricht erfreut und ritten mit einigen von uns auf die Jagd. Der Khan entschuldigte sich, daß er uns nicht Gesellschaft leisten könne, schickte aber dennoch eine Gruppe seiner Leute mit Hunden, Falken und einem Leoparden. Der Leopard, der sehr zahm und abgerichtet war, machte uns die meiste Freude, denn er lief allen Hunden voraus und fing die Hasen. Willig ließ er sich wieder fangen und dem Jäger hinten auf das Pferd setzen.

Am 1. März[48] begingen die Perser ein Fest, das sie Chummekater nannten. An diesem Tage soll Ali die Nachfolge seines Schwiegervaters Mohammed angetreten haben. Da bewirtete uns der Khan wiederum an dem obenerwähnten Fluß aufs herzlichste. Es wurde allerlei Kurzweil getrieben, manche tanzten, sprangen umher oder führten Gaukeleien vor. Hervorzuheben ist ein Tanz, der von einem Knaben mit zwei kleinen Zimbeln ausgeführt, sowie ein anderer, der von einem Tänzer dargeboten wurde, der viele Zimbeln um den Leib gebunden hatte. Ein schwarzer Araber, flink und behend, ließ einen dressierten Affen herumhüpfen. Der sprang zwischen dem Konfekt umher und vielen Gästen auf den Schoß – so auch einem Gesandten.

Nachdem uns der Khan sechs Stunden bewirtet hatte, ritten wir mit ihm wieder zur Stadt zurück. Als wir unterwegs an einen freien Platz kamen, ließen sie die Schnelligkeit ihrer Pferde sehen (von einer anderen Übung wissen sie nichts). Desgleichen zeigten sie die Art des Nahkampfes zu Pferd. Unter anderem war es erstaunlich anzusehen, wie einer den anderen mit Wurfspießen verfolgte. Sie verstanden es vortrefflich, die Stöcke, die sie anstelle der Wurfspieße benutzten, dem anderen in vollem Laufe zuzuwerfen, und dieser, sie aufzufangen und zurückzuwerfen. Bei diesem Turnier gewann der Stallmeister des Khans den ersten Preis und bekam von ihm einen edlen Araber geschenkt.

Am 3. März[49] begingen die Perser einen Feiertag, den sie

Tzar schembesur nennen. Das ist immer der letzte Mittwoch vor der Frühjahrs-Tagundnachtgleiche oder ihrem Neujahr. Diesen Tag halten sie für den unglücklichsten im ganzen Jahr. Sie sagen, sie wüßten es von den Vorfahren und aus eigener Erfahrung, daß es ihnen an diesem Tag gemeinhin nicht gut ergehe. Daher lassen sie alles ruhen, ihre Läden geschlossen, gehen nicht viel aus, reden wenig und enthalten sich des Fluchens, Schwörens und Trinkens. Vor allem zahlen sie niemandem Geld aus. Denn sie glauben, daß ihnen das, was sie an diesem Tag tun, das ganze Jahr anhänge. Darum sitzen viele Reiche und zählen ihr Geld. Andere gehen mit einem Krug vor die Stadt an einen Bach und schöpfen Wasser, ohne zu sprechen oder sich umzusehen. Denn sie meinen, daß das klare Wasser das Unheil abwasche oder banne. Wenn einer unterwegs einen guten Freund trifft, so pflegt er ihn wohl auch damit zu besprengen oder das Wasser ins Gesicht zu spritzen oder gar den Krug über dem Kopf auszuleeren. Wenn das überraschend geschieht, soll das dem Begossenen Glück bringen, welcher sich auch sehr bedankt. Die unverheirateten Knaben und Jünglinge haben hierbei einen phantastischen Spaß. Die einen gehen auf den Gassen und an dem Bache mit Pauken herum, die hinten in einer langen offenen Röhre auslaufen und mit der Hand geschlagen werden. Andere gehen mit langen Prügeln in den Bach, bespritzen die, die Wasser holen kommen, oder schlagen ihnen die Krüge entzwei. Diese sollen die Unglücksvögel bedeuten. Wer unangefochten das Wasser schöpfen und nach Hause tragen kann, bleibt das Jahr über von Unglück verschont. Daher gehen die meisten vor Tag Wasser schöpfen oder halten, wenn ihnen ein solcher Bösewicht begegnet, die Krüge unter den Röcken verborgen. Diese Kurzweil geschieht meist am Vormittag. Am Nachmittag gehen oder reiten die meisten spazieren. Vormittags wird sich niemand aufs Pferd setzen.

Wilhelm Schickhard[50] meint in seiner Vorrede über den *Kulistan* oder *Rosengarten,* der von Johann Friedrich Ochsenbach herausgegeben wurde, daß dieses Fest an Johannes den Täufer erinnern soll. Es kann auch sein, daß die Alten dies meinten, weil Johannes als ein sehr heiliger Mann bei den Persern berühmt ist und sein Grab zu Damaskus noch heute besucht und geehrt wird. Das geht aus meinem *Persischen Rosental* im zwölften Kapitel des ersten Buches hervor.

Am 10. März[51] begingen die Perser mit einem großen Freudenfest ihr Neujahr, das sie Naurus nennen. Einige von uns wurden aufs Schloß geschickt, um dem Khan, dem Statthalter und anderen dazu zu gratulieren. Wir fanden diese bei der Tafel sitzen und wurden gebeten, auch dabei zu bleiben. Gegenüber dem Khan saß ein Redner; der rühmte die herrlichen Taten ihrer Könige und wie diese so ritterlich gegen die Türken, Usbeken und andere Feinde gefochten und gesiegt hätten. Dabei machte er seltsame Gesten. Unterdessen stand der Astrologe des öfteren auf, nahm mit seinem Astrolabium den Stand der Sonne, bis sie den Äquator erreichte: An diesem Punkt rief er das neue Jahr aus. Darauf wurde mit vielen Steingeschützen und Feldschlangen Salut geschossen, auf den Stadtmauern und den Türmen trompetet, die Kesselpauke geschlagen und auf diese Weise das Fest mit großem Jubilieren begonnen – und der Tag mit guten Räuschen beendet.

Am 20. März kamen der Khan und der Statthalter gegen Abend sehr berauscht zu uns, um die Gesandten ein letztes Mal zu besuchen, weil, wie sie sagten, unser Aufbruch kurz bevorstehe, der Khan aber wegen einer notwendigen Reise diesen nicht abwarten könne.

Am Abend kam ein persischer Sklave zu den Gesandten. Der war von Geburt eigentlich ein Russe, aber in seiner Jugend nach Persien verkauft und beschnitten worden; er kam oft zu unseren Leuten, weil er mit ihnen russisch reden konnte. Er warnte die Gesandten vor unserem persischen Dolmetscher. Denn derselbe hätte nach Ispahan an seine Freunde schreiben und berichten lassen, daß er sich zwar eine geraume Zeit unter den Deutschen (oder Heiden) aufgehalten, aber dennoch nicht, wie diese glaubten, vom Islam abgeschworen habe. Er halte noch fest an seinem Glauben und würde, wenn er käme, dafür auch genügend Beweise bringen. Zu unserer Zeit hielt er sich bei dem königlichen englischen Gesandten in Muscow auf. Und als er vernahm, daß wir nach Persien wollten, bemühte er sich mit allerhand erdenklichen Mitteln, die Reise mitmachen zu können. Er gab vor, daß er sein väterliches Erbteil holen und damit in Muscow Handel treiben wolle. Schließlich wurde er gegen die hochbeteuerte Versicherung, daß er mit uns wieder zurückreisen werden, und weil er große treue Dienstleistungen versprach, als Dolmetscher angenommen. Als wir nach Ardebil kamen, merkten wir, daß der persische Sklave die Wahrheit gesagt hatte, denn unser Dolmetscher begab sich zum Grab des großen Heiligen Scheich Sefi[52], fiel nieder und betete und führte sich wie ein richtiger Mohammedaner auf und bezeugte dies öffentlich. Und als er in Ispahan von uns in Arrest gehalten wurde, weil er sich, was Treue und Religion anging, verdächtig gemacht hatte, entkam er heimlich, ging in die Alla capi oder Freistätte und machte vor dem König wie auch ihrem religiösen Oberhaupt einen Fußfall, weinte, begab sich also unter ihren Schutz – und blieb in Persien.

Am 24. März ließ der Khan die Neujahrsgeschenke an den König abgehen, und zwar um so reichlicher, weil er seines Bruders wegen in Ungnade meinte gefallen zu sein. Zuvor hatte er ein königliches Schreiben bekommen, in dem ihm alle Gnade zugesichert worden war. Die Geschenke waren: eine Menge schöner Pferde, Hauptgestelle[53] und Kamele, die mit dreißig Daunenkissen und vielen russischen Jufften[54] beladen waren; dazu einige schöne Mädchen und Knaben. Der Khan selbst zog mit aus, dem Vernehmen nach, um die Geschenke auf einige Meilen zu begleiten, er blieb aber mehrere Tage weg. Unterdessen wurde auf Anordnung des Statthalters unsere Abreise vorbereitet und den Gesandten als Erstattung für ihre Aufwendungen während des Aufenthaltes sechzig

Tumain[55] und vierhundertsechzig Reichstaler ins Haus geschickt. Weil aber die Summe dem zuerst gemachten Befehl und den Versprechungen nach sich auf einhundertzwanzig Tumain belaufen hätte, befahl der Gesandte Brüggemann uns, die wir zum Statthalter geschickt worden waren, um mit ihm die anderen Sachen, die Reise betreffend, zu besprechen, beiläufig zu fragen, ob ihnen das Geld auf Anordnung des Königs oder nach Belieben des Khans geschickt worden sei. Sie wären zwar nicht gekommen, um hier Geld zu holen, wollten es aber dennoch mit des Statthalters Siegel (unter dem es auch geschickt worden war) mit nach Ispahan nehmen und dem König vorlegen. Sie beklagten sich, daß sie hier so lange hätten warten müssen, obwohl man doch wußte, daß der Befehl, uns weiterzuschicken, schon längst gekommen war. Der Statthalter gab zur Antwort: »Wir können euch nicht mehr geben. Ihr seid auch nicht unseretwegen gekommen, sondern wegen des Königs. Was sein Befehl war, das haben wir ausgeführt – und sogar noch mehr.« Denn ehe der Befehl gekommen sei, hätten sie das, was sie für uns getan hätten, aus eigener Tasche bezahlt. Wir könnten es dem König sagen oder nicht, sie würden sich nicht darum kümmern. Sie wollten auch schreiben und unsere Quittung beifügen. Die Verzögerung unserer Abreise sei nicht mit ihrem Willen geschehen: Es erfordere eben eine geraume Zeit, für so viele Leute und Gepäck ausreichend Fuhrwerke und andere dazugehörige Dinge zu beschaffen. Darauf bat der Statthalter inständig, wir möchten ihm doch die Freundschaft erzeigen und noch zu guter Letzt seine Gäste sein. Neben guter Bewirtung wurden wir mit allerhand ernsten und scherzhaften Gesprächen unterhalten und ergötzt.

Am 27. März wurden sechzig Wagen für das Gepäck und hundertdreißig Pferde gebracht, das Gepäck aufgeladen und samt den neuen Kranken vom Hofmeister am späten Abend vorausgeschickt.

*

Olearius berichtet darauf von der Stadt »Schamachie«, ihrer Geschichte, den Gewohnheiten der Einwohner und der Umgebung.

Die Reise von Schamachie bis Ardebil

Wir begaben uns nun wieder auf die Reise. Nachdem, wie oben erwähnt, am 27. März unsere Sachen vorausgeschickt worden waren, folgten die Herren Gesandten am Morgen darauf nach, zwei Stunden vor Tagesanbruch. Weil sich der Khan und der Statthalter bei der Erstattung der Gelder nicht, wie wir gehofft hatten, großzügig gezeigt hatten, wollte der Gesandte Brüggemann auch nicht, daß uns der Statthalter oder andere Perser aus der Stadt begleiten sollten. Daher nahmen die Gesandten ihre Pistolen unter den Arm und verließen im Dunkeln die Stadt, setzten sich draußen auf die Pferde und ritten mit einem Teil der Gesandtschaft weiter; der Rest sah zu, wie er nachkam. Als wir zwei Meilen von der Stadt entfernt waren und eine Futterpause machten, fanden wir einen unserer Soldaten, einen Schotten, der zwar krank, aber wieder recht gut hergestellt gewesen war, tot auf dem Wagen sitzen. Wir begruben ihn da, wo wir waren, an einem schönen Hügel. Am Nachmittag ritten wir noch eine halbe Meile weiter bis an das Grabmal des persischen Heiligen Pyr Mardechan[56], das in der Gegend, die man Fakerlu nennt, liegt. Dort lagerten wir uns auf dem Feld unter unseren Wagen; wir hatten ein sehr schlimmes Nachtlager, da fast die ganze Nacht hindurch schlechtes Wetter war: mit lautem Donner, Blitz, Sturm, Regen, Schnee und Frost; dazwischen ließ der Gesandte Brüggemann die groben Geschütze abfeuern. Er war folgenden Tages sehr ungehalten über die Perser, die einige Metallgeschütze liegengelassen hatten, die den

Pferden, die sie auf besonders angefertigten Lafetten zogen, zu schwer gewesen waren. Er tobte und fluchte vor dem Mehemandar, spie aus auf den Khan, den Statthalter und auf ihn, den Mehemandar selbst. Alles, was sie geredet hätten, sagte er, seien lauter Lügen gewesen. Er ließ dem Khan sagen, daß er entweder dessen Kopf haben oder seinen eigenen dafür geben wolle. Erst wollten wir solange warten, bis die Geschütze nachkämen. Als wir aber die Unwirtlichkeit des Ortes, wo es weder Mensch noch Tier, weder Feuer noch Holz, nichts zu beißen und zu brechen gab, in Betracht zogen und auch daran dachten, daß wir fast alle in nassen Kleidern steckten, was unsere Kranken und jungen Leute nicht lange würden ausstehen können, kamen wir überein weiterzuziehen. Wir passierten eine zur Rechten gelegene Karawanserei und marschierten noch zwei Meilen bis an das Ende des schamachischen Gebirges.

Dieses Gebirge hat runde Kuppen und ist recht fruchtbar, im Winter und im Frühling aber meist von Regen, Schnee und Hagel gepeitscht. Am Rand des Gebirges hatten wir eine schöne Aussicht ins Tal hinab, denn das Land war auf zehn, manchmal auf noch mehr Meilen ganz eben, und es lag in klarer Luft und Sonnenschein grün und anmutig vor uns, wogegen uns hier oben Schnee und Regen umgaben. Man konnte die zwei bei den Schriftstellern gerühmten Flüsse Araxin und Kyrus mit ihren Krümmungen und ihrem Zusammenflusse sehr hübsch wie auf einer ausgebreiteten Landkarte liegen sehen.

Indem einige von uns voraus- und den Berg, der gar nicht steil war, hinunterritten, sahen wir die letzten gleich wie aus Wolken in einer langen Reihe heruntersteigen. Denn der Gipfel des Berges war mit dickem Nebel umgeben und gleichsam in den Wolken versteckt. Wir lagerten am Fuß des Gebirges in einigen Ottak oder tatarischen Hütten, welche die Hirten bei ihren Obba oder Herden neben dem Vieh aufgeschlagen hatten.

Am 30. März ritten wir in der Ebene weiter. Unterwegs begegneten uns viele Viehhirten mit ihrem Vieh, die mit dem gesamten Hausrat, Weibern und Kindern, alles auf Wagen, Pferde, Ochsen, Kühe und Esel gepackt, gefahren und geritten kamen, was possierlich anzusehen war. Die ganze Zeit über hatten wir meist klaren Sonnenschein und liebliches Wetter, und nirgends, außer bisweilen um die Berge herum, war der Himmel trübe.

Den letzten Tag des Monats März gingen wir bis zu dem Dorf Tzawat, das am Kyrus liegt. Es hat reetgedeckte Häuser, die mit Lehm bestrichen sind. Eine viertel Meile flußaufwärts fließt der Araxin in den Kyrus. Jeder der Flüsse ist hundertvierzig Schritte breit; sie führen braunes, tiefes und ruhiges Wasser, das zwischen recht hohen Ufern fließt. Am Ufer wächst, wie in ganz Mokan, die Glycyrrhiza oder das Süßholz, bisweilen war es von Armesdicke. Der ausgekochte Saft war viel süßer und angenehmer als der bei uns in Deutschland.

Der Kyrus ist die Grenze zwischen Schirvan und Mokan. Bei Tzawat gab es eine Schiffsbrücke[57], die wir am 2. April überquerten. Und in Mokan, also auf der anderen Seite, wurden wir von einem neuen Mehemandar, den der Khan zu Ardebil geschickt hatte, empfangen. Wir bekamen für die Beförderung des Gepäcks und als Reittiere vierzig Kamele und ungefähr dreihundert Pferde, da wir wegen der hohen Berge und tiefen Täler fortan keine Wagen mehr gebrauchen konnten. Neben der mehr als ausreichenden Fuhre bekamen wir genügend Proviant, nämlich jeden Tag zehn Schafe, dreißig Batman Wein, Reis, Butter, Eier, Mandeln, Rosinen, Äpfel und dergleichen in Hülle und Fülle. Nach der Predigt reisten wir also am Sonntag weiter, der Weg ging noch eine Weile am Araxin entlang. Unser Nachtlager hielten wir eine halbe Meile landeinwärts auf der Heide in runden Schäferhütten, die unser Begleiter extra hatte aufbauen lassen.

Am 3. April reisten wir vier Fersang oder Meilen und

schliefen wieder in den obenerwähnten Hütten. Übertags sahen wir viele große Rudel Wild, das sie auf türkisch Tzeiran, auf persisch Ahu nennen. Die Tiere haben fast die Gestalt von Damhirschen, aber rote Haare und Geweihe ohne Gabeln, wie Ziegenhörner gekrümmt. Sie laufen sehr schnell. Diese Art Wild soll es nur in Mokan, um Schamachie, in Karabach und in Merragè geben.

Am folgenden Tag kamen wir sechs Meilen weiter und lagerten an einem Bach, dem wir, anstatt geradewegs über die Heide zu gehen, wegen der Tränke folgen mußten. Hier fanden wir viele Schildkröten. Diese hatten am Ufer, aber auch auf dem Land Löcher in den Sand gegraben und ihre Eier dahinein gelegt, und zwar nur an der nach Süden gelegenen Seite, damit sie von der Sonnenhitze besser ausgebrütet werden können. Weil wir auf der anderen Seite des Baches Leute wohnen sahen, gingen einige von uns hin, um zu erforschen, was das für Leute wären. Ihre Kinder ließen sie nackend herumlaufen, die Erwachsenen aber hatten einfache Leinenröcke an. Sie zeigten sich gegen uns ganz freundlich und gutwillig, indem sie Milch zum Trinken brachten. Sie meinten, wir wären Soldaten und gekommen, um ihrem König wider die Türken Beistand zu leisten, und wünschten, daß Gott den Feind vor uns her bis nach Stambul (so wird Constantinopel genannt) jagen möchte.

Am 5. April kamen wir an das Ende der mokanischen Ebene und an das Gebirge und Land Betziruan. Unser Nachtlager hielten wir in einem Dorf, fünf Meilen von dem gestrigen entfernt. Dessen Häuser waren an und in den Berg gebaut und an der Vorderseite mit Bruchsteinen hochgemauert; der hintere Teil ging in den Berg und war mit Schilf bedeckt. Wir fanden alle Häuser leer. Die Untertanen des Khans Areb waren, um dem König die Neujahrsgeschenke zu bringen, vor uns hier durchgekommen und hatten das falsche und hinterhältige Gerücht ausgestreut, wir wären ein grausames und unersättliches Volk; wo wir hinkämen, würden wir alles plündern, die Leute ausrauben und schlagen. So hatten sich die Bauern aus Furcht davongemacht und waren in die Berge gegangen. Hier stiegen einige von uns auf einen sehr hohen felsigen Berg, um Kräuter zu suchen und die Gegend zu überschauen. Wir fanden aber nichts Besonderes, und die ringsum liegenden Berge nahmen jede Sicht. Oben auf dem Berg entsprang aus einer Felsspalte eine klare, liebliche Quelle, bei der wir einen Taschenkrebs in einer Steinritze, durch welche das Wasser floß, fanden. Er wurde von einigen, die dergleichen noch nie gesehen hatten, als ein Wunder und ein vergiftetes Tier angesehen. Es war doch verwunderlich, wie der Krebs an diesen Ort, der doch über zwei Meilen von der See entfernt war, gekommen war, da er doch ein Meereskrebs zu sein schien. Wir setzten uns neben die Quelle, dachten mit sehnsuchtsvollem Verlangen an unser liebes Vaterland, beklagten unser Glück und unser Wohlergehen in Deutschland, das wir mit dem Rücken anschauen müßten, täglich unseres Verhängnisses an solch wilden Orten unter den Unchristen gewärtig. Mit Wasser tranken wir auf die Gesundheit unserer Freunde in Deutschland und stiegen, weil der Berg steil war, nicht ohne Gefahr wieder hinunter.

Den 6. April reisten wir nur zwei Meilen. An den verschiedenen Orten trafen wir Feigenbäume an, die wild wuchsen, und kehrten in einem ausgestorbenen Dorf ein. Kaum daß wir die leeren Quartiere bezogen hatten, wurde gesagt, daß die Pest im letzten Herbst alle Häuser ausgeräumt hätte. Die Gesandten machten sich mit den meisten auf und gingen auf das freie Feld. Dort schlugen sie für sich ein Zelt auf, um das sich die Mannschaft anfangs unter freiem Himmel lagerte. Am späten Abend aber bekamen sie von unserem Begleiter runde Hütten, die dieser auf Ochsen herbeibrachte. Diese Hütten werden von langen Sprugeln[58] oder Krummhölzern oben in einer Scheibe zusammengesetzt, können schnell zerlegt und rasch wieder aufgebaut werden. Als der Edle Johann Christof von Üchteritz ein wenig im Dorf blieb, dann in das

Zelt kam und von dem Gesandten Brüggemann hart angeredet wurde, dergestalt, daß er aus einem Pesthause käme und sie alle anstecken würde, erschrak er darüber so heftig, daß er bald darauf von einem langwierigen Fieber befallen wurde. Wir aber, die wir sahen, daß die Luft von einem dicken, stinkenden Nebel erfüllt und es kalt war, trugen Holz zusammen, machten mitten im Hause ein gutes Feuer, setzten uns herum und vergnügten uns mit dem im vorigen Nachtlager erbeuteten Wein, den jeder in seiner Flasche mitbrachte. Wir vertrieben also die Nacht und die Furcht vor der Pest mit allerhand lustigen Gesprächen und Kurzweil.

Von hier bis zur Karawanserei Aggis sind es fünf Meilen. Hier wächst sehr viel Wermut. Die Reisenden lassen daher auf diesem Weg ihre Kamele und Pferde niemals fressen, denn sie wissen aus Erfahrung, daß das Gras vergiftet ist und das Vieh davon stirbt. Aus diesem Grund machten wir am 7. April eine weite Tagesreise, indem wir zehn Meilen über ziemlich hohe Berge meist trabend und mit nur einem Futter reiten mußten. Und weil es böse windete und Regen mit Schnee vermischt fiel, wurden nicht nur unsere Leute matt und krank, sondern auch die Kamele: Teils blieben sie stehen, teils fielen sie unter der Last um. Bei der Karawanserei Aggis begegnete uns ein gut gekleideter Perser mit zwei Dienern, der sagte, daß er vom König uns entgegengeschickt worden sei mit dem Befehl, unser Reisebegleiter zu sein. Er solle darauf achten, daß die Gesandten gut bewirtet und bald zum König gebracht würden. Am Abend kehrten wir in dem Dorf Tzanlü ein, das an einem Berg lag. Es gab dort zwar sehr schöne große Obstgärten, aber kein Holz, so daß wir Kuh-, Kamel- und Pferdemist für das Feuer nehmen mußten, um uns zu wärmen. In dieser Nacht wurde unser Quartiermeister nach Ardebil vorausgeschickt, um Unterkünfte zu besorgen.

Am 8. April zogen wir nach dem Frühstück weiter über das Gebirge Tzitzetlu, an dessen Fuß die Karasu fließt.

Wir kehrten dann in das Dorf Tzabedar ein, das nur noch

zwei kurze Meilen von Ardebil entfernt liegt. Dort blieben wir auch am folgenden Tag, dem Osterfest. Hier hatten die Leute den Kuh- und Pferdemist in großen Haufen liegen und teilweise auch an die Wände geklebt, so daß er von der Sonne gedörrt und zum Brennen tauglich würde. Die Häuser und Räume waren voll mit Ungeziefer, Läusen und Flöhen, von denen wir hier sehr geplagt wurden.

Am 9. April feierten wir unser Osterfest. Bei Sonnenaufgang gaben wir mit Steingeschützen und Musketen drei Salven ab und verrichteten unseren Gottesdienst mit einer Predigt.

Mittags kam der vom König gesandte neue Mehemandar, ein feiner, lustiger Mann, um die Gesandten zu besuchen und ihnen wegen des Festtages Geschenke zu bringen und zu gratulieren. Sein Geschenk bestand aus fünf getrockneten Fischen, einer Schüssel voll Brot, Granatfrüchten und Äpfeln; dazu eine besondere Art von Birnen, die wie Zitronen aussahen, sehr saftig waren und einen gar fremdartigen, anmutigen Geschmack und Geruch hatten. Dazu Gurken, gepökelten Knoblauch und Wein aus Schiras, der in Persien für den besten geschätzt wird.

Wie wir vor Ardebil empfangen, in die Stadt begleitet und bewirtet wurden

Am Ostermontag, dem 10. April, wurden wir in Ardebil prächtig empfangen, was fast mit noch seltsameren Aufzügen geschah und mit mehr Lust anzusehen war als zu Schamachie. Denn als wir gegen Mittag in gewohnter Ordnung gemächlich daherritten, begegneten uns zuerst einige starke Haufen wohl aufgeputzter Reiter, die, nachdem sie uns gesehen und freundlich begrüßt hatten, wieder umkehrten und vor uns herritten.

Noch vor dem Dorf Kelheran, das wir, weil es so schöne bunte Türme hatte, erst für Ardebil ansahen, kam der Statthalter Ardebils, ein alter magerer Mann namens Taleb Khan mit einer starken Rotte Reiter. Er empfing uns und ritt neben den Gesandten her. Hinter dem Dorf sahen wir eine große Menge Volks zu Fuß und zu Pferd, die sich in der Mitte teilte, um uns hindurch zu lassen. Bald darauf kam der Khan Kelbele, ein kleiner, aber lustiger Mann, den eine Reiterschar von tausend Mann begleitete, herzugeritten, empfing die Gesandten freundlich und ritt auf ihren Wunsch hin zwischen ihnen mit. Darauf sah man allerlei Kurzweil: Es kamen zwei Knaben in weißen Hemden und gefärbten rauhen Schaffellen, die hatten jeder auf einen langen schwankenden Stab eine Pomeranze gesteckt; sie gingen vor den Gesandten her und lasen und sangen aus aufgeschlagenen Büchern eine Reihe Oden zum Lobe Mohammeds, Alis oder Schah Sefis. Bald darauf kamen viele in ganz weißen Kleidern und ließen sich mit Vogelgesang hören. Sie konnten die Nachtigall und andere Vögel mit dem Mund sehr hübsch nachmachen. An der Seite gingen Musiker mit Kesselpauken und Schalmeien; manche sangen und tanzten im Kreise. Auf einem anderen Platz sprangen sie auf die eine oder andere Weise, warfen die Mützen in die Luft und fingen sie mit Jubelgeschrei wieder auf. Nahe vor der Stadt standen auf beiden Seiten des Weges viele Bogenschützen mit Panzern. Sie hatten flache Mützen auf, die wie Badehüte aussahen; diese nennen sie Araktzin oder Schweißmützen. Die Mützen waren mit Federn besteckt, einige hatten die Federn auch auf dem kahlgeschorenen Kopf und auf der Stirn durch die Haut gesteckt. Andere waren am Oberkörper nackt und hatten die Haut der Oberarme oder der Brust mit Stiletts durchstochen. Man meinte, daß dies mit Hilfe der Künste von Zauberern, deren es in Persien viele gibt, geschehen sei. Es gab auch viele Inder, die sich tief verneigten und uns freundlich zuwinkten. Wir mußten des öfteren wegen des großen Gedränges des neben und vor uns herlaufenden Volkes anhalten, bis man die Leute mit Prügeln und Peitschen ab- und zurückgedrängt hatte. In der Stadt saßen die Leute vielerorts auf den Häusern, Mauern, Türmen und Bäumen, um unserem Einzug zuzuschauen.

Der Khan führte uns in einen in der Stadt gelegenen großen Garten in ein schönes Lusthaus, zu dem zehn Stufen hochführten, und bewirtete uns mit Früchten und Speisen sehr köstlich. Zuerst gab er selbst als Willkommensgruß jedem aus einer goldenen Schale Wein zu trinken. Unsere gemeinen Leute wurden unten in einem Zelte gespeist. Bei dem Gastmahl mußte ihre Musik lustig erklingen. Neben dem Lusthaus tanzte eine Gruppe Ochtzi oder Bogenschützen, die ihre Bogen in die Höhe hielten und sich wie in einem Ballett geschickt nach Musik und Takt zu bewegen wußten. Dazu traten auch die beiden Knaben mit ihren Pomeranzen und sangen ihre Oden mit ernsthaften Gebärden.

Weil dieses Lusthaus ein so köstliches Gebäude war, sei hier noch folgendes darüber gesagt: Der letzte Khan zu Ardebil, ein reicher Herr namens Sulfagarchan, hat es auf seine Kosten bauen und den Plan dazu aus der Türkei bringen lassen. Es hat die Form eines Achtecks und drei Geschosse. Künstliche Fontänen oder Springbrunnen spritzen Wasser auch auf das oberste Stockwerk, ja über das Haus hinweg. Die Wände waren mit blauen, roten und grünen glasierten Steinen belegt, die sich in merkwürdigen Figuren ganz vortrefflich ineinanderfügten; der Boden der Gemächer war mit köstlichen Teppichen belegt. Um das Haus herum führte ein breiter, mit Marmor gebauter und mit Blumen verzierter Lustgang. Auf diesem war an einer Ecke ein Platz von vier Fuß im Quadrat mit einem gestickten Teppich belegt, worauf ein aus Gold und Seide gewirktes Polster lag. Auf diesem Platz soll der König, als er einstmals durch Ardebil zog, gesessen haben; er wurde daher in hohen Ehren gehalten: Niemand durfte den Platz betreten, daher war er von einem kleinen Gitter umschlossen. Dieser Sulfagarchan hatte auch

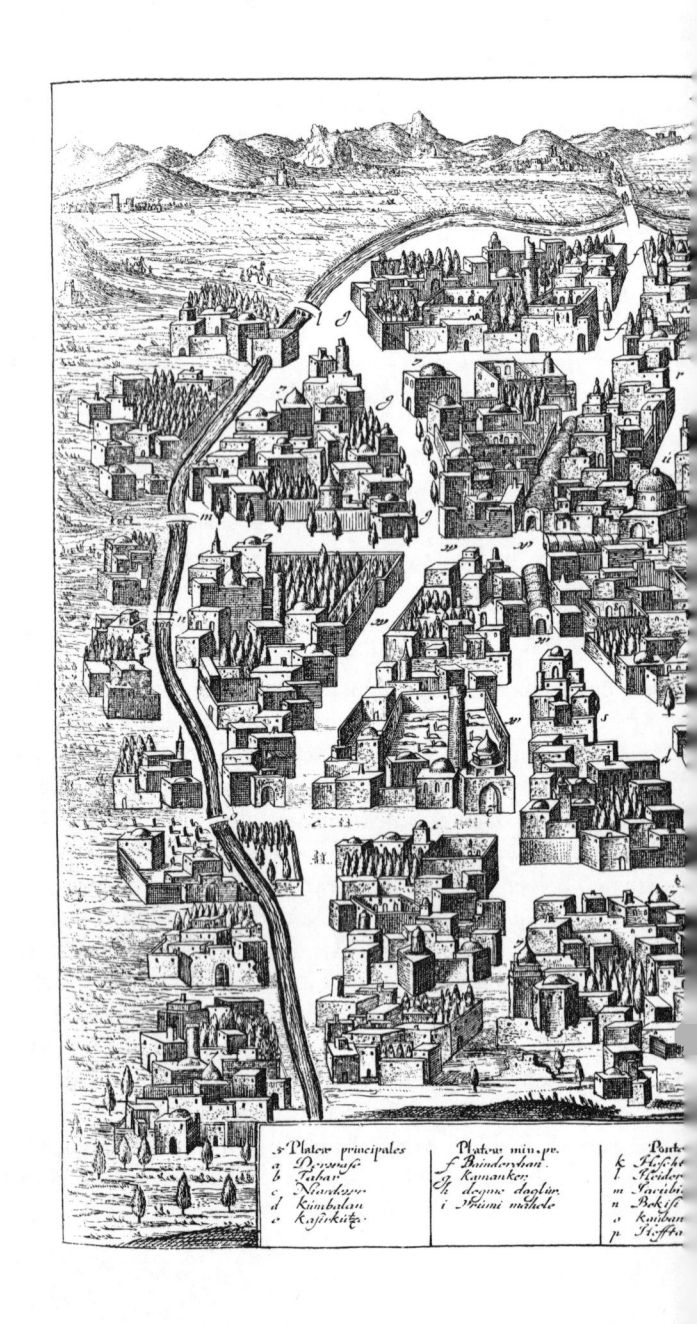

Plateæ principales
a Dsenwasi
b Tabar
c Nurdser
d Kumbalan
e Kasirkuce

Plateæ min. pr.
f Buindeerhan
g Ramanker
h degme daglur
i Nrumi muhele

Porte
k Hesch
l Heider
m Jacibi
n Bekise
o Kuiban
p Sissta

fol. 332.

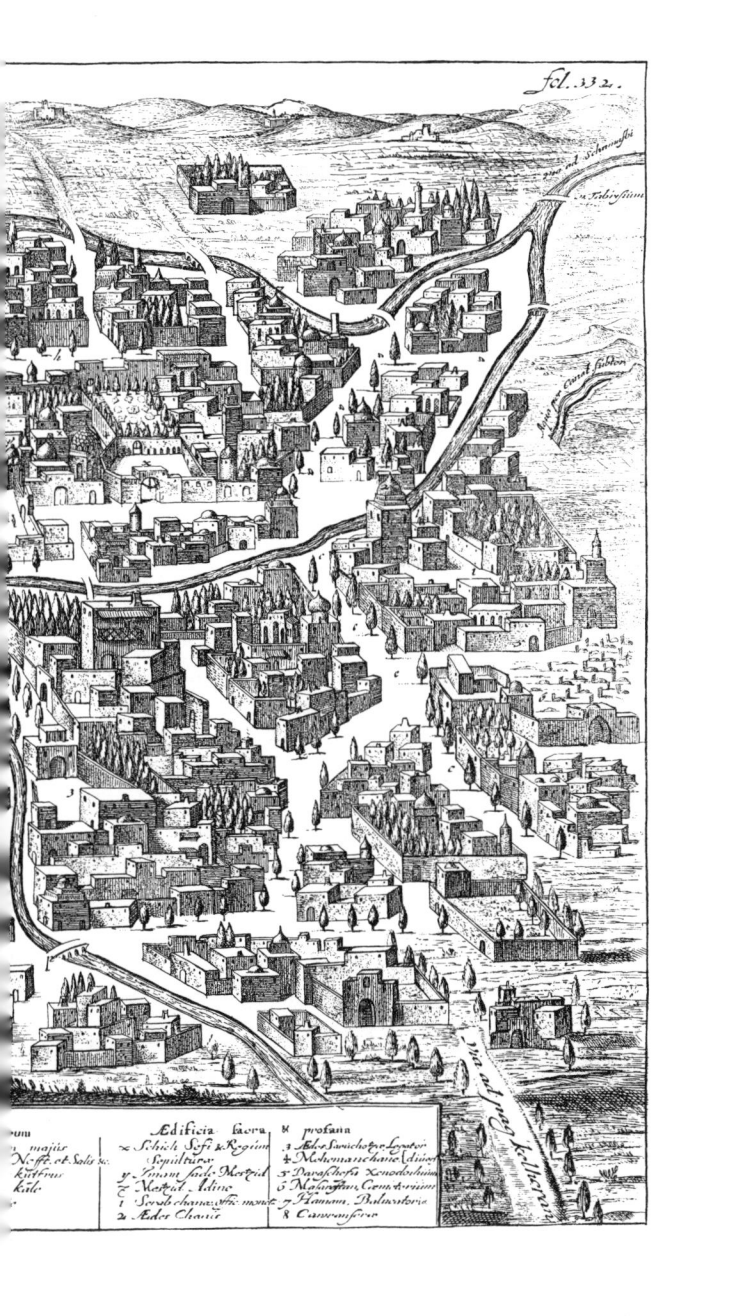

Ædificia sacra   profana
× Schich Sefi & Regum   2 Meher Swachstpe Legatos
  Sepultura   4 Mehemanchane (diuer
y Jumuah siue Meszid   5 Darasthessa Xenodochium
z Sordelchana &c. montis 6 Malostan Cæmeteriium
1 Ædes Chanis   7 Hamam Balneatoria
                          8 Carawanseri

vor der Stadt einen besonderen großen Garten und darin ein überaus großes und herrliches Lusthaus, das zu unserer Zeit meist leer stand.

Nach der Tafel und allerhand Kurzweil ließ der Khan den Gesandten als Quartier ein großes und bequemes Haus in einem schönen Stadtteil zuweisen, das zuvor dem königlichen Kanzler Saru Chotzae gehört hatte. Die Gesandtschaft bekam Unterkünfte in den umliegenden Häusern, wo wir alles schön und ordentlich und gute Wirte vorfanden.

Am Tag nach unserer Ankunft wurde den Gesandten das Taberik aus des Scheichs Sefi Küche gebracht. Denn es gibt zu Ardebil das sehr kostbare und herrliche Grabmal des Stifters der jetzigen persischen Religion, des Scheichs Sefi, das zugleich das Grab der letzten Könige ist (davon unten mehr). Es ist mit einem Platz und Gebäuden umgeben und wie ein königlicher Hof geschmückt. Neben anderen Stiftungen gibt es auch diese: Fremde Gesandte oder andere Herren, die in Ardebil ankommen, müssen aus seiner Küche zwei- oder dreimal gespeist werden. Solch ein Gedächtnisessen nennen sie Taberik, das heißt so viel wie »gesegnetes Essen«.

Es gab zweiunddreißig große Schüsseln voll Speisen, die meisten mit gekochtem und gefärbtem Reis gefüllt, auf dem Gesottenes, Gebratenes und Eierkuchen lagen. Sie brachten es auf den Köpfen herein und bereiteten die Tafel auf der Erde; wir saßen an ihr wie die Perser, was für uns etwas beschwerlich war. Die Speisen mußten wir ihres Gesetzes wegen ohne Wein zu uns nehmen. Die Gesandten ließen die Trompeter dazu blasen und einige Geschütze abfeuern. Diejenigen, die die Speisen brachten, wollten kein Trinkgeld annehmen, wie sehr man sie auch nötigte, und gaben vor, daß sie es bei höchster Strafe nicht tun dürften.

In der folgenden Zeit wurden unsere Küche und unser Keller mit Speise und Trank überreichlich versehen. Unser Deputat betrug pro Tag sechzehn Schafe, zweihundert Eier, vier Batman Butter, zwei Batman Rosinen, ein Batman Mandeln, hundert Batman Wein, zwei Batman Duschab oder Sirup, Mehl, Reis, Hühner und andere Dinge, die Sachen nicht gerechnet, die der Khan zu verschiedenen Malen den Gesandten nebenher aus Freundschaft zukommen ließ. Während unseres Aufenthaltes verzehrten wir tausendneunhundertsechzig Batman Brot, sechstausendzweihundertfünfzig Batman Wein, neuntausenddreihundert Eier, vierhundertsiebenundsiebzig Schafe und vierhundertzweiundsiebzig Lämmer.

Was sich sonst während unseres Aufenthaltes in Ardebil zugetragen hat und was wir dort sahen

Am 12. April kam Kelbele mit einigen Dienern zu den Gesandten, versicherte sie aller Freundschaft und erbot sich zu allen Dienstleistungen, was er auch in die Tat umsetzte. Er hatte an diesem Tag einen Boten an den König geschickt, um ihm unsere Ankunft in Ardebil zu melden, und hoffte, daß der Befehl käme, uns die Weiterreise schnell zu ermöglichen. Gleichwohl mußten wir wegen dieses Befehls, der langsam kam, von diesem Tage an noch zwei Monate warten.

Am 21. April meldete sich ein armenischer Bischof zum Besuch bei den Gesandten an; er war von der Grenzfestung Eruan gekommen. Er unterhielt sich mit uns gar freundlich und erzählte unter anderem, daß sie zwei Meilen von der Festung entfernt ein Kloster hätten, in welchem vierhundert Mönche wohnten. Der Türke hätte unlängst im Krieg tausendfünfhundert armenische Christen verschleppt. Er lobte den König von Persien, daß dieser ihnen ihre Privilegien lasse und sie mit Tribut nicht so hart bedrücke, wie dies der Türke tue. Es sei die christliche Gemeinde in Asien noch ziemlich groß: Sie hätten allein an ihrem Ort zwischen Araxin und

Kyrus im Gebirge tausend Dörfer und um die Städte Caswin und Tabris über zweitausend Häuser und fünfhundert Kirchen. Er bat die Gesandten, ihn beim König bestens zu empfehlen.

Am 25. April (oder nach dem arabischen Kalender am 10. Silhotzae[59]) begingen die Priester ein großes Bairam oder Fest, das sie Kurban, das Opfer, nennen. Das soll das Gedenken an das Opfer Abrahams bedeuten, das er an Ismael (sie sagen nicht Isaak) vollziehen wollte. Alle, die etwas Vermögen haben, lassen an diesem Tag vor Sonnenaufgang vor der Haustür ein Lamm oder Schaf schlachten, zerteilen und unter die Armen, die in großen Mengen herumgehen, verteilen. Es darf nichts davon, auch das Fell nicht, behalten oder ins Haus genommen werden. Denn sie sagen, daß auch Abraham von dem Bock, welchen er anstelle seines Sohnes geschlachtet, nichts mit nach Hause genommen habe.

In dieser Zeit wird von Persien aus, wie auch von anderen muselmanischen Ländern, wegen der Opferung eine große Wallfahrt nach Mekka unternommen.

Der Khan veranstaltete am folgenden Tag ein großes Bankett und lud die Gesandten mit der ganzen Reisegesellschaft dazu ein und bewirtete uns in einem anderen Lusthaus aufs beste.

Am 27. April ließ Kelbele gegen Abend die Gesandten die gute neue Nachricht wissen, daß der Generalfeldherr Rustam Khan ihm geschrieben habe, daß der Großtürke von Constantinopel von den rebellierenden Janitscharen[60] erschlagen worden sei und viele andere Vornehme in Gefangenschaft genommen worden seien. Worüber dann unter den Persern ein großes Frohlocken war. Der Khan ließ Freudenfeuer anzünden, Raketen abschießen und dabei Trommeln und Pfeifen erschallen. Einige hielten ein Turnier mit hölzernen Säbeln, Stöcken und Rundartzen[61] ab; in dieser Übung trafen wir auch sonst an den verschiedenen Orten die jungen Leute.

Unsere Gesandten ließen, in die Freude der Perser einstimmend, aus drei Geschützen zugleich sechsmal Salut schießen, begaben sich oben aufs Dach, von dem aus sie alle Lustbarkeiten anschauen konnten. Sie ließen dort auch die Trommel schlagen und Trompeten blasen, was dem Khan so wohl gefiel, daß er zwei Flaschen Schiraser Wein (der der allerbeste in Persien ist) nebst zwei großen Gläsern Kandiszucker überreichte.

Der Geburts- und Namenstag des Gesandten Crusius wurde am 1. Mai gefeiert und mit Musizieren, Salutschüssen und anderen Glückwünschen begangen. Am Abend wurde von dem überreichlichen Proviant ein stattliches Gastmahl gehalten, bei dem der königliche Reisebegleiter sehr lustig war und unsere Art zu speisen rühmte.

Am 14. Mai[62] fingen die Perser an, ein Trauerfest zu feiern, welches zehn Tage währte. Daher nennen sie es auch mit dem arabischen Wort Aschur, was zehn bedeutet. Es wird jährlich von den Persern, sonst aber von keiner anderen Nation islamischen Glaubens gefeiert. Mit ihm begehen sie das Gedächtnis Hosseins, des jüngsten Sohnes des Ali, welchen sie für einen großen Imam oder Heiligen halten. Er soll, wie ihre Historien berichten, im Krieg, den Jesied Califa gegen ihn führen ließ, erst vom Wasser abgeschnitten, dann mit zweiundsiebzig Pfeilen verwundet, dann von einem namens Senan ben Anessi durchstochen und schließlich von Schemr Sültzausen vollends getötet worden sein.

Die Ursache, warum dieses Fest zehn Tage lang gefeiert wird, liegt darin, daß der Feind den Hossein, der von Medina nach Kufa reisen wollte, ganze zehn Tage verfolgt und zu Tode geängstigt hat. Zur Zeit dieses Festes gehen die Perser in Trauerkleidern umher, sind betrübt und lassen kein Schermesser, das sie sonst täglich gebrauchen, an ihren Bart kommen; zudem leben sie mäßig und trinken statt Wein nur Wasser.

Den letzten Tag dieses Festes beschlossen sie vormittags mit einer öffentlichen Speisung und abends mit vielen und seltsamen Zeremonien. Im Hof des Grabmals von Scheich Sefi wurde neben der Kanzel eine lange Fahne gehalten, welche Fatima, die Tochter Mohammeds, hat anfertigen lassen. Die Spitze ist aus einem Hufeisen, das das Pferd von Abas, dem Onkel Mohammeds, getragen hat. Diese Fahne, sagen sie, soll sich, wenn Hosseins gedacht wird, stark bewegen; wenn aber die Worte verlesen werden, daß er mit zweiundsiebzig Wunden verletzt war und vom Pferd fiel, soll sie so sehr schwanken, daß sie oben am Holz abbricht und herunterfällt. Ich bin zwar selbst nicht dabeigewesen, so daß ich's hätte sehen können, die Perser haben es mir aber als eine wahrhafte Geschichte erzählen wollen. Der Teufel ist bisweilen in den Kindern des Unglaubens sehr geschäftig.

Um die Mittagszeit ließ der Khan den Gesandten ausrichten, daß die Perser ihren Aschur beschließen würden (am 24. Mai), und wenn die Gesandten wollten, könnten sie die Zeremonien anschauen, wozu er sie freundlich einlade. Allerdings müsse er ihnen sagen, daß es wegen des Gesetzes keinen Wein[63], sondern nur Wasser zu trinken gäbe. Nach Sonnenuntergang stellten sich die Gesandten mit der ganzen Reisegesellschaft ein. Der Khan kam uns vor seinem Hause entgegen, empfing uns freundlich und bat uns, uns vor der Tür (weil die Handlungen ebendort auf dem großen Marktplatz abgehalten werden sollten) zur Linken auf Stühle, die in Reih und Glied standen und mit schönen Teppichen belegt waren, hinzusetzen. Er selbst setzte sich allein rechts neben die Tür auf den Boden. Nach persischer Art wurde auf dem Boden die Tafel bereitet und mit vielen Porzellanschalen besetzt, die mit süßen und wohlriechenden Wässern gefüllt waren. Vor der Tafel standen vier Fuß hohe Messingleuchter mit dicken Wachskerzen und Lampen, in denen alte, mit Talg und Naphta[64] begossene Lumpen brannten. Vor unseren gemeinen Leuten standen große hölzerne Leuchter, auf denen je zwanzig bis dreißig Wachskerzen brannten. An den Wänden hatten sie viele hundert Stück Lampen mit Kalk angebracht, die, alle mit Talg und Naphta gefüllt, hohe Flammen gaben, so daß es aussah, als wenn die Häuser in Flammen ständen. Quer über den Platz hingen an langen Stricken sehr viele, mit gefärbtem Papier beklebte Laternen, aus denen das Licht entzückend hervorleuchtete.

Die Einwohner der Stadt kamen in großer Menge zusammen; teils setzten sie sich auf den Boden, teils kamen solche, die Lichter oder Stäbe mit Pomeranzen in den Händen hielten und sich in Kreisen aufstellten und sangen. Unterdessen tanzten in einem besonderen Kreise sieben junge, nackte Leute, welche sie Tzaktzaku nannten. Sie waren am ganzen Körper mit Naphta und Ruß beschmiert, so daß sie schwarz und glänzend waren. Sie hatten nur die Scham verbunden und waren wie junge gemalte Teufel scheußlich anzusehen. Sie schlugen die Steine, die sie in den Händen hielten, aneinander und riefen: »Ja Hossein! Ja Hossein!« Das bedeutet das große Trauern über den unschuldigen Tod Hosseins; daher schlugen sie sich auch bisweilen mit den Steinen vor die Brust.

Einige sollen sich auch, wie die Schwarzen, mit roter Farbe bemalt haben, was den im Blut liegenden Hossein bedeuten sollte. Dergleichen sind uns aber damals nicht vor die Augen gekommen.

Vom ardebilischen Lust-Feuerwerk

Nach Beendigung der Festlichkeiten und Zeremonien ließ Khan Kelbele zu Ehren der Gesandten einige schöne Feuerwerke abbrennen, und zwar nicht ohne Mißfallen vieler Perser, die meinten, daß solche Feuerwerke, die sonst nur an Freudentagen üblich seien, sich an hohen Trauerfesten nicht ziemten, besonders wegen der Ungläubigen, welche doch nicht viel von ihren Heiligen hielten.

Bei den Feuerwerken sah man allerhand lustige Einfälle, so kleine Burgen, Türme, Feuerräder, hängende und umlaufende Sterne, Laternen, Frösche, Schwärmer[65] sowie verschiedene Arten von Raketen. Die Burg, die zuerst erleuchtet wurde, war mit buntgefärbten Papiermauern umgeben. Zuerst wurden ringsherum viele kleine Lichter dahinter angezündet, so daß man die aufgemalten Figuren genau erkennen konnte; darauf gab sie ungefähr anderthalb Stunden lang unzählige starke Raketen und Donnerschläge von sich, bis sie schließlich mit einemmal in Flammen aufging.

Unter anderem war nicht der geringste Spaß, daß manche aus vorgebundenen Schürzen, in die ein anderer wie unvermutet etwas Brennendes hineinsteckte, viele kleine Flammen auf den Platz streuten, die eine gute Weile wie Sterne brannten. Es waren aus Baumwolle geformte und mit Naphta besprengte Kugeln, von denen nicht wenige in dreieckige Papierhäuschen eingeschlossen waren.

Das weiße Naphta gibt ihren Feuerwerken das beste Licht. Es ist dies aber nichts anderes als Petroleum oder Steinöl, das man auch in unseren Apotheken (wiewohl nicht so alkoholhaltig) kaufen kann. Ich habe statt dessen den feinsten Spiritus Therebinthini[66] genommen, der es genauso und fast noch besser tut.

Man sah von weitem auch viele Flammen in der Luft geschwind entstehen und wieder verschwinden; ich vermute, daß dies mit russischem Plaun, das dazu sehr nützlich ist, gemacht wird. Dieses Plaun ist nichts anderes als ein gelber Staub, der aus dem Musco terrestri gewonnen wird. Dieser Muscus, in den Kräuterbüchern Bärlapp oder Teufelsklaue genannt, wächst gemeinhin in den Wäldern, wo viele Tannen und Birken stehen, wie auch auf dürren Heiden. Wir haben ihn in den russischen und litauischen Wäldern sehr häufig gesehen. Er hat paarweis wachsende Zapfen, die, wenn sie im August reif sind, von den Russen gesammelt, im Ofen getrocknet und ausgeklopft werden. Danach werden sie pfundweise verkauft; so habe ich einige Rindsblasen voll mit nach Hause gebracht. Neben dem Nutzen, den das Kraut bei frischen Wunden, Feuchtigkeit und fratten Kindern[67] hat, wird es von den Russen zu ihren chaldäischen Feuern[68] benutzt. Sie geben dieses Pulver in eine blecherne Büchse, die wie eine Pyramide geformt und etwa eine halbe Elle lang ist. Dann nehmen sie die Büchse in die Hand und halten an das Zündloch ein brennendes Licht. Dann stoßen sie die Büchse in die Luft, so daß das Loch unten ist. Das Plaun kommt aus dem Loch heraus und entzündet sich an der Flamme. Wenn nun die Büchse kontinuierlich in die Luft gestoßen wird, so daß eine Flamme auf die andere folgt, oder wenn sie ganz in die Luft geworfen wird, gibt dies ein außergewöhnliches Bild. In Gesellschaften kann man damit auch seinen Spaß haben: Wenn man eine Tabakspfeife heimlich mit Plaun füllt, an einen Docht hält und bläst, so fährt unvermutet eine große Flamme heraus. Damit es ein Geräusch gibt, mischt man pulverisiertes Birkenlaub darunter.

Die letzte Ergötzung des Feuerwerks war ein Feuertürmchen, das mit sehr vielen Raketen und Donnerschlägen bestückt war, die alle in einem Moment losgingen, so daß das Türmchen davon in die Luft gehoben wurde und zu nichts zerbarst.

Nachdem die lustigen Spektakel, die bis Mitternacht dauerten, beendet waren, begaben wir uns in unsere Herbergen. Wir hatten zwar an diesem Abend unsere Augen an allerlei Spaß geweidet; da wir aber glaubten, der Khan würde uns zum Essen einladen, waren wir ausgegangen, ohne gegessen zu haben. Da unsere Hoffnung zunichte wurde, mußten wir mit leeren Bäuchen zu Bette gehen und auf diese Weise die eben gehabte Lust wieder büßen.

Von der Stadt Ardebil und ihrer Beschaffenheit

Ardebil, das von den Türken Ardevil genannt und auf den Landkarten durchweg falsch als Ardonil bezeichnet wird, liegt in Adirbeitzan, das in alten Zeiten Satrapene genannt wurde. Es ist eine alte und bei den Persern berühmte Stadt, teils weil die alten Könige und besonders ihr Sektenstifter Scheich Sefi dort gewohnt haben (man glaubt auch, daß Alexander der Große hier eine Zeit lang hofgehalten hat, als er im Zug nach Persien begriffen war), teils der Begräbnisstätte der Könige und des umfangreichen Handels wegen, der von Einheimischen und Fremden getrieben wird. Die Einwohner sprechen gemeinhin Türkisch.

Die Stadt liegt in einer recht gleichmäßig runden Ebene von drei Meilen Durchmesser, die ringsherum von hohen Gebirgen umschlossen ist. Das höchste liegt im Westen, wird Sebelan genannt und ist immer ohne Schnee; im Südsüdosten ist das kilanische Gebirge Bakrü. Wegen diesen Gebirgen gibt es in Ardebil eine unbeständige, das heißt bald heiße, bald kalte und daher ungesunde Luft, daß oft, besonders im August und September – Monate, in denen schon strenge Herbstwitterung herrscht – viele Leute krank werden. Es wurden auch viele der Unsrigen krank, ja, der Gesandte Brüggemann und Hartmann Gramann selbst von schwerem Fieber und gefährlichen Krankheiten befallen. Der Arzt wurde so schwer krank, daß wir, und er selbst auch, an seinem Leben zweifelten. Es war verwunderlich, daß täglich um die Mittagszeit, wenn die Sonne am höchsten stand, ein Wirbelwind entstand, welcher viel Staub aufrührte, aber kaum eine Stunde dauerte, worauf es den ganzen Tag und die Nacht wieder ruhig war. Daher gibt es ein persisches Sprichwort:

Saba Ardebil, Nimrus Kardebil.
Des Morgens Ardebil, des Mittags Staubes viel.

Aufgrund der so kalten Luft werden in Ardebil weder Wein, Melonen, Granatäpfel, Zitronen noch Pomeranzen gepflanzt. Die Bäume begannen erst Ende April auszuschlagen: Im allgemeinen wird Ackerbau betrieben und Viehwirtschaft. Die Viehweiden um Ardebil bringen dem König jährlich viel ein. Denn reiche arabische und türkische Hirten, die sich sowohl zum persischen Glauben bekennen als auch nur beim Schah Schutz suchen, weiden in dieser Gegend und handeln mit ihrem Vieh. Der Schreiber, der für den Viehhandel zuständig war, erzählte uns, daß innerhalb von vierzehn Tagen ungefähr hunderttausend Schafe über die Brücke gegangen seien. Für jedes Schaf muß aber ein Kasbeki Zoll, oder nach holsteinischer Währung neun Pfennig, nach meißnischer fünfeinhalb Pfennig, in Vieh oder Geld erlegt werden, ebensoviel, wenn das Vieh verkauft wird.

Die Stadt ist etwas weitläufiger als Schamachie und hat keine Stadtmauer. Bei jedem Haus ist ein Obstgarten, so daß sie von ferne eher wie ein Wald als eine Stadt aussieht. Dennoch gibt es kein Bauholz; es muß von Kilan, welches sechs Tagesreisen entfernt liegt, herbeigeschafft werden. Durch die Stadt fließt ein kleiner Bach, über den viele steinerne Brücken gehen. Vor der Stadt teilt er sich in zwei Arme, der eine geht durch sie hindurch, der andere aber zur Linken vorbei. Wenn im April der Schnee auf den Gebirgen schmilzt, wird dieser Bach zu einem großen Strom, der, wenn er nicht beizeiten abgeleitet würde, die Stadt, wie sie sagen, völlig ertränkte. Daher mußten zu unserer Zeit am 12. April tausend Mann mit Hacken, Spaten und Schaufeln hinaus, um einen starken Damm vor den Bach zu legen.

Die Stadt hat, neben vielen kleinen, fünf Hauptstraßen, die alle ziemlich breit und mit hohen Eschen und Weiden bepflanzt sind und den Einwohnern bei der großen Hitze guten Schatten geben.

Sie hat einen großen und fein gestalteten Maidan, das heißt Spazier- oder Marktplatz, der dreihundert Schritte lang und halb so breit ist. Auf beiden Seiten gibt es schöne, ordentlich gebaute Läden, in denen die Handwerker jeder Zunft arbeiten. Am Eingang des Marktes rechter Hand hinter der Begräbnisstätte des Scheichs Sefi liegt eine Meszid[69] oder Kirche, in der ein Imam Sadae[70] (so nennen sie die Kinder ihrer zwölf Heiligen) begraben liegt. Wenn ein Übeltäter sich dorthin begibt, so ist er eine Zeitlang frei; von dort kann er schnell in die Begräbnisstätte gelangen, die ein großes Asyl oder eine Freistatt ist. Vom hinteren Ende des Maidan kommt man auf den Basar, und zwar erst in ein hohes viereckiges Gewölbe, Kaiseriè genannt, in dem Gold- und Silberarbeiten, Edelsteine und die besten Seiden und andere kostbare Waren verkauft werden. Aus diesem geht man durch drei Pforten an verschiedenen Seiten in bedeckte Gassen, worin allerhand gewöhnliche Waren zu finden sind. Hin und wieder sieht man auch eine Karawanserei, in der die fremden Kaufleute, als da Türken, Tataren, Inder und andere sind, lagern. Man hat uns auch dort zwei aus China gezeigt, die mit Porzellan handelten. Man sah es an ihren fremden Kleidern, daß sie Ausländer waren.

Sehr viele Hamam oder Badestuben gibt es wie auch Mesziden und Kirchen, deren größte und schönste die Meszid Adinè ist, die auf einem kleinen runden Hügel fast in der Mitte der Stadt gelegen ist. Sie wird feier- oder freitags besucht, woher sie auch ihren Namen hat. Vor der Kirche ist ein Brunnen, dessen Wasser in einem Kanal von einem Berge, der über eine Meile von der Stadt entfernt liegt, hergeleitet wird. In diesem Brunnen waschen sich diejenigen, die in die Kirche gehen und beten wollen.

*

Nun erzählt Olearius von der eben erwähnten Grabstätte und noch einer anderen, weiter entfernt liegenden. Diese entsprechen im wesentlichen der von ihm in »Pyrmaraas« (s. o. Seite 173f.) besuchten Stätte, sie sind nur prächtiger ausgestaltet. Olearius beschreibt eingehend die mit ihnen verbundenen Gebräuche und Riten sowie ihre Ausstattung und die Wunder, die durch sie geschehen sollen.

Die Reise von Ardebil bis Sultanie

Nachdem wir, wie oben erwähnt, zwei ganze Monate in Ardebil gelegen hatten, kam am 1. Juni ein neuer Mehemandar, der uns vom König zugeteilt worden war; er hieß Abasculibek und teilte uns mit, daß er uns innerhalb von vierzig Tagen zum König bringen werde, der uns schon sehr erwarte. Weil er aber ein alter Mann war, brachte er, um uns besser dienen zu können, seinen Sohn, einen starken Kerl, mit. Der letzte Reisebegleiter wurde entlassen und bekam für seine Mühe und Dienste vier Paar Zobel, neun Ellen braunes Tuch, vier Ellen blauen europäischen Atlas und vier Flaschen Branntwein.

Obgleich Abasculibek unseren Aufbruch ernsthaft beschleunigen wollte und Kamele und Pferde brachte, so mußte er doch, weil der Gesandte Brüggemann die Metallgeschütze auf fahrbare Lafetten montieren und mitnehmen wollte, noch über acht Tage Geduld haben. Mangels Holzes mußte der Khan einige schöne Bäume in der Stadt fällen lassen. Ungehört blieb die Meinung unseres Mehemandars, daß es völlig unmöglich wäre, solche schweren Geschütze, die uns dazu auf dem sicheren Wege zu nichts nütze wären, auf Rädern fortzubringen. Wir würden nicht nur so einen schlechten Weg vorfinden wie zuvor, sondern himmelhohe Berge und die tiefsten Abgründe. Damit aber die Arbeit schneller voran ginge, ließ der Gesandte im Hof noch drei Ambosse aufstellen und einige Zimmerleute kommen.

Als nun alles fertig war, schickten wir dem Khan unser

Geschenk, nämlich drei Paar Zobelfelle (die die Perser sehr lieben), eine Uhr und ein Flaschenfutter mit süßem Branntwein, dazu zwei von unserem Maler verfertigte lebensgroße Bilder (einen Kavalier und eine Dame in französischen Kleidern). Die Gegengeschenke des Khans waren folgende: jedem ein Pferd mit Sattel und silberbeschlagenem Zaum, ein rotes und ein blaues Stück Atlas, ein Stück goldgelber Damast, ein Stück roter Futteratlas mit Leinengrund, dazu ein Stück grünseidenes Zeug, das mit goldenen Blumen durchwirkt war.

Am 10. Juni ließ der Mehemandar hundertsiebzig Pferde und zwölf Kamele vorführen. Das Gepäck wurde aufgeladen und mit den sechs großen Metallgeschützen und den Soldaten am folgenden Tag vorweggeschickt; wir reisten am 12. Juni ab. Weil der Gesandte Brüggemann noch etwas schwach war und es sich nicht zutraute zu reiten, ließ er sich in einer Sänfte auf Mauleseln tragen; früh um 5 Uhr zog er mit dreißig unserer Leute voran.

Viele Perser, die von unserem Aufbruch nichts wußten und zudem noch nie eine Sänfte gesehen hatten, sahen, wie diese mit Tüchern behangen war und von vielen Leuten hinausgetragen wurde. Sie sagten: »Die Deutschen werden gewiß draußen ein Fest begehen und tragen ihr Heiligtum.« Der Gesandte Crusius folgte mit dem Rest der Reisegesellschaft um 8 Uhr nach. Der Khan war zuvor in einen Garten geritten und ließ ausrichten, daß er vor der Stadt die Gesandten erwarten und von ihnen Abschied nehmen wolle. Denn es ist in Persien nicht Sitte, daß man jemanden genauso verabschiedet wie man ihn empfangen hat. Als wir eine Meile geritten waren, kam der Khan und führte den Gesandten Crusius in einige nicht weit vom Wege stehende Otaken oder Tatarenhütten, wo er uns mit einem kalten Büfett bewirtete. Nach freundlichem Abschied reisten wir weiter über unebene felsige Wege und kamen gegen Abend in ein großes Dorf. Hier fanden wir unser Gepäck und die Geschütze, deren Räder meist zerbrochen waren. Der Mehemandar beteuerte hoch und heilig, daß er keinen Rat wüßte, wie er zu neuen Rädern kommen und wie überhaupt die Geschütze ohne große Behinderung weitertransportiert werden sollten. Er erbot sich aber, vom König einen Befehl an den Khan in Ardebil zu erlangen, um schnellstens Räder herbeizuschaffen. Als wir schließlich die Unmöglichkeit dessen bemerkten, ließen wir die größten Geschütze, nachdem sie auf einen Befehl hin, der im Beisein des Mehemandars ergangen war, von unserem Maler gezeichnet und vermessen waren, liegen. Wir nahmen nur die zwei kleinsten Metallgeschütze mit, von denen jedes dreihundert Pfund wog, und vier Steingeschütze, die wir alle auf Kamele luden. Am folgenden Tage ging es weiter, fast immer über und zwischen wilden Bergen hin und auf engen und gefährlichen Wegen, so daß man an vielen Stellen die Sänfte mit großer Mühe von starken Leuten tragen lassen mußte. In den Tälern sahen wir hin und wieder Dörfer und Hütten, um die schönes Vieh weidete.

Am 14. Juni marschierten wir wiederum über hohe Berge und durch drei Dörfer, aus denen der Mehemandar (ihrer Sitte nach) eine Anzahl Pferde, vorgebend, daß wir sie bräuchten, mitnehmen und hernach von den Bauern mit Geld wieder auslösen ließ. Wir kamen nach vier Fersang oder Meilen in ein schönes Tal zu einer klaren Quelle, wo wir in unseren Zelten eine Rast machten. Hier fanden wir sehr große grüne Heuschrecken, etwa drei Zoll lang und anderthalb dick. Weil wir bis in den Nachmittag des nächsten Tages rasteten, bestimmte ich die Sonnenhöhe und fand, daß dieser Ort vom Äquator aus bei 37 Grad und 28 Minuten lag.

Am 15. Juni zogen wir nach der Mittagsmahlzeit (da der Gesandte Brüggemann sich wieder zu Pferd setzte) weiter fort und kamen an den ungeheuren Berg Taurus, den die Perser hier Perdelis nennen. Wir stiegen zuvor in ein sehr tiefes Tal, das wie ein abscheulicher Abgrund war; hinunter war es eine Meile, auf der anderen Seite hinauf aber anderthalb. Diese Gegend soll eine rechte Raub- und Mordgrube sein, in der die Reisenden, wenn sie nicht bewaffnet sind, sich in große Gefahr begeben. Denn man kann auf der einen Seite genau wahrnehmen, wenn Leute auf der anderen herunterkommen. Wenn nun die Räuber sehen, daß ihnen nicht genug Widerstand geleistet wird, pflegen sie an günstigen Stellen einen Anschlag zu verüben.

Im Tal fließt der Kisilosein, der mit einem schrecklichen Brausen und so schnell wie ein Pfeil zwischen den Felsen einherschießt; er führt klares Wasser, daher wird er auch in Kilan, wo er sich in das Kaspische Meer ergießt, auf talisch Isperuch genannt. Über diesen Fluß hat der Schah Tamas eine zierliche Brücke aus Ziegeln mit neuen Schwibbogen bauen lassen. Neben dem Weg an den Hängen standen viele Mandelbäume, Zypressen und Sevenbäume[71]. Jenseits des Flusses windet sich der Weg sehr steil und krumm wie eine Schlange hinauf, so daß man an einigen Stellen wie auf einer Treppe hochsteigen muß. Wie hätten wir hier unsere Geschütze auf den Lafetten fortschaffen wollen? Auf der linken Seite des Weges bildeten steil abfallende und gleichsam gespaltene Felsen große tiefe Klüfte und grausame Abgründe, in die vor einigen Jahren der Maulesel eines russischen Gesandten mit Gütern beladen hinuntergestürzt ist und nicht mehr gesehen wurde. Weil man ohne Gefahr nicht mehr reiten konnte, mußten wir die Pferde hinter uns führen. Wir stiegen bis in die Nacht. Als wir endlich nach viel Mühe oben waren, verirrten wir uns, weil unser Mehemandar oder Pfadfinder zurückgeblieben war, im Dunkeln in den steinigen Tälern und Hügeln. Die Luft, die uns sehr kalt und scharf entgegenwehte, war einigen von uns, die wir vom Klettern müde waren und uns gern auf die Pferde gesetzt hätten, jedoch aus Furcht zu stürzen weiter zu Fuß gehen mußten, sehr beschwerlich. Wir gingen daher oder stolperten vielmehr auf dem steinigen Wege ungefähr drei Stunden bis zu einem Dorf, das vier Meilen vom letzten Nachtlager entfernt war. Hier blieben wir auch den folgenden Tag in unseren Zelten liegen, um auf den zurückgebliebenen Mehemandar zu warten und die ermatteten Pferde sich wieder erholen zu lassen. Wir ersetzten also das gestrige Ungemach durch einen guten Trunk Wein, eine anmutige Musik, durch Trompetenblasen und Salutschießen und allerhand gute Lustigkeit. Als unser Mehemandar, der dann auch dabei war, zur Rede gestellt wurde, warum er sich immer von uns absondere und von Ardebil bis hierher uns so wenig Gesellschaft geleistet habe, sagte er, daß er dies aus keiner bösen Absicht heraus, sondern nur aus Blödigkeit tue; er sei nicht gerne dort, wo man stetes Schelten und Fluchen, nämlich bei dem Gesandten Brüggemann, hören könne. Er wollte indessen seinen Dienst nach der gegebenen Anweisung verrichten, so daß kein Fehler gemerkt werden könne. So schaffte er auch, als er sah, daß dieser Tag der Lustbarkeit gewidmet sein sollte, reichlich Wein herbei.

Am Sonntag, dem 18. Juni, machten wir uns nach Gottesdienst und Mittagsmahlzeit wieder auf den Weg und ritten zwischen sehr kahlen Hügeln fast immer in vollem Trab sechs Meilen und kamen gegen Mitternacht in das Dorf Kamahl, das zwei Meilen vom Weg entfernt war. Die Häuser lagen verstreut auf drei Hügeln. Wir wurden in dem untersten Teil eingewiesen, wo die Gesandten in einem großen, wüsten Haus Quartier haben sollten. Da aber zu vermuten war, daß die Unterkunft schlecht sei, wollten die Herren nicht hineingehen, sondern begaben sich in einen anderen Teil des Dorfes und stellten einen Soldaten an den Scheideweg, damit er den Nachkommenden wegen des Lagers Bescheid gäbe. Die Bauern wollten, da ihnen unsere Ankunft nicht gemeldet war und sie ihre Weiber und Töchter nicht so geschwind verstecken konnten, uns nicht in die Häuser nehmen, so daß wir uns mit Gewalt einquartieren mußten. Wir fanden die Gemächer zwar sehr eng und schlecht, aber fein warm. Wir hatten uns jedoch kaum gelegt, in der Ansicht, den letzten Rest der

Nacht in guter Ruhe zuzubringen, da hörten wir unseren Trompeter zum Sammeln blasen. Weil dies ungewohnt war und uns leicht auf den Gedanken brachte, daß das Zeichen etwas Neues und nicht viel Gutes bedeutete, gingen wir wieder heraus und folgten dem Trompetenschall. Der führte uns zu der Gesandten Quartier, wo wir hörten, daß ungefähr zwanzig Perser sich zu Pferde zusammengerottet und unseren Soldaten, der am Wege stand, mit Röhren[72], Pfeilen und Säbeln überfallen hatten. Sie hatten ihm seine Muskete, sein Bandelier, den Degen und die Überkleider abgenommen und ihn sehr geschlagen und mit Füßen getreten; ja, sie hätten ihn wohl gar, wie er sagte, umgebracht, wenn nicht zu seinem Glück unser Hofmeister mit unserem russischen Dolmetscher Hans Arpenbeke, der wegen seiner Krankheit neben anderen langsam nachritt, dazugekommen wären. Da haben sich die Räuber davongemacht, da sie glaubten, in eine Falle geraten zu sein. Die Gesandten schickten einen Leutnant mit zwanzig Soldaten aus und ließen die anderen um sich herum Quartier nehmen.

Am 19. Juni blieben wir in unseren im Dorf aufgeschlagenen Zelten liegen. Ich wurde hier von einem hitzigen Fieber und großer Schwachheit befallen, und dennoch mußte ich mitreiten. Am 20. um 2 Uhr morgens machten wir uns wieder auf den Weg, ritten den ganzen Tag in großer Hitze durch ebenes, rötliches, grobsandiges und verbranntes Land und kamen mittags, nachdem wir sechs Meilen hinter uns gebracht hatten, an das offene Städtchen Senkan. Eine halbe Meile davor sandte der Statthalter von Sultanie, der sich gerade in Senkan aufhielt, den Gesandten vier Schüsseln mit schönen großen Amorellen und Gurken, damit sie sich in der großen Hitze erfrischen könnten. Vor dem Flecken kamen uns dreißig Reiter entgegen, die er geschickt hatte, um uns zu empfangen. Unter ihnen war einer, der weder Hände noch Füße hatte; er gebrauchte statt der Hände zugespitzte Armschienen mit Haken und tummelte sein Pferd, zu unserer

Verwunderung, ohne Unterlaß. Ihm hat der Schah Abas[73] (der Großvater des Schahs Sefi), weil er in die Häuser ging und das junge Weibsvolk zwang, seinen Willen zu tun, Hände und Füße abhacken lassen und die Stümpfe in siedendheiße Butter stecken lassen.

In Senkan wurden wir von unseren Wirten in feinen, mit schönen Teppichen verzierten Gemächern freundlich aufgenommen und ich, als Patient, auf seidene Kissen gelegt. Der Sultan der Stadt, ein feiner, bescheidener Mann, kam die Gesandten besuchen und entschuldigte sich, daß er ihnen nicht persönlich entgegengekommen wäre. Denn er habe bei der Einnahme der Festung Eruan eine Verletzung an der Achsel erlitten, die zwar zugeheilt, neulich aber wieder aufgebrochen sei. Als die Gesandten ihm unseren Arzt und Feldscher schickten, damit dieser ihm helfe, gefiel ihm dieses so gut, daß er neben vielen köstlichen Früchten uns doppelten Proviant reichen ließ. Senkan soll vor Zeiten eine große, wohlhabende Stadt gewesen sein, die aber durch Überfälle des Tamerlan und der Türken so arm geworden sei.

In dieser Gegend findet man nichts als ebenes Feld von sonnendurchglühtem Sand, auf dem nur einzelne handgroße Sträucher wachsen. Eine halbe Meile von der Stadt entfernt erstreckt sich ein Arm des Taurus von Norden kommend nach Süden, nach Kurdistan hinein. Er wird Keider Peijamber genannt, und man meint, einer der alten Propheten gleichen Namens liege dort begraben. Am Fuße dieses Gebirges waren grüne Auen und Dörfer.

Am 21. Juni machten wir uns erst abends nach Sonnenuntergang auf, weil wir nicht wagten, in der großen Hitze zu reisen. So ritten wir die Nacht bei Mondschein hindurch über ebenes Land und erreichten gegen Sonnenaufgang Sultanie. Unsere Leute waren von der großen Nachtkälte derart erstarrt und klamm, daß sie kaum von den Pferden steigen und laufen konnten. Darauf folgte den Tag über wiederum eine solche Hitze, daß man sich dieser kaum erwehren konnte. Daher begannen heute fünfzehn Leute der Gesandtschaft zu klagen und bettlägerig zu werden. Sie bekamen hohes Fieber und wurden sehr schwach, mußten aber dennoch auf Pferden, Mauleseln und Kamelen mitreisen; wir ritten aber meistens nachts. Hier stritten sich zwei unserer Trabanten, und der eine wurde im Duell mit einem gefährlichen Stich in die Lunge nahe beim Herzen verwundet. Wir mußten ihn eine lange Zeit in einer Sänfte mitnehmen; dennoch wurde er wieder geheilt.

Von der Stadt Sultanie

Die Stadt soll Sultan Mahumed Choddabende[74] aus Teilen des verwüsteten Tigranocerta[75], das Tacitus an einigen Stellen erwähnt, erbaut und zu einem Königssitz gemacht haben, wie es auch der Name Sultanie andeutet.

Das Denkwürdigste, was hier zu sehen war, ist die alte königliche Residenz, die als eine Festung mit starken, aus großen Quadersteinen gebauten Mauern und viereckigen Türmen, auf denen noch eine Menge Geschütze standen, umgeben war. Das schönste Emarat oder Gebäude war die Mschaich[76], in der Sultan Mahumed Choddabende begraben liegt. Es war alles zierlich gebaut, dazu drei Pforten, die in ihrer Höhe die Pforten von S. Marcus in Venedig übertreffen sollen; sie sind aber nicht, wie andere schreiben, aus Erz, sondern aus poliertem und damasziertem Stahl und Eisen. Die größte, die gegen den Meidan geht, kann, so wird gesagt, nicht geöffnet werden, soviele Leute sich auch abmühen, es sei denn, daß man sagte: »Beask Aly bukscha«, das heißt: »Tu dich auf aus Liebe zu Ali.« Dann soll sie in den Angeln so leicht gehen, daß sie auch von einem Kind geöffnet werden könnte. Das Gewölbe war mit weißen und blauen glasierten

Steinen, in die umfangreiche Schriften und allerlei zierliche Zeichen gebrannt waren, ausgekleidet; es war sehr hoch und ging in der Mitte wie ein runder Turm zusammen. Oben war es mit einem Metallgitter versehen, der es gleichsam wie ein Chor umgab. Auf ihm lagen viele alte arabische Bücher, von denen einige fünfviertel Ellen lang und fast eine Elle breit waren. Die Buchstaben waren fingerlang, und jede Zeile war mit Schwarz und Gold sehr kunstvoll geschrieben. Von ihnen sind mir einige Blätter zugekommen, die ich jetzt noch in meines gnädigsten Herrn Bibliothek verwahre, denn sie enthalten ein Stück des Koran, den Anfang einer possierlichen Fabel von den Teufeln.[77] Dies will ich spaßeshalber aus der persischen *Paraphrasi Alcorani,* den sie *Seratz elkulub, candelam cordis* nennen, hier zitieren:

Als Gott die Teufel aus dem Himmel vertrieben und diesen fest verschlossen hatte, wollten die Teufel dennoch gerne wissen, was sich im Himmel zutrüge. So haben sich einige von ihnen nachts zusammengetan, sind einer auf den anderen gestiegen, bis der oberste an den Himmel reichte. Da hat er alles hören können, was die Engel von der Menschen Leben und Glück sagten; das haben die Teufel durch Zauberer und Wahrsager dem Menschen kundgetan. Als Gott aber diese List merkte, ließ er einen Stern, arabisch Schihab genannt, auf den Kopf des obersten Teufels schießen, der gleich durch alle hinunterfuhr und sie verbrannte. Danach haben sich dennoch andere Teufel bis auf den heutigen Tag bemüht, durch dieses Mittel die Engel zu belauschen, die Geheimnisse des Himmels zu erforschen und den Menschen zu offenbaren. Sie werden aber, wenn es die Engel sehen, mit der gleichen Strafe belegt und vernichtet. Daher sagen die Perser, wenn sie den Meteoron, stellam cadentem oder, wie wir es nennen, das Sternschneuzen[78], sehen, voll Andacht und Freude:

خدا نکه داشت مارا از شیطان
همه بسوختند و ما خلاص شدیم

Choda nike dascht mara es Scheitan,
Heme busuchtend we ma chalas schudim.

Gott beschützt uns vor den Teufeln,
sie werden alle verbrannt und wir frei gemacht!

So viel von diesem Mahumedischen Gedichte.
 Nachdem wir zu Sultanie drei Tage gerastet hatten und mit frischen Pferden und Kamelen versehen waren, machten wir uns am 25. Juni wieder auf den Weg. Viele unserer Leute konnten wegen ihrer Krankheiten und Mattigkeit nicht reiten, daher beschaffte der Mehemandar viele Kästen, Ketzaweha genannt, in denen die Perser ihre Frauen mit sich über Land nehmen; diese Kästen wurden über die Kamele gehängt und die Patienten hineingelegt. Ich und unser Arzt hatten auch jeder einen Ketzawe, in dem wir mitgenommen wurden. Bei dieser Art des Reisens mußten wir neben unserer Krankheit noch zwei andere große Beschwerlichkeiten erdulden; wir wurden nämlich durch den hohen, schwankenden Rücken der Tiere hin- und hergeschaukelt und ganz schwindlig davon. Dazu kam, daß wir, weil immer zehn und mehr Kamele hintereinander zusammengebunden waren (denn so viele Kamele können von einem Knecht gelenkt werden), ihren sehr faulen, üblen Gestank in der Nase hatten.
 Am 26. Juni sind wir nachts wieder fünf Meilen gereist und über viele Hügel und Berge mittelmäßiger Höhe gekommen.
 Am 27. Juni um Mitternacht machten wir uns wieder auf und zogen bis vor die berühmte Stadt Caswin.

In Caswin angekommen. Die Beschreibung der Stadt und was in ihr Denkwürdiges zu sehen ist

Weil wir diesen Weg in der Nacht zurückgelegt hatten und bei Sonnenaufgang Caswin vor uns hatten, führte uns der Mehemandar in das nächste Dorf, wo wir zwei Stunden warten mußten, bis eine Abordnung aus der Stadt kam und uns hineinbegleitete. Da es aber hier, weil die Stadt eine königliche Residenz gewesen war, keinen Khan, sondern nur einen Daruga oder Amtmann gab, wurden wir auch nicht so prächtig wie sonst empfangen. Dennoch kam der Daruga mit einigen hundert Mann zu Roß und zu Fuß aus der Stadt und empfing uns. Darauf präsentierte sich ein indischer Fürst mit einer Menge indischer Reiter und Lakaien, begrüßte die Gesandten auch mit freundlichem Winken und begleitete sie bis zur Stadt.

Als wir einen guten Büchsenschuß von der Stadt entfernt waren, kamen uns fünfzehn junge Weibspersonen entgegengeritten: Sie waren stattlich aufgeputzt, mit bunten Röcken aus Samt und Seide bekleidet und hatten goldene und seidene Tücher auf dem Kopf, die auf die Schultern fielen; um den Hals hatten sie Perlen und allerhand Geschmeide. Sie sahen mit unverhüllten offenen Gesichtern (was bei ehrlichen Frauen nicht Sitte ist) den Deutschen frisch in die Augen und hießen uns lachend willkommen. Es waren die vornehmsten Sängerinnen und Tänzerinnen der Stadt, welche uns auf Geheiß des Daruga, indem sie vor uns herreitend sich auf ihre Art fröhlich hören ließen, dergestalt begrüßten. Vor sich hatten sie Schalmeien und Feldpauken, die die Musik verstärkten. Wir bekamen Quartier auf der anderen Seite der Stadt und wurden daher durch sie hindurchgeführt. Auf dem Maidan oder Marktplatz standen viele Pauker, Pfeifer und Schalmeienbläser, die uns mit Musik begrüßten. Neben den Gesandten sprangen Gaukler, die bis zur Unterkunft allerhand Kurzweil trieben. Als wir abstiegen, drängte sich das Volk in großen Mengen herbei, um zu sehen, was wir in den Ketzaweha oder Weiberkisten mitführten. Denn sie hatten einer dem anderen glauben machen wollen (darin sind sie sehr geschickt), daß die Deutschen dem König schöne deutsche Jungfrauen und auch seltsame Meerwunder als Geschenk mitgebracht hätten. Als sie aber sahen, daß nur kranke und bärtige Leute aus den Kisten krochen, endete ihr Staunen in Gelächter und Necken.

Es gibt in der Stadt zwei große Maidan. Der vornehmere der beiden ist ein wenig länger als der von Ardebil, aber nicht so breit; an ihm liegen auf der Südseite schöne große Paläste, die persische Fürsten oder Khane zu Abas' Zeit haben bauen lassen.

Sonst sind in der Stadt noch an die fünfzig Mesziden oder Kirchen, in die sie täglich kommen, um zu beten. Man findet auch sehr viele wohlgebaute Karawansereien für die fremden Kaufleute wie auch viele allgemeine Badestuben, welche täglich benutzt werden.

Hinter des Königs Palast und Garten ist eine alte verfallene Badestube, die sie Hamam Charabe nennen; von dieser wollen sie folgende Geschichte als wahr wissen: Es soll vor Zeiten in Caswin ein vortrefflicher Arzt namens Lokman, von Geburt ein schwarzer Araber, gewohnt haben, den die Perser nicht allein der Arznei wegen, über die er viele Bücher geschrieben hat, sondern auch um seines genialen Verstandes willen nicht genug zu rühmen wissen. Daher haben sie ihn auch in ihr *Kulistan* mit aufgenommen. Davon ist in meiner Ausgabe des *Rosentals* von Saadi zu lesen.

Dieser Lokman, sagen sie, habe seinem Sohn, als er in hohem Alter auf dem Krankenbette lag und merkte, daß sein Ende nahte, drei gut verschlossene Gläser mit köstlichem Wasser gegeben. Er sagte ihm, daß man damit einen Verstorbenen, sofern er nicht schon angefangen habe zu verfaulen, wieder zum Leben erwecken könne. Wenn man nämlich den

Toten mit dem Wasser aus der ersten Flasche begieße, werde dieser wieder atmen und sich bewegen, mit dem Wasser aus der zweiten Flasche sich aufrichten und mit dem aus der dritten aufstehen, umhergehen und also sein Leben wieder vollkommen wiedererlangen. Es sei aber Sünde, daß der Mensch sich unterfange, Tote aufzuerwecken, was Gott allein zustehe, darum solle er dieses Kunststück nicht zu oft, sondern nur im Notfall praktizieren. Der Sohn wollte dieses Kunststück nicht an seinem alten Vater ausprobieren, weil der gesagt hatte, es sei Sünde, und er ihm vielleicht gerne seine Ruhe gönnte. Als er selbst einst krank wurde, befahl er seinem Diener, das Wunder an ihm, wenn er stürbe, zu vollziehen. Als er nun starb, wollte der Diener dem Befehl seines Herrn nachkommen, legte seinen Leichnam in den eben erwähnten Hamam, begoß ihn nach der Vorschrift mit dem Wasser der beiden ersten Gläser; der Tote begann, sich zu regen und sich aufzurichten. Als aber der Diener mit dem dritten Glase zugange war und etwas zögerte, rief der halb Lebendige: »Brîs, brîs!« – »Gieß, gieß!« Durch diesen schnellen und unvermuteten Zuruf erschrak der Diener, so daß er das Glas fallen ließ und es zerbrach. So mußte des Lokmans Sohn sich wieder legen und zu den Toten gerechnet und begraben werden. Einige sagen auch, daß ihm ein Engel das Glas aus der Hand geschlagen habe. Sie sagen auch, daß man das »Brîs, brîs!« bei dem Hamam noch heutigentags hören soll. Weil uns diese Geschichte erst nach unserem Abzug aus Caswin erzählt wurde, habe ich nicht selbst nachprüfen können, ob das mit der Stimme tatsächlich zutrifft.

*

Olearius beschäftigt sich dann in dem Kapitel »Vom Schah Risa, Myrsa[79] Polagi und anderen indischen Fürsten« eingehend mit den verschiedenen Fürsten indischer Herkunft und damit, welche Rolle sie in der Geschichte Persiens gespielt haben.

Von einer Reihe von Schauspielen in Caswin

Der Daruga veranstaltete, um den Gesandten mit einer Lustbarkeit die Zeit zu vertreiben, am 2. Juli ein Schauspiel. Er kam mit vielen Pferden und führte uns auf den Maidan, wo für die Gesandten unter einem Zeltdach hohe Sitze aufgeschlagen waren. Ein Teil vom Marktplatz wurde mit Wasser begossen, um den Staub zu löschen, und das Volk in einen weiten Kreis gestellt. Wir meinten, daß wir etwas Besonderes und Großes zu sehen bekommen würden. Anfänglich kamen aber nur einige Gaukler, die auf eine Weise, wie sie auch in Deutschland üblich ist, sich mit Springen sehen ließen. Danach kamen einige Taschenspieler, denen folgten drei Paar Springer[80], die nackt waren und nur kurze, mit Öl beschmierte Lederhosen anhatten. Sie verstanden es, beim Niederwerfen und Parieren[81] geschickt ihren Vorteil wahrzunehmen.

Dann wurden zwei große, starke Widder mit krummen Hörnern aufeinander losgelassen, die sich eifrig ansprangen und gegeneinander stießen. Danach wurden zwei große bunte Vögel herbeigebracht, größer als Papageien, jeder in einem besonderen Bauer. Diese ließen sie miteinander kämpfen. Zuletzt führten sie mit Pauken und großem Geschrei und Jubilieren acht starke Wölfe auf den Platz, die sie einen nach dem anderen an langen Leinen unter das Volk laufen ließen und wieder zurückzogen. Ein Mann aber, der besonders angezogen war und das Gesicht mit einem dicken Polster behangen hatte, lief dem Wolf entgegen und umfaßte ihn, als dieser an ihm hochsprang, mit beiden Armen und trug ihn weg.

*

Mit dem Kapitel »Vom Gebirge Elwend und vom König Suhak« folgt die Beschreibung der Umgebung »Caswins« und die ausführliche Geschichte des Königs Suhak Maran, die bis in die mythologische Zeit Persiens zurückgeht. Olearius setzt sich auch an dieser Stelle kritisch mit den Quellen auseinander.

Reise von Caswin über Saba nach Kohm

Unser Aufbruch von Caswin erfolgte am 13. Juli gegen Abend mit Gepäck und Kranken; die Gesandten folgten in der kommenden Nacht. Wir zogen durch eine Ebene und kamen gegen Morgen in ein drei Meilen entferntes schönes Dorf, Memberè genannt, dessen Häuser alle rund waren und von ferne wie lauter Backöfen anzusehen waren. Hier fing auch der Gesandte Crusius an, sich unwohl zu fühlen, und wurde so schwach, daß er nicht mehr zu Pferd sitzen konnte, sondern in einer Sänfte getragen werden mußte. Dieselbe Mattigkeit befiel auch unseren Pastor und viele andere, die teils in den oben erwähnten Weiberkörben transportiert wurden, teils in Ermangelung derselben weiterhin reiten mußten. Der gute Pastor wurde so matt und kraftlos, daß er in dieser Nacht, in der wir sieben Meilen weit kamen, öfters von seinem Pferd absteigen und sich auf den Boden legen mußte. Es war eine beschwerliche Reise. Der von Mandelslo aber war allzeit unter uns der Stärkste, klagte niemals über Schwäche und konnte daher bei der Beobachtung und Beschreibung der Reise, zu der er besondere Lust hatte, um so emsiger sein. Er hat dann von dieser Fahrt ein dickes, eigenhändig verfaßtes Buch hinterlassen.

Am 16. Juli kehrten wir gegen Morgen in einer Karawanserei, Choskeru genannt, ein. Diese Karawanserei ist groß und mit Quadersteinen sehr schön und ordentlich gebaut; sie hat viele gewölbte Gemächer und Ställe, dazu in der Mitte einen großen Hof und einen festen Brunnen. Der Fußboden des Hauptgebäudes war etwas höher, so daß man auf einigen Stufen hochsteigen mußte. An den Wänden sah man hin und wieder vielerlei Schriften, von Durchreisenden verschiedener Nationen in den Kalk geschnitten. Unter anderem waren auf dem vorderen Gebäude folgende Namen und Schriften zu lesen: Benedictus Oxenstern[82]; desgleichen: Johan Warder 1600, apr[il] 10. Dabei stand: Olim meminisse juvabit.[83]

Aus dieser Karawanserei zogen wir drei Stunden vor Sonnenuntergang wieder fort und schafften in dieser Nacht neun Meilen bis zur Stadt Saba. Weil wir sie aber noch vor Tag erreichten, blieben wir im Freien, bis man uns nach Sonnenaufgang hineinbegleitete. Saba liegt in einer Ebene und hat zur Rechten das Elwend-Gebirge, das sich hoch erhebt. Sie ist mit vielen unterschiedlichen Türmen und Spitzen zierlich und schön anzusehen.

Die Stadt ist sonst nicht groß, zwar von einer aus Lehm gemachten Ringmauer umgeben, die Häuser aber sehr heruntergekommen. Das beste in dieser Stadt waren die Gärten, die voll mit wohlschmeckenden Granat- und Mandelbäumen waren. Zwischen Stadt und Gebirge wird viel Baumwolle und Reis angebaut, was die Nahrung der Bewohner ist.

Wir blieben nur den Tag über dort und reisten gegen Abend wieder weiter. Es war eine überaus große Hitze, vor der wir uns, obgleich wir uns bis aufs Hemd auskleideten, nicht schützen konnten. Das Erdreich, das nur aus Sand und Staub bestand, war so heiß, daß man nicht sechs Schritte barfuß gehen konnte, ohne sich die Füße zu verletzen. Einige der Unsrigen schlugen auf dem freien Feld die Zelte auf, da sie der Ansicht waren, in der durchstreichenden Luft etwas kühler zu liegen. Als aber die Sonne im Zenit stand, wurde der Wind so heiß, als wenn er aus einem Feuerofen käme. Die Gesandten waren in diesen Tagen beide krank, jedoch wechselweise einer immer schwächer als der andere. Und weil sie nur eine Sänfte hatten und es aus Mangel an Material und Zeit nicht möglich war, eine andere zu bauen, mußte hinfort immer der stärkere von ihnen reiten.

Einzug in Kohm. Von dieser Stadt. Reise bis Kaschan

Am 19. Juli reisten wir fünf Meilen weiter bis nach Kohm. Der dort regierende Daruga kam uns mit fünfzig Pferden entgegen, um uns zu empfangen, dazu Tänzer und einer auf Stelzen, der vor dem Gesandten Brüggemann, der allein ritt, hersprang. Auf dem Maidan standen in den Gängen viele Trommler, Schalmeienbläser und Pfeifer, die sich während unseres Vorbeireitens lustig hören ließen. Die Bürger hatten alle Gassen der Stadt mit Wasser begossen, um den Staub zu löschen. Denn die Gassen sind hier, wie auch in Caswin und den folgenden Städten, nicht gepflastert.

Kohm ist eine uralte Stadt, die von Ptolemäus Guriana genannt wurde; sie war früher sehr groß und hatte eine weite Umfassungsmauer, wie man noch an einer Reihe zerfallener Mauern und Wände sehen kann. Auch sie liegt auf einer Ebene und hat zur Rechten das Elwend-Gebirge, das sich mit abgerissenen weißen Sandhöhen sehen läßt.

Man findet in und außerhalb der Stadt viele Gärten, voll mit allerhand schönen Früchten; darunter auch eine Art Melonen, so groß und rund wie Pomeranzen. Sie sind aus vielerlei schönen Farben und haben einen lieblichen Geruch, daher werden sie auch Schammame genannt und des Duftes wegen in den Händen getragen. Sie haben aber nicht so einen lieblichen Geschmack wie andere Melonen, die man auch dort, und zwar von Zuckersüße, findet. Diese Art Melonen und ihren Namen erwähnt auch Herr Jakob Golius[84] in seinem *Lexico Arabico* (S. 1309).

Es fällt hier auch eine fremde und seltsame Art Gurken auf,

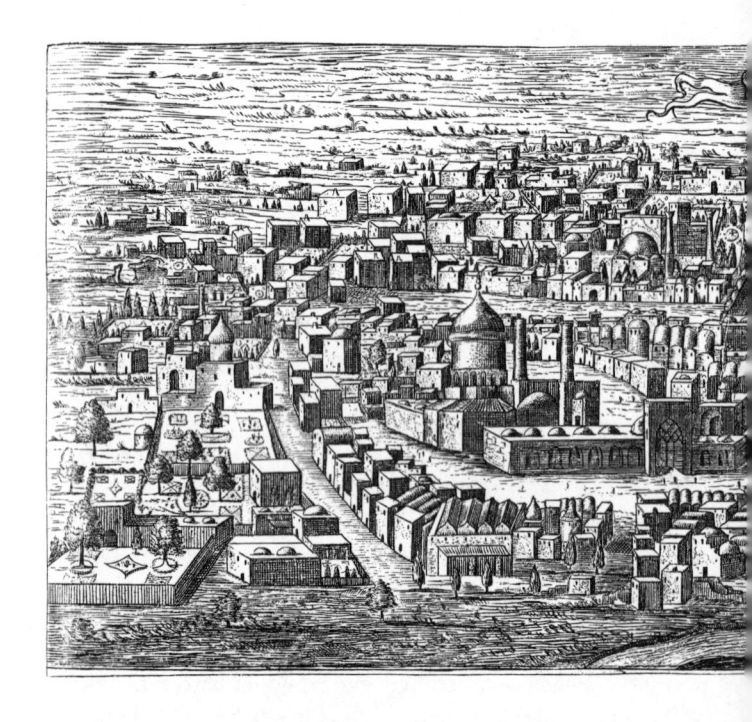

die ungefähr dreiviertel Ellen lang ist, krumm und dick wie ein Arm, daher wird sie auch Schunchiar, das heißt krumme Gurke, genannt. Sie werden wie andere Gurken in Essig (und nicht wie bei uns in Salz) eingelegt. Roh aber werden sie mit Salz gegessen und haben einen gar fremdartigen Geschmack. Unter den Handwerkern sind hier die Säbelmacher und Töpfer die vornehmsten: Man behauptet, daß hier die besten Klingen gemacht werden. Sie kosten zwischen vier und zwanzig Reichstaler. Den besten Stahl bekommen sie aus Niris, das vier Tagesreisen hinter Ispahan gelegen ist.

Wir haben sonst in keiner Stadt solch ein diebisches Volk gesehen wie hier. Sie stahlen uns nicht nur bei der Ankunft die Pistolen von den Pferden, sondern auch später in den Quartieren viele Sachen, und zwar unter den Händen weg.

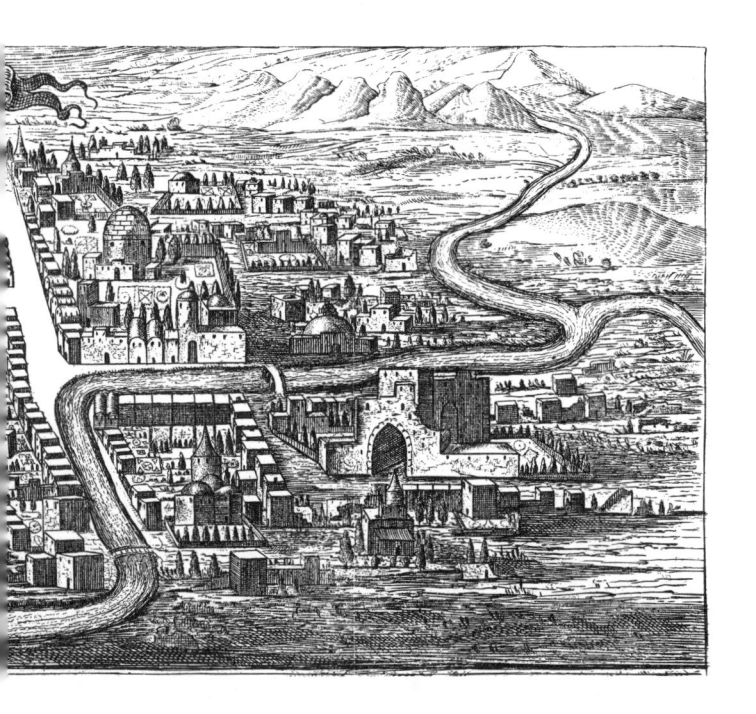

Hier bekamen viele unserer gemeinen Leute, vielleicht wegen des unmäßigen Essens der süßen Melonen und anderer Früchte, worauf sie Wasser tranken, die rote Ruhr; daran starb auch einer unserer Bootsleute hier und wurde am Wege begraben.

Am 21. Juli gegen Abend machten wir uns wieder auf und kamen in dieser Nacht fünf Meilen weit; tagsüber ruhten wir in einem großen Dorf.

Am 23. reisten wir sieben Meilen bis zu einem schönen Dorf, wo wir gute Quartiere und köstlichen Proviant, der aus Kaschan dorthin geschafft worden war, bekamen.

Als wir abends wieder weiter wollten, starb einer unserer persischen Dolmetscher, nachdem er vor Saba im Rausch vom Pferd gestürzt und sich den Brustkorb gebrochen hatte.

Weil er zwar von Geburt Russe war, aber den mohammedanischen Glauben angenommen hatte, ließen wir seine Leiche liegen und befahlen den Mohammedanern, sie zu begraben.

In dieser Nacht starb uns auch während des Marsches ein russischer Knecht an der roten Ruhr und wurde neben einem anderen, der drei Tage später an derselben Krankheit starb, in Kaschan, wohin wir am Morgen des 24. Juli gelangten, begraben.

Einzug in Kaschan. Von der Beschaffenheit dieser Stadt und was sich Denkwürdiges in ihr befand. Desgleichen von der Weiterreise bis zur Residenzstadt Ispahan

Wir mußten, als wir uns der Stadt näherten und noch etwas früh dran waren, über zwei Stunden eine viertel Meile davor warten, bis der Daruga kam, um uns hineinzugeleiten. Er kam mit einigen fünfzig Pferden und ließ viele schöne Handpferde, alle mit Luchsfellen bedeckt, herbeiführen. Als er uns empfangen hatte, mußten die Pauker und Pfeifer uns vorausziehen und spielen. Vor der Stadt wurden zwei große, ansehnliche und schwarze indische Ochsen, die mit Glocken behangen und mit Federbüschen aufgeputzt waren, zur Schau uns entgegengeführt. Wir wurden in schönen und wohlgebauten Häusern und zierlich geschmückten Gemächern einquartiert. Diesen Daruga hat der Schah Sefi, als er noch ein Knabe war und vor seinem Großvater Schah Abas versteckt wurde, als Jungen bei sich gehabt und ihn aus Mangel an Geld um fünfzehn Tumain, das sind dreihundertfünfzig Mark, verkauft. Als er aber zum König gekrönt wurde, hat er ihn wieder eingelöst, zum Sultan gemacht und in dieses Amt gesetzt.

Eines der Lusthäuser des Schahs vor Kaschan.

Die Stadt erstreckt sich in der Länge von Osten nach Westen über eine halbe Meile. Zur Rechten sieht man den Taurus in der Ferne liegen. Diesseits der Stadt liegt eine lange und breite Rennbahn. Zur Linken des Platzes ist ein schöner Garten des Königs mit zwei schönen Lusthäusern; eins steht an der Straße, das andere aber mitten im Garten und hat eine merkwürdige Form. Es hat tausend Türen, zu denen auch alle Fenster, durch die man wie durch Türen auf die offenen Galerien und Gänge gehen kann, zählen. Und überall sind, weil die Mauern über eine Elle dick sind, zwei Türen gegenüber. In diesen Garten pflegt der König, wenn er hierher kommt, einzukehren.

Kaschan ist eine der volkreichsten und vornehmsten Handelsstädte in Persien; deshalb gibt es neben vielen schönen und großen Häusern auch viele herrliche Karawansereien und einen überaus köstlichen Basar und Maidan, der unten und oben mit ansehnlichen Gewölben, Galerien und Gemächern so schön gebaut war, wie wir noch nie einen gesehen hatten. In ihm finden sich neben den Persern allerhand Nationen, vor allem viele Inder, die jeweils an einem besonderen Platz ihren Handel treiben. So arbeiten auch die Handwerker, vor allem Goldschmiede und Seidenwirker, in offenen Gemächern, so daß sie jeder sehen kann.

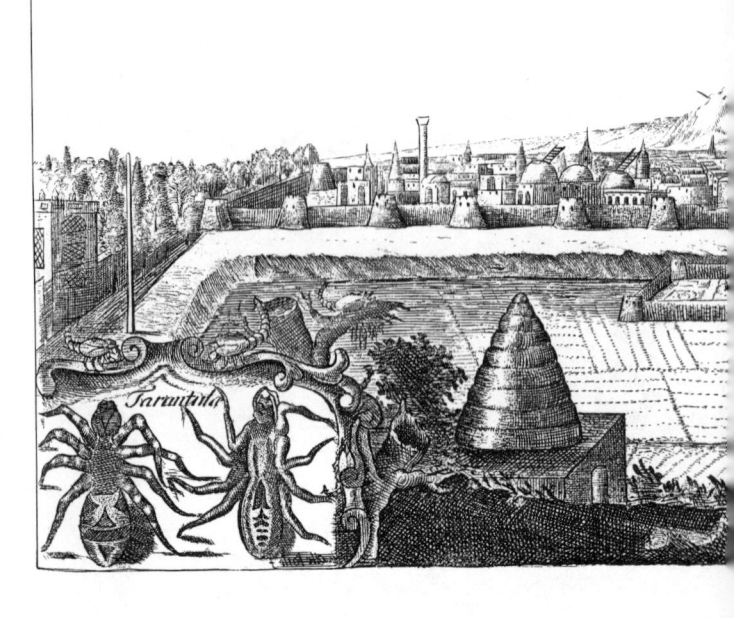

Es gibt keine Stadt in ganz Persien, die mehr von Ungeziefer und besonders von Skorpionen geplagt wird als Kaschan. Wir fanden in unseren Quartieren viele, kohlrabenschwarz und fingerlang und dick. Diese sollen die vergiftetsten sein. Von ihnen habe ich einen in der Gottorfischen Kunstkammer in Öl liegen. Sie sehen den Krebsen nicht unähnlich, nur daß sie stumpfe Köpfe und viel schmalere Leiber haben; sie laufen geschwind und tragen den Schwanz hoch mit einem krummen Stachel. Die Arznei der Perser dagegen ist, daß sie schnell auf die Wunde ein Stück Kupfer binden, wozu ihnen ihre Kupfermünze, die sie Pu nennen und stets bei sich tragen, dienlich ist; später legen sie Honig und Essig auf und heilen so den Schaden.

Solches Ungemach habe ich auch, und zwar als einziger unserer Gesandtschaft, erleiden müssen. Mich stach auf der Rückreise bei Schamachie ein Skorpion in den Hals neben die Kehle. Es bildete sich bald eine Blase von der Länge eines halben Fingers und brannte, als wenn glühende Kohlen dort lägen. Unser Arzt aber, der zu meinem Glück in meinem Gemach schlief, legte Skorpionöl auf die Wunde, gab mir Tyriac[85] ein und ließ mich schwitzen, wodurch sich nach drei Stunden die großen Schmerzen verloren; aber dennoch hatte ich über zwei Tage ein Stechen wie von einer Nadel. Solches Stechen habe ich noch viele Jahre um die Herbstzeit und besonders nach Michaelis wieder gespürt; ich will nicht behaupten, daß es dadurch verursacht wurde, daß die Sonne in den »Skorpion« trat.

Es gibt um die Stadt herum noch ein anderes Ungeziefer, das fast die Gestalt der Spinnen hat; viele sind ungefähr zwei Zoll lang, gesprenkelt und gestreift, wie aus der Abbildung bei der Stadt Kaschan zu sehen. Es wird Enkurek genannt und ist nichts anderes als Stellio, den die Italiener und Spanier Tarantel nennen. Wenn dieses Geschmeiß einem Menschen an den Leib kommt, läßt es ein Gift wie einen Tropfen Wasser fallen, was große Schmerzen bereitet, in den Körper geht und zum Magen und Kopf dringt. Es schleicht in alle Glieder, so daß der Mensch in tiefen Schlaf fällt und eine geraume Zeit weder durch Schläge noch andere Mittel geweckt werden kann. Auch später, solange das Gift in ihm ist, kann er sich des Schlafes nicht erwehren und seinen natürlichen Verstand nicht gebrauchen. Das beste Mittel soll sein, daß man das Ungeziefer tötet und auf die Wunde bindet, so daß es das Gift wieder an sich zieht; wenn man das Tier nicht fangen kann, nehmen die Perser mit dem Patienten eine seltsame Kur vor. Sie legen ihn auf den Rücken, gießen ihm süße Milch ein, soviel nur hineingeht, ungeachtet dessen, daß es nicht bei ihm bleibt. Dann legen sie ihn in einen flachen Kasten oder Trog und hängen diesen an vier Stricken auf. Der Kasten wird so lang um die Stricke gedreht, bis diese fest zusammengeschnürt sind. Dann lassen sie los, daß die Stricke sich aufdrehen. Dadurch bekommt der Patient einen Schwindel, daß alles, was er im Magen hat, herauskommen muß. Da finden sich dann große Stücke geronnener grünlicher Milch. Durch den Urin geht, zwar nicht ohne Schmerzen, weiße knotige Materie ab. Dadurch wird dem Kranken geholfen, aber noch viele Jahre empfindet er zu gewissen Zeiten Schmerzen, die von dem übriggebliebenen Gift herrühren.

Wir mußten zwar zu Kaschan noch große Hitze ertragen, aber dennoch begannen sich die meisten unserer Kranken wieder zu erholen und konnten wieder reiten. Am 26. Juli machten wir uns auf und zogen bei Aufgang des Vollmondes aus der Stadt. In dieser Nacht reisten wir bis zu der Karawanserei Chotza Kassim. Weil diese etwas klein und unsauber war, legten wir uns in einen nahegelegenen Garten und ruhten im Schatten der hohen Zypressen und Granatbäume, zwischen denen ein klarer Bach dahinglitt. Er lief über einige Steine und Wasserfälle und gab ein anmutiges Geräusch von sich. In der folgenden Nacht gingen wir sechs Meilen durch dürres, wüstes Land und kamen am 28. Juli zu dem kleinen schönen Städtchen Natens, wo wir in einer großen, vor der Stadt gelegenen Karawanserei einkehrten.

Am 29. Juli marschierten wir über das Gebirge und kehrten wiederum in einer Karawanserei ein. Hier kamen viele Perser aus Ispahan zu uns, die uns sehen und besuchen wollten. Sie gaben vor, vom Reichskanzler geschickt zu sein; desgleichen einige holländische Kaufleute in persischer Kleidung, die sich aber nicht zu erkennen gaben. In der letzten Julinacht rückten wir vier Meilen weiter vor und bekamen in einem Dorf ein Quartier in einem schönen, großen Haus, das dem Kaucha oder Bauernvogt unterstand. Dort blieben wir den Tag und die folgende Nacht.

Am 2. August, früh um 2 Uhr, kamen wir noch zwei Meilen weiter und fanden Unterkunft in einem königlichen Lusthaus. Durch das Haus floß ein Bach in einem tiefen, mit Quadersteinen ausgemauerten Kanal, zu dem man auf Stufen hinuntersteigen mußte. Hier hielten wir unser letztes Nachtlager auf der Hinreise.

Einzug in die königliche Residenzstadt Ispahan. Von dem blutigen Scharmützel, das wir mit den Indern hatten, sowie von dem indischen Gesandten

Am 3. August 1637 haben wir endlich mit GOttes Hilfe unser lang ersehntes und gesuchtes Ziel erreicht und sind in die königliche Residenzstadt Ispahan eingezogen. Es wurden uns Pferde zum Hineinreiten entgegengeschickt. Einige Pfeilschüsse vor der Stadt kam ein vornehmer königlicher Diener mit zweihundert Mann Begleitung und empfing uns freundlich. Mit ihm waren auch zwei hohe armenische Herren, deren Vater der Kommandant der vornehmsten Armenier war. In ihrem Geleit ritten wir zur Stadt. Man konnte wegen dem Staub nicht über sechs Schritte weit sehen und die Menge der Reiter und des Volkes nicht überblicken. Wir wurden durch die Stadt, in der das Volk, um uns zu sehen, auf den Dächern lag, über den Marktplatz am königlichen Palast vorbei in eine Vorstadt geführt, die von den reichsten armenischen Kaufleuten bewohnt wird, und dort einquartiert. Kaum waren wir angekommen, kam die Verpflegung, mit der der König die Gesandten willkommen hieß. Man breitete in dem Gemach der Gesandten schöne seidene Tücher auf der Erde aus und setzte darauf Melonen, Zitronen, Quitten, Birnen und viele unbekannte Konditen[86], dazu frische Früchte; alles war in einunddreißig goldenen Gefäßen und Schüsseln. Nach einigen Stunden kamen andere Diener und deckten die Tafel zum zweiten Mal. Es gab verschieden gefärbten Reis, gesottenes und gebratenes Schaffleisch, Hühner, Fische, Eier, vielerlei Gebackenes, und alles in fünfzig großen, schweren Schüsseln aus Gold – nicht gerechnet die kleinen Gefäße und Komentgen.[87]

Nach der Mahlzeit ließ uns der holländische Faktor Nikolaus Jakob Overschi mitteilen, daß er die Herren willkommen heißen und mit ihnen einen Umtrunk tun wolle. Obwohl die

Gesandten sich entschuldigten und einwandten, daß sie lieber ihre Sachen auspacken und lieber am nächsten Tag mit ihm trinken wollten, kam er mit ziemlicher Grobheit in die Unterkunft, schwang allerlei kühne und freche Reden, so unter anderem, daß er von seinen Vorgesetzten Befehl habe, uns zu kontraminieren.[88] Er wolle Freund aller unserer Leute, aber Feind unserer Angelegenheiten sein. Er hatte große Lust auf den Umtrunk, und als er und sein Diener wohlberauscht nach dem Abschied vor dem Quartier der Gesandten gegen unseren Marschall und Hofmeister ziemlich freche Reden gebrauchte, wurden beide, jeder seinem Rang entsprechend, behandelt und abgefertigt.

Bald darauf erhob sich zwischen unseren Leuten und einigen Indern ein handfester Streit, der auf ein blutiges Scharmützel hinauslief. Und das ging so: Wir wohnten gegenüber der indischen Gesandtschaft, die aus dreihundert Leuten, meist Usbeken, bestand. Indem einer von ihnen vor dem Quartier unserer Gesandten steht und zuschaut, wie das Gepäck abgeladen wird, redet ihn der Diener unseres Mehemandars, auch ein kühner Geselle, an. Er sagt ihm, er solle mit zupacken und hineintragen helfen; als aber der Inder (auch eines vornehmen Gesandten vornehmer Diener) ihn beschimpft, schlägt ihm der andere mit einem Stock über den Kopf. Der Inder läuft weg und klagt dies einigen seiner Kumpane, die nicht weit entfernt unter Bäumen sitzen. Die kommen herbei, umzingeln den Diener des Mehemandars und schlagen ihm mit Steinen auf den Kopf, so daß er viele Wunden hat. Als unsere Leute dies merken und den Diener um Hilfe rufen hören, läuft unser Marschall mit seinem Diener und fünf Soldaten und anderen heraus, greifen die Inder, die ungefähr zu dreißig sind, an und verwunden einige, einen davon tödlich. Die Inder aber wehrten sich mit Säbeln, Dolchen und Steinen, verletzten auch einige der Unsrigen. Endlich mußten sie aus Waffenmangel, denn die meisten waren ohne Säbel, da sie nur spazierengegangen waren, weichen.

Unsere Leute hatten einen schönen Säbel und einen Dolch, an dem ein Säckchen mit Geld hing, erbeutet; sie kamen freudig zurück und zeigten ihre Beute. Die war aber Ursache des großen Unglücks. Denn die Inder ließen hören, daß sie für den erlittenen Schaden und den Schimpf zur geeigneten Zeit Rache nehmen wollten und Blut um Blut zu fordern wüßten. Darauf blieb es drei Tage ruhig.

Als unsere Gesandten sahen, daß sie wegen der weit auseinander liegenden Quartiere (wir waren auf einige Gassen verteilt) nicht so, wie es sich ziemte, bedient werden konnten, bemühten sie sich um eine bessere Unterkunft; die wurde ihnen in der Stadt in einem großen Hof gegeben. Als wir nun am 7. August umzogen und einen Teil des Gepäcks auf Kamelen mit einigen Bootsleuten und dem Diener des Marschalls voranschickten, blieb der letztere hinter den Kamelen zurück. Da kamen auf diesem Weg (der gut eine dreiviertel Meile von der Stadt entfernt war) einige Inder daher, die dort in Zelten lagen. Sie fielen den Diener an, weil sie ihn bei dem Scharmützel gesehen hatten. Und obgleich er sich, nach Aussage der Inder, mit Pistolen und Degen tapfer wehrte, ist er doch von Pfeilen und Kugeln so durchbohrt worden, daß er fiel. Darauf haben sie ihm den Kopf abgerissen und an den Haaren herumgeschwungen; was sie dazu sagten, konnte nicht vernommen werden. Den Körper haben sie an einen Fuß des Pferdes gebunden und liegen gelassen. So mußte also der gute Peter Wolter, der sonst ein frommer und stiller Mensch war, durch den Mord der Inder enden. Er ist ohne Zweifel von Hunden gefressen worden.

Als das Gerücht der Mordtat zu uns drang, wurden alle Leute eilends in den Hof der Gesandten einberufen, um die Situation zum Besseren zu wenden. Der Bote der Gesandten konnte uns andere aber nicht so schnell erreichen, da die Straßen, wo die Gesandten wohnten, von den Indern unter Kontrolle gehalten und beschossen wurden, so daß sich niemand ohne Gefahr dem Hause nähern konnte. Dennoch

*Scharmützel zwischen der holsteinischen und indischen
Gesandtschaft in Ispahan.*

fanden wir es nicht ratsam, so zerstreut und zwischen Furcht und Hoffnung zu schweben. Viele von uns machten sich also zum Haus der Gesandten auf, das an einer engen Quergasse lag. Durch diese liefen wir und eilten um die Ecke ins Haus. Dabei wurden einige tödlich verwundet. Indem auch ich zur Tür sprang, flog ein Pfeil dicht an meinem Gesicht vorbei und blieb in der Wand stecken; ich habe ihn als Andenken mitgenommen.

Neben den Pfeilen schossen sie auch mit Musketen und langen persischen Gewehren, aus denen kleine Kugeln verschossen werden. Sie verstanden es, genau zu zielen.

Als uns dieser unvorhergesehene Krieg aufgedrängt worden war, stellten sich unsere Leutnants mit den Soldaten und einigen unserer Leute vor die Tür und gaben mit Musketen tüchtig Feuer. Sie richteten sogar ein Steingeschütz auf die Inder. Diese aber lagen zu ihrem Vorteil hinter den Mauern der umliegenden Gärten, durch die sie Schießscharten gebrochen hatten, so daß man sie nicht so recht treffen konnte. Unsere Leute, deren einzige Mauer ihre Brust war und die sich doch, wenn nur die Offiziere dies erkannt und Befehl dazu gegeben hätten, hinter den vor dem Hause stehenden Koffern, Kisten und dem anderen Gepäck hätten verschanzen können, fielen einer nach dem anderen. Der Sergeant Morrhoi war am tapfersten. Die Wut über den Tod seiner Kameraden und der Haß gegen die frechen Feinde erhitzten ihn so, daß er die Muskete eines neben ihm zur Erde sinkenden Soldaten ergriff und einige der Feinde, die unbedeckt standen, erschoß. Indem er weiter anlegen will, trifft ihn ein Pfeil in der Brust, den er rasch herausreißt und wegwirft, noch einmal Feuer gibt, um dann hinter der Muskete niederzusinken.

Die armenischen Christen, die gegenüber in Fenstern und auf Dächern lagen und den Kampf anschauten, vergossen aus wehmütigem Mitleiden nicht weniger ihre Tränen als die Unsrigen ihr Blut. Weil aber schließlich der Pfeil- und Kugelhagel so dicht wurde, daß wir sahen, daß wir gegen eine so große Übermacht nichts ausrichten konnten, wollten wir nicht noch mehr Leute verlieren; wir riefen sie in den Hof und verschlossen die Tür. Darauf fielen die Inder über unser Gepäck her, plünderten es und nahmen, was sie fanden. Dieser Verlust traf mich neben anderen derart, daß ich nicht mehr als das, was ich anhatte, davonbrachte.

Davon war der Feind aber noch nicht gesättigt. Denn einige drangen in ein Nebenhaus, hieben dem Wirt, der sie anfangs nicht einlassen wollte, die Hand ab, stießen ihn danach sogar nieder und stiegen auf das Dach, von dem aus sie den Hof der Gesandten ganz beschießen konnten, so daß sich keiner in ihm blicken lassen durfte. Einige der Unsrigen begaben sich auch auf das Dach, verschanzten sich und richteten so den meisten Schaden unter dem Feind an. Der von Mandelslo schoß mit einer Pistole ihren Anführer, der ein enger Freund des Gesandten war, nieder. Sie drangen endlich in hellen Scharen vor unser Haus, um es zu stürmen. Allem Anschein nach war es den Indern um unser aller Blut zu tun, nach dem sie heftig dürstete. Die Gesandten wußten sich in dieser äußersten Not keinen besseren Rat, als von ihrem Gemach durch die Wand ein Loch zum Nachbarhof zu brechen, was auch die Armenier geschehen ließen. Sie lehnten auch Leitern an die hohe Mauer ihres beiliegenden Kirchhofes und erboten sich, die Gesandten im Notfall in der Kirche zu verbergen. So waren die guten Leute uns in unserer Not treu ergeben und halfen uns. (Mit welcher Untreue aber Otto Brüggemann den Armenier Gregori auch nach der Reise weiterhin in Gottorf und Hamburg belohnte, ist dort genügend bekannt.)

Als wir nun durch die Wand gebrochen, kamen wir in einen sehr schön angelegten Lustgarten, in dem wir aber nicht mehr Lust empfanden als einer, der von einem goldenen Turm hinuntergeworfen werden soll. Indem wir bestürzt in dem Garten herumstanden und darauf warteten, was das Verhängnis weiter über uns beschlossen habe, kam der Großmarschall des Königs und schloß Frieden.

Denn die Nachricht von diesem Tumult verursachte unter den Einwohnern der Stadt, die seit Menschengedenken von keinem Aufruhr gehört hatten, so großen Schrecken und solche Bestürzung, daß die ganze Stadt davon bewegt wurde. Anfänglich ließ der König durch seinen Marschall den Indern gebieten, Friede zu halten, als aber weder diese noch der Gesandte selbst darauf hören wollten, schickte der König den Marschall ein zweites Mal mit einigen hundert Mann gerüsteter Soldaten, um dreinzuschlagen. Ihm folgte die halbe Stadt nach. Als die Inder die große Volksmenge sich wie eine Flut heranwälzen sahen, machten sie sich bald aus dem Staub und verließen uns. Man berichtete uns danach, daß der König, als er von diesem mörderischen Anschlag vernommen hatte und der Gesandte dazu schwieg, in wilder Rage den Kopf des

Gesandten, der ihm verdächtig wurde, zu bringen befahl. Durch das Zureden des Reichskanzlers (daß ja beide Gesandten des Königs Gäste wären, die zu strafen ihren Vorgesetzten zukäme) ist dies aber verhindert worden.

Wie wir in die Stadt Ispahan verlegt und bewirtet wurden

Nachdem dieses Scharmützel vorbei war und man wieder sicher vor die Tür gehen konnte, fanden wir von unseren Sachen nichts weiter als zerschlagene Koffer und etliche geräucherte Zungen, Würste und Schinken, die die Usbeken als Mohammedaner für unrein gehalten und weggeworfen hatten. Tage später wurde mir von den *Ephemeridibus Origani*[89], die sie ebenfalls mitgenommen hatten, von einem Perser nur ein Drittel wieder zum Kauf angeboten. Der Verlust unserer Güter wurde insgesamt auf viertausend Reichstaler geschätzt. Der König wollte zwar eine Kostenaufstellung haben, um uns Schadenersatz zu leisten; dies erfolgte aber aus gewissen, uns wohlbekannten Ursachen nicht.

Von den Unsrigen sind bei dem Kampf, der an die vier Stunden dauerte, fünf umgekommen und zehn verletzt worden, von denen später noch einige starben. Die Inder sollen, nach Aussage der Perser, vierundzwanzig Tote zu beklagen haben und noch mehr Verletzte. Das war also das größte Unglück, das wir auf der ganzen Reise gehabt haben: Die wir auf dem Weg hierher durch mancherlei Gefahr ohne nennenswerten Schaden gekommen waren, mußten in der königlichen Residenzstadt, wo wir meinten, am sichersten zu sein, den größten Verlust an Menschen und Gütern hinnehmen.

Der indische Gesandte aber bekam bald darauf seine Abfertigung und mußte innerhalb weniger Tage abreisen.

Als wir am Tag nach dem Scharmützel, nämlich den 8. August in das neue Quartier einrückten, ist allen Indern, sowohl Kaufleuten, von denen sich an die zwölftausend in Ispahan aufhalten sollten, als auch den Leuten des Gesandten bei Todesstrafe verboten worden, sich bei unserem Einzug auf den Straßen sehen zu lassen. Wir zogen also mit einer starken Begleitmannschaft in die Stadt.

Die Unterkunft der Gesandten war ein großes Areal, das neben vier unterschiedlich großen Höfen viele und gut gebaute Gemächer und Kammern hatte, in denen die gesamte Gesandtschaft bequem einquartiert werden konnte. Ein Bach, der an beiden Ufern von kleinen Bäumen bestanden war, was einen schönen Spazierweg ergab, floß durch zwei Höfe, einige Lusthäuser und Gemächer und unter dem Hauptgebäude hin. Das Gebäude, in dem die Gesandten lagen, hatte in der Mitte einen großen und hohen, achteckigen Saal und in diesem einen in gleicher Figur mit großen Quadersteinen aufgesetzten Brunnen, durch den man einen Arm des erwähnten Baches nach Belieben leiten konnte. Auf allen Seiten des Saales befanden sich Türen und viele Nebenkammern. Im zweiten Stockwerk lagen ringsherum schöne Gemächer, deren Fenster als Türen teils in den Hof auf offene Galerien und Gänge gingen, so daß man aus allen Kammern des ganzen Gebäudes in den Saal blicken konnte. Die Wände waren überall, besonders unten im Saal, mit Kalkschneidereien, erhabenem, vergoldetem und lackiertem Blumenwerk und Vögeln eher kostbar als kunstvoll verziert, daß wir also in putzigen Quartieren wohnten. Weil wir aber einen weiteren Überfall der Inder, für den sie uns gedroht hatten, daß sie uns allen den Garaus machen würden, fürchteten, ließen wir, auch auf Rat der Perser, alle Stellen, die nicht befestigt waren, teils verstärken, teils mit Steingeschützen und einem guten Wachposten besetzen, so lange, bis der indische Gesandte abgereist war.

Solange wir in Ispahan lagen, wurden uns auf Befehl des

Königs täglich sechzehn Schafe, hundert Hühner, zweihundert Batman Wein neben allerhand Früchten und Gewürz gebracht und Küche und Keller mit reichlichem Proviant versehen, den wir kaum hätten verzehren können. Wenn diejenigen, die ihn empfingen und verwalteten, ehrlich damit umgegangen wären und ihn nicht – um die Wahrheit zu sagen – aufgrund der Duldsamkeit, der Bewilligung, ja endlich gar auf Befehl eines der Vornehmsten (das ist der von Hamburg[90]) zu den Armeniern und an unzüchtige Orte geschafft hätten, hätte die ganze Gesandtschaft, für die bisweilen gar nichts zu essen da war, zuletzt mehr als nur eine tägliche Mahlzeit gehabt.

Von unserer öffentlichen Audienz und den überreichten Präsenten

Am 16. August ließ der König die Herren Gesandten zur öffentlichen Audienz und zugleich auch zur Tafel laden und schickte zum Hinaufreiten vierzig schöne, wohlgeputzte Pferde, deren Sättel und Zaumzeug an vielen Stellen dick mit Gold beschlagen waren. Auf diesen ritten die Gesandten und die Vornehmsten der Gesandtschaft. Die gemeinen Mitglieder aber gingen in der gewöhnlichen Ordnung.

Die Präsente Ihrer Holsteinischen Fürstlichen Durchlaucht.

Nachdem das köstlichste und herrlichste Geschenk, nämlich das große Kunstuhrwerk, in der Ostsee durch den Schiffbruch verloren war, wurden noch folgende Geschenke überreicht:

1. Zwei prächtig gearbeitete und mit Gold verzierte ganze und ein halber Küraß[91], die von drei Reitern vorgeführt wurden.
2. Vierzig Paar schöne Pistolen mit verzierten Halftern, Spannern und anderem Zubehör; die wurden von vierzig Leuten getragen.
3. Zwei Säbel, deren Scheiden kunstvolle Einlegearbeiten aus Achat- und Bernstein hatten (die die Perser sehr schätzen) und aus reinem Gold waren; sie wurden nebst den schönen verzierten Futteralen von vier Personen getragen.
4. Noch vier Säbel mit Scheiden aus Bernstein und vergoldetem Silber, ohne Futterale, getragen von vier Leuten.
5. Zwei zierliche Leuchter aus Bernstein, die von vier Leuten getragen wurden.
6. Zwei mit Bernstein überzogene Stäbe von kunstfertiger Arbeit, mit schönen Futteralen, die von vier Leuten getragen wurden.
7. Zwei schöne Kästchen aus weißem und gelbem Bernstein, von zwei Leuten getragen.
8. Eine kostbare chemische Apotheke, deren Büchsen meist aus reinem Gold und oben aus Edelstein waren. Das Gehäuse war von Ebenholz, mit vergoldetem Silber beschlagen und mit vier starken silbernen Füßen. Sie wurde von vier Leuten getragen.

Olearius beschreibt im folgenden, was die Gesandten an Geschenken mitbrachten. Es war Sitte, daß auch sie eigene Präsente überreichten, neben denen, die sie von ihrem Fürsten mitbekommen hatten. So bringen die Gesandten dem Schah unter anderem ein Gewehr mit einem Schaft aus brasilianischem Holz, ein Kristallkännchen, einen Kronleuchter mit dreißig Armen und eingebauter Uhr, Juwelen, Pistolen und Uhren. Die Gesandtschaft formiert sich zum Einzug in den Palast:

Drei Sergeanten mit kurzem Gewehr, dazu fünfzehn Musketiere in roter Livree, jeweils sechs in einem Glied.
Der Marschall.
Die Hofjunker, je sechs in einem Glied.
Drei Trompeter mit silbernen Trompeten.
Acht Leibschützen in zwei Gliedern.
Dann die fürstlichen Herren Gesandten, mit acht Trabanten umgeben.
Hinter diesen zwei Dolmetscher.
Dann ritten acht Pagen in besonders schöner Livree.
Diesen folgten die gemeinen Mitglieder der Gesandtschaft, je sechs in acht Gliedern.

Als wir in dieser Ordnung, von vielen Kisilbaschen[92] und königlichen Reitern begleitet, vor den Palast kamen, wurden die Präsente auf die Seite gestellt und die Gesandten vor der ersten großen Pforte von dem königlichen Jesaul Sohöbet oder Gast-Marschall empfangen und unter dem Gewölbe an der Pforte, wo der Richter Gericht zu halten pflegt, gebeten, sich ein wenig hinzusetzen. Unterdessen ging ein Bote zum König, um unsere Ankunft zu melden. Bald darauf ließ dieser uns durch etliche hohe Herren vor sich laden. Wir wurden durch einen langen, schmalen Hof geführt, welcher auf beiden Seiten neben den hohen Hauptmauern mit niedrigen Mäuerchen besetzt war, hinter denen hohe Tzinarbäume[93] so ordentlich und gerade wie hohe Tannen standen. Vor den Mäuerchen aber standen viele Trabanten, die teilweise hohe Spitzmützen mit Federbüschen trugen, desgleichen auch viele Musketiere in guter Ordnung. Das war ein schöner Anblick. Am Ende dieses Hofes lag ein offenes Gemach, in dem der König Audienz hielt. Nicht fern von diesem Audienz- und Richtsaal standen an die fünfzig Pferde, die dem König gehörten. Sie waren mit köstlichen Decken, die mit Gold und Stickerei verziert waren, belegt; nahe bei dem Haus standen einige schöne Araber, deren Sättel und Zaumzeug mit reinem Gold belegt und mit Edelsteinen besetzt waren. Sie standen alle unter freiem Himmel, an den Hinterfüßen mit Stricken an die Erde gefesselt. Die meisten waren an den Schenkeln und am Bauch pomeranzengelb gefärbt. Neben ihnen standen große goldene Schalen, aus denen man den Pferden zu trinken gab. Nicht weit davon standen noch zwei große goldene Gefäße, zwei Ellen im Durchmesser, in denen das Eis war, mit dem sie den Wein kühlten.

Das Lusthaus selbst war drei Stufen höher als der Hof, zwölf Klafter lang und acht breit und ungefähr sechs hoch und hatte vorn rote Leinwandvorhänge, die auf und nieder gezogen werden konnten. Die Pilare, auf denen die Decke ruhte, waren aus Holz, achteckig, bemalt und vergoldet, wie überhaupt das ganze Gemach mit goldenem Blumenwerk verziert war. An der linken Wand hingen drei große europäische Historiengemälde. Der Boden war mit überaus köstlichen Teppichen belegt. In der Mitte gab es einen viereckigen Brunnen, in dem allerhand Blumen, Zitronen, Pomeranzen, Granatfrüchte, Äpfel und andere Früchte schwammen. Ringsherum standen sehr viele goldene und gläserne Weinflaschen mit langen schmalen Hälsen, die alle entweder oben mit schönen Reuchelbüschen[94] besteckt oder an den Hälsen mit Kränzen belegt und verziert waren. So mochte es auch in diesem Fall heißen, was sich bei Didos Gastmahl, nach Vergils Beschreibung so zutrug: »Crateres magnos statuunt & vina coronant.«[95]

Hinter dem Brunnen an der Wand saß der König auf einem seidenen Kissen auf der Erde und hatte die Beine wie die gewöhnlichen Perser untergeschlagen. Er war ein Herr von siebenundzwanzig Jahren, von schöner Gestalt, mit weißem und frischem Gesicht und, wie fast alle Perser, mit einer herausragenden Habichtsnase. Dazu trug er einen kleinen schwarzen Knebelbart. Sein goldgewirktes Gewand unterschied sich in der Art nicht von den anderen, nur daß er auf dem Mendil oder Turban ein schönes Kleinod mit einer Kranichsfeder trug und über dem Kürdi oder ärmellosen Überröckchen vom Hals herunter ein paar Zobelfelle hängen hatte. Gleichwohl sahen wir auch später bei anderen hohen Herren die gleichen Überröcke. Des Königs Säbel funkelte von Gold und Edelsteinen, hinter ihm lagen Pfeile und ein Bogen. Zur Rechten standen zwanzig schöne junge Knaben, seine Pagen, die meisten Söhne der Khane und Sultane, die Provinzgouverneure waren; manche von ihnen sollen beschnitten sein. Einer von ihnen, mit einem ganz zarten Gesicht, hatte einen Fächer, mit dem er dem König die Luft kühlte. Neben den Pagen stand der Meheter oder Kammerdiener. Vor dem König stand der Großmarschall, der einen ganz vergoldeten Stab mit einem großen runden Knopf in der Hand hielt. Ungefähr vier Schritt zur Linken des Königs saßen der Reichskanzler und die Khane oder Fürsten des Königs.

Als unsere Gesandten hinaufgebeten worden waren, gingen zwei Fürsten ihnen entgegen, ergriffen sie bei den Armen und führten einen nach dem anderen vor den König. Dieses Armgreifen, das die Fürsten mit beiden Händen verrichteten und das bei allen Gesandten üblich ist, soll neben dem Erweisen hoher Ehre auch zur Sicherung des Königs dienen, wenn etwa, wie es zur Zeit des Schahs Abas bei einer türkischen Gesandtschaft geschehen sein soll, eine Konspiration im Gange wäre. Ich vermute, daß aus gleichem Grund der König fremden Herren nicht seine Hand, sondern das Knie, und den Untertanen den Fuß zum Kusse reicht.

Als unsere Gesandten vor den König kamen, neigten sie sich mit gebührender Reverenz. Der König hingegen gab ihnen mit fröhlichen Gebärden einen freundlichen Wink. Darauf wurden sie auf die Seite geführt und neben die Khane auf niedrige Stühle gesetzt. Fünfzehn der Vornehmsten unserer Gesandtschaft wurden ebenfalls genötigt, in dem Saal Platz zu nehmen, die Pagen aber und die anderen Mitglieder setzten sich draußen neben dreizehn hübsche Tänzerinnen

Audienz der holsteinischen Gesandten (rechts hinten) bei Schah Sefi. Zu ihren Ehren werden allerlei Kunststücke und Belustigungen vorgeführt.

mit offenen Gesichtern auf Teppiche. Diese Tänzerinnen sollen nicht, wie einige der Unsrigen meinten, vom König bestellte Tänzerinnen sein, sondern die vornehmsten Dirnen der Stadt, welche dem König jährlichen Tribut geben und ihm aufwarten müssen.

Als die Gesandten ein wenig gesessen hatten, ließ der König durch den Marschall nach dem Namen des Herren, der sie geschickt hatte, und nach ihrem Begehr fragen. Als sie sich in gebührender Weise mit ihrer Antwort vernehmen ließen, gingen sie zu dem Dolmetscher des Königs und überreichten ihm mit einer kurzen Rede (weil es nicht üblich ist, vor dem König lange zu reden) das Empfehlungsschreiben Ihrer Fürstlichen Durchlaucht. Das nahm der Reichskanzler entgegen; darauf wurden sie wieder gebeten, Platz zu nehmen. Durch den Kammersekretär erfuhren sie, daß der König das Schreiben übersetzen lassen und den Gesandten nach ihrem Belieben eine weitere Audienz gewähren wolle. Für jetzt sollten sie nur fröhlich sein. Daraufhin wurde ein Geschenk nach dem anderen vorgezeigt und in die Schatzkammer, die zur Rechten lag, gestellt. Unterdessen wurde die Tafel, die der ganze Saal war, vor allen Gästen mit Konfekt und Obst besetzt, und dazwischen stellte man große goldene Flaschen, die leer und nur als Zierat gedacht waren. Schließlich standen über dreihundert da, so daß man, wohin man sich auch wandte, nichts als Gold blinken sah. Während die Früchte verspeist wurden, gab es viele Toaste mit dem guten Wein aus Schiras, und gleichfalls trat einer auf und riß allerhand schnelle und lustige Possen. Nach einer guten Stunde wurde das Konfekt weggenommen, die Tafel für die richtige Mahlzeit vorbereitet und goldgewirkte Tischdecken aufgelegt. Es kamen zehn Personen, die die Speisen in sehr großen goldenen Töpfen brachten, teils auf dem Kopf, teils auf Tragen, die mit starkem goldenem Blech beschlagen waren.

Der königliche Suffretzi oder Vorschneider setzte sich in den Saal oder auf die Tafel, zerteilte die Speisen und legte sie in

Du siehst mich, von Gesicht und Jahren einen gefälligen Jüngling.
Aber durch innere Gewalt war ich Tyrann.

die verschiedensten Schüsseln. Er setzte zuerst dem König vor, dann den Gesandten und den anderen Herren nach der Ordnung. Die Schüsseln waren alle mit gekochtem Reis gefüllt und oben mit gesottenem Schaffleisch, gebratenen Hühnern, Eierkuchen, gekochtem Spinat, Sauerampfer und dicker, saurer Schafmilch belegt. In einer Schüssel waren oft fünferlei Essen. Solche Art lehrt sie fast die Notwendigkeit. Denn weil sie nicht, wie es bei uns Sitte ist, einander gegenüber sitzen, sondern in einer langen Reihe, in der nicht mehr als zwei oder drei in eine Schüssel langen können, würde es sich nicht schicken, vielerlei Speisen in jeweils besonderen Schüsseln anzurichten. Zudem ist es bei ihnen auch nicht Sitte, viele Gänge vorzusetzen.

Die Mahlzeit wurde in aller Stille ohne besondere Gespräche eingenommen. Der König selbst redete nur drei- oder viermal mit dem Reichskanzler. Bei den folgenden Audienzen und Tafeleien aber ließ der König sich mit unseren Gesandten in gar freundliche Gespräche ein. Gleichwohl hatten sie während der Mahlzeit ihre Lust an der Musik und vielen Schauspielen. Die königliche Musik bestand aus Handpauken, Pfeifen, heimlichen Schalmeien[96], Lauten und Geigen; dazwischen sang der Handpauker mit einem für unsere Ohren jämmerlichen Ton. Die oben erwähnten Tänzerinnen sprangen auf eine seltsame Weise lustig herum. Desgleichen ließen einige wohlgeübte Ringer ihre Kunstfertigkeit und Behendigkeit sehen.

Währenddessen hatten sie hinter den Gesandten in einer Tür, die zu einem besonderen Gemach ging und mit einer Gardine verhängt war, einen Perser versteckt, der der portugiesischen und italienischen Sprache mächtig war. Er sollte hören, was die Gesandten unter sich und mit ihrem Dolmetscher redeten und was ihre Meinung von den Persern sei. Unser Dolmetscher war ein portugiesischer Augustinermönch, der im Laufe von vierundzwanzig Jahren in vielen Konversationen die Natur, Gesinnung, das Leben und Treiben der Perser erfahren hatte und uns daher gute Dienste leisten konnte. Dieser redete mit dem Gesandten Crusius lateinisch und mit Herrn Brüggemann portugiesisch. Was Brüggemanns Meinung von diesem und jenem war, war absonderlich. Nach ungefähr anderthalb Stunden wurde die Tafel aufgehoben und warmes Wasser zum Händewaschen in goldenen Kannen herumgereicht. Dann rief der Großmarschall auf türkisch[97]:

سفره حقنه شاه دولتنه غازيلر قونته
الله ديلم الله الله

Suffre Hakine Schahe dovvletine,
Kasiler kuvvetine. Alla dielum.

Das heißt soviel wie: »Gott vergelte diese Mahlzeit, vermehre des Königs Güter und mache seine Soldaten (oder Diener) stark. Gott, ich begehre (oder wünsche) dies.«
Darauf riefen die anderen: »Allah, Allah!« – »Gott, Gott (gebe es)!«
Kurz darauf stand einer nach dem anderen auf und ging auf seine Weise stillschweigend weg. Unser Mehemandar kam und sagte den Gesandten, daß es jetzt Zeit wäre, wegzureiten. Daher standen wir auf, neigten uns im Hinuntergehen vor dem König und ritten wieder nach Hause.

Was nach der ersten öffentlichen Audienz in Ispahan geschah; besonders von der ersten und zweiten geheimen Audienz. Desgleichen, wie wir besucht und wieder eingeladen wurden

Nach der öffentlichen Audienz kamen verschiedene Ausländer zu uns, die sich in Ispahan aufhielten, als da waren: Engländer, Portugiesen, Italiener und Franzosen. Wir machten gute Bekanntschaft miteinander, so daß wir uns später, solange wir in Ispahan lagen, in guter Freundschaft wechselseitig besuchten.

Am 24. August wurden die Gesandten zur ersten geheimen Audienz geladen, der der König selbst mit dem Reichskanzler und vielen der vornehmsten Herren in der oben erwähnten Weise beiwohnte. Und zwar nicht in dem Audienzsaal, sondern in einem anderen Gemach. Nach der zweistündigen Unterredung wurde die Tafel bereitet, zu der man auch uns einlud. Als wir fast zwei Stunden gegessen hatten, nahmen wir wie bei dem ersten Mahl unseren Abschied und ritten auf des Königs Pferden nach Hause.

Am 29. August, nach dem neuen Kalender der Geburtstag Mariens, wurden die Gesandten mit der gesamten Reisegesellschaft von den spanischen Mönchen des Augustiner-Ordens zur Feier des Festes und zu einem Gastmahl eingeladen. Weil ihr Kloster, obwohl es auch in der Stadt liegt, über eine halbe Meile von dem Hof der Gesandten entfernt ist, verschaffte uns der Mehemandar Pferde, um dorthin zu reiten. Außer uns erschienen der russische Poslanik Alexei, ein armenischer Erzbischof mit einigen Priestern und die englischen Kaufleute. Obgleich sich die verschiedenen Nationen in der christlichen Welt wegen ihrer Religion nicht gern leiden mögen, halten sie doch hier unter den Unchristen wegen des christlichen Bekenntnisses zusammen und pflegen ziemlich gute Freundschaft miteinander.

Zu Beginn des September begann sich die große Hitze abzuschwächen, und die Nächte wurden kälter. Wer kein gutes Bettzeug hatte, konnte dies wohl merken.

Am 19. September hatten wir die zweite geheime Audienz, die der König in einem anderen Gemach abhalten ließ. Und weil die Gesandten eine schriftliche Eingabe machten, wurde wenig geredet, sondern bald die Tafel gedeckt und gespeist, wozu sich abermals ihre Musikanten einfanden. Als der König vernahm, daß die Gesandten ebenfalls Musikanten bei sich hatten, wünschte er diese zu hören. Deswegen wurde eine Viola da Gamba, eine Pandora und eine Diskantviola geholt und etwa eine Stunde musiziert. Zwar gefiel dies dem König gut, gleichwohl wollte er nicht mit der persischen Musik, die er gewohnt war, tauschen.

Am 1. Oktober veranstalteten die Gesandten selbst ein fürstliches Bankett, zu dem der russische Poslanik, der armenische Gouverneur mit seinen zwei Brüdern, die Vornehmsten der englischen Kompanie, viele Franzosen, die spanischen Augustiner wie auch viele italienische Karmeliter eingeladen wurden. Die Tafel wurde auf deutsche Art angerichtet; es gab zwei Gänge zu je vierzig Gerichten und danach noch köstliches Konfekt. Dazu Musik von Saitenspiel, Trompeten und Pauken, die sich bei dem Zuprosten lustig hören ließen. Nach gehaltener Tafel wurde ein Ringelrennen[98] veranstaltet und als Preise ein großer vergoldeter Pokal und ein silberner Becher ausgesetzt. Den ersten Preis gewann der von Mandelslo, den zweiten der Gesandte Brüggemann.

Als der König vernahm, daß die Gesandten bei ihrem Mahl eine besondere Art der Zubereitung hatten, wie Pasteten, Torten und Schauessen, war er begierig, dieses zu sehen. Darin willfahrten ihm die Gesandten und ließen von unseren Köchen eine Reihe schöner Schauessen, Pasteten und Torten machen. Diese wurden alsbald in den königlichen Harem gebracht, wo sie mit Verwunderung und Vergnügen bestaunt und wahrscheinlich auch gegessen worden sind.

In diesen Tagen flüchtete sich unser Sekretär[99] wegen hartnäckiger Verfolgung zu den spanischen Augustinermönchen, von denen er gut empfangen und dreizehn Tage untergebracht wurde. Er war willens, seinen Rückweg durch Babylon und Aleppo zu nehmen, teilweise weil diese Orte durch die Geschichte sehr berühmt geworden sind. Dieser Vorsatz aber wurde aus gewissen Gründen wieder rückgängig gemacht und der Sekretär wieder zur Gesandtschaft gebracht.

*

Anschließend schildert Olearius eine armenische Hochzeit, eine Taufe und ein Abendmahl. Die Zeremonien beschreibt er in aller Ausführlichkeit.

Wie der persische König den Uhrmacher Rudolf Stadler niedersäbeln ließ

Am 3. Oktober wurde ein deutscher Uhrmacher, ein Diener des Königs, den wir schon in Ispahan vorgefunden hatten, von den Persern eingesperrt und niedergesäbelt. Damit verhielt es sich folgendermaßen: Ein gebürtiger Schweizer namens Johann Rudolf Stadler aus Zürich, ein Mann von achtunddreißig Jahren, war der Schwager Brüggemanns. Als dieser dem Schah fünf Jahre als Uhrmacher gedient hatte und gerne wieder nach Deutschland zurückkehren wollte, wozu sich ihm unsere Rückreise als bequeme Gelegenheit anzubieten schien, hielt er um seinen Abschied an. Der König aber erbot sich, ihm, wenn er noch zwei Jahre bleiben würde, vierhundert Reichstaler zu schenken. Der Uhrmacher ließ ungeachtet dieses Angebotes durch die Gesandten weiter um seine Entlassung anhalten. Unterdessen bricht in der Nacht ein Dieb bei ihm ein, vielleicht der Meinung, daß der König ihm das Geschenk schon ausgezahlt habe. Der Uhrmacher ertappt den Dieb, kämpft eine Weile mit ihm, besiegt ihn endlich und wirft ihn, vielfach verwundet, aus dem Haus. Indem er aber voller Zorn meint, es dem Dieb zu wenig heimgezahlt zu haben, läuft er ihm auf der Straße nach und streckt ihn mit einem Pistolenschuß vollends nieder.

Die Freunde des Getöteten laufen alsbald zum geistlichen Richter und klagen, daß der deutsche Uhrmacher als Ungläubiger einen Rechtsgläubigen ermordet habe, und begehren deswegen, daß der Täter zum Tode verurteilt und ihnen überantwortet wird. Der Uhrmacher wird, als er seiner Gewohnheit nach zum Hof reiten will, um seine Aufwartung zu machen, auf der Straße gefangengenommen, ins Gefängnis gesteckt, an Hals und Arm in den Stock gesteckt und sehr übel behandelt.

Es ließen die Gesandten zwar verschiedene Male für ihn bitten, aber auf inständiges Anhalten der Kläger und durch die Unterstützung des geistlichen Oberrichters (welchen die Türken Mufti nennen) wurde er zum Tode verurteilt. Auf Gnade des Königs sollte ihm das Leben geschenkt werden, wenn er sich beschneiden ließe und den persischen Glauben annähme. Rudolf aber wollte lieber sterben; daher richteten auch die Khane und hohen Herren, die ihm seiner Kunst wegen das Leben gönnten, mit ihren inständigen Vorhaltungen, Verheißungen großer königlicher Gnade, Herrlichkeit und Reichtums, sofern er sich dem König zu Gefallen beschneiden lassen wollte, nichts aus. Er antwortete ihnen getrost: Um des Königs Gnade wolle er die Gnade Christi nicht verscherzen. Den Leib, der im Dienst dem König untertan sei, könne er dem König geben, aber nicht die Seele, die Christus zukomme, der sie mit seinem Blut teuer erlöst habe. Dem wolle er sie auch in beständigem Glauben durch sein Blutvergießen opfern. Darauf hat man ihn zweimal vor die Pforte des Schlosses auf den Maidan zur Schlachtbank geführt und doch wieder zurückgeholt, um zu sehen, ob er etwa,

Die Hinrichtung des Schweizers Rudolf Stadler in Ispahan.

wenn er den Ernst spürte, aus Furcht möchte gewonnen werden. Unterdessen kamen die katholischen Mönche fleißig, um ihn zu trösten und zu ihrer Religion zu bekehren; er aber wollte weder zur Rechten noch zur Linken wanken.

Endlich sahen die Perser, daß nichts zu machen sei; zudem führte sich der Gesandte Brüggemann wegen des Urteils ziemlich wüst auf und ließ ärgerliche Worte an den Hof richten. Stadler wurde den Freunden des Getöteten übergeben, die ihn mit vier Säbelhieben hinrichteten, und zwar den ersten in den Nacken, den zweiten in die Stirn und zwei mitten durch das Gesicht. Er ist freudig und getrost zum Tode gegangen und hat im Niederknien gesagt: »Haut nur getrost im Namen Christi zu.« Darauf ist einer in wilder Grausamkeit herbeigesprungen, hat aber danebengehauen und einen Nebenstehenden am Bein verwundet. Ein anderer schlug in den Stock, den er am Hals trug. Der dritte Streich ging erst durch den Hals, daß er umsank, danach hieben die anderen zu. Der gute Schweizer hat in rechter Beständigkeit des Glaubens an Christus seinen Geist aufgegeben.

Am gleichen Tag ließ der Gesandte Brüggemann bei dem Ringelrennen, das er aus Verdruß und Unmut über die Exekution seines Schwagers allein hielt, über hundert Schuß aus groben Geschützen tun. Niemand außer ihm, seinen Bedienten und dem Konstabel waren auf der Rennbahn, und wenn er einen Lauf getan hatte, mußte immer ein Schuß abgefeuert werden.

Nachdem der Leichnam in dem Stock den ganzen Tag auf dem Platz gelegen hatte, ließ ihn der Gesandte Brüggemann abends durch Vergünstigung des Königs in den Hof bringen und am 22. Oktober mit einem stattlichen Begräbnis und einer Prozession, an der auch der russische Gesandte, der armenische Gouverneur mit seinen Brüdern, viele Armenier und andere Ausländer christlichen Bekenntnisses teilnahmen, beerdigen.

Auf den Tod Stadlers und seine Beständigkeit im christlichen Glauben machte Paul Fleming ein Gedächtnis- und Lobgedicht, das ich aus seinem *Buch der Sonette* hier zitieren will:

Dein tapf'rer Christenmut, du werter Schweizer du,
ist ewig lobenswert: Denn da du konntest leben,
hast du dich willig hin in deinen Tod gegeben.
Was deinen Leib umbringt, das ist ein kurzes Nu.

Die Seele flog davon, ihr kam kein Säbel zu.
Nun siehst du um dich her die Serafinen schweben,
schaust auf dies große Nichts, um welches wir so streben,
lachst deine Mörder aus und jauchzest in der Ruh.

Hier ist dein Märtyrerkranz, du Redlicher, du Treuer,
den nimm mit in dein Grab. Wir wollen deinen Preis
durch die erlöste Welt bei allen machen teuer.

Dein Vaterland soll sein der Erden weiter Kreis!
Wer so wie du verdirbt, der bleibet unverdorben,
lebt, wenn er nicht mehr lebt, und stirbet ungestorben.[100]

Die Gesandten waren zwar willens, die Leiche alsbald zu bestatten, und ließen dazu am 16. Oktober auch alles vorbereiten. Der König aber ließ noch am selben Tag spät abends durch unseren Mehemandar ausrichten, daß er den Gesandten zu Gefallen am folgenden Morgen auf eine mehrtägige Jagd reiten wolle. Es möchten die Gesandten sich vorbereiten, daß sie frühmorgens mit ausreiten könnten. Einige meinten, daß der König die Jagd deshalb veranstaltet hätte, um den Gesandten die Zeit zu nehmen, an dem Leichenbegängnis teilzunehmen und es durch ihre Gegenwart herrlich zu machen. Die Leiche mußte, obschon sie von den Ihrigen nach Brauch beweint worden war, bis zur Rückkehr der Gesandten in einem Gemach liegen bleiben.

*

Zwei weitere Kapitel handeln von Jagden, auf denen die vornehmsten Mitglieder der holsteinischen Gesandtschaft den Schah Sefi begleiten. Genau berichtet Olearius von den verschiedenen Jagdarten und Anständen auf Falken, Kraniche, Gänse und wilde Esel. Dazu gibt es Bankett und Umtrunk. Auch die Frauen des Schahs reiten mit auf die Jagd, an der sie wie die Männer teilnehmen und wo sie selbst Wild erlegen.

*Von den zwei Gastmählern des Reichskanzlers und
was dabei zu sehen war. Vom Reichskanzler selbst*

Am 19. November richtete der Reichskanzler zu Ehren der Gesandten ein großes Bankett in einem herrlichen Saal, der eine vorzügliche Augenweide war. Denn mitten in einem Vorgemach gab es einen großen Brunnen, der aus einigen Röhren das Wasser übermannshoch emporwarf. Der Hauptsaal war oben an den Wänden mit den Frauentrachten vieler Nationen und europäischen Gemälden behängt und unten mit vielen hundert kleinen Spiegeln, die alle kunstfertig in die Wände eingelassen waren, verziert. Wer in der Mitte des Saales stand, konnte sich vielfältig gespiegelt betrachten. Ein gleiches und noch viel schöneres Spiegelzimmer soll der König neben dem Harem in seinem Palast haben.

Die Bewirtung war prächtig, die Speisen wurden in silbernen Schüsseln vorgesetzt. Während der Mahlzeit warteten die Musikanten des Königs auf, samt den Tänzerinnen, die auch vor ihm tanzten. Diese konnten beim Tanz rechte Gauklerpossen machen.

Solche Tänzerinnen müssen den Gästen nicht nur beim Tanzen, sondern auch zu anderen Wünschen zu Diensten sein. Denn der Wirt bittet, die Gäste nach allen Regeln der Lustbarkeit zu bewirten, soviel ihm immer möglich ist. Unter anderem halten sie die Fleischeslust für zulässig und nicht für die geringste. Daher müssen bei allen vornehmen Banketten neben den Spielleuten auch solche Tänzerinnen dabeisein. Ausgenommen ist Ardebil, aus dem als heiligem Ort Schah Abas alle öffentlichen Dirnen hat vertreiben lassen. Der Wirt bietet beim Umtrunk seinen Gästen an, die Frauen nach Belieben zu ihrer Ergötzung zu haben. Wem es beliebt, der begibt sich mit einer von ihnen in eine dafür hergerichtete Kammer. Danach kommen sie ohne Scham wieder heraus, der Gast setzt sich auf seinen Platz, und die Dirne tanzt wieder. Wem aber solche Torheit nicht gefällt, der verneigt sich vor dem Wirt und dankt für das Angebot.

Nach der Mahlzeit gingen die Spielleute und Tänzerinnen; die Gesandten aber, die mit dem Kanzler noch geheim zu verhandeln hatten, blieben noch eine gute Stunde. Unterdessen wurden wir in einen Garten geführt und mit Früchten und Wein weiterhin bewirtet.

Am 21. November mußte der Reichskanzler auf des Königs Befehl die Gesandten abermals zu sich bitten, um mit ihnen im Geheimen zu reden und endlich zum Schluß zu kommen. Wir wurden wiederum herrlich, aber doch nicht auf die vorige Art bewirtet.

Von den Geschenken des Königs und denen anderer Herren an die Gesandten und an einige der Unsrigen. Desgleichen von der letzten öffentlichen Audienz und dem Abschied

Am 2. Dezember kam unser Mehemandar und brachte die königlichen Präsente, die waren:

1. Für jeden Gesandten ein Pferd mit Sattel und Zaum. Die Sättel waren mit dickem Goldblech überzogen und das Zaumzeug dicht mit goldenen Buckeln besetzt. Brüggemanns Pferd aber war nicht gesund.
2. Zwei persische Kleider aus den besten goldenen Stoffen samt den zugehörigen schönen Mendilen Miânbend oder Kopf- und Leibbinden.
3. Einhundertfünf Stück Seide wie Atlas, Damast, Darai oder Doppeltaft; desgleichen Leinwand und davon fünfzehnerlei Sorten.

Dazu wurden den Gesandten für die Reisezehrung zweihundert Tumain, das sind dreitausenddreihundertdreiunddreißig Reichstaler, geschickt. Die nahm der Gesandte Brüggemann an sich; davon gab er teils den Leuten der Gesandtschaft, damit sie sich ernähren konnten, teils verschenkte er es an die befreundeten Armenier.

Die königlichen Geschenke an die Gesandtschaft bestanden aus je einem Atlas- und Doppeltaftrock, durchwirkt mit goldenen und bunten Blumen, für die fünf Vornehmsten.

Den anderen Hofjunkern jedem ein Towinen[101] mit einem goldgewirkten Rock. Den geringen Mitgliedern der Gesandtschaft aber nichts.

Am folgenden Tag ließ der König die Herren Gesandten samt der ganzen Reisegesellschaft zum letzten Male zu sich und zur Tafel bitten. Durch den Mehemandar wurde verbreitet, daß wir ihrer Sitte nach die vom König geschickten Röcke über unsere Kleider hängen und so vor ihm erscheinen sollten. Anfänglich weigerten sich zwar die Gesandten, das zu tun, aber der Mehemandar bestand darauf. Er sagte, die anderen Gesandten müßten ebenso beim König erscheinen, und wenn sie es nicht täten, würde dies dem König mißfallen. So ließen es die Gesandten endlich geschehen und hingen sich wie wir die besten Röcke über die Schultern und ritten hinauf.

Der König saß wiederum im Audienzsaal in der oben erwähnten Pracht; alles wurde mit denselben Zeremonien wie bei der ersten Audienz abgehalten.

Während das Konfekt noch auf der Tafel stand, ließ der Reichskanzler seiner Gewohnheit nach dem König ein köstliches Geschenk bringen. Es wurden nämlich zwölf schöne Pferde, mit herrlichen Decken belegt, neunundvierzig Kamele, mit türkischen Teppichen und schönen Filzen behangen, fünfzehn Maulesel, tausend Tumain an barem Geld, wobei jeder Tumain von einer Person in einem farbigen Beutel getragen wurde, vierzig Stück goldene Laken, sehr viele Seidenwaren und andere Sachen nacheinander in ungefähr anderthalb Stunden an dem Palast vorbei und in die Schatzkammer gebracht. Solche Geschenke soll der Reichskanzler jedes Jahr einmal und bisweilen sogar zweimal machen. Woher er sie aber nimmt und warum er es tut, soll bald gesagt werden.[102]

Nach der Tafel wurden die Gesandten abermals zum König geführt, um Abschied zu nehmen. Bei der Überreichung der Rekreditive ließ der König seinen freundlichen Gruß an Ihre Fürstliche Durchlaucht den Herzog von Schleswig-Holstein etc. entbieten und äußerte das Verlangen, ihn mit eigenen Gesandten gleichfalls zu besuchen. Die Gesandten dankten mit gebührender Ehrerbietung dafür und für die empfangenen hohen Wohltaten, nahmen ihren Abschied, und so ritten wir also mit unseren Röcken wieder hinunter ins Quartier.

Am 4. Dezember war der russische Gesandte bei dem Reichskanzler gewesen und hatte von diesem im Namen des Königs seinen Abschied bekommen, so daß er mit uns zugleich wieder zurückreisen konnte. In den folgenden Tagen schickten die hohen Herren vom Hofe, die zuvor von den Gesandten beschenkt werden mußten, nunmehr ihre Geschenke. Weil diese aber von Rustam, unserem entlaufenen persischen Dolmetscher, der sich bei den Persern aufhielt, überreicht werden sollten, wollten es unsere Herren nicht annehmen und ließen sie wieder zurückgehen und durch den Mehemandar sagen: ob die Herren für die Übergabe der Geschenke keinen anderen als den entlaufenen Schelm hätten, mit dem zu reden sie große Bedenken empfänden. Drei Tage darauf sandten sie mit einem anderen Mann zwei Pferde, einen Maulesel und achtzehn Stück allerhand Seidenzeug, die man dankbar annahm und für die man dem Überbringer einen Tumain schenkte.

Am 10. Dezember wurden den Gesandten vom Großmarschall zwei Pferde geschenkt und vom Reichskanzler zwei Pferde, ein Maulesel und fünfundvierzig seidene und goldene Sachen.

Am selben Tag kam der Mehemandar mit dem Bericht, daß der König für acht Tage verreisen und sich nach Kaschan begeben würde. Wenn es den Herren Gesandten beliebe, wolle er sie in seinem Geleit so weit mit zurücknehmen. Wir bereiteten uns deshalb auf die Abreise vor und veranstalteten am 12. Dezember zum Abschied noch ein Gastmahl, bei dem dieselben Gäste wie bei dem letzten dabei waren, diesmal nur mehr Armenier. Nach der Tafel begab man sich auf die Rennbahn, wo auch ein spanischer Agent war, den der Vizekönig von Goa in Indien hierher gesandt hatte. Desgleichen war ein reicher Jude erschienen, der zwischen Indien und Constantinopel handelte. Die Musik mußte lustig erklingen. Auf den Mauern und umliegenden Häusern standen einige hundert Perser und Armenier, um die Lustbarkeit mit anzusehen. Es wurden zwei Ringe aufgestellt, jedoch keine Preise ausgeschrieben, so daß jeder, dem es beliebte, danach rennen konnte. Bei jedem Treffen und jedem ausgebrachten Toast mußten auf Befehl des Gesandten Brüggemann Schüsse abgefeuert werden. Dies kam so oft vor, daß der königliche Dolmetscher Pater Josef vermutete, daß es dem König, wie auch das letzte Schießen, nicht gefallen würde, da man sowohl in der Stadt als auch auf dem Schloß alle Schüsse hören konnte. Der König sei ein Tyrann, so fürchtete sich der Dolmetscher, und er könne es sich einfallen lassen, ihm, weil er uns gedient habe, etwas anzutun. Ihm wären schreckliche Exempel, besonders die Niedermetzelung des letzten Reichskanzlers, bekannt, so daß er um Christi willen bat, sich etwas zurückzuhalten. Aber dessen ungeachtet mußte auf Willen Brüggemanns, der sich wie ein Heißsporn aufführte, die Festlichkeit noch eine Weile weitergehen. Später aber hörten wir, daß der König wegen dieses Vorfalls und anderer Sachen so in Zorn geraten war, daß er habe verlauten lassen, er würde, wenn nicht der Herzog von Holstein ein großer Potentat und gerechter und frommer Herr wäre, dem Gesandten Brüggemann den Kopf abreißen lassen. Denn er war auch durch folgende Handlung des Gesandten hoch beleidigt: Es trug sich in diesen Tagen zu, daß der Brabanter Lyon Bernoldi, nicht der Geringsten einer, ohne Erlaubnis der Gesandten zum holländischen Agenten ging und sich von diesem beschenken ließ. Er wurde von Brüggemann in Eisen gelegt und sollte, solange wir in Ispahan blieben, darin bleiben. Er befreite sich aber und lief in das Schutzhaus, das sich im königlichen Hofe befand. Anfänglich schickten die Gesandten zum König und ließen um seine Überantwortung bitten. Der König aber ließ wissen, daß es weder in seiner noch in jemandes anderen Macht stünde, einen anzugreifen, der sich an diesen Ort geflüchtet habe, und wenn er sich am König selbst vergriffen hätte. Wenn der Flüchtige etwas gestohlen habe (wie man fälschlich vorgab) und dies bei sich hätte, sollte zwar das Gestohlene, nicht aber der Dieb herausgegeben werden. Daraufhin ließ der Gesandte Brüggemann sich öffentlich vernehmen, daß er den Lyon wiederhaben wolle – und wenn er ihn in des Königs Schloß erschießen müsse. Und weil man vermutete, daß der Flüchtling sich nachts an einen anderen Ort begeben würde (wozu Brüggemann einen Armenier abgeordnet hatte, der ihn mit List herauslocken sollte), rüstete er zwanzig Leute zu Fuß und zu Pferd aus und schickte sie am späten Abend mit brennenden Lunten und Feuerröhren[103] vor die Pforte des königlichen Palastes, um den Flüchtling tot oder lebendig herauszubringen. Er ließ nichts von dem gelten, was auch sein Kollege[104] in Anbetracht der Gefahr, die uns daraus erwachsen könnte, einwandte. Als die Leute der Pforte zu nahe gekommen waren und sich (vielleicht auch mehr, als es ihnen befohlen worden war) sehr trutzig[105] zeigten und sich von der königlichen Wache nicht abhalten lassen wollten, hat diese auf Befehl des Königs, der von dem Getümmel erwacht war, die Pforte, die seit Menschengedenken nicht zu war, verschließen müssen. Dies hat den König so sehr verdrossen, daß er sich am nächsten Tag bei seinen Räten beklagte, er könne vor den Deutschen nicht mehr sicher schlafen, wenn er keine Vorkehrungen träfe. So müßten entweder sie oder er aus der Stadt. Unter anderem war auch dies das Geringste nicht, was Brüggemann gegen einige königliche Befehlshaber, die wegen der jungen Frauen die armenischen Häuser besuchten (davon bald mehr), zu verüben willens war. Denn als der armenische Dolmetscher Brüggemann klagte, daß bei einem solchen Besuch auch seine liebste Freundin in Gefahr sei, leistete dieser ihm Vorschub für einen gefährlichen Anschlag, um die königlichen Besucher abzuhalten. Wenn es zur Tat gekommen wäre, hätte diese uns in die größte Gefahr gebracht. Wenn der Reichskanzler Brüggemann wegen diesem und anderen leichtsinnigen Vorhaben nicht immer wieder eine Brücke gebaut hätte, wären er und vielleicht wir alle wohl schwerlich lebendig aus Persien herausgekommen.

*

Das fünfte Buch der neuen persischen Reisebeschreibung, das hier – wie das dritte – übersprungen wird, handelt vom persischen Reiche und seinen Einwohnern. Ausführlich beschreibt Olearius die verschiedenen Provinzen, ihre geographische Gliederung, ihre landwirtschaftlichen und gewerblichen Produkte und versäumt es nicht, wie auch an anderen Stellen, antike Autoren und neuere Gewährsmänner zu zitieren und sie gegebenenfalls zu korrigieren. Interessiert ist er an ihren Geistes- und Naturwissenschaften, insbesondere an ihrer Schrift und Dichtung. Schließlich gibt er eine kurze Geschichte Persiens seit Hassan Padschah (?–882)[106] bis Schah Sefi (1629–1642), dessen Regierung und Hofhaltung er beschreibt. Die Darstellung ist immer wieder durchsetzt mit persischen Ausdrücken, die das Interesse Olearius' an dieser Sprache bezeugen.

VON DER RÜCKREISE AUS PERSIEN NACH HOLSTEIN

Wie wir von der königlichen Residenz Ispahan nach Kaschan zogen

Nachdem wir nun vom persischen König und seinem Hof Abschied genommen, uns mit guten Freunden an einem köstlichen Gastmahl erquickt und uns zur Rückreise fertig gemacht hatten, nahm der Wohledle Johann Albrecht von Mandelslo von unserer Gesandtschaft seinen Abschied mit der Begründung, er wolle entweder noch eine Zeitlang am persischen Hofe, wo er wohlgelitten war, bleiben und danach seinen Weg durch Babylon nach Jerusalem zum Heiligen Grab und über Italien nehmen oder mit den englischen Kaufleuten über Ormus nach Ostindien fahren und sich auch dieses Königreich noch anschauen. Die Gesandten aber, und besonders Herr Brüggemann, wollten dies anfänglich gar nicht gutheißen und wandten ein, daß sie kraft der fürstlichen Instruktion niemanden vor Abschluß der Gesandtschaft entlassen dürften. Sie wollten keine Verantwortung für sein Fernbleiben übernehmen. Als er aber das Bewilligungsschreiben Ihrer Fürstlichen Durchlaucht, das er neben der Empfehlung an die fremden Herrscher erwirkt und bis jetzt heimlich bei sich getragen hatte, vorzeigte, versuchte man, ihn auf eine andere Weise zu halten. Man hielt ihm die vielerlei Gefahren vor, die ihm bei der weiten Reise zustoßen könnten. Aber der Wunsch, ferne Länder zu sehen und dadurch Ehre zu erlangen, ließ ihn die Gefahr hintanstellen und freudig von uns seinen Abschied nehmen.

Weil der König unserem Mehemandar befohlen hatte, daß er uns auf der Rückreise durch Kilan führen sollte – und nicht auf den Weg unserer Herreise –, ging das Gerücht, daß wir durch Kilan, wo angriffslustige Stämme wohnten, in unseren Untergang geführt werden sollten, weil der Gesandte Brüggemann den König einige Male erzürnt hatte. Das war jedoch zu unserem Vorteil gedacht wegen des herrlich fruchtbaren Landes. Durch das Gerücht bekamen etliche der Unsrigen ziemliche Furcht, die dadurch gesteigert wurde, daß sie bedachten, wie sehr Brüggemann den Khan und den Statthalter zu Schamachie und andere Herren, die wir auf der Herfahrt trafen, beleidigt hatte. Daher liefen fünf Mitglieder der Gesandtschaft heimlich davon und begaben sich in die Alla capi oder die Freistatt. So blieben sie zurück. Weil aber die Gesandten wußten, daß niemand aus der Freistatt heraus ihnen überantwortet werden könnte, mußten sie es geschehen lassen.

Am Tage unseres Aufbruches ging ich mit meinem Hartmann Gramann und Fleming zur Freistatt und ermahnte die Zurückbleibenden, daß sie ja beständig bei ihrem christlichen Glauben bleiben, die einmal erkannte und bekannte seligmachende Religion nicht verlassen und sich nicht von den Mohammedanern um eines schnöden Verdienstes willen verführen und sich nicht beschneiden lassen sollten. Sie sollten hingegen sehen, wie sie mit Hilfe der Europäer bald wieder in ihr Vaterland kämen. Sie versprachen treulich, dies zu leisten.

Am 21. Dezember 1637 gegen Sonnenuntergang zogen wir wieder aus der Stadt Ispahan in Begleitung der englischen Kaufleute, welche auf eine gute Meile mit uns ritten und uns zuletzt an einem grünen Hügel mit einem kalten Buffet und einem guten Trunk Wein bewirteten und darauf Abschied nahmen. Teils sahen einige von uns ihre ehemaligen Freundinnen nunmehr wehmütig und unter Seufzern mit dem Rükken an und glaubten selbst nicht, was sie ihnen von ihrer Rückkehr erzählt hatten, teils waren aber die, welche nichts als Ungemach und Verfolgung ausgestanden hatten, in der Hoffnung, daß unsere Erlösung nahe.

Am selben Abend ritten wir noch bis zu einem Dorf, wo wir auch am folgenden Tag blieben. Der russische Poslanik Alexei Sawinowitz gesellte sich mit seinen Leuten zu uns, um mit uns zu reisen. Es kamen auch die Augustinerpatres mit dem Prior Ambrosius von Tiflis, der uns vordem in Schamachie besucht hatte. Desgleichen kamen der Vornehmste der Franzosen namens Mallon und der von Mandelslo und berichteten, daß die Ausstaffierung des königlichen Gesandten an Seine Fürstliche Durchlaucht zu Schleswig-Holstein noch andauere und die Präsente, die man auf tausendfünfhundert Tumain (oder dreiundzwanzigtausend Reichstaler) schätzte, bereitgestellt würden. Der Gesandte Imamculi Sultan Eschik Agasi würde uns in wenigen Tagen folgen.

Am 25. Dezember, also am heiligen Christfest, sahen wir bei einem Dorfe, wo ein Garten des Königs war, viele Zelte, da dieser erwartet wurde. Seine Hofleute begegneten uns, riefen uns freundlich zu und wünschten uns Glück auf die Reise. Wir marschierten bis zum Städtchen Natens.

Am 27. Dezember rückten wir in Kaschan ein. Weil unser Mehemandar in diesen Tagen von dem Gesandten Brüggemann in großen Zorn gebracht worden war, wollte er nicht weiter mit uns reisen, sondern zurück zum König gehen und ihm klagen, was er bei uns für Ungemach und Widerwärtigkeit erdulden müßte. Durch den Gesandten Crusius wurde er aber wieder versöhnt. Deswegen blieben wir vier Tage in der Stadt.

Den ganzen Dezember hindurch gab es in diesen Orten nicht nur keinen Frost, sondern es herrschte durchweg liebliches und warmes Wetter und Sonnenschein. Das kam uns sehr zupaß, weil es hier kein Holz gab und nur auf dem Feld gesammeltes Strauchwerk und getrockneter Viehmist zum Feuern diente. Davon bekamen wir fast nicht genug, um unsere Speisen zu kochen, geschweige daß wir uns in unseren Gemächern, von allen anderen Reisenden in der Karawanserei getrennt, hätten dabei wärmen können.

Im Jahr Christi 1638
Reise von Kaschan bis Caswin

Am 1. Januar begingen wir unser Neujahrsfest. In aller Frühe gaben wir drei Salutschüsse aus groben Geschützen ab, verrichteten unseren Gottesdienst mit einer Predigt und begaben uns nach eingenommener Mahlzeit wieder auf den Weg. Am 3. Januar erreichten wir die Stadt Kohm, wo wir, weil wir uns wegen der Diebstähle während unseres letzten Aufenthaltes beschwert hatten, nicht in die alte Unterkunft, sondern in andere, neben dem Basar gelegene schöne Häuser einquartiert wurden. Hier ließen unsere Fuhrleute zwei brünstige Kamele, denen sie die Mäuler verbunden hatten, miteinander kämpfen. Es war lustig anzusehen, wie die Tiere um ihren Vorteil zu ringen verstanden.

Am 4. Januar blieben wir im Quartier und wurden vom Mehemandar, da er wieder gut behandelt wurde, gut verpflegt. Die folgende Nacht wurde, da der russische Poslanik, der mit in unserem Quartier lag, keine Lust zu schlafen hatte, bei einem guten Trunk Wein – den der Mehemandar im Überfluß spendierte – und mit lustigen Gesprächen zugebracht.

Am 5. Januar ging die Reise fünf Meilen bis zur Karawanserei Schaferabath. Kaum waren wir aus der Stadt heraus, ging die Sonne auf, aber trüb und verfinstert. Als sie drei Grad über dem Horizont war, war die Verfinsterung dem Augenschein nach am größten über acht Digitos.[1]

Nicht weit von dieser Karawanserei lag zur Rechten in einer großen Ebene ein Berg, Kilissim genannt. Dieser war von mittelmäßiger Höhe, aber mit sehr vielen kahlen Hügeln und Absätzen umgeben. Das Land ringsherum war von Salpeter und Salz ganz weiß und sah aus, als wäre es beschneit. Man soll an diesem Berg das Salz wie Steine ausgraben können. Vom Kilissim berichten die Perser, daß es mit ihm folgende Beschaffenheit habe: Wer hinauf gehe, komme nicht wieder herunter. Das glaubten auch etliche der Unsrigen und schrieben es in ihre Tagebücher. Es steckt aber ein Betrug in dem Spruch. »Kîm keder, kelmes«, sagen sie auf türkisch; das heißt: »Wer hingeht, kommt nicht herunter.« Denn indem man hinaufgeht, steigt man nicht gleichzeitig herab. Weil die Perser sahen, daß es von einigen geglaubt wurde, erfanden sie alsbald eine Geschichte dazu, da sie bei solchen Gelegenheiten gute Poeten abgeben. Sie sagten, daß der Schah Abas einen hinaufschickte und diesem viel Geld versprach. Der hätte oben ein Feuer angezündet, so daß man sehen konnte, daß er zwar mit seinem Hunde hinaufgekommen, aber nicht wieder heruntergestiegen sei.

Am 6. Januar waren wir früh kaum eine Meile von unserem Nachtlager entfernt, da stürzte der Gesandte Brüggemann auf ebenem Feld mit seinem Pferd und fiel so unglücklich, daß nicht allein der rechte Arm ausgerenkt wurde, sondern er auch den ganzen Tag seines Verstandes beraubt erschien. Er saß auf seinem Pferd, hielt die Augen immer niedergeschlagen und wiederholte die Worte »Bin ick gestört? Is de Arm ut dem Lede? Wat wast vor ein Pert?« einige hundert Mal, obgleich man ihm stets darauf antwortete. Ich weiß nicht, ob die gestrige Sonnenfinsternis, welche eben den Gradum Eccliptiсае[2], den der Mond zur Zeit seiner Geburt besaß, erreicht hatte, dazu etwas beigetragen hat. Das Pferd, ein schöner Brauner, das sonst sicher ging, schenkte Brüggemann später Herman von Staden, dem Marschall der Gesandtschaft.

Hier ermüdeten uns einige Bauernpferde und fielen einfach um. Unter anderem auch meines, das unter mir tot zusammenbrach. Daher mußte ich meines Dieners Esel reiten, er aber den Sattel auf den Kopf nehmen und zu Fuß gehen.

Wir kamen heute, am Tag der Heiligen Drei Könige, nach Saba und ritten mit drei Gesandten in die Stadt ein. Hier blieben wir auch den folgenden Tag, bis der Gesandte Brüggemann wieder zu sich kam.

Brüggemanns Sturz vom Pferd.

Von hier bis an das kilanische Gebirge war es ziemlich kalt, gefroren, und der Schnee lag eine Hand hoch.

Am 9. Januar begegnete uns drei Meilen von unserem Nachtlager ein polnischer Gesandter namens Theophilus von Schönberg (also vom Geschlecht her ein deutscher Adliger, ein alter, stattlicher Mann) mit fünfundzwanzig Personen. Er unterhielt sich eine gute Stunde mit uns auf lateinisch, da er sich nicht anmerken lassen wollte, daß er Deutsch verstünde, bis zuletzt, da er Abschied nahm. Er brachte uns auch Schreiben von dem armenischen Erzbischof, den wir in Astrachan angetroffen hatten, und berichtete weiter, daß dort viel Proviant für uns angekommen sei und man nach uns ein großes Verlangen habe.

Als wir heute abend nach unserer Tagesreise von sechs Meilen in dem Dorf Araseng einzukehren gedachten, wollten uns die Bauern nicht aufnehmen und hatten den persischen Quartiermeister, der vorausgegangen war, schimpflich abgewiesen und gedroht, daß sie, so man sie noch weiter belästigen würde, Volk zusammenbringen und dem Mehemandar samt seinen Gästen die Hälse brechen würden. Dieser Unwille rührte daher, daß der Gesandte Brüggemann auf der Herreise dem Kaucha oder Bauernvogt, seinem Wirt, als der ihm eine Schale mit Waschwasser entgegenhielt, das Wasser (welches gerade erst geschöpft und daher etwas trübe war) ins Gesicht geschüttet und ihm die Schale an den Kopf geworfen hatte. Deswegen mußten wir in großer Kälte weiter und an zwei weiteren Dörfern, wo man uns ebenfalls das Nachtlager versagte, vorbei und in Küllüskür, neun Meilen vom gestrigen Nachtlager entfernt, einkehren. Weil der Weg so glatt war, ermüdeten viele Pferde, einige fielen sogar um, so daß ein Teil der Leute erst gegen Morgen in jämmerlichem Zustand nachkam.

Am 11. Januar erreichten wir Caswin und blieben dort neun Tage, um Kamele, Pferde und Esel zu wechseln. Unterdessen besuchten einige, die sich an die Frauen in Ispahan gewöhnt hatten, den Falkner des Königs, der sie mit Wein bewirtete und zwei liebliche Töchter hatte.

Am 15. veranstaltete der russische Gesandte ein Bankett, zu dem er die Gesandten samt den Vornehmsten der Gesellschaft einlud und wo er uns prächtig bewirtete. Dies geschah dem höchsten Reichsrat in Muscow, Knes Ivan Boriswitz, zu Ehren, dessen Geburtstag er, russischer Sitte gemäß, auf diese Weise beging.

Von Caswin nach Kilan

Am 20. Januar brachen wir von Caswin wieder auf, ließen den Weg nach Sultanie und Ardebil im Nordwesten zur Linken liegen und machten uns in Richtung Norden auf den Weg nach Kilan. Wir gingen vier Meilen über beackerte Hügel und hielten unser Nachtlager in Achibaba, das rechter Hand am Fuß eines Berges liegt.

Am 21. ging es über niedrige und fruchtbare Berge zu einem Dorf, das von einigen Kellabach (das heißt: Ort der Schäfereien) genannt wird, weil die Caswiner dort ihre Schafe wegen des fetten Grases weiden lassen.

Am gleichen Abend hatten die Gesandten den Vize-Daruga von Caswin, der uns bis hierher begleitet hatte, bei sich zum Essen. Er war ein bescheidener Mann, der erzählte, wie Schah Abas ihn und seine Eltern aus Georgien entführt und, da sie Christen waren, gewaltsam beschnitten habe. Dennoch seien sie im Herzen Christen, beteten heimlich zu Christus und unterließen es nicht, wo immer sie könnten, Christen Gutes zu tun. Er berichtete auch, wie unser Mehemandar (wie es auch andere zu tun pflegten) die Bevölkerung in den Provinzen, durch die die Reise ginge, auspreßte und dennoch kaum den halben Teil den Gesandten zugute kommen ließe. Ihm wurden beim Abschied einige Ellen Tuch und Atlas geschenkt.

Die Reise ging weiter, stets über Berge und Felsen, zwischen denen ein Bach floß. Neben diesem und durch diesen ritten wir, seiner Krümmungen wegen, wohl dreißigmal. Anfänglich ging der Weg zwischen mittelhohen Bergen aus roter, gelber und grüner Erde her, was schön anzusehen war. Danach kamen rauhe, zerrissene Felsen und endlich eine hohe steile Brücke, die über einen ziemlich tiefen Strom, Schaheruth genannt, gespannt war. Wo die Berge den Blick freigeben, sah man in den Tälern hin und wieder bebaute Äcker mit einzelnen Bäumen.

Die Brücke vor Rubar.

Am 23. Januar passierten wir einen schönen Olivenhain und kamen bald darauf zu den Faucibus Hyrcaniae[3], die man, wie zu den Zeiten Alexanders des Großen, noch heutigentages Pylä[4] nennt.

Das ist ein sehr enger Paß und gleichsam die Tür zur Landschaft Kilan. Vor dieser vereinigen sich zwei schnellfließende und rauschende Bäche. Nach der Vereinigung wird der Strom Isperath genannt. Er fließt unter einer schönen großen Brücke und zwischen zwei hohen felsigen Bergen hindurch nach Kilan, wo er wieder zerteilt in das Kaspische Meer mündet.

Die Brücke ist stark und auf neun Pfeiler gesetzt. Unter ihr und in den meisten Pfeilern befinden sich fein gewölbte Kammern und eine Küche, zu denen man auf kleinen Treppen hinuntersteigen kann, die bis ans Wasser führen. In dieser

Brücke ist also eine gute Karawanserei, in der Reisende übernachten können. Wenn man über die Brücke kommt, geht zur Linken ein gebahnter Weg nach Ardebil, zur Rechten aber einer nach Kilan. Dieser Weg war der abscheulichste und gefährlichste, den wir auf der ganzen Reise hatten. Denn er war an einem hohen, steilen, langen und felsigen Berg an vielen Stellen in den Fels gehauen und dort, wo es Lücken gab, mit Steinen aufgemauert. Er war so eng, daß kaum ein Kamel oder ein Pferd passieren konnte. Rechts sah man über die zackigen Felsen in einen schrecklichen Abgrund hinunter, durch den der Strom rauschte. Wir mußten alle absteigen und den Zaum der Pferde lose an den Fingern führen, damit, wenn eines gefallen wäre, es den Mann nicht mit sich gezogen hätte. Die Kamele gingen frei und verstanden es, die Fußtritte, die ihrem Schritt gemäß in den Stein gehauen waren, zu treffen. Fast oben auf dem Gipfel ist ein Zollhaus, von dem man uns zum Willkomm frische Weintrauben entgegenbrachte. Auf dem Berg sahen wir die Dornbüsche vereinzelt blühen.

So furchtsam wir den gefährlichen Weg hinaufgestiegen waren, so lustig und freudig stiegen wir auf der anderen Seite wieder herunter.[5] Denn diese Gegend war ganz grün und hatte schöne Laub- und Obstbäume, besonders Pomeranzen-, Zitronen- und Olivenbäume. Desgleichen Zypressen und hohe Buchsbäume. Das kam uns um so wunderbarer und erfreulicher vor, als wir bislang täglich und noch heute vormittag im Winter gereist waren, am Nachmittag aber gleichsam im Sommerland (das uns später stets begleitete) reisten. Das war eine feine symbolische Abbildung des Wechsels, der in den menschlichen Geschicken herrscht.

*Beschreibung der Gegend um Rubar
und Reise bis Rescht*

Als wir vom Gebirge hinunter ins Tal kamen, gelangten wir an der Isperath zu einem schönen Dorf namens Rubar. Dessen Häuser lagen inmitten vieler Weinberge und Gärten. Unsere Leute bewarfen sich spaßeshalber darin mit Pomeranzen und Zitronen, von denen alle Bäume voll hingen.

Es war dieser Ort von Bergen fast ringsherum umgeben und ging doch fast bis in die offene Ebene nach Südost, die sich jedoch nicht weit öffnete. Der Berg jenseits des Stromes war auch voller Bäume, Gärten und Äcker, zwischen denen die verstreuten Häuser hübsch anzuschauen waren. Im ganzen fand man hier, was Erdfrüchte und Landlust betrifft, Überfluß in allen Dingen. Dies fanden wir in ganz Kilan. So kann man von dieser Gegend wohl sagen, was der von Mandelslo am Ende seiner *Indischen Reise* von einem Teil Indiens sagt, daß es nämlich einem irdischen Paradies gleicht. Paul Fleming hatte hierüber seinen poetischen Gedanken mit folgender Ode Ausdruck verliehen:

Du Lusttal der Natur, aus welchem wir von weiten
des Taurus langen Gast, den Winter, lachen aus;
hier tief spazieren gehn in einer Nais Haus,
die gülden heißt und ist; da alle Fruchtbarkeiten

auf Chloris' grüner Brust und Thetis' Schoß seh'n streiten,
dort so viel Dryaden die Hügel machen kraus,
davon Silenus bricht so manchen dicken Strauß
und jauchzet durch den Busch mit allen seinen Leuten.

Osiris, der umarmt die Oreaden hier;
Pomona hegt das Gold der hohen Pomeranzen,
läßt die Narzissen stets mit den Violen tanzen.

Fürst aller Lieblichkeit, was sing' ich deine Zier?
Das Luftvolk fährt um dich ein ewiges Getöne,
daß ja nichts um und an gebreche deiner Schöne.[6]

Rubar bildet zwar den Beginn der Landschaft Kilans, die Perser wollen es aber nicht dahin, sondern zum Gebirge nach Tarum rechnen.

Kilan (vorzeiten Hyrcania genannt) ist, weil es zwischen den Bergen und dem Kaspischen Meer wie eine niedrige Ebene liegt, mit vielen aus den Bergen kommenden Bächen durchzogen. Und so gibt es, weil tiefes und lehmiges Erdreich fehlt, an vielen Stellen, wo das Land niedrig ist, so tiefen Morast, daß man früher dort nur sehr mühselig hat durchreisen können. Schah Abas hat aber aus diesem Grunde durch ganz Kilan von Astarabath bis Astara einen Damm bauen lassen, daß man jetzt bequem von einem Ort zum andern sowohl mit Kamelen und Pferden als auch zu Fuß fortkommen kann.

Die vornehmsten Produkte des Landes, die hier reicher und in größeren Mengen als in anderen Provinzen Persiens gewonnen werden, sind: Seide, Oliven, Wein in gar großen Trauben, Reis, Tabak, Pomeranzen, Granatäpfel, Feigen und Gurken.

Die Weinstöcke sind hier, und besonders bei Astara, sehr groß, hoch und stark, die Stämme bisweilen von Mannesdicke. Weil sie an hohen Bäumen ranken und teilweise wieder herunterhängen, sind sie nicht sonderlich bequem zur Weinlese. Der Winzer aber bindet oben an den Baum einen langen Strick, befestigt unten ein Querholz daran, setzt sich darauf und schwingt so hin und her, ja von einem Baum zum andern, und schneidet auf diese Weise die Trauben in mühseliger Arbeit ab. Die Gurken müssen sie, wie bei uns die Weinstöcke, an Stäben hochbinden, weil sie sonst auf dem feuchten Erdreich leicht verdürben.

Die Berge, die nächst dem Kaspischen Meer stehen, sind

allenthalben mit dickem Buschwerk und Bäumen bestanden, die als ein durchgehender Wald ganz Kilan umgeben. Es gibt darin viel Wild, vor allem Schweine, Hirsche und Gemsen (deren Hörner sind dreiviertel Ellen lang und haben nicht so krumme Enden wie bei den unsrigen). Es findet sich auch viel Raubwild wie beispielsweise Tiger, Leoparden, Wölfe und Bären. Die Tiger sind so häufig, daß man sie zu zehn oder zwanzig auf einmal zum Kauf anbietet. Daher der Vers in Vergils Aeneis: »Hyrcaniaeque; ad morunt ubon tygres.«[7] Gemeinhin werden sie zur Jagd abgerichtet, weil sie schnell laufen; sie werden so weit gezähmt, daß sie der Jäger frei hinter sich auf dem Pferd sitzen läßt. Man findet sie an allen Höfen, beim König und bei Fürsten.

Es gibt viele Arten Fische in Kilan. So können sie also von dem, was Erde und Wasser geben, nicht nur für sich im Überfluß leben, sondern können auch andere Provinzen damit beliefern.

Im allgemeinen sind die Kilaner wegen des temperierten Klimas etwas hellhäutiger als die Perser. Die aus Talisch[8] haben die schönsten Frauen, die nicht so sehr verschleiert gehen wie die der Perser. Die Jungfern haben ihre Haare ordentlich in vierundzwanzig Zöpfe geflochten und offen auf die Schultern hängen. Bei den Frauen sahen wir nur acht oder zwölf. Sie tragen kurze Röcke und darüberhängende Blusen und gehen auf Holzschuhen oder Trittlingen, die nur vorne vom großen Zeh an einem runden Zapfen festgehalten werden. Darauf kommen sie so schnell fort, daß man sich darüber wundern muß. Wenn es regnet, wie es dort sehr oft geschieht, gehen sie wie die Männer barfuß; daher haben die Kilaner im allgemeinen breite Füße. Die Kleidung der Kilaner ist wegen des nassen Erdreiches, auf dem sie stets gehen und arbeiten, viel kürzer als die der Perser. Der Kilek trägt eine Mütze aus grobem Tuch, der aus Talisch eine aus schwarzem Lammfell. Wie es nun in Kilan zweierlei Nationen gibt, so gibt es auch zwei verschiedene Sprachen. Das Kilekische[9] ist nur ein Dialekt des Persischen. Talisch aber entfernt sich so weit vom Persischen, daß man sich deshalb kaum oder nur wenig versteht. Hund heißt auf talisch Spech, auf persisch Sek und auf kilekisch Seggi. Im ganzen Königreich gibt es keine Provinz, in der die Frauen mehr helfen und arbeiten als in Kilan. Ihre häufigste Hantierung ist Spinnen und Weben, Duschab- oder Sirupmachen und Ackerbau, der meist in Reisanbau besteht. Dabei haben Männer und Frauen jeweils ihre bestimmte und zugeteilte Arbeit. Jeder hat seinen Acker bei seinem Haus, und daher stehen die Häuser immer über einen Steinwurf voneinander entfernt. Die meisten in Kilan sind Anhänger der türkischen Religion und Haniföisten.[10]

Die Leute erzeigten sich gegen uns freundlich und hilfsbereit, besonders die von Rubar. So sehr den Unsrigen vor der Reise und dieser Gegend gegraut hatte, so lieb war sie uns nunmehr. Wir wären gern länger geblieben, weil uns die Gegend so gefiel, mußten aber am 21. Januar wieder aufbrechen.

Am 25. kamen wir bis auf fünf Meilen an Rescht heran, erst durch hügeligen Wald, danach zwischen Gärten mit Seidenbäumen hindurch und endlich über ebenes Feld und fette Äcker. Durch die Äcker waren hin und wieder Wassergräben gezogen und darüber kleine Brücken geschlagen. Einige unserer Leute, die sich nicht vorsahen, fielen mit ihren Pferden hinein. Diese Gräben können sie verschließen und in Dürrezeiten (oder kurz bevor sie pflügen und säen wollen) ganz unter Wasser setzen.

Rescht ist die Hauptstadt von Kilan, mit einer weiten Mauer umgeben, aber doch offen wie ein Flecken und so in Gebüsch und zwischen Gärten versteckt, daß man sie nicht eher sieht, als bis man direkt vor ihr ist. Die Araber nennen sie in ihrem Städteverzeichnis Husum und legen sie auf 85 Grad 10 Minuten in der Länge und auf den 37. Breitengrad. Durch genaue Beobachtung habe ich den letzteren aber mit 37 Grad und 32 Minuten gemessen.

Die Häuser waren nicht so prächtig wie in anderen Orten und hatten meistens gebrannte rote Ziegeldächer. Wegen des vielen Regens haben sie ein richtiges Dachgerüst wie unsere Häuser. Um die Häuser standen die Pomeranzen wie in unseren Dörfern die Weiden. Sie trugen schon zum zweiten Mal Früchte. Der Maidan oder Markt war ziemlich groß, und auf ihm waren viele Gewerbe vertreten. Besonders sah man viele Speisen, die man billig kaufen konnte. Daher ernährten wir uns hier sehr köstlich und im Überfluß. Es residierte zu Recht kein Khan, sondern nur ein Daruga namens Aliculibek.

Als wir in Rescht fünf Tage geblieben waren, reisten wir am 30. Januar bei Regen wieder ab und zogen, wie in ganz Kilan, durch ebenes Land. Die Wege waren hier von Seiden- und Buchsbäumen gesäumt und wurden von vielen kleinen Flüssen geschnitten; es sind alles fischreiche Wasser, die dem König jährlich tausend Taler Pacht einbringen.

Am 31. Januar kamen wir wieder vier Meilen weiter, meist zwischen Seidenbäumen hindurch, die fast einen Wald bildeten. Wir fanden auch viele hohe Weinstöcke, die sich an den Bäumen emporrankten. Als wir über drei Meilen geritten waren, kam der Statthalter von Kesker uns mit dreißig Pferden und einem mit Früchten und Wein beladenen Esel entgegen. Er war vom Khan geschickt und bewirtete die Gesandten in dessen Namen. Bald folgte der Khan selbst mit hundert Mann, empfing uns freundlich und begleitete uns bis zum Städtchen Kurab, wo er uns in sein Haus nötigte. Das war neu und schön gebaut und lag in einem großen Garten am Marktplatz. Er ließ allerlei köstliche Gartenfrüchte und Konfekt nebst einem starken Trunk Wein auftischen. Dabei entschuldigte er sich, daß er uns nicht mit Speisen bewirten könne, weil gerade Fastenzeit sei und sie vor Sonnenuntergang nichts essen dürften. Als wir ungefähr eine Stunde bei ihm gesessen hatten, wurden wir in gute Quartiere geführt, wohin der Khan selbst einige Bediente schickte, die den Gesandten aufwarten sollten. Er schenkte uns für unsere Küche vier Wildschweine. Der Khan, der Emir hieß, war eines georgischen Christen Sohn, von einem Dorf bei Eruan gebürtig. Er war in seiner Jugend beschnitten worden und hatte dem Schah Sefi als Weinschenk gedient. Da er sich bei der Einnahme der Festung Eruan ritterlich gehalten und sich vor allen andern hervorgetan hatte, ist er zum Khan über Kesker gemacht, sein Sohn aber an seiner Stelle in des Königs Weinkeller aufgenommen worden. Er war ein beredsamer und freundlicher Mann, der große Lust hatte, mit uns zu sprechen und von der Beschaffenheit unseres Landes sowie von unserer Kriegsführung zu erfahren. Er sagte, daß er ein rechter Christenfreund sei.

Das Städtchen Kurab, das einem Dorf ähnlich sieht, liegt wie Rescht in Buschwerk versteckt zwei Meilen vom Kaspischen Meer entfernt, es wird aber von vielen nach der Provinz Kesker genannt. Es ist die Geburtsstadt des Königs Schah Sefi.

Von Rescht bis Kisilagatsch und zum Ende von Kilan

Am 1. Februar um 10 Uhr reisten wir bei schönem Wetter und warmem Sonnenschein weiter. Khan Emir gab uns auf eine Meile das Geleit, nahm gar freundlichen Abschied von uns und befahl seinem Statthalter, uns, soweit sich sein Gebiet erstreckte, zu begleiten. Dieser Statthalter war ein junger lustiger Mensch, der uns unterwegs mit Bogenschießen und Speerwerfen, worin er wie alle anderen Perser sehr geübt war, viel Spaß machte.

Nach zwei Meilen kamen wir wieder an das Kaspische Meer, an einer Stelle, wo man das Land, das mit Bäumen und Büschen bewachsen war, weithin wie zwei Hörner in die See sich erstrecken sah. Wir ritten am Strand noch eine Meile weiter und schlugen unser Nachtlager in einem Haus auf, das nahe dem Meer lag. Weil es darin nicht mehr als zwei Gemächer gab, mußten wir uns schlecht und recht behelfen und die meisten unserer Leute im Freien nächtigen.

Am 3. Februar waren wir früh auf und begaben uns bei Schnee und Regen wieder an den Strand. Wir ritten stets sehr nah am Wasser, bisweilen sogar hindurch, daß es den Pferden bis an die Bäuche ging. Einige der Unsrigen fielen mit den Pferden sogar hinein. Wir hatten also heute eine nasse und böse Tagesreise und übernachteten, nachdem wir sieben Meilen zurückgelegt hatten, in einem schmutzigen Dorf.

Am 4. ging es mit frischen Pferden wieder früh weiter. Zuerst in Richtung Norden am Strand entlang, dann zwei Meilen durch Buschwerk an einigen Dörfern vorbei und über zweiundzwanzig große und kleine Flüsse, über deren größte hölzerne Brücken geschlagen waren. Die waren sehr baufällig, so daß einige unserer Leute mit ihren Pferden ins Wasser stürzten. Wir hatten abermals eine böse Tagesreise. Es ersoffen drei Bauern und vier Pferde, zudem blieben sechs andere Pferde völlig erschöpft am Wege liegen. Als wir im Gebiet von Astara waren, nicht weit von der Residenz des Khans, kam dieser uns mit vielen Reitern entgegen. Er empfing die drei Gesandten gut und begleitete sie in ihre Herbergen, die uns in einigen, zwischen Bäumen und Gärten verstreut liegenden Häusern und Höfen angewiesen worden waren. Die Stadt, in der der Khan residiert, war aber nur ein offener Flecken, eine gute viertel Meile vom Strand entfernt und nicht ferne vom Gebirge gelegen. Sie wurde nach der Gegend Astara genannt.

Dies ist der erwähnte Ort, wo wir die dicksten Weinstöcke antrafen. Ich meinte erst, man würde es nicht glauben, wenn ich berichtete, daß ihr Stamm von Mannesdicke war; ich finde aber eine Stelle bei Strabo, der bei der Erwähnung dieses Ortes auch anmerkt, daß in Margiana[11], einer Provinz in

Chorasan, die Weinstöcke so dick waren, daß ein Mann sie mit zwei Armen kaum umfassen konnte. Wie es dann auch wahr ist, wenn er ferner sagt, daß in Kilan (oder Hyrcania, wie es vorzeiten hieß) ein Weinstock über einen Eimer Wein geben kann. Die Trauben aber macht Strabo[12] ein wenig zu groß, wenn eine nämlich zwei Ellenbogen lang sein soll.

Der Khan namens Saru war ein alter, verständiger und freundlicher Mann. Er veranstaltete nach dem Ende ihrer Fastenzeit, nämlich am 6. Februar, ein Bankett, zu dem er die Gesandten und die Vornehmsten unserer Gesellschaft einlud. Er ließ gute Speisen auftragen und war sowohl lustig als auch besinnlich in dem, was er sagte. Er erzählte, wie der Krieg mit Schah Karib begonnen hatte und endete. Neben anderen Beutestücken besaß er auch des Feindes Tafeltuch, auf dem er uns zu essen gab; dies war von grüner Seide und mit Blumen durchwirkt.

Bei Schah Sefi stand er in großen Gnaden und sollte im kommenden Frühling als Gesandter an den indischen Hof geschickt werden, wozu er bereits jetzt seine Abfertigung bekommen hatte. Er erwähnte auch einen Überfall der raublustigen Kosaken, vor denen sie nicht sicher wären. Diese hätten vor zwei Jahren Rescht ausgeplündert. Man vermutete sie jetzt wieder hier in der Gegend, so daß wir unsere Gewehre deshalb jederzeit in Bereitschaft halten mußten.

Am 7. Februar gingen wir vier Meilen immer am Strand hin und kamen in die Provinz Lenkoran, wo es einen engen Paß gibt. Denn die buschigen hohen Berge stehen dicht am Strand und münden in einem tiefen Morast, der bis an das Meer reicht. Durch diesen gibt es nur einen schmalen Damm, und so ist der Eingang zum Land Lenkoran sehr eng. Hinter dem Paß lag bald der Flecken Lenkoran. Gegend und Flecken bekommen ihren Namen von einem Ankergrund oder Hafen, wiewohl es keinen richtigen Hafen gibt, sondern nur einen Winkel, der von dem in die See reichenden Lande gebildet wird und wie ein halber Mond aussieht. Man kann, weil der Sandgrund niedrig ist, nur mit flachen Booten einlaufen und ist dennoch vor dem Nordoststurm nicht sicher. Deshalb ziehen sie ihre Boote auf das Land. Hier ist im Jahr 1603 der kaiserlich-römische Gesandte angekommen und, wie Georg Dectander[13] in seiner Reisebeschreibung berichtet, mit vielen anderen seiner Leute gestorben und begraben. Niemand wußte aber etwas davon.

Den 8., 9. und 10. Februar blieben wir hier, bis die Kamele, die auf dem schlüpfrigen Grund nicht recht weiter konnten, mit unserem Gepäck nachkamen. Auch besorgten wir uns frische Pferde.

Am 11. brachen wir wieder auf und reisten fünf Meilen bis nach Kisilagatsch über vier ziemlich tiefe Flüsse, über die Brücken gingen. Über den letzten Fluß, der breit und tief ist, ließen wir uns mit Booten übersetzen. Die Pferde mußten nebenherschwimmen. Und weil das Meer des flachen Strandes wegen weit über seine Ufer trat und einen eigenen großen Teich bildete, mußten wir über eine gute viertel Meile mühselig durch tiefes Wasser reiten. Das Gepäck aber ließen wir auf sechs großen Fischerbooten über die See gehen. Das Ufer wird hier und auch auf den beiden nahe gelegenen Inseln wegen des roten Erdreiches Sari genannt. Die Inseln sind mit Schilf bewachsen. Dort sollen sich auch räuberische Kosaken aufzuhalten pflegen. Kaum waren wir aus dem Wasser heraus auf Land, kam auch schon der Herr des Ortes mit hundert schön aufgeputzten Reitern und empfing uns.

Das Städtchen Kisilagatsch (zu deutsch goldenes oder rotes Holz) liegt in nordwestlicher Richtung eine gute halbe Meile landeinwärts auf einem ebenen Feld. Es ist vor einiger Zeit von dem Khan Sulfagar an den Khan zu Ardebil verkauft worden und nach dessen Hinrichtung an dessen Sohn Sultan Hussein vererbt worden, der es zu unserer Zeit auch noch besaß. Das kilanische Gebirge wich zur Linken nach Nordnordwest zurück und lief dem Augenschein nach mit kleinen Hügeln in der Mokan-Steppe aus.

Gegenüber Kisilagatsch lagen zwei Inseln anderthalb Meilen vom Strand entfernt, Kelechol und Aalybaluch. Die letzte hatte ihren Namen nach dem Bericht der Perser daher, daß Ali auf einer Reise einstmals auf ihr war: Um seinen Durst zu löschen, hatte er kein frisches Wasser. Durch seine göttliche Kraft soll er schnell eine Quelle hervorgebracht haben, die noch jetzt Süßwasser führt. Die Insel war ebenfalls mit Reet bewachsen.

Die Reise bis zum Araxin. Desgleichen, wie Brüggemann einen Perser totprügeln ließ. Und von der Steppe Mokan

Am 12. Februar verließen wir Kilan und reisten weiter durch ebenes Land und über viele tief im Boden liegende Bäche bis zu einem Dorf, das am Beginn der Steppe Mokan an niedrigen fruchtbaren Hügeln lag. Wie überhaupt die ganze Gegend am Fuße des Gebirges allenthalben sehr fruchtbar und daher bebaut war. Die Dörfer aber, von denen es sehr viele gab, hatten nur schlecht gebaute Häuser; diese bestanden aus Flechtwerk, das mit Lehm beworfen war. Sie waren alle mit königlichen Soldaten belegt. Denn der König hatte ihnen diese Dörfer zum Unterhalt gegeben, in welchen ihnen nicht nur die Bauern einen bestimmten Tribut zahlen, sondern auch sie selbst Ackerbau treiben müssen.

In jenem Dorf geschah es, daß der Gesandte Brüggemann einen Perser erschlagen ließ, was sich folgermaßen zutrug: Als bei unserer Ankunft ein Stallknecht des Gesandten ein Handpferd in ein beliebiges Haus führen wollte, stand ein Kisilbasche in der Tür und wehrte das vorderste Pferd ab, indem er es mit einem Stecken ein wenig an den Kopf schlug. Er sagte, daß dieses Haus frei sei und nicht dafür da, um

Pferde einzustellen. Da dies der Gesandte Brüggemann sah, sprang er eilends vom Pferd und lief sofort auf den Kisilbaschen zu. Dieser konnte als Soldat in seinem Haus nicht viel Widerspruch leiden und gab dem Gesandten Brüggemann einen ziemlich harten Schlag über den Arm, daß dieser blau anlief – unwissend, wie er später sagte, daß es der Gesandte wäre, denn er hätte von einem Gesandten kein so unangemessenes Herbeilaufen und keine Gewalttat vermutet. Einige von Brüggemanns Dienern fielen den Perser an und schlugen und hieben ihm gefährliche Wunden, so daß er sich kaum weg- und in ein anderes Haus schleppen konnte. Der Gesandte verklagte ihn bei dem Mehemandar, der sagte, daß er dazu nichts zu tun wüßte. Die Kisilbaschen seien freie Leute, zudem sei ihr Kommandant nicht zur Stelle, und so möchte es der Gesandte halten, wie es ihm richtig erscheine. Der Soldat habe allerdings bereits so viel abbekommen, daß er es wohl schwerlich verwinden würde. Daraufhin ließ Brüggemann das Haus des Kisilbaschen plündern, Pferd, Säbel, Panzer und andere Sachen, was gerade zur Hand war, wegschleppen. Am anderen Morgen mußten unsere Leute durch Trommelschlag eilends zusammengerufen werden und empfingen Brüggemanns Befehl, daß sich jedermann sogleich zu Pferd verfügen solle. Wer nach ihm im Dorf bleibe, tue dies auf eigene Gefahr. Er selbst setzte sich auf sein Pferd, hielt vor dem Quartier und befahl allen aufzusitzen und neben ihm zu halten. Weder wir noch der andere Gesandte wußten, was dies bedeuten sollte. Darauf rief er den Mehemandar zu sich und verlangte, daß der Mann, von dem er gestern geschlagen worden sei, herbeigebracht würde. Der Mehemandar wandte zwar ein, daß dieser wegen der empfangenen Wunden nicht gehen könne. Brüggemann aber meinte, wenn er nicht gehen könne, so solle man ihn tragen. Unterdessen kamen zwei andere Leute und meinten, den Gesandten durch demütiges Verbeugen und inständiges Flehen zu erweichen. Es war aber vergebens. Brüggemann wollte nicht aus dem Dorf, bevor er den Mann nicht vor sich gesehen hatte. Daher mußte der arme Tropf von vier Leuten auf einer Bettdecke herbeigetragen werden. Darauf befahl Brüggemann einem unserer türkischen Übersetzer, mit einem starken Prügel den Kisilbaschen, wie dieser ihn selbst geschlagen habe, zu schlagen. Der Dolmetscher hieb unbarmherzig auf Arm und Seite des bereits Halbtoten, worauf der etwas zuckte. Brüggemann befahl noch einen Schlag zu tun, der in die Seite ging. Nun lag der Mann ganz regungslos. Das ist recht, sagte Brüggemann, nun hat er seinen Teil. Zu dem Mehemandar und den Persern aber: »Wird Schah Sefi diesen meinen hier erlittenen Schimpf nicht rächen, so will ich bald stärker wiederkommen und mich selbst rächen!«

Daß sich dieses so zugetragen hat, habe nicht ich allein, sondern auch andere in ihren Tagebüchern, ja auch Brüggemann selbst so aufgezeichnet.

Nun hätte es den Soldaten nicht daran gefehlt, sich an uns zu rächen und uns allen die Hälse zu brechen, wenn der Mehemandar, wie früher einmal geschehen, uns allein gelassen und GOtt uns nicht besonders geschützt hätte.

Wir zogen daraufhin weiter zur Steppe Mokan und lagerten uns unter runden Schäferhütten. Der Mehemandar aber blieb zurück und kam gegen Abend erst nach mit dem Bericht, daß der Kisilbasche tot sei, und forderte Brüggemann die unbillig gemachte Beute wieder ab, um sie der Witwe und den Waisen des Erschlagenen, die nun arm und verlassen seien, wieder zuzusenden.

Am 14. Februar rückten wir drei Meilen weiter nach Norden vor. Wir lagerten wieder in runden Schäferhütten. Kaum hatten wir uns am späten Abend zur Ruhe gelegt, hörten wir einige Schüsse, die schnell aufeinanderfolgten. Wir meinten, daß dies Verrat und einen Anschlag wegen der vorgestrigen Tätlichkeit bedeutete, brachten deshalb unser Gepäck eilends zusammen, türmten mit ihm eine Brustwehr auf und machten uns zur Gegenwehr bereit. Es war aber der russische

Brüggemann läßt den Perser erschlagen.

Gesandte Alexei Sawinowitz, der sich auf einen Büchsenschuß entfernt von uns gelagert und das Schießen befohlen hatte, um Brüggemann zu erschrecken und um zu sehen, wie er sich dann verhalten würde. Hernach wandte er ein, er hätte zur Ehre des Gesandten geschossen, weil ihm eingefallen sei, daß dieser Geburtstag habe.

Am 15. reisten wir weitere acht Meilen über die Heide und lagerten uns dreiviertelwegs vom Araxin entfernt. Wir wären vollends nach Tzawat gekommen, wo wir das letzte Mal unser Quartier hatten, wenn nicht der Khan von Schamachie mit seinem Hof dort gewesen wäre und alle Quartiere besetzt hätte. Er blieb auch den folgenden Tag dort, so daß auch wir liegen blieben.

Wir vermuteten von diesem Khan wegen der obenerwähnten Vorfälle keine besondere Freundschaft und Wohltaten. Er erzeigte sich aber, solange wir in seinem Gebiet waren, allzeit gegen uns freundlich und wohltätig. Die Schuld für die zwischen ihm und uns entstandenen Mißhelligkeiten schob er auf unseren entlaufenen persischen Dolmetscher Rustam, der oft bei ihm schlecht über uns redete. Er könne sich leicht vorstellen, daß er es bei uns ebenso gemacht hätte, und wenn er ihn finge, so wollte er ihm den Kopf vor die Füße legen lassen. Der Khan schickte alsbald, so er vernommen hatte, daß wir am Araxin angekommen seien, einen seiner vornehmsten Diener zu uns, um uns zu empfangen und uns mit drei Schläuchen Wein zu beschenken, welche uns sehr willkommen waren. Denn wir hatten an diesem wie auch dem vorigen Tag nicht viel Gutes gehabt. Es kam auch unser ehemaliger Mehemandar zu Ardebil, Netzerbek, mit den Abgeordneten des Khans und verehrte den Gesandten ein schönes persisches Windspiel und zeigte sich im Umgang mit uns fröhlich.

Reise bis Schamachie

Am 17. Februar machten wir uns wieder auf und gingen über den Araxin oder Aras, wie er jetzt genannt wird. Bei Tzawat hat man über ihn eine Schiffsbrücke geschlagen, die sie Tziffr nennen. Sie muß aber jedes Frühjahr im Rosenmond[14], wenn sich die Schmelzwasser ergießen, abgebaut werden. Denn der Strom tritt zu dieser Zeit über die Ufer und setzt das umliegende Land eine Meile und weiter unter Wasser. So kann in dieser Zeit niemand diesen Weg reisen.

Am 17. Februar rückten wir in Tzawat ein und wurden von einem Mehemandar, den der Khan dazu abgeordnet und zurückgelassen hatte, gut empfangen und reichhaltig bewirtet. Wir suchten unsere alten Quartiere auf und blieben in diesen auch den folgenden Tag. Dieser Flecken bekommt seinen Namen von dem arabischen Dzawas, was Durchgang bedeutet, weil hier der Übergang über den Strom ist und jeder, der von der anderen Seite herüber will, seinen Paß vorzeigen muß, damit nicht etwa einer sich von den feindlichen Türken einschleichen möge.

Am 19. Februar reisten wir acht Meilen meist durch wüstes und mit dünnem Schilf bewachsenes Land bis zum Fuß des schamachischen Gebirges, wo drei Alatzuch oder runde Hütten für uns aufgeschlagen standen. Unterwegs starb unser Maler Dieterich Nieman aus Buxtehude, der, nachdem er einige Zeit lang das Quartalsfieber hatte und endlich den Durchlauf bekam, innerhalb von vier Tagen seinen Geist aufgab, und zwar auf einem Karren während schlimmen Wetters. Wir ließen ihn am 22. Februar vor der Stadt Schamachie auf dem armenischen Friedhof mit den gebührenden Zeremonien begraben. Er war ein stiller, frommer und gottesfürchtiger Mann und in der Malkunst wohlerfahren, daher begehrte ihn auch der König von Persien wegen seiner Kunst auf einige Jahre in seinen Dienst zu nehmen. Weil er aber sah, wie es dem Uhrmacher Rudolf Stadler erging, wollte er nicht bleiben. Der Khan von Schamachie beklagte ihn ebenfalls sehr, denn er hatte auch einige schöne Bilder von ihm und hätte den Maler selbst sehr gern gehabt.

Am 20. Februar waren wir früh auf und stiegen das schamachische Gebirge wieder hinauf. Es steigt vom Kaspischen Meer auf und hat die Form eines halben Mondes. Heute hatten wir eine schlimme Tagesreise, denn nicht allein das Wetter war regnerisch und kalt, auch der Weg war schlüpfrig, kotig und grundlos, so daß es uns schien, als ob wir aus dem Sommer wieder in den Winter zögen. Die Gesandten kamen mit einigen Leuten, die gute Pferde hatten, noch bei hellem Tag in Schamachie an. Die anderen kamen erst am späten Abend und viele erst gegen Mitternacht in die Stadt. Ein Teil des Gepäcks blieb über acht Tage zurück, weil es unmöglich war, die beladenen Kamele den steilen Berg auf den schlüpfrigen Wegen hochzubringen.

Der Khan hatte uns wieder unsere Quartiere bei den Armeniern einräumen lassen, in denen wir auch von unseren Wirten gut empfangen wurden.

Was sich während unseres Aufenthaltes in Schamachie zutrug

Bald nach unserer Ankunft wurden wir von der Tafel des Khans (wie unser Mehemandar sagte) mit allerhand Speisen bewirtet. Meine ehemaligen Lehrer und guten Freunde[15] Maheb Ali Molla, Imamculi und Chalil schickten mir als Willkommensgruß jeder eine Schüssel voll Äpfel, Birnen und Weintrauben und kamen mich auch in den folgenden Tagen besuchen, um mich, wie sie sagten, zu examinieren, wie ich in ihrer Sprache weitergekommen sei.

Am 22. Februar kam der Khan und Statthalter persönlich, um die Herren Gesandten zu empfangen und zu besuchen. Er bat diese wie auch einige der Unsrigen auf das Schloß zum Abendessen und schickte zur Zeit wohl geschmückte Pferde, um uns abzuholen. Man gab mit herzlicher Bewirtung, freundlichen Gesprächen und dienstfertigen Angeboten die Wohlgeneigtheit gegen uns sattsam zu verstehen. Später wurde sie in der Tat in reichem Maße gegen uns erwiesen. Die Zeit wurde uns, damit wir sie ohne Verdruß hinbrächten, durch verschiedene Jagden und Gastmähler verkürzt.

Am 3., 6. und 10. März wurden wir auf dem Schlosse des Khans aus Anlaß des persischen Naurus oder Neujahrsfestes bewirtet. Heute schickte mir der Minatzim oder Astronom Chalil als Neujahrsgeschenk ein fettes Lamm.

Am 14. März wurde dem Khan nach persischer Sitte ein neues Kleid als Gnadengeschenk des Königs angekündigt. Denn es herrscht bei den Persern der Brauch, daß jährlich, wenn die Khane dem König ihre Neujahrsgeschenke haben überbringen lassen, dieser ihnen durch einen Hofdiener seine Gnade oder Ungnade zeigen läßt. Dabei wird folgende Zeremonie eingehalten: Wenn der königliche Abgeordnete noch drei oder vier Meilen entfernt ist, muß dessen Ankunft durch einen eilenden Boten, und zwar immer mit Vertröstung auf etwas Gutes, angekündigt werden. Daraufhin zieht dann der Khan in Furcht und Hoffnung mit vielem Volk diesem auf eine viertel, eine halbe oder auch eine ganze Meile entgegen. Wenn sie zusammentreffen, hat der Abgeordnete in einem Boktze oder einer Kapsel, die mit einem Teppich bedeckt ist, entweder ein Gnadenkleid oder auch den ungnädigen und gestrengen Befehl, den Kopf des Khans zu bringen. Der Khan muß seine Waffen, desgleichen sein Überkleid und den Kopfbund ablegen und also bloß vor den Abgeordneten treten. Ist ihm Gnade beschieden, so wird ihm diese mit Überreichung eines freundlichen Schreibens und des Kleides angedeutet, das dann der Khan am Kragen küßt, an die Stirn drückt und anlegt. Ist es aber Ungnade, so wird die Decke abgenommen, der Mordbrief des Königs gezeigt und gesagt: »Der König will, daß Du deinen Kopf in der Kapsel schickst.« An selbiger Stelle wird sogleich die Exekution vorgenommen. Der Khan leistet auch keinen Widerstand. Dann eilt der Abgeordnete mit dem Kopf des Khans wieder zurück zum König. Wenn die Khane also nicht wissen, wie sie am Hofe angeschrieben stehen und eine Ungnade vermuten, nehmen sie von den Ihrigen beim Hinausreiten Abschied für immer.

Am 22. März, dem Gründonnerstag, begingen die Armenier das Gedächtnis an die Fußwaschung Christi. Da wusch dann in den Kirchen der Priester allen Männern den rechten Fuß, den Frauen die rechte Hand und strich mit geweihter Butter ein Kreuzlein darüber. Auf mein Begehren gab er auch mir etwas davon auf die Hand, das wie altes Fett roch. Nach dem Fußwaschen ergriffen zwölf Gläubige den Priester, setzten ihn auf einen Stuhl und hoben ihn mit Freudengeschrei empor und hielten ihn so lange, bis er sich mit einem Gastmahl auszulösen erbot.

Am 25. März begannen die Armenier ihr neues Jahr, und weil mit diesem Tag das Osterfest zusammenfiel, hielten sie eine Prozession an dem obenerwähnten Ort[16] vor der Stadt ab, wozu der Khan abermals ein Bankett veranstaltete und uns dazu einlud. Die Armenier mußten ihre Fahnen, ein bemaltes Kruzifix und andere Bilder die ganze Zeit gegen das Zelt des Khans emporhalten, ohne Zweifel den Persern zur Kurzweil. Denn als der Russe Alexei, der dies bemerkte, einige Male zu den Armeniern schickte und darauf drang, daß sie ihre Bilder niederlegen sollten, ließen sie ihn zur Antwort wissen, daß sie das des Khans wegen nicht tun dürften. Die armenischen Frauen tanzten in drei Gruppen, eine löste immer die andere ab. Der Khan verschaffte uns daneben auch einen anderen Spaß. Er ließ zwei Wölfe an einem langen Strick einige Male unter die Leute fahren und wieder zurückziehen; desgleichen ließ er einem Rehbock den Kopf mit einem Hieb abschlagen, wobei folgender Trick benutzt wurde: Man hieb dem Bock erst in den Rücken, wovon er erstarrte und in Abwehr den Hals steif in die Höhe hielt. Danach ging der Hieb leicht durch den Hals. Diese Nacht wurde ich, wie oben erwähnt, in meiner Herberge von einem Skorpion in den Hals gestochen.[17]

Am 29. März schickten wir uns wieder zur Reise an. Da kam dann Sultan Imamculi und besuchte die Gesandten und versicherte uns seiner Nachkunft, die innerhalb von acht Tagen geschehen sollte. Es nahm heute auch unser Mehemandar Abasculibek von uns Abschied und reiste wieder zurück zum König. Dafür wurde uns ein anderer namens Hosseinculibek zugeordnet, der uns schließlich über die Grenze brachte.

Reise von Schamachie bis Derbend, also bis zum Ende des persischen Königreiches

Am 30. März brachen wir also aus Schamachie auf. Der Khan und Statthalter folgte uns mit vielen Reitern aus der Stadt und lud uns noch einmal ein, mit ihm zu speisen und wandte sich nach freundlichem Abschied wieder der Stadt zu.

Am letzten Tag des März brachen wir früh um 8 Uhr wieder auf und reisten sechs Meilen weit ziemlich hoch im Gebirge. Den 1. April ging es ebenfalls über hohe Berge und durch tiefe Täler sieben Meilen weit bis zu dem Dorf Bahel, das wegen der Fruchtbarkeit der Gegend Surrat genannt wird.

Am 2. April verließen wir das Gebirge und kamen in die Ebene, ein Viertel des Wegs von der See entfernt, und trafen nicht fern von ihr auf die Naphta-Gruben.

Es gibt ungefähr dreißig Gruben, alle in einer Entfernung von einem Büchsenschuß zusammen gelegen, in denen das Naphta wie eine starke Wasserquelle aufspringt. Unter den Gruben gab es drei Hauptbrunnen, in die man zwei Klafter tief hinuntersteigen mußte, wozu Querhölzer gelegt waren, die als Leitern gebraucht werden konnten. Von oben konnte man die Quellen mit einem starken Gebrodel, wie wenn es kochte, wahrnehmen; es gab einen durchdringenden Geruch, von dem weißen Naphta jedoch einen angenehmeren als von dem braunen. Denn man kann dort zweierlei schöpfen, braunes Naphta aber mehr als weißes.

Am 3. April überquerten wir drei kleine Flüsse. In dieser Gegend wohnt der Stamm, den man Padar nennt. Er befleißigt sich sehr der Dieberei und Räuberei und soll zwei bis drei Tagesreisen umherstreifen. Den Tag zuvor waren einige von ihnen in dem Flecken gewesen, in dem wir übernachtet hatten, um sich zu erkundigen, wie stark wir wären und ob wir uns in acht nehmen würden.

Die Leute dieses Ortes und der Mehemandar rieten uns, daß wir, wenn wir sicher sein wollten, gute Wache halten müßten, was auch geschah. Daher behielten wir hinfort das Gepäck stets bei uns. Am 4. April gingen wir vier Meilen über viele mit einzelnen Bäumen bewachsene Hügel. Unterwegs stieß eine Karawane kirgisischer und russischer Kaufleute zu uns, die sehr froh waren, daß sie in unserer Gesellschaft reisen konnten und so vor den Räubern sicher waren. Hier ließ sich auch ein Räuber sehen. Als er erkannt wurde, eilte ihm unser Mehemandar mit einigen Leuten nach; er aber versteckte sich im Gebüsch und ließ ein geraubtes Rind im Stich, das der Mehemandar dann unseren Gesandten schenkte. Am Nachmittag kamen wir in ein Dorf, zwei Meilen von Niasabath (wo unser Schiff strandete) an einem großen Sumpf gelegen. In der Meinung, daß wir Feinde wären, waren die Bauern davongelaufen, hatten sich im Busch versteckt und alles in ihren Häusern stehen und liegen gelassen. Einige aber stellten sich wieder gegen Abend ein, als sie hörten, was für Leute wir waren. Hier fanden wir in des Priesters Haus viele köstlich geschriebene Bücher.

Am 6. April ging es drei Meilen durch Gebüsch und durch die Flüsse Kossar, Samur und Kurgani. Der mittlere und größte von ihnen kommt aus dem Elburs-Gebirge und fließt hier, in fünf Arme geteilt, über flachen, steinigen Grund hin. Er ist sehr breit, aber nicht so tief, daß das Wasser den Pferden die Schenkel bedeckte.

Am 7. April kamen wir in die uralte Stadt Derbend. Da ritten uns viele Kisilbaschen entgegen und empfingen uns. Der Statthalter kam nicht mit, weil, wie sie sagten, er sich wegen einer zwischen ihm und den Soldaten entstandenen Zwistigkeit nicht aus dem Schloß wagen dürfte.

Am 9. April schickte der Fürst von Tarku, der zu Niasabath bei uns gewesen war, einen Boten zu den Gesandten und ließ ausrichten, daß wir einen gefährlichen Weg durch Tagesthan vor uns hätten. Er erbot sich, wenn wir es begehrten, uns einen Konvoi oder Begleitschutz zu schicken. Die Gesandten ließen aber in Anbetracht der Tatsache, daß diesem Konvoi, den auch die Tagesthaner stellen wollten, wenig zu trauen sei, mit höflichem Dank als Antwort sagen, daß sie den Fürsten gerne damit verschonen wollten. Weil gleichwohl jedermann von dem wilden Wesen und der Räuberei der Tagesthaner zu berichten wußte, wollten wir die Warnung nicht in den Wald schlagen und meinten das Ratsamste zu tun, wenn wir uns selbst in guter Bereitschaft hielten. Deswegen wurden am 10. April die Waffen unserer Leute besichtigt; und zweiundfünfzig Stück Musketen und lange Gewehre, neunzehn Paar Pistolen und zwei Metall- und vier Steingeschütze zum Gebrauch fertiggemacht.

Von der Stadt Derbend und was Denkwürdiges in ihr zu sehen war

Die Stadt soll, wie nicht nur die Autoren, sondern auch noch die Einwohner heute alle berichten, vom Iskander oder Alexander dem Großen erbaut sein. Er habe aber nur das Schloß und eine Mauer, nämlich die auf der Südseite, und ihr alter König Nauschirwan die andere auf der Nordseite erbauen lassen. Beide Mauern sind hoch und breit und aus starken Quadersteinen, vier und sechs Kubikfuß im Umfang. Alle Steine bestanden, was uns sehr verwunderlich vorkam, aus lauter kleinen, zerbrochenen Muschelschalen. An der Mauer Alexanders standen über einer Pforte in einen langen Stein gehauen drei Zeilen syrische Schriftzüge, desgleichen woanders arabische und fremde Charaktere, die durch das Alter ziemlich unkenntlich geworden waren.

In Derbend wohnen keine Christen, wie viele schreiben, sondern Mohammedaner und Juden, die sich aus dem Stamm

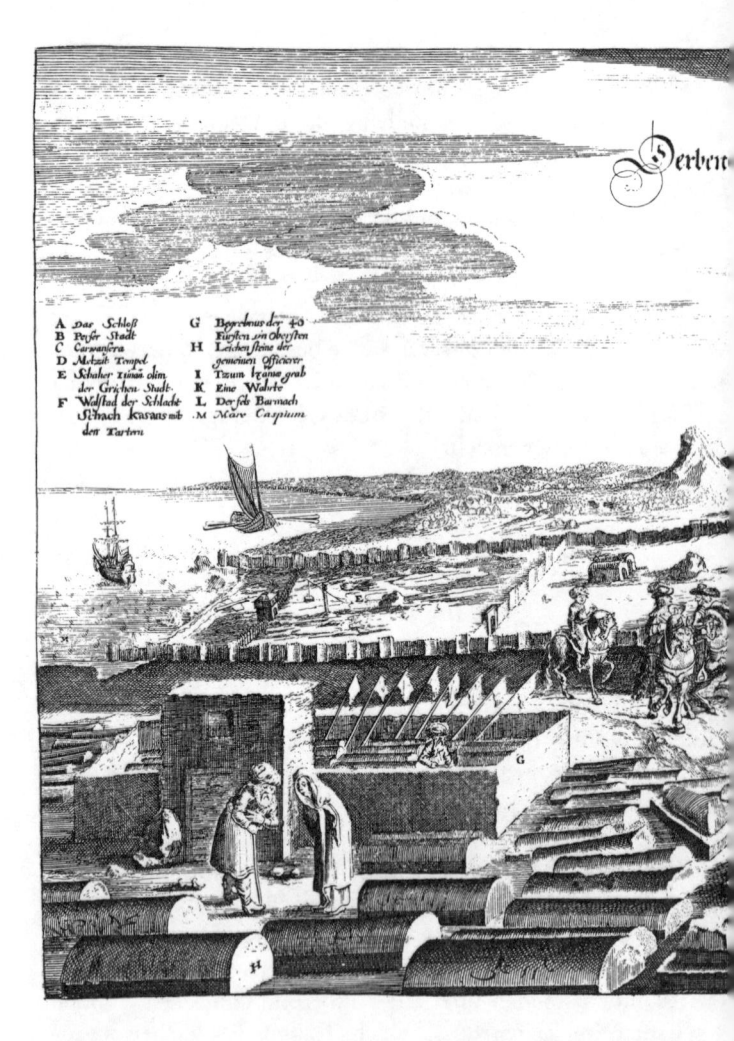

A Das Schloß
B Persische Stadt
C Carwansera
D Metzid Tempel
E Schaher Junan olim der Griechen Stadt
F Wahlstatt der Schlacht Schach Jusans mit den Tartarn
G Begrebnus der 40 Fürsten zu Obyssen
H Leichen steine der gemeinen Officirer
I Jmum Izums grab
K Eine Wahrte
L Der feb Barmach
M Mare Caspium

»Derbend ist wegen des engen Durchgangs am Kaukasus eine der kaspischen Pforten. Es ist dies die Stadt, die Alexander der Große seinen altgedienten Mazedoniern als Ruhesitz gebaut und nach seinem Namen ›Alexandria‹ genannt hat. Daher wird noch heute von den Einwohnern ein Teil der Stadt ›Schaher Junan‹ oder Griechenland genannt.« Dies teilt Olearius in seiner Persischen Landeskunde mit, ansonsten ist sie ihm der unfreundlichen Einwohner wegen nicht gerade in guter Erinnerung.

Benjamin ableiten. Es gibt hier kein besonderes Gewerbe, außer daß die Tataren viele gestohlene Kinder, aber auch erwachsene Türken und Russen zum Kauf herbringen, die dann weiter nach Persien gehandelt werden.

Die Soldaten wie auch viele Bürger der Stadt waren sehr verwegene und finstere Leute, die kein gutes Wort von sich gaben. Es hatte den Anschein, als wollten sie uns mit Gewalt zu etwas zwingen; ich weiß nicht, ob es noch der alte Groll von Niasabath her war. Deshalb ermahnten die Gesandten die Leute am 8. April nach gehaltenem Gottesdienst, daß sie still und friedlich in ihren Herbergen bleiben sollten und es sich bei höchster Strafe nicht einfallen lassen sollten, mit einem Kisilbaschen oder Bürger Streit anzufangen, und noch weniger, diese zu beleidigen. Wenn es dennoch geschehen sollte, daß einer mit einem Perser in Uneinigkeit geriete, so sollte niemand dem anderen beistehen. Denn es wäre besser, wenn einer litte, als daß die ganze Gesandtschaft dadurch in Gefahr geriete, wie es bei unserer Ankunft in Ispahan mit den Indern geschah. Den Leuten hier wäre, wie der Mehemandar berichtete und wir selbst genügend spüren konnten, nicht viel zu trauen.

Was sonst hier Denkwürdiges zu sehen war, war auf der anderen Seite der Stadt die Begräbnisstätte Tzümtzumes, von der man folgende wahrhafte Geschichte erzählte. Sie wird von dem Dichter Fesuli[18] beschrieben. Es soll Eissi (so nennen die Perser und Türken den HErrn Christus)[19], als er einstmals hier entlangging, einen Totenkopf habe liegen sehen. Und weil er gerne wissen wollte, was dies für ein Mensch gewesen sei, habe er Gott gebeten, daß er diesen lebendig mache. Gott erhörte Jesus' Gebet und machte den Menschen lebendig. Jesus fragte, wer er gewesen sei. Dieser antwortete: »Tzümtzume, ein reicher König dieses Landes. Ich hatte einen großen Hofstaat und alles im Überfluß; täglich verspeiste ich vierzig Kamellasten Salz. Ich hatte vierzigtausend Köche, vierzigtausend Musikanten, vierzigtausend

Knaben, die Perlen in den Ohren hängen hatten, und ebensoviele andere Diener.« (Wenn die Mohammedaner eine große Zahl erfinden wollen, so tun sie es nach Art ihres Mohammeds gemeinhin mit der Vierzig.) »Du aber«, sprach Tzümtzume, »wer bist Du, und was ist Deine Religion?« Christus antwortete: »Ich bin Eissi und habe eine rechte seligmachende Religion.« Tzümtzume: »So nehme ich Deine Religion auch an.« Er bat Christus aber, daß er ihn nur bald wieder sterben lassen möge, denn wenn er ohne Land und Leute leben müßte, wie leicht zu vermuten, so wolle er nicht leben. Darauf ließ ihn Eissi wieder sterben und hier begraben. Auf diesem Grab, nicht weit von der Stadtmauer entfernt, steht ein alter großer Baum auf einem ummauerten Platz, fünf Ellen hoch und im Durchmesser acht Ellen breit, wie ein Theater, zu dem einige Stufen hinaufführen. Er ist in der Abbildung mit (I) angedeutet.[20]

Am 13. April kamen fünfzig Tataren, Männer und Frauen, zu Pferd an, um am folgenden Tag, auf den das Opfer Abrahams fiel, ihrem Brauch nach selbst zu opfern. Sie küßten nacheinander die Grabsteine, hielten die Hände darauf und beteten.

Von Derbend bis zu den tagesthanischen Tataren

Nachdem wir fünf Tage in Derbend gelegen und auf den königlichen Gesandten Imamculi, der versprochen hatte, innerhalb weniger Tage bei uns zu sein, vergebens gewartet hatten und wir, da der Sultan uns nicht zu Willen war, für eigenes Geld teuer essen mußten, machten wir uns am 12. April zum Aufbruch fertig, ließen alles Gepäck zusammenstellen und jedem für vier Tage Brot aushändigen, da wir in der Zeit nicht viel würden bekommen können.

Als wir am 13. wieder fort wollten und zu Pferde saßen, ließ der Sultan vor uns die Tore schließen, was uns eigenartig vorkam. Wir schickten daher unseren Mehemandar zu ihm, um die Ursache dessen zu erfahren. Er ließ als Antwort wissen, daß er Kunde davon bekommen habe, daß der tatarische Fürst Osmin, dessen Gebiet nicht weit von Derbend beginne, sich gut ausgerüstet habe und mit vielen Leuten gekommen sei, um uns anzuhalten. Entweder wolle er einen großen Zoll fordern oder in Verweigerung dessen uns gar ausplündern. Deswegen könne er nicht gestatten, daß wir ohne Konvoi reisten. Wenn uns auf diese Weise ein Unglück geschehen sollte, würde er es vor dem König, dessen gute Freunde wir wären, nur schwer verantworten können. Der Konvoi könnte aber heute noch nicht ausgerüstet werden. Obgleich wir nun solche Konvois nicht sehr hoch schätzten und auch leicht merkten, was er eigentlich dachte, mußten wir uns doch seine Vorsorge gefallen lassen und baten, daß er uns nur aus der Stadt herauslassen möge. Während wir bis morgen warteten, könnte unterdessen der Konvoi fertiggemacht werden. Darauf wurde das Tor geöffnet, und wir zogen eine viertel Meile weit weg und lagerten neben einem Weinberg, wo die persischen und tagesthanischen Gebiete durch einen kleinen Bach voneinander getrennt werden.

Am folgenden Tag blieben wir noch drei Stunden nach Sonnenaufgang an diesem Ort und ordneten die Gesandtschaft neu, um uns besser in acht zu nehmen. Voran gingen drei Leutnants und Soldaten mit brennenden Lunten, darauf folgte ein Metallgeschütz auf vier Rädern, das Dreieinhalbpfünder schoß. (Denn fortan hatten wir keine Berge mehr zu ersteigen.) Danach folgte ein Wagen, auf dem vier Steingeschütze standen, dabei ein Konstabel mit den dazugehörigen Sachen. Darauf folgten die Kamele mit dem Gepäck, dabei der Gesandte Crusius mit den ihm zugeordneten Leuten und einem Trompeter. Und zuletzt der Gesandte Brüggemann mit seiner Kompanie und einem Trompeter. So gingen wir, als kein Konvoi kam, in guter Ordnung fort, verließen persisches Gebiet und kamen zu den tagesthanischen Tataren.

Reise durch Tagesthan

Wir begannen, wie gesagt, unsere Reise durch Tagesthan am 14. April und kamen in die Herrschaft Osmins, dessen Fürst Rustam im Flecken selben Namens hofhielt. Die Reise ging an diesem Tage fünf Meilen durch drei schöne Dörfer, die viele Obstgärten und fette Äcker hatten. Des Fürsten Sohn begegnete uns mit fünfzehn bewaffneten Reitern und hieß uns in seinem Lande willkommen; danach ritten sie uns zur Linken ins Gebüsch, wir aber schlugen uns zur Rechten auf das offene Feld. Bei einem Dorf lagerten wir uns in einer Wagenburg mit wohl ausgerüsteter Wache. Am Abend kam der junge Fürst wieder, besuchte aber nur den Russen Alexei, der sein Lager nahe bei uns aufgeschlagen hatte, und fragte ihn, was wir für Leute seien. Es waren zwölf Dukaten und drei Stück persischer Atlas für ihn bereitgelegt, wenn er, wie wir vermuteten, wieder zu uns gekommen wäre. Weil er aber ausblieb und nur zwei seiner Offiziere schickte, unterblieb das Geschenk. Indem der Fürst mit den Seinen sich aufmachte, ließen wir zwei scharf geladene Geschütze als Salut abschießen.

Am 15. marschierten wir über niedrige Hügel, wo wir viele Hasen aufstöberten, die manchmal gleich zu viert oder fünft beisammenhockten; wir hatten mit unseren Hunden einen schönen Spaß und fingen in wenigen Stunden neun Stück. Gegen Abend kamen wir nach sechs zurückgelegten Meilen in die Herrschaft Buinak und lagerten vor einem Dorf gleichen Namens, und zwar an der Ecke eines Hügels, der gegen die See hin steil abfiel und auf zwei anderen Seiten tiefe Täler hatte. Vor uns bauten wir die Koffer und das andere Gepäck als Schanze auf und setzten die Geschütze dazwischen in Form eines Halbkreises. Der Herr dieses Ortes soll nicht viele Untertanen haben, sondern seinen Lebensunterhalt mit Schafzucht verdienen. Seine Leute waren finster und verwegen. Der Gesandte Brüggemann wurde so unwillig auf sie, als einige von ihnen dastanden, um uns als fremden und ihnen merkwürdig erscheinenden Menschen zuzusehen. Er befahl, sie mit Gewalt zu vertreiben und mit scharf geladenem Gewehr auf sie zu zielen. Auf uns war er noch zorniger, daß wir dem Befehl nicht Folge leisten wollten und einwandten, daß man die Crabrones[21] nicht reizen sollte. Die Barbaren sagten, als sie merkten, daß ihre Gegenwart uns schwerlich behagte, ob denn der Boden, auf dem wir stünden, nicht der ihre wäre. Wir sollten nur nicht darauf bestehen, da sie mehr Recht hätten, hier zu sein. Zwar mußten sie einräumen, daß wir im Augenblick stärker wären als sie, doch sie könnten, wenn sie nur von ihrem Herren einen Wink bekämen, schnell viele Leute zusammenbringen, die ausreichten, um uns die Hälse zu brechen. Sie fragten weder nach dem persischen König noch nach dem Großfürsten in Muscow. Sie wären Tagesthaner und niemandem anderem als GOtt untertan. Anfänglich wollten sie auch nicht zulassen, daß unsere Leute, ohne zu zahlen, Wasser schöpften, was aus einem tiefen Tal geholt werden mußte. Weil sie aber sahen, daß wir den Weg zum Wasser von unserem Lager aus beschießen konnten und uns dazu auch fertigmachten, ließen sie uns passieren. Am späten Abend ließ uns der Fürst sagen, daß wir am folgenden Morgen erst von der Stelle dürften, nachdem er uns hätte durchsuchen lassen, ob wir nicht auch Kaufmannswaren mit uns führten. Denn dafür gebührte ihm Zoll. Daraufhin ließen wir ihn wissen, daß wir keine Kaufleute seien, sondern Gesandte, die in der ganzen Welt freien Durchgang hätten, den wir auch hier billigerweise gebrauchten. Wer uns darüber hinaus etwas mit Gewalt abnehmen wolle, müsse sich auf

Gegenwehr gefaßt machen. Nun wollte niemand mehr etwas von uns.

An derselben Stelle, wo wir uns befanden, hatte auch der polnische Gesandte, der uns in Persien begegnet war, sein Lager auf der Rückreise. Und als er auch mit den Buinaken in Streit geraten, aber zu schwach war, haben sie ihn überwältigt und samt seinen Leuten bis auf drei Diener, die haben flüchten können, totgeschlagen. Die drei wandten sich wieder nach Derbend und wurden von dem Mehemandar, der den Gesandten bis hierher gebracht hatte, wieder nach Persien zurückgenommen, bis nach neun Monaten ein russischer Gesandter zum König kam, der sie nach Muscow nahm. So hat also der gute Herr Theophilus von Schönberg, der ein stattlicher und tapferer Mann war, während seiner Mission unter den Barbaren durch Mord sein Leben lassen müssen. Daher hatten wir GOtt um so mehr zu danken, daß uns dergleichen nicht geschah.

Am 16. April brachen wir früh um 6 Uhr auf und waren noch nicht weit gekommen, als wir in das Gebiet des Fürsten von Tarku gelangten. Hier wäre ich bald den Tataren in die Hände gefallen. Denn als unser Weg ungefähr eine viertel Meile am Kaspischen Meer entlang ging und ich gerne wissen wollte, wie der Grund des Strandes beschaffen und wie sein Verlauf sei, bin ich mit dem Schiffer Cornelius Clausen von der Gesandtschaft weg- und zum Strand geritten. Kaum waren wir an ihm, der hinter zwei Hügeln lag, angelangt, sahen wir zwei Tataren, denen noch acht weitere folgten, am Ufer heraufreiten. Als diese uns sahen, sprengten sie auf uns zu; wir aber säumten uns nicht lange und wandten uns wieder zum Weg zurück. Die ersten zwei Tataren nahmen ihre Wurfspieße zur Hand und jagten uns mit vollem Sporenstreich nach; die anderen aber, die vielleicht vermuteten, daß bei uns noch mehr Leute wären, ritten auf den Hügel, um Ausschau zu halten. Und als sie unsere Gesandtschaft nicht über einen guten Büchsenschuß in einer langen Reihe daherkommen sahen, winkten und riefen sie unseren Verfolgern zu, daß sie uns nicht nacheilen und fangen sollten, denn sie ritten in einen starken Hinterhalt. Sie ritten dann langsam hinter uns her, und als sie uns bei der Gesandtschaft trafen, grüßten sie freundlich und wollten unsere Pistolen und was es sonst noch an Waffen gab sehen. Es wurde ihnen aber nichts in die Hand gegeben. Sie beschauten sich unsere Gesellschaft und machten sich dann wieder querfeldein davon. Es kamen später noch verschiedene Gruppen bewaffneter Reiter, die bisweilen einen Büchsenschuß lang mit uns ritten, bald vor uns, bald hinter uns; verschiedene Male wollten sie auch durch unseren Trupp hindurch, was man ihnen verwehrte. Daraufhin ritten sie wieder ihres Weges. Gegen Abend kamen wir vor der Stadt Tarku an, die sieben Meilen von Buinak entfernt ist. Wir lagerten uns auf dem flachen Feld bei einem Quellbrunnen, etwa eine gute viertel Meile vom Kaspischen Meer entfernt.

Von der Stadt Tarku und der Gegend. Desgleichen, wie die tatarischen Fürsten uns und wir sie besuchten. Und was sich sonst dort zutrug

Am folgenden Tag, dem 17. April, schickte der Regent dieser Stadt seinen jüngsten Bruder mit drei anderen stattlichen Männern, um uns willkommen zu heißen und uns alle möglichen Dienstleistungen und seine Freundschaft anzubieten. Der Khan selbst war krank und bettlägerig. Die Gesandten schickten unseren Arzt zu ihm, um für die angebotene Freundschaft zu danken und ihm, wenn er es begehrte, mit des Arztes Rat und Arznei zu helfen, was er gerne annahm. Und als er unter dessen Kur innerhalb von wenigen Tagen wieder genas, wußte er nicht genug Worte zu finden, mit denen er seinen Dank gegen uns zu erkennen gab.

Die Stadt Tarku ist die Hauptstadt von Tagesthan und liegt erhöht zwischen den Bergen unter schroffen Felsen. Wie bereits oben erwähnt, sehen diese Felsen aus, als seien sie aus lauter Muschelschalen zusammengebacken, in der Form, wie sie die See hier an den Strand spült (wie eine Walnußschale groß). Darin findet man noch viele ganz erhalten, und zwar nicht einzeln. Es gibt kein faustgroßes Stück, in dem nicht fünf oder mehr Schalen gezählt werden könnten. Der Stein ist so hart wie Kies. Oberhalb des Gebirges war das Land eben und eine gute Viehweide.

Als der Khan Suchow sich bei unserer Ankunft zu so großer Freundschaft und Hilfestellung erbot, meinten wir, daß nunmehr alle Gefahr hinter uns läge und wir unter dieses Myrsa Schutz sicher und frei reisen könnten. Es hatte aber niemals gefährlicher um uns gestanden als hier.

Wir baten unseren Mehemandar unter Verheißung guten Lohns, daß er selbst mit uns bis nach Terki zur russischen Grenze komme oder uns wenigstens die Kamele lasse. Denn hier eine Fuhre zu bekommen, ließ sich sehr langwierig an. Der Mehemandar aber gab vor, daß er bei Verlust seines Lebens nicht gegen die ihm gegebene Order handeln dürfe, die nur bis hierhin ging. Den Fuhrleuten beliebte es zwar auch nicht, noch länger unter den Tataren zu bleiben, doch wollten sie sich mit dem Mehemandar bereden. Dieser aber ging mit ihnen in derselben Nacht stillschweigend und ohne Abschied davon. Das bereitete uns nicht wenig Kopfzerbrechen. Dazu kam, daß gegen Mittag zwei tatarische Frauen kamen, die Milch verkauften und sagten, sie seien von russischen Eltern geboren und Christen. Tataren hätten sie aber entführt und als Weiber zu sich genommen. Es jammerte sie, daß über uns als Christen von den Tataren ebenso Böses beschlossen wäre. Sie wollten uns insgeheim vor der Gefahr warnen, daß wir uns in acht nähmen. Denn es ginge das Gerücht, daß wir große Güter, ja einige Tonnen mit Schätzen bei uns hätten. Durch Osmin und Buinak wären wir ohne

Zoll gekommen und wären dazu nicht einmal freundlich gewesen. Man wolle uns nicht frei passieren lassen. Gestern wären von Osmin und Buinak Boten zu Khan Suchow gekommen und einer an Schemchal weitergegangen, um diese Herren gegen uns aufzuwiegeln. Sie wären willens, uns mit ihrer ganzen Macht zu überfallen, die Alten niederzumachen und die Jungen gefangenzunehmen, in der Hoffnung, sehr große Beute zu machen. Man stellte sich zwar gegen die Frauen so, als achtete man es nicht übermäßig, weil man ihnen nicht in allen Dingen traute. Dennoch waren wir nicht wenig bestürzt, zumal wir schon vier Tage gelegen hatten und keine Hoffnung sahen weiterzukommen. Zudem sahen wir bald nach dem Bericht der Frauen, wie eine Rotte von vierzig Buinaken am Gebirge entlangritt und nach Tarku kam. Auch liefen Boten hin und her.

Die Gesandten riefen die Vornehmsten der Gesandtschaft vor dem Lager zusammen, machten uns die bevorstehende Gefahr klar und hörten darüber unsere Meinung. Verschiedenes wurde erwogen, und unter anderem meinte man auch, daß es besser gewesen wäre, wenn man gegen die Barbaren rücksichtsvoller gewesen wäre als geschehen. Weil nunmehr aber die Lage einmal so sei, müßten wir es GOtt anheimstellen, was er über uns verhängte. Wir ermahnten einander zu Herz- und Standhaftigkeit, daß es besser wäre, wenn es denn zum Streit kommen sollte, mit äußerster Kraft zu fechten und zu sterben, als unter den Barbaren mit Gefahr für die Seele in ewiger Sklaverei zu leben. Zu solchem Mut und solcher Standhaftigkeit ermahnte uns die Gegebenheit des Ortes selbst: Zur Rechten hatten wir die See, zur Linken das unwegsame Gebirge und vor und hinter uns den Feind.

Aber bei diesen Umtrieben und der Gefahr war als Schlimmstes zu beklagen, daß wir unter uns selbst nicht einig waren. Der Gesandte Brüggemann zog einige der Gesandtschaft zu sich unter Hintansetzung der anderen. Jeder war empfindlich und verdrießlich über das, was der andere in guter Absicht sagte. Einer hätte des anderen Tod lieber befördern als abzuwenden geholfen, wenn nicht sein eigenes Leben gleichfalls gefährdet gewesen wäre.

Der Bruder des Fürsten von Osmin kam und erbot sich sehr freundlich zu aller Hilfe. Bald nach diesem kam auch der Daruga aus Tarku. Dieser sagte frei heraus, als er gefragt wurde, warum wir so lange mit den Fuhrwerken aufgehalten würden, wir würden erst dann befördert werden, wenn wir dem Khan als dem Fürsten dieser Stadt und Gegend ein Geschenk gemacht hätten. Darauf schickten ihm die Gesandten am folgenden Tag ein paar goldene Armbänder, zwei Stück persischen Atlas, ein Pfund deutschen Tabak, eine Pistole, ein Gewehr, etwas Gewürz und zwei Stück persisches Seidenzeug sowie eine Tonne Pulver und sagten außerdem zu, ein Fäßchen Branntwein von Tarku senden zu lassen. Der Khan nahm diese Geschenke mit großem Dank an und erbot sich, uns innerhalb zweier Tage gegen Bezahlung fortkommen zu lassen. Die Gesandten lud er nebst fünf Fürsten zur Tafel. Die Gesandten zweifelten anfangs zwar, ob es ratsam sei zu erscheinen, stellten sich dann aber wegen bestimmter Gründe mit vier Leuten von uns ein. Die Tafel war nach persischer Art auf dem Boden bereitet. Die Speisen waren: vier Schüsseln mit kleingeschnittenem und an hölzernen Spießen gebratenem Schaffleisch, Stücke von Weißfisch, Dickmilch und einige Fässer Reis, der mit großen Rosinen gekocht und mit gedünstetem Schaffleisch belegt war. Der Vorschneider setzte sich mitten auf die Tafel, legte einige längliche, fingerdicke Brote oder Kuchen aufeinander, riß sie durch und warf jedem ein Stück zu. Er zerriß auch das Fleisch und die Fische und legte sie mit den Händen vor. Das Fett troff nur so durch die Finger, die wie ihre Gesichter schwarz und schrumplig waren; das machte uns nicht gerade Lust zum Essen. Als Getränk gab es Wasser in deutschen Biergläsern und Branntwein in silbernen Schalen, da hier kein Wein mehr zu bekommen war. Nach der Mahlzeit wünschte der Khan unsere Musik zu hören, die auf Pferden herbeigeholt werden mußte.

Am folgenden Tag wurden die Gesandten zu einem anderen Fürsten eingeladen. Dieser war noch ein junger Herr von kaum achtzehn Jahren. Seine Diener sagten, daß er Khan Suchows Brudersohn sei und ihm die Regentschaft, die der Khan mit Gewalt an sich gerissen habe, gebühre. Sie müßten ihn wohl schützen, weil der Khan ihm heimlich nach dem Leben trachtete. Das Bankett war ansehnlicher als das gestrige, und nachdem man uns auf ihre Art bewirtet hatte, entließ man uns freundlich.

Am 23. April verschaffte uns der Daruga die Karren für das Gepäck. Wir ließen alsbald aufladen und meinten, am nächsten Tag reisen zu können. Khan Suchow aber schickte am Abend zu den Gesandten mit dem Bericht, daß er bestimmte Nachrichten bekommen habe, wonach Sultan Mahmud (so hieß der Schemchal) mit vielen Leuten an der Koisu, die wir überqueren mußten, an vielen Stellen auf uns wartete und uns nicht gerade nach unseren Vorstellungen empfangen würde. Deshalb könne er uns jetzt noch nicht ziehen lassen.

Am späten Abend kam ein Trupp von zwanzig Mann wohlbewaffneter Reiter vor Tarku an, die sich nicht weit von uns lagerten. Die Gesandten gingen mit einigen Musketieren zu ihnen und fragten, woher sie kämen und was sie wollten. Darauf gaben sie zur Antwort, sie wären von dem Fürsten von Osmin zum Schemchal geschickt, um ihm zu melden, daß fremde Gesandte hier angekommen wären, die die Fürsten zu Osmin und Buinak durch ihre Gebiete sicher und zollfrei hätten passieren lassen. Sie wollten bitten, daß er in Ansehung des persischen Königs und des Großfürsten zu Muscow ebenfalls so handeln möchte. Sultan Mahmud hätte sich auch dazu bereit erklärt, aber nur, wenn die Gesandten keine Kaufmannsgüter bei sich hätten. Weil wir aber weder dem Bericht der Tataren noch ihnen selbst trauten, hielten wir in dieser Nacht gute Wache und uns alle in Bereitschaft.

Am anderen Morgen zogen die Tataren vor Sonnenaufgang wieder fort. Bald darauf schickte Sultan Mahmud zwei Abgeordnete zu uns und ließ fragen, aus welchen Gründen wir nicht weiterziehen würden. Wir sollten von ihm nichts Schlechtes denken, denn er sei geneigt, uns bei unserem Durchzug, sofern wir den rechten Weg nähmen, alle Freundschaft und Unterstützung zu erweisen. Kaum waren die zwei weg, kam Khan Suchow auf Besuch zu den Gesandten; und als wir um Abfertigung zur Reise baten, antwortete er, daß die Pferde und Ochsen (die wir um teures Geld gemietet hatten) zwar bereit stünden, die Gesandten sollten ihm aber eine schriftliche Bestätigung dafür geben, daß er sie gewarnt habe und sie gegen seinen Willen fortgezogen seien. So wäre er bei dem persischen König und dem Großfürsten in Muscow, die beide seine guten Freunde seien, entschuldigt. Denn er kenne Sultan Mahmud besser als wir; dieser halte nicht Wort, frage weder nach GOtt noch dem Teufel oder Potentaten. Er sei ein Erzräuber, der Blutvergießen für eine feine Sache halte. Er wisse bestimmt, daß wir nicht ohne Gefahr für Leben und Güter sein Land betreten würden. Daher laute sein Rat, noch einige Tage zu warten, bis der Gesandte Schah Sefis, der bereits acht Tage in Derbend lag und nur auf den Dolmetscher wartete, nachkomme. Dieser würde ohne Zweifel ein Schreiben des Königs mitbringen, daß er Geleitschutz geben solle. Mit diesem seien wir dann sicher. Er trug aber Bedenken, daß wir alleine weiterreisten. Weil wir aber nicht wußten, wie lange sich die Ankunft des persischen Gesandten noch verzögern könnte, und Khan Suchow uns so verdächtig wie die anderen seiner Nachbarn vorkam, schickten wir und der Russe Alexei einen Boten nach Terki zum Woiwoden, um von dort einen Konvoi zu bekommen. Das aber war vergebens. Indes ging ein anderer Bote des Khans Suchow nach Derbend an den königlichen Gesandten. Als dieser aber einige Tage weg war, ließ der Khan uns sagen, der Bote sei zwar wiedergekommen und hätte auch von Sultan

Imamculi einen Brief erhalten; weil er aber diesen in den Köcher gesteckt und beim Herausziehen eines Pfeiles, mit dem er unterwegs Wild geschossen habe, verloren hätte, sei er, um ein neues Schreiben zu holen, wieder umgekehrt. So wußten wir also nicht, wie die Sache anzufangen wäre; wir waren sehr bestürzt und mußten in höchster Drangsal noch eine gute Weile in unserem Lager bleiben.

Einige Tage hintereinander fiel ein stürmisches, kaltes Wetter mit starken Regengüssen ein, so daß wir in unseren Hütten durch und durch naß wurden. Kein Feuer konnte erhalten werden, so daß wir weder die Kleider trocknen noch Essen kochen konnten. Wir lagen also in den nassen Hütten als die elendesten und gleichsam von jedermann verlassenen Menschen in Hunger, Kummer und Furcht: Seufzen und Weinen war bei vielen von uns tägliches Brot.

In diesen Tagen veranstalteten unsere Leute vor dem Lager ein Bogenschießen nach einer Zielscheibe. Unser Konstabel Albrecht Stuck aus Hamburg kam dem Ziel zu nahe, als er einen Pfeil holen wollte, und wurde von einem russischen Knecht unter dem Nabel in den Bauch geschossen; daran starb er am folgenden Tag. Der Täter gebärdete sich wie wild und verlangte, daß man auch ihm das Leben nehmen solle. Weil es aber ein Unfall war und der Verletzte noch selbst für ihn bat, wurde er freigelassen.

Wir hatten so immer ein Unglück nach dem anderen und mußten dennoch die tatarischen Fürsten, von denen verschiedene des öfteren zu uns kamen, zum Gefallen unsere Musikanten ihrem Begehr nach hören lassen. Es ging uns in diesem Fall nicht besser als jenen, die vor Zeiten an den Flüssen Babylons in Gefangenschaft saßen und dem Feind zu Gefallen musizieren mußten.[22]

Anfang Mai sandten wir zwei Russen zu Sultan Mahmud, um freien Durchzug zu erbitten. Die Boten kamen am folgenden Tag, dem 2. Mai, mit zwei Tataren zurück. Durch die ließ der Sultan sagen, daß er in Erfahrung gebracht hätte, daß

Khan Suchow ihn bei den Gesandten verdächtig gemacht und als Räuber bezeichnet habe. Er wisse nicht, wie man dazu komme, ihn so zu beurteilen. Er wisse es zur rechten Zeit bei dem Khan zu rächen. Gegen uns aber erbot er sich zu aller freundschaftlichen Unterstützung. Und in dem Fall, daß wir ihm etwa nicht trauten, schickte er uns zu unserer Versicherung drei seiner vornehmsten Leute als Geiseln, die wir entweder mit uns nehmen oder bei Khan Suchow lassen könnten, solange wir nicht ungehindert sein Land verlassen hätten. Dieses unvermutet freundliche Angebot bewirkte, daß wir abermals nicht wußten, wem am meisten zu glauben sei.

Gleichwohl folgten wir diesem Vorschlag, vor allem deshalb, weil am 6. Mai das längst erhoffte Schreiben vom königlichen Gesandten ankam, daß er wegen des nachkommenden Dolmetschers und einiger Schreiben, die er vom königlichen Hof erwartete, innerhalb einer Monatsfrist kaum von Derbend würde aufbrechen können. Er stellte es deswegen den Gesandten frei, ob sie hier oder in Astrachan auf ihn warten wollten. Wir insistierten deswegen bei Khan Suchow dringend, daß unsere Reise nun vonstatten gehen müsse; und dieser willigte auch endlich darin ein, nachdem er noch ein von ihm selbst gefordertes Geschenk bekommen hatte. Zwei der Geiseln Schemchals nahm er (mehr als Versicherung für seine Pferde und Ochsen als zu unserer) zu sich und ließ uns mit der dritten ziehen.

Aufbruch von Tarku, Reise durch Schemchals Gebiet bis zum Ende Tagesthans nach Cyrcassien

Wir machten uns also am 12. Mai wieder auf den Weg und wagten es, ob Mahmud Wort halten würde oder nicht. Das Gepäck wurde von den Tarkiern auf Karren, vor die Ochsen und Pferde gespannt waren, befördert. Ihnen mußte dreimal der Fuhrlohn verbessert werden, ehe sie anspannen wollten. Wir kamen heute durch ebenes und wüstes Land und zogen zwei Meilen bis zur Grenze von Sultan Mahmuds Gebiet, das von dem Khan Suchows durch einen kleinen Bach getrennt wird. Unterwegs stießen einige tatarische Fürsten zu uns und baten, daß unser Arzt Hartmann Gramann mit ihnen ins Gebirge zu einem Patienten reiten möchte. Weil wir aber fürchteten, daß er dort behalten werden könnte, und uns anfänglich gar nicht dazu entschließen konnten, ließen die Tataren zwei Fürsten bei der Gesandtschaft als Unterpfand. Wir hielten unser Nachtlager auf freiem Felde mit einer starken Wache besetzt. Unsere Abendmahlzeit bestand nur aus Brot und trübem Wasser. Nach Mitternacht brachten sie unseren Arzt wieder ins Lager.

Am 13. Mai, dem heiligen Pfingsttag, brachen wir sehr früh wieder auf und kamen durch wildes, buschiges Land. Als Alexei unterwegs einem Fuhrmann mit einem Stecken einen Schlag über den Kopf gab, lösten alle Tataren ihre Tiere von den Karren und wollten auf und davon und das Gepäck auf dem Feld stehen lassen. Wir mußten sie mit guten Worten wieder beruhigen. Unser Nachtlager schlugen wir im Gebüsch auf und legten uns ohne Essen nieder.

Am 14. ritten wir nur eine Meile und kamen an die Koisu. Dieser Fluß muß meines Erachtens nach des Ptolemäi Beschreibung der Albanus gewesen sein. Er hat seinen Ursprung im Kaukasus und führt trübe Wasser mit einer sehr schnellen Strömung. An Breite steht er der Elbe nicht sehr viel nach und war an einem Ort über drei Mann tief.

Kaum waren wir an den Strom gekommen, eilten die Tataren mit Booten auf uns zu und erboten sich willig, uns überzusetzen. Sie flochten zwei Hürten[23], banden unter jede zwei Kähne und verfertigten so zwei Fähren, auf der jeweils ein Karren stehen konnte. Als sie fertig waren, forderten sie von jedem Karren (es waren mit dem russischen Gepäck ungefähr siebzig Stück) zwei Reichstaler. Und als man um dieses so teure Fährgeld stritt, gaben sie nicht nach, sondern ließen uns am Strom stehen, brachten die Fähren auf die andere Seite, jauchzten, schrieen und frohlockten wild gestikulierend. Der Schemchal hielt drüben im Gebüsch mit einigen Reitern. Da wußten wir wiederum nicht, ob wir verraten oder verkauft waren. Wir bauten neben dem Strom Hütten aus grünem Strauch, legten uns hinein; einige von uns taten sich zusammen, weil wir unseren Gottesdienst aus bestimmten Gründen nicht in öffentlicher Versammlung verrichten konnten, und hielten so unsere Pfingstandacht, so gut es gehen wollte. Wenn wir uns dabei unseres Vaterlandes erinnerten, und besonders ich meines lieben Leipzigs, wo wir oft dieses Fest mit höchsten Freuden gefeiert hatten, begannen wir unsere Feier mit Tränen; sie mischten sich auch in unser Getränk, das hier aus Wasser und Essig bestand. Unsere heutige Mahlzeit war, wozu die Gelehrten einander einluden, eine Schale von zusammengerührtem Wasser, Essig und Brot. Wobei wir dennoch mit guten Wünschen auf unsere Freunde anstießen.

Am 15. Mai trat der russische Poslanik Alexei an das Ufer, winkte nach einem Kahn, ließ sich übersetzen und redete mit dem Schemchal in der mit uns abgesprochenen Weise. Er brachte es so weit, daß sie von uns nicht mehr als zwei Tumain oder zweiunddreißig Reichstaler forderten, um alles überzusetzen. Als wir selbigen Tages noch übergesetzt wurden, ließen die Gesandten ihr Zelt aufschlagen und die Geschütze herum aufstellen. Der Schemchal kam mit zwei seiner Brüder und einer Abordnung von fünfzig gerüsteten Reitern. Er war ein Mann von sechsunddreißig Jahren, fett, stark und stattlich. Er hatte einen rötlichen Bart und war mit einem grünseidenen Rocke und einem Panzer bekleidet. Darüber trug er einen zottigen Filzmantel. Er führte Säbel, Pfeile und Bogen wie die anderen auch. Er stieg ab, empfing die Gesandten freundlich, setzte sich zu ihnen unter das Zelt und erbot sich, uns allen behilflich zu sein. Er schenkte auch einige Schafe und Lämmer. Die Gesandten bewirteten den Schemchal hingegen mit Branntwein und einer Musik, die er zu hören wünschte; dazwischen wurden von uns viele Salutschüsse aus groben Geschützen abgegeben.

Als der Schemchal ungefähr zwei Stunden gesessen und einen halben Rausch bekommen hatte, ritt er weg, kam aber bald darauf wieder. Ihm wurden ein paar goldene Armbänder, ein silberner Becher, ein roter Tuchmantel mit Samtfutter, ein paar Pistolen, eine Tonne Pulver, einige Stücke Seidenzeug und einige Saffianfelle geschenkt. Den Mantel, den unser verstorbener Maler bei der Audienz getragen hatte, hing er sogleich um und verehrte hingegen dem Gesandten Brüggemann seinen Filzmantel, hing ihm diesen um und war lustig und guter Dinge.

Der Gesandte Brüggemann machte den Tataren (zu unserem Vorteil) mit glatten Worten gute Hoffnung auf viele noch herrlichere Geschenke und besseren Nutzen, die sie künftig von uns zu erwarten hätten. Denn wir würden dieses Land jährlich mit reichen Gütern besuchen. Jetzt hätten wir nur den Weg bereitet, den der Schah Sefi durch seinen nachfolgenden Gesandten bekräftigen ließe. Diese Gegend wäre in unserem Land ganz unbekannt, und daher hätten wir nicht gewußt, daß ein so vornehmer Herr darin wohne, sonst hätte es unser gnädigster Fürst und Herr nicht unterlassen, ihn ebenfalls mit einer Gesandtschaft zu besuchen. Dies würde aber künftig unfehlbar geschehen; und was dergleichen mehr war. Das hörte sich der Schemchal alles wohlgefällig an und ließ uns um so williger durch. Er verschaffte uns auch billig zweiundzwanzig Pferde bis Terki.

Am 16. Mai in der Frühe kam der Schemchal mit fünfzig Reitern wieder und gab uns das Geleit durch dickes Gebüsch auf eine viertel Meile und ritt nach freundlichem Abschied wieder zurück. Wir aber nahmen unseren Weg durch freies, ebenes Feld bis zu einem anderen Strom, der Aksai genannt wurde. Er führte stilles trübes Wasser und war nicht viel über fünfundzwanzig Ellen breit. Einige sagten, daß dies ein Arm der Koisu sei, der nicht weit vom Meer wieder in sie mündete. Daher habe ich diesen Fluß in die persische Landkarte auch so eingezeichnet.

Bei diesem Strom mußten wir warten, bis die Tataren die Kähne und Hürten auf Wagen brachten. Mit angehender Nacht kamen wir bei Mondschein alle gut hinüber. Hier mußten wir den Fuhrleuten gleichfalls zwei Tumain geben, da sie nicht über sechs Taler verdient haben konnten. Viele von uns mußten sich abermals ohne Essen schlafen legen.

Am 17. Mai reisten wir über eine ebene dürre Steppe sieben Meilen weit, bis man den Kaukasus, der im Nordwesten lag, nicht mehr sehen konnte.

Am späten Abend kamen wir an den Büstro und lagerten uns in das am Ufer wachsende Gebüsch. Dieser Strom ist auch ein Hauptfluß, so tief und fast so breit wie die Koisu, fließt aber nicht so schnell und führt trübes Wasser. Etwa fünf Meilen vom Kaspischen Meer entfernt spaltet er sich. Der eine Arm heißt jetzt Timenki, wurde aber früher wie auch jetzt noch von vielen Terk genannt, wovon die nächste Stadt den Namen Terki hat. Dieser Strom ist an die dreißig Ellen breit; der nächste aber weiter nördlich wird Kuma genannt und ist der letzte in dieser Gegend, auf den nach fünfundsechzig Meilen die Wolga folgt. Nach Meinung des Ptolemäus müssen die Aksai der Caesius, der Büstro der Gerrus, die Timenki oder Terk Alonta und die Kuma die Adonta gewesen sein. Denn zwischen der Koisu und der Wolga oder Rha gibt es keine anderen Flüsse.

Der Büstro scheidet Tagesthan vom Gebiet der cyrcassischen Tataren. Als uns die Fuhrleute aus Tarku bis hierher gebracht hatten, zogen sie deshalb wieder zurück.

Reise nach Terki und Beschreibung der Cyrcassen

Am folgenden Tag ließen wir uns mit dem Gepäck übersetzen und betraten mit großer Freude wieder christliches Land. Denn obwohl dieses Land von heidnischen Tataren bewohnt wird, gehorchen sie doch alle dem Großfürst, der überall seine Woiwoden und Regenten samt Kirchen und Russen unter sie gesetzt hat.

Der Proviant war hier sehr teuer, weil wir für ein Schaf dreieinhalb Reichstaler zahlen mußten. Hier wurde nur wenig für die Küche eingekauft, weil in den Büschen sehr viele Dohlen nisteten; ihre Jungen dienten vielen von uns zur Speise.

Am 19. Mai schafften wir mit den cyrcassischen Fuhrleuten fünf Meilen über ebenes, unwegsames Land, das mit Schilf bewachsen und von einzelnen Bäumen bestanden war. Die Bäume standen an verschiedenen Orten in einem weiten Kreis, dessen Mitte frei war. Wir lagerten nach sechs zurückgelegten Meilen in der Steppe an einem gegrabenen Brunnen oder vielmehr einer Pfütze, deren Wasser so faul war, daß es selbst viele Tiere nicht trinken mochten. Das Erdreich war hier von Schlangen und anderem Ungeziefer so durchlöchert, daß nicht ein Platz von einer Elle zu finden war, der unversehrt gewesen wäre. Obwohl wir auf der Erde liegen mußten, wurde dennoch keiner von dem Ungeziefer verletzt.

Am 20. Mai ging die Reise weiter vier Meilen in Richtung Terki. Hin und wieder sahen wir schöne, buntgefärbte Schlangen, von denen nicht wenige so dick wie ein Arm und drei Ellen lang waren und rund zusammengedreht in der Sonne lagen.

Heute wollten wir unbedingt Terki erreichen. Als wir noch eine viertel Meile entfernt waren, kam des Mussals Bruder mit einem Obersten als Abgesandten des Woiwoden nebst dreißig Reitern, um uns zu empfangen. Wir waren willkommene

Besondere Aufmerksamkeit erregten die »Tataren«: »Sie tragen alle lange Röcke von grauem Tuch, und besonders die nogaischen Tataren Pelze und Mützen aus Schaffell, bei denen die Fellseite nach außen gekehrt ist. Die Frauen, die gar nicht einmal häßlich sind, tragen Röcke aus weißer Leinwand und gefältete Mützen, die oben in einer Spitze zusammenlaufen; sie sind einer Sturmhaube nicht unähnlich.«

Gäste und wurden in Zelten, die sie vor der Stadt aufgeschlagen hatten, so lange mit Pfefferkuchen, Bier, Met und Branntwein gut bewirtet, bis unsere Quartiere vorbereitet waren und wir einziehen konnten.

Am folgenden Tag kam das Geschenk des Woiwoden an die Gesandten; es waren vierzig Essen, die wir mit Freuden genossen.

Die Gesandten schickten einige von uns zur Mutter des Fürsten Mussal und gingen nach einigen Tagen auch selbst sie besuchen. Das war sehr angenehm; sie ließen unsere Musikanten holen und erzeigten sich bei guter Bewirtung lustig.

Die ganze Gesandtschaft freute sich herzlich, daß wir von den wilden, ungetreuen und feindseligen Tagesthanern befreit waren und mit den Russen, deren Freundlichkeit wir von der Hinreise schon kannten, wieder Umgang haben konnten. Und so dünkte es uns, daß wir schon wieder in unserem Vaterland seien. Daher schrieb Paul Fleming mit lustiger Feder folgendes Gedicht auf den Namenstag eines seiner guten Freunde, der damals gerade in diese Tage fiel:

Auf hundert Ach und Weh, auf tausend Not und Mühen,
auf hunderttausend Leid kommt ein Tag endlich her,
der alles Ach und Weh, Not, Mühe, Leid, Beschwer
auf einmal uns benimmt. Ihr, Götter, habt's verliehen,

daß wir nun sehn vor uns ein neues Glücke blühen.
Der Weg ist überhalb, es kommt nicht ungefähr,
daß wir noch alle stehn und können nach Begehr
in unser Vaterland, das liebe, wieder ziehen.

Sei, Bruder, froh mit uns und stell uns an ein Fest.
Denn daß uns auch für dich Gott heut ihm danken läßt,
das tut er ihm zu Ehr' und dir und uns zu Glücke.

So fei're deinen Tag und schaff uns Lust genug.
Greif hurtig in das Geld; es geht nunmehr zurücke.
Auf eine reiche Frau ist dies der erste Sprung.[24]

Wir haben oben versprochen, auf dem Rückweg mehr von diesen Cyrcassen zu berichten. Denn meines Wissens hat keiner von den alten Schriftstellern über sie etwas Besonderes geschrieben. Zwar erwähnt sie Scaliger[25], aber nur mit wenigen Worten, und mit Strabo nennt er sie Zygos. Beide legen ihren Wohnort über den Kaukasus an den Pontus und den Palus Maeotis[26], also nahe der Grenze zwischen Asien und Europa. Die wir aber gesehen haben, sind die Scythae[27] oder Sarmatae Caspiani, die den Teil Albaniae bewohnen, der im

Osten und Westen vom Kaspischen Meer und vom Kaukasus, im Süden und Norden durch den Büstro und die große tatarische oder astrachanische Steppe begrenzt wird. Ihre Hauptstadt war Terki. Aber der Zar von Muscow hat diese Völker mit Krieg untertänig gemacht, die festen Orte mit Russen besetzt und läßt die Kirgisen bei diesen in Flecken und Dörfern wohnen. Und zwar leben sie unter Fürsten und Herrschaften ihrer eigenen Nation, die des Großfürsten eingeschworene Vasallen sind und das Leben von ihm erbitten müssen.

Wenn sich in Rechtssachen wichtige Fälle zutragen, müssen diese unter Hinzuziehung des russischen Woiwoden erörtert werden. Sie zahlen dem Großfürsten Tribut, aber nicht mehr als ausreicht, um die Soldaten dort zu erhalten.

Die Männer sind kräftig, von schwarzgelber Hautfarbe und haben ein breites Gesicht, jedoch nicht so breit wie die Krim- oder die nogaischen Tataren. Sie haben lange kohlrabenschwarze Haare und lassen sich von der Stirn über den Scheitel bis in den Nacken einen Streifen von Daumesbreite abscheren. Sie haben oben auf dem Wirbel einen feingeflochtenen Zopf herunterhängen (wie wir es bei Mussal gesehen haben). Ihre Sprache ist der anderer Tataren gleich, auch können sie fast alle Russisch. Die Kleidung der Männer ist der der Tagesthaner gleich, nur sind ihre Mützen oben etwas breiter und sehen denen der Jesuiten ähnlich. Ihre Filzmäntel haben sie an einem Riemen oder Band über der Achsel hängen; je nach Wind und Regen drehen sie ihn, daß der Körper darunter vor Wind und Wetter sicher ist.

Ihre Frauen sind im allgemeinen wohlproportioniert. Sie haben ein liebliches Gesicht mit weißer Haut und roten Wangen. Die schwarzen Haare lassen sie in zwei langen gedrehten Locken auf beiden Seiten herunterhängen. Sie gehen unverschleiert. Auf dem Kopf tragen sie doppelte schwarze Wülste, die sie mit zartem Kattun oder buntgewirkten Tüchern belegen und unter dem Kinn zusammenbinden. Im Sommer tragen sie Hemden, die rot, grün, blau oder gelb gefärbt sind und von oben bis auf den Nabel offenstehen, so daß man Brüste, Bauch und Nabel sehen kann.

Der Glaube der Cyrcassen ist fast heidnisch; sie lassen sich zwar beschneiden und glauben an einen GOtt, haben aber weder eine Heilige Schrift oder Priester noch Kirchen. Sie opfern zu gewissen Zeiten selbst, besonders am Eliastag.[28] Desgleichen kommen, wenn ein vornehmer Mann stirbt, Männer und Frauen auf dem Feld zusammen, schlachten eine Ziege und erfahren, wie man uns berichtete, durch eine seltsame und närrische Probe, ob das Tier zum Opfer taugt oder nicht. Sie schneiden nämlich die Genitalien ab und werfen sie an eine Wand oder einen Zaun; bleiben sie nicht hängen, sondern fallen herunter, ist das Tier als Opfer nicht angenommen. Bleiben sie aber kleben, ist es als Opfer ausersehen. Alsdann wird das Fell abgezogen, aufgespannt und auf eine lange Stange gesteckt. Davor verrichten sie das Opfer, kochen, braten und verzehren das Fleisch miteinander. Dann treten einige Männer vor und beten einer nach dem anderen vor dem Fell. Wenn das Gebet verrichtet ist, gehen die Frauen davon. Die Männer aber bleiben, setzen sich wieder und trinken sich gute Räusche mit Branntwein an, daß sie darüber einander oft in die Haare geraten. Das Fell muß so lange auf der Stange bleiben, bis es durch ein anderes Opfer abgelöst wird. Ein solches Ziegenfell haben wir bei Terki nicht weit von der Behausung der Fürstin gesehen; es war mit Kopf und Hörnern auf ein schwarzes Kreuz aufgespannt und in der Mitte viermal durchgeschnitten. Es ist in der beigefügten Abbildung zu sehen. Sie hatten die Stange mit einem kleinen Zaun verwahrt, damit nicht etwa ein Hund oder sonst etwas Unsauberes daran kommen und das Heiligtum verunreinigen könnte.

Ihre Toten bestatten sie ehrlich in der Erde und setzen Pfosten auf das Grab; ja, wenn es ein Vornehmer war, stellen sie sogar ganze und schöne Häuser darauf. Ihre Wohnhäuser

Das Ziegen-Heiligtum der Cyrcassen.

sind aber gar schlecht, die Wände nur aus Gerten geflochten und inwendig mit Lehm beworfen. Von außen sind sie nicht besser als die Ställe der Bauern in Holstein anzuschauen. So sind also ihre Grabstätten oder die aufgestellten Häuser für die Toten viel herrlicher und prächtiger als die Wohnhäuser der Lebendigen. Warum dies aber so ist, wurde mir nicht berichtet; ich weiß nicht, ob es vom Glauben der alten Ägypter herrührt, die bei Memphis gewohnt haben, von dem Diodorus berichtet. Die Cyrcassen betrauern ihre Toten gar barbarisch. Sie kratzen und reißen Stirn, Brüste und Arme auf, so daß das Blut herunterfließt. Das Trauern dauert so lange, bis die Wunden wieder zugeheilt sind, und wenn es länger dauern soll, kratzen sich viele die nur halb zugeheilten Wunden wieder auf. Soviel von den Cyrcassen, die wir am Kaspischen Meer antrafen.

*Reise von Terki durch die große Steppe
nach Astrachan*

Am 2. Juni machten wir uns zur Weiterreise fertig, und weil wir über siebzig Meilen durch die große unbewohnte Steppe gehen mußten, aber so viele Reitpferde wie benötigt nicht ohne viel Geld bekommen konnten, wurden kirgisische Fuhrleute gedungen, um sowohl die Leute als auch das Gepäck auf Karren fortzubringen, in jedem drei bis vier Personen. Wir gaben für jeden Karren mit zwei Pferden oder einem Kamel von Terki bis Astrachan neun Reichstaler.

Zu uns gesellte sich eine Karawane von Kaufleuten aus allerlei Nationen: Perser, Türken, Griechen, Armenier und Russen, so daß ungefähr zweihundert Wagen zusammenkamen. Der Proviant wurde für einen so weiten Weg sparsam aufgeteilt. Es gab für jeden neben hartem, schwarzem Suchari und anderem, schimmeligem Brot einen kleinen, halben, trockenen und übelriechenden Lachs und keine Getränke. Denn weil die Tataren sich beschwerten, daß sie neben den vertraglich festgelegten Personen auch noch gefüllte Fäßchen mitnehmen sollten, und auch der Gesandte Brüggemann keinen besonderen Wagen dafür mieten wollte, konnten wir nicht einen Trunk Wasser mit uns nehmen. Der Gesandte selbst hatte sich mit einigen der Seinen mit Essen und guten Getränken wohl versehen. Anfangs achteten wir nicht besonders darauf, weil wir meinten, auf dem Wege täglich wie auf der Hinreise frisches Wasser zu bekommen, fanden uns aber später sehr betrogen.

Wir brachen also am 4. Juni nachmittags von Terki wieder auf und gingen die große Steppe an. Unser Weg führte uns nicht weit entfernt an der See vorbei; in elf Tagen sahen wir weder Stadt noch Dorf, weder Bäume noch Hügel, Flüsse (ausgenommen die Kuma) oder Vögel; es gab nur ebenes, wüstes, dürres, sandiges und mit dünnem Gras bewachsenes

Land, in dem wir auf Salz- und Meerwasserlachen stießen. Am 7. Juni ging es durch einen großen Sumpf, durch den die Pferde sich mühselig hindurcharbeiten mußten. Wegen der großen Hitze hatten wir heute große Mühe; dazu kamen so viele Mücken, Fliegen und Bremsen, daß weder Mensch noch Tier sich ihrer erwehren konnte. Die Kamele waren abends, weil sie das Ungeziefer nicht wie die Pferde von sich hielten, mit unzähligen blutigen Beulen übersät.

Am 9. war unsere Tagesreise sieben Meilen. Mittags lagerten wir uns an einem Inwick oder einer Bucht des Meeres, abends an einer faulen Salzpfütze. Es gab nur übles Trinkwasser. Man mußte sich bei solchen Pfützen, und da besonders beim Trinken, die Nase zuhalten, damit nicht der faule Geruch uns den Trunk wieder verekelte.

Am 12. Juni reisten wir acht Meilen und fanden unterwegs zwei nackte Vögel, die am Weg in einem Nest lagen und von einigen als Adler angesehen wurden. Wir sahen auch zwei Salzseen, von denen den Hinzueilenden ein lieblicher Veilchengeruch entgegenschlug. Am 13. machten wir abermals acht Meilen, so daß wir abends Astrachan erblicken konnten. Am 14. Juni sind wir nach drei Meilen in Richtung Astrachan hoch erfreut wieder an der Wolga angelangt. Da fielen unsere Leute, die begierig zum lang ersehnten Süßwasser hineilten, nieder und tranken. So haben wir also die sehr beschwerliche Reise durch die Steppe mit GOttes Hilfe beendet. Ihres Ungemachs und der Ergötzlichkeiten, die wir darauf an der Wolga erlebten, gedachte Paul Fleming in der Ode an unseren Hartmann Gramann unter anderem wie folgt:

––– Die dritte Nacht brach an,
ich hatte weder Mahl noch Schlaf, noch nichts getan.
Die Erde war mein Pfuhl, mein Überzug der Himmel,
der Trunk zerschmolznes Salz, das Essen fauler Schimmel.
Wie nah' hatt' uns doch da nicht gänzlich umgebracht
bei Tage Hitz' und Durst, die Mücken bei der Nacht!

> Verzeih mir's, Evian, dem sich der Himmel neiget,
> ich habe mich noch nie so tief vor dir gebeuget
> als vor der Wolga zwar, als ich ihr Ufer sah
> und einen langen Zug tät aus der Hand der Rha,
> aus ihrer süßen Hand. Ich schwöre bei den Schalen,
> daraus ihr Götter trinkt auf euren besten Mahlen:
> der schlechte trübe Trunk durchginge mir das Blut
> mehr als Diespitern sein bester Nektar tut.[29]

Als man zu Astrachan unserer Ankunft gewahr wurde, kamen bald Boote zu uns, darunter unser Proviantverwalter Johann Schumacher, und brachten zwei Säcke voll Brot, geräuchertes Rindfleisch und Zunge, eine Tonne Bier und ein Fäßchen Branntwein ans Ufer, womit wir uns wieder labten.

An diesem Tage blieben wir am Ufer liegen, bis der Woiwode uns bequeme Herbergen einräumen ließ.

Am folgenden Tag wurden wir übergesetzt und in eine große neue Ambara oder ein Packhaus, das vor der Stadt am Ufer lag, einquartiert, wo wir uns kaum der überaus vielen Flöhe und Mücken erwehren konnten. Wir fanden für uns in einem besonderen Packhaus viel Proviant, den unser Faktor David Rutz in Muscow vor einem halben Jahr hatte hierhin schaffen lassen.

Was sich während unseres Aufenthaltes in Astrachan zutrug

Weil wir in Astrachan bis in die achte Woche blieben, bin ich des öfteren um und durch die Stadt gegangen und habe sie einige Male gemessen und gefunden, daß die Ringmauer achttausend Werkschuh[30] lang ist. Ihre Form wird durch die beigefügte Abbildung des Grundrisses angedeutet.

Am letzten Junitag schickten die Gesandten abermals Geschenke an den Woiwoden, der am 1. Juli mit Gegengeschenken, einem Ochsen, einem Faß Bier, einem Faß Met, vier Schafen, zehn Enten, zehn Hühnern und sechs Gänsen, seine Dankbarkeit erwies.

An einem kann ich mit Stillschweigen nicht vorbeigehen, weil es alle unserer Gesandtschaft, von denen noch viele leben, wissen. Der Gesandte Brüggemann hatte unseren Prediger Herrn Salomon Petri von Amts wegen ziemlich hart bestraft, weil er meinte, von einer Bußpredigt angesprochen zu sein. Der Pastor mußte rote Kleider tragen, ja, er ließ sie ihm sogar herunterreißen, daß er auf der Rückreise die Predigt und das heilige Abendmahl in Schlafanzughose halten mußte; und das in Gegenwart des russischen Poslanik Alexei, der davon sehr erbost redete, obwohl er ansonsten an unserem Gottesdienst viel Gefallen gefunden hatte. Er wollte wie auch wir den Prediger von eigenem Geld kleiden, wenn nicht des Gesandten Widerstand dagegen wäre zu befürchten gewesen.

Der Gesandte Brüggemann war auch willens, mit einigen wenigen Leuten allein von Astrachan über Land zu gehen und seinen Kollegen mit den übrigen zurückzulassen; dafür wurde auch schon Vorsorge getroffen. Alexei Sawinowitz aber, mit dem er sich beraten, hatte davon abgeraten.

Am 25. Juli kam eine Muscowiter Karawane in Astrachan an, bei der sich auch ein Deutscher namens Andres Reußner befand, der mit einem fürstlichen Empfehlungsschreiben zum König von Persien wollte. Mit diesem pflegte Brüggemann im geheimen eine große Vertraulichkeit und Beratung, die darin endete, daß Reußner aus gewissen Gründen nicht weiterreiste, sondern zurückging, und zwar nach Holstein. Dort sollte er sich bemühen, die Angelegenheiten nach ihren Vorstellungen zu regeln.

Am 6. August ist der persische Gesandte Sultan Imamculi, auf den wir sowohl hier wie auch anderswo lange gewartet hatten, vor Astrachan angekommen und am nächsten Tag von den Russen hereingeholt worden.

Am 11. starb einer von unseren Truchsessen, Heinrich Krebs aus Hamburg, an der roten Ruhr und wurde am 13. mit unseren gebräuchlichen Zeremonien auf dem armenischen Friedhof begraben.

Am 5. September ging eine Staniza oder Karawane der Russen und Tataren, eine Gesellschaft von zweihundert Mann, von hier zu Land nach Muscow, zu der sich auch Andres Reußner mit vielen seiner und unserer Leute samt den Pferden der Gesandten gesellte. Wir schickten uns an, zu Wasser zu folgen, und kauften zwei große Boote, jedes zwölf Faden lang und dreieinhalb breit. Sie kosteten mit aller Ausrüstung ungefähr sechshundert Reichstaler. Für jedes wurden dreißig Matrosen zum Rudern gemietet, jeder von ihnen bekam von Astrachan bis Casan sechs Rubel oder zwölf Reichstaler.

Es war denkwürdig, daß damals zu Astrachan unser tatarischer und türkischer Dolmetscher Martin Albrecht, der von Geburt ein Tatare, als Kind entführt und nach Muscow verkauft und getauft worden war, von seinem Vater und Freunden wiedererkannt und um Geld wiederbegehrt wurde. Gleichwohl wollte er nicht wieder zu ihnen und sagte, er hätte nun einmal den christlichen und rechten Glauben angenommen und wolle mit dem leben und sterben und darüber seine Eltern, die ihm sonst lieb wären, gerne missen. Danach entfernte er sich auch nicht weit von der Gesandtschaft, damit sie ihn nicht, wie sie gedroht hatten, stehlen könnten. Er war ein Mann von sechsundzwanzig Jahren, fromm und gegen jedermann sehr dienstwillig.

Reise von Astrachan nach Muscow

Am 7. September brachen wir von Astrachan auf und begaben uns wieder auf die Wolga. Die Gesandten teilten die Gesellschaft, und jeder nahm mit einer Hälfte ein Boot. Eine halbe Meile vor der Stadt gingen wir vor Anker und warteten, bis der Sultan nachkam. Als dieser am folgenden Tag mit drei Booten zu uns stieß, empfingen wir ihn mit Salutschüssen und fuhren gemeinsam weiter.

Am 15. September kamen wir nach Tzornogar, das, weil vom Großfürsten Michail erbaut, auch Michailo-nowgorod genannt wird, es liegt dreihundert Werst oder sechzig Meilen von Astrachan entfernt.

Am 24. passierten wir die Stadt Zariza, die zweihundert Werst von der vorigen entfernt liegt. Am 29. September, also am Michaelistag, hatten wir guten Wind und segelten gegen den Strom vierzig Werst. Viele der Russen schrieben es dem Namenstag des Großfürsten Michail zu.

Am 2. Oktober lief das eine Boot des persischen Gesandten auf Grund, und man hatte viel Arbeit, es wieder flottzubekommen. Unterdessen ging der Sultan an Land und unsere Gesandten zu ihm, und man hielt gemeinsame Mahlzeit. Die Gemeinen machten auch Bekanntschaft miteinander. Dabei nahmen die Perser so viel Branntwein zu sich, daß sie alle wohl berauscht waren und der eine oder andere ins Wasser fiel und als toter Beister[31] wieder auf die Boote gebracht werden mußte. Als das Boot flott war und wir wieder weiter wollten, fingen die Perser mit den Russen zu streiten an und schlugen mit Prügeln und hieben mit Säbeln nach den Strelitzen ihres Begleitschutzes. Der Sultan, der nicht weniger als seine Diener vom Branntwein berauscht war, wollte Feuer unter sie geben, wurde aber von uns mit Zureden davon abgebracht, und der Streit wurde beigelegt.

Am 6. Oktober langten wir bei Soratoff an. Hier berichtete

man uns, daß eine Gruppe Kosaken auf die auf dem Landweg vorausgehende Karawane gestoßen sei; weil sie aber Widerstand gespürt hätten, hätten sie keinen Überfall gemacht, sondern seien nur im Galopp und mit großem Geschrei vorbeigeritten und hätten viele Archimaken (so nennen die Russen die persischen Pferde), die nicht richtig verwahrt gewesen wären, mitgenommen.

Am 14. Oktober gegen Abend kam ein großer Sturm von Südwest auf, der die Schiffe zerstreute. Unser Boot, auf dem der Gesandte Crusius war, wurde neben zwei Pferdebooten des Sultans an das Ostufer getrieben, leckgeschlagen und rasch mit Wasser gefüllt. Wir mußten alle unsere Güter ans Ufer bringen. Als die Perser sahen, daß es um ihre Pferde im Wasser schlecht bestellt war, hieben sie die Boote auf der Seite auf und brachten alle Pferde, bis auf eines, das ertrank, in Sicherheit. Der Sturm tobte zwei Tage und Nächte. Und als wir fürchteten, daß der Wind unser Boot ganz zerschmettern könnte, hieben wir den Mast ab, wonach es still lag. Am 16. legte sich der Sturm, die gekenterten Boote wurden wieder über Wasser gebracht, an das Ufer gezogen und abgedichtet. Weil die Perser aber ihre Boote nicht mehr gebrauchen konnten, ließen sie ihre Pferde weiterhin am Land folgen. Am 24. sind wir vor der Stadt Samara angekommen.

Am 4. November wurde der Namenstag des Gesandten Otto Brüggemann gefeiert und ihm mit drei doppelten Salutschüssen auf beiden Booten Glück gewünscht.

Am 6. November haben wir den großen Strom Cama passiert und sind am 8. gegen Abend bei großer Kälte in den Fluß bei Casan eingelaufen. Wir ankerten eine gute viertel Meile vor der Stadt gegenüber einem Kloster. Es hätte nichts genutzt, noch länger auf der Wolga zu bleiben, vor allem weil in der Nacht starker Frost einfiel, so daß der Fluß anderentags ganz zugefroren war.

Am 11. November wurde der persische Gesandte nach Casan hineingeholt und in der Vorstadt einquartiert. Als er unseretwegen dem Woiwoden zugeredet hatte, wurden auch wir in die Stadt hineingelassen, wohin wir uns mit großer Mühe durch das Eis kämpfen mußten. Wir wurden aber nur in der Vorstadt und nicht innerhalb der Ringmauer einquartiert.

Die Trennung zwischen Gesandten und gemeinen Leuten im Quartier und beim Essen mußte gleichfalls auf den Booten eingehalten werden. Weil aber nach Anordnung des Gesandten Brüggemann gespeist wurde, bekamen wir von der zweiten Tafel zeitweise nur einmal am Tag zu essen und dazu reines Wasser ohne Essig und Branntwein.

Am 20. November schenkten die Gesandten dem Woiwoden ihre beiden Boote und verehrten ihm andere Präsente, welche dankbar angenommen wurden und den Woiwoden für jede Dienstbarkeit willfährig machten.

Nachdem wir fünf Wochen lang in Casan gewartet hatten, bis die Wege gut zum Schlittenfahren waren, sind wir am 13. Dezember mittags wieder aufgebrochen und mit sechzig Schlitten weitergereist. Der persische Gesandte aber wurde auf Geheiß des Woiwoden zurückgelassen. Wir fuhren die Wolga hinauf und zogen am 21. Dezember in Nisen ein. Die Gesandten quartierten sich in das Haus unseres Faktors Bernhard ein, die anderen in der Nähe um sie herum. Wir haben hier die letzte lutherische Kirche in Richtung Morgenland gesehen. Als unser Pastor am vierten Adventssonntag dort predigte, bat man uns, wir möchten noch zwei Tage bei ihnen bleiben und das Christfest mit ihnen begehen. Sie wollten, weil sie keinen eigenen Priester hätten, bei unserem die Kommunion halten. Wegen des Gesandten Brüggemann blieb es aber bei der Eile. Wir zogen deswegen am 23. Dezember nach der Mahlzeit fort und begaben uns von der Wolga zur Oka. Am 25. hielten wir früh um 2 Uhr unsere Christmette und kamen am selben Tag noch fünfzig Werst weiter.

Am letzten Tag des Dezembers kamen wir in ein Dorf, das acht Meilen von Muscow entfernt war. Unser Pristaff, der voraus zum Großfürsten gegangen war, kam zurück und sagte, daß wir übermorgen eingeholt werden würden.

Hier wurde Brüggemann sehr unruhig, drohte ohne Grund nicht wenigen der Vornehmen der Gesandtschaft, daß er, wenn er zur Grenze käme, ihnen Nase und Ohren abschnitte. Es wollte sich aber keiner daran kehren und davonlaufen, wie er es wohl gerne gesehen hätte.

Im Jahr Christi 1639
*Wie wir wieder in Muscow empfangen wurden,
Audienz bekamen und was weiter geschah*

Am 2. Januar sind wir wieder nach Muscow hineingeholt worden. Uns kamen zwei von Ihrer Majestät dem Zaren abgeordnete Pristaffen mit vielen Leuten entgegen. Sie empfingen die Gesandten freundlich und nahmen sie in zwei großen, mit rotem Atlas ausgeschlagenen und mit herrlichen Teppichen belegten Schlitten in die Stadt mit. Für die Vornehmsten der Gesandtschaft aber wurden zwölf weiße Pferde des Zaren gebracht. Wir zogen also unter freundschaftlichem Zuwinken vieler guter Freunde, die sich eingefunden hatten, in die Stadt und wurden in den großen Gesandtschaftshof einquartiert und bald mit dem gewöhnlichen Getränk als Willkommenstrunk beschenkt (und in der Folgezeit mit Korn oder was sonst in Küche und Keller gehört).

Wir fanden die Leute und Pferde wieder, die von Astrachan vorausgegangen waren. Reußner aber hatte sich schon eilends nach Holstein aufgemacht, um seinen heimlich mit Brüggemann abgesprochenen Plan in die Tat umzusetzen.

Am 8. Januar wurden die Gesandten zur ersten geheimen Audienz eingeladen, die ungefähr eine Stunde dauerte. In dieser Nacht starb der junge Sohn des Großfürsten, Knes

Genau beschreibt Olearius die Kleidung der Russen, die er derjenigen der Griechen ähnlich findet. Um sich weitestgehend anzupassen und Gefahren zu entgehen, hätten Deutsche, Franzosen und Holländer, die sich als Dienst- oder Kaufleute in Rußland aufhielten, russische Kleidung getragen.

Ivan Michailowitz, im Alter von acht Jahren, worauf in Muscow und besonders am Hof eine große Trauer begann. Alle Untertanen mußten ihren Schmuck, Gold und Perlen und kostbare Kleider ablegen und alte, zerrissene und dunkelfarbige Röcke anziehen.

Am 21. Januar wurden die Gesandten zur zweiten geheimen Audienz eingeladen und wegen der Trauer mit schwarzen Pferden in den Palast geholt. Die Gemächer waren alle mit schwarzem Tuch ausgeschlagen und die Räte in schwarzen Kamelott[32] gekleidet. Die Audienz dauerte zwei ganze Stunden.

Am 30. Januar begab sich der von Üchteritz auf seine lang

ersehnte Reise nach Holstein. Bei der Vorbereitung dafür ereignete sich folgendes: Es war dem von Üchteritz wegen eines Erbfalles sehr viel daran gelegen, daß er bald nach Deutschland käme; er hielt deswegen verschiedene Male um Entlassung bei den Gesandten an. Brüggemann aber wollte lange nicht einwilligen, bis er es endlich unter folgender Bedingung doch tat: Er sollte von **keinem anderen** als von ihm, Brüggemann, Briefe nach Deutschland und besonders an den holsteinischen Hof mitnehmen, sondern sie alle ihm geben. Dann wollte er ihn nicht allein ziehen lassen, sondern selbst die Reise beschleunigen. In dem **Fall, daß** er sich nicht darauf einließe, könnte er sich den **Gedanken, vorauszureisen,** aus dem Kopf schlagen. Dem von Üchteritz, einem ehrliebenden Adligen, kam dies merkwürdig und umständlich vor, und so besprach er sich mit dem Gesandten Crusius und anderen, was zu tun sei. Es wurde für gut gehalten, daß er sich so stellen sollte, als wollte er Brüggemann in seinem verdächtigen Ansinnen willfahren. Als Üchteritz aber Brüggemann darauf aufmerksam machte, wie er es verantworten könnte, wenn der Gesandte Crusius ihm etwa Schreiben an Ihre Fürstliche Durchlaucht mitgeben würde und er diese **nicht** übergäbe, gab ihm Brüggemann einen schriftlichen **Revers** von eigener Hand, daß deswegen keine Forderung an ihn gestellt werden dürfte und ihm dies nicht zum Nachteil gereichen sollte, wenn es doch geschähe. Als der von Üchteritz ihm nicht weiter widersprach, gab sich Brüggemann zufrieden und entließ ihn auf die Reise. Unterdessen machte der Gesandte Crusius zwei Pakete Briefe fertig und gab das eine dem von Üchteritz heimlich, das andere, als so verlorenes, in aller Öffentlichkeit. Desgleichen taten auch der Sekretär und andere. Dabei mußte behutsam vorgegangen werden, daß der von Üchteritz die Briefe nicht vor seinem Abzug dem Abnehmer übergebe und Brüggemann bei Öffnung derselben den versteckten Braten nicht röche und daher die Reise verbieten würde. Der von Üchteritz sagte deshalb dem Brüggemann, daß er es für ratsam halte, die Briefe nicht in Muscow, sondern eine halbe Meile vor der Stadt abzugeben, damit Crusius es nicht merke und nicht bei seinem Abzug das Paket wieder fordere und vorgebe, daß er noch etwas hinzutun möchte – und also er, Üchteritz, den Schaden habe. Dieser kluge Vorschlag gefiel Brüggemann über alle Maßen gut, und so schickte er einen seiner Getreuen mit Üchteritz, zum Schein ihm das Geleit zu geben, ihm aber die Briefe abzunehmen. Als dies geschehen war, eilte der Reisende, was er konnte, und kam also glücklich davon. Als Brüggemann aber sah, nachdem er die Briefe erbrochen hatte, daß nichts Besonderes darinstand und auch im Paket von Crusius nur Briefe von einer Hand waren, obwohl er doch mit seinem Schreiber und Jungen zwei Tage nur geschrieben hatte, daß er also die richtigen Fische nicht gefangen hatte und sein Plan mißlungen war, wurde er noch viel unleidlicher als vorher und durfte doch die echte Ursache nicht sagen.

Am 2. Februar ist Hans Grünewaldt, Patrizier von Danzig, einer der Vornehmsten der Gesandtschaft, nach achttägiger Krankheit sanft und selig entschlafen und am 6. auf dem Gottesacker der Deutschen mit einem ansehnlichen Leichenbegängnis begraben worden.

Am 5. Januar ist der persische Sultan von den Russen prächtig nach Muscow eingeholt und, damit wir nicht aufgehalten würden, am dritten Tag zur Audienz geladen worden.

Am 11. hat der Gesandte Brüggemann eine geheime Audienz für sich allein gefordert und erhalten. Am 12. haben unsere Soldaten und Offiziere, die wir durch Vergünstigung Ihrer Majestät des Zaren von Muscow mit nach Persien nahmen, abgedankt und sind ausgezahlt worden.

Am 23. Februar sind wir zum letzten Mal in einer öffentlichen Audienz vor Ihrer Majestät dem Zaren gewesen und haben unseren Abschied bekommen.

Am 7. März ist der persische Sultan von Muscow wieder aufgebrochen und voraus nach Liffland gegangen.

Aufbruch von Muscow und Reise durch Liffland nach Holstein zur Residenz Ihrer Fürstlichen Durchlaucht unseres gnädigsten Herrn

Danach schickten auch wir uns zur Reise an und zogen am 15. März noch mit Schlitten wieder aus Muscow hinaus, im Geleit unserer Pristaffen, vieler Strelitzen und vieler Deutschen. Nach freundlichem Abschied jagten wir fort und machten lange Tagesreisen, damit wir noch auf Schlitten fortkämen, denn der Frühling begann sich schon mit gelindem Wetter anzukündigen. Am 18. März kamen wir nach Twere und am 19. nach Tarsok.

Am 23. März sind wir wieder in Naugardt angelangt und vom Woiwoden mit einigen Essen und Getränken gut empfangen worden. Vor uns fanden wir den persischen Gesandten, mit dem wir uns am folgenden Tag wieder aufmachten und am 24. über die russische Grenze gingen.

Als beim Eintritt nach Deutschland unser Arzt wegen eines vornehmen Mannes, eines guten Freundes von uns, der in Liffland mit einer gefährlichen Krankheit darniederlag und sich nach unserem Arzt sehnte, vorausgeschickt wurde, habe ich mich, weil ich Fieber und auch sonst gute Gründe hatte, nicht länger bei der Gesandtschaft zu bleiben, mit ihm zusammen nach Reval aufgemacht.

Am letzten Tag des März zogen die Gesandten mit dem Sultan in Narwa ein, wo sie der Oberst Wrangel mit fünfzig Reitern empfing. Der Sultan wurde bei dem Ratsherrn Jakob Müller einquartiert. Als an dessen Tür sich viele Leute, besonders Frauen, versammelten, um die Frau des Persers zu sehen, wenn sie aus dem verdeckten Schlitten stieg, ist der Sultan so ärgerlich geworden, daß er eher aus der Stadt wieder heraus wollte, als seine Frau sehenzulassen. Er hat auch gefragt, ob denn die Frauen in Narwa, welche sich unverschleiert sehen ließen, alle Huren wären. Er schätzte unsere

Sitte geringer als die persische, weil sich dort keine ehrliche Frau von Fremden unter die Augen sehen läßt.[33] Deswegen mußte das Volk weggetrieben werden, ehe das Weib aus dem Schlitten stieg.

Am 8. April begab man sich zu dem Hof Kunda und blieb dort vier Tage. Von hier aus konnten die Schlitten wegen der Schneeschmelze nicht mehr gebraucht werden; daher mußte von nun an mit Pferd und Wagen gereist werden.

Am 13. erreichte die Gesellschaft Reval und wurde von einem ehrenfesten Rat gut empfangen und in die Stadt begleitet. Weil Brüggemann hier wie zuvor auch den Sekretär aufs äußerste bedrängte, schiffte sich dieser am 15. April ein und reiste voraus nach Holstein. Dort blieb er am Fürstlichen Hof bis zum Eintreffen der Gesandtschaft. Die Gesandten sind aber mit der Gesellschaft drei ganze Monate im Reval geblieben. Dies geschah nur aus besonderer Lust und nach Belieben Brüggemanns, der eine bestimmte Absicht hatte, wobei sein Kompaß immer verrückter spielte.[34] Unterdessen haben sowohl Gesandte als auch Gesellschaft ihre Zeit bei guten Freunden in und außerhalb der Stadt mit voller Lust zugebracht.

Am 11. Juli haben sich die Gesandten mit dem Sultan und einem russischen Poslanik eingeschifft, der vom großen Zaren an Ihre Fürstliche Durchlaucht Herzog Friedrich von Holstein gesandt war. Sie sind mit vier Schiffen unter Segel gegangen und am elften Tag ihrer Seefahrt am holsteinischen Strand in Fehmarn angelangt. Sie wollten in den Kieler Hafen einlaufen, sind aber, weil es der Wind nicht zuließ, nach Neustadt, zwei Meilen von Lübeck entfernt, gesegelt und dort am 22. Juli vor Anker gegangen. Als sie aber durch ihren Boten, den sie in die Stadt geschickt hatten, vernahmen, daß dort die Pest regierte, haben sie sich alsbald wieder davongemacht, den Hafen von Travemünde gesucht und sind in diesen am 23. Juli wohlbehalten eingefahren.

Von da aus ließen sie das Gepäck mit Leuten zu Wasser

nach Kiel gehen, begaben sich selbst aber auf dem Landweg nach Eutin zu Herzog Johannes, Bischof von Lübeck und Bruder Ihrer Fürstlichen Durchlaucht, wo sie von Ihrer Fürstlichen Gnaden wohl empfangen und herrlich bewirtet wurden.

Am 30. Juli sind sie alle nach Kiel gefahren. Da sind dann unsere Gesandten vorausgereist zu Ihrer Fürstlichen Durchlaucht und haben am 1. August die Fürstliche Residenz Gottorf glücklich wieder erreicht und so durch GOttes Gnade die Reise nach Muscow und Persien zur Gänze vollendet.

Dem allgewaltigen großen GOtt, der uns auf der langen, beschwerlichen Reise durch so mancherlei Lebensgefahr wunderbar geführt und unter seinem kräftigen Schutz so gnädig erhalten und uns fröhlich wieder in unser Vaterland gebracht hat, sei für solche große Güte Lob, Preis und Dank gesagt, von nun an bis in Ewigkeit!

Was sich nach beendigter Legation am holsteinischen Hofe zugetragen hat und insbesondere, wie der persische und der Muscowiter Gesandte angekommen und wieder abgezogen sind

Was sich sonst wegen der beendigten Gesandtschaft am holsteinischen Hofe zugetragen hat, ist mit wenigen Worten gesagt. So sind am 8. August der königliche persische Gesandte wie auch der russische Poslanik in der Fürstlichen Residenz wohlbehalten angelangt und von der dazu bestimmten schleswig-holsteinischen Ritterschaft und einem Regiment von eintausendfünfhundert Mann mit prächtigem Pomp empfangen und vor dem Schloß in zwei vornehme, gut ausgestattete Häuser einquartiert worden.

Am 11. August haben Ihre Fürstliche Durchlaucht den

persischen Gesandten mit einem ansehnlichen Geleit ins Schloß holen lassen. Dieser war mit prächtigen Kleidern angetan und ließ einen Tatsch oder eine persische Krone durch seinen Kammerdiener, der in der Kutsche vor ihm saß, hochhalten; und dies ist nach der Perser Sitte. Wenn nun ein vornehmer Herr vor dem Schah erscheinen will, läßt er sich einen solchen Tatsch, mit einem Tüchlein bedeckt, bis an des Königs Gemach nachtragen; dann setzt er ihn sich aufs Haupt, wie es auch der Gesandte tat.

Als der Gesandte in den Audienzsaal getreten war, näherte er sich mit ihren gebräuchlichen Zeremonien und Ehrerbietungen Ihrer Fürstlichen Durchlaucht, entbot den Gruß seines Königs und überreichte die Kredenzschreiben in einem versiegelten Beutel oder Säcklein (Kisse genannt), das der Wesir oder Sekretär auf beiden Händen hinter ihm hertrug. Ihr Inhalt, den wir hier summarisch wiedergeben, war folgender: Der König deutete an, nachdem er Ihrer Fürstlichen Durchlaucht viele hohe Ehrentitel und Wünsche übersandt hatte, wie lieb ihm die hochansehnliche Legation Ihrer Fürstlichen Durchlaucht, durch die er begrüßt worden wäre, gewesen sei. Er erbot sich, mit Ihrer Fürstlichen Durchlaucht eine aufrichtige und beständige Freundschaft zu pflegen, wie es seine Vorfahren mit den hohen Christlichen Potentaten Deutscher Nation jederzeit gehalten hätten. Darum hätte er es auch nicht unterlassen, Ihre Fürstliche Durchlaucht durch seinen Gesandten zu besuchen. Er schließe den Wunsch an, daß Ihre Fürstliche Durchlaucht belieben möchten, die Gesandtschaften fortzusetzen und weiterhin ihm liebreiche Gesandte an ihn abgehen zu lassen. Desgleichen wolle auch er tun. Und alles, was Ihre Fürstliche Durchlaucht von ihm wegen der Geschäfte begehrt hätten und noch begehren würden, solle, sofern es seinem Reich nicht abträglich sei, willig geleistet werden. Er habe seinem Gesandten mündlich den Befehl gegeben, davon mehr zu berichten. Er für seinen Teil sehe und wünsche nichts lieber, als daß diese hohe Intention angefangen sei und eine glückliche Fortsetzung haben möge und so weiter.

Am 14. August hat der persische Gesandte die königlichen Präsente, als da waren schöne persische Pferde und köstliche, mit Edelsteinen besetzte Hauptgestelle, desgleichen sehr viele kostbare goldene Arbeiten und sonst allerhand indische und persische Waren, Güter und Raritäten mit hohem Wert, von dreihundert Leuten ins Schloß bringen und Ihrer Fürstlichen Durchlaucht überreichen lassen.

Am 16. ist der russische Poslanik mit Ihrer Majestät des Zaren Schreiben und Präsenten vor Ihrer Fürstlichen Durchlaucht erschienen und auch nach Gebühr empfangen worden. Danach haben beide Gesandte bei Ihrer Fürstlichen Durchlaucht mit den verschiedenen Hofräten geheime Audienzen gehabt und sich mit ihnen unterredet; sie sind auch verschiedentlich an der Fürstlichen Tafel zu Gast gewesen.

Am 22. August haben der persische und bald darauf auch der russische Gesandte ihre Abfertigung bekommen und sind, nachdem sie von Ihrer Fürstlichen Durchlaucht mit ansehnlichen Geschenken bedacht worden waren, nach einigen Tagen wieder zurück in ihre Länder gereist.

Weil aber der Perser seine Leute ziemlich hart gehalten und gedroht hatte, während der Rückreise noch schärfer zu verfahren, haben ihrer sechs, die gewisser Ursachen wegen bei dem Sultan um ihr Leben fürchteten, sich heimlich von der Gesandtschaft entfernt und sind in Holstein zurückgeblieben, davon der vornehmste, der Wesir, und einer seiner vornehmsten Aufwärter, desgleichen ein Armenier.

Der Wesir namens Hakwirdi ist bei mir am 18. Januar im Jahre Christi 1650, da er in der erkannten und bekannten christlichen Religion bis an sein Ende beständig gewesen und noch drei Tage vor seinem Abschied das heilige Abendmahl begehrt und auch erhalten hatte, gestorben.

Seinen hinterlassenen Sohn aber, Hans Georg Farß genannt, ließ Ihre Durchlaucht der Kurprinz Herzog Johann

Georg zu Sachsen dann in Dresden in der Feuerwerks- und Büchsenmacherkunst unterrichten, wozu er besondere Lust hatte, sowie in der Religion, darin er gute Proben ablegte und davon sattsam Zeugnisse mitbrachte. Er ist von Ihrer Fürstlichen Durchlaucht meinem gnädigsten Herrn zum Zeugmeister auf der Residenzfestung bestellt worden, welches Amt er noch bis heute löblich verwaltet.

Bericht, wie es schließlich mit Otto Brüggemann weiterging

Nachdem nun der persische und der russische Gesandte von Gottorf wieder abgereist waren, haben Ihre Fürstliche Durchlaucht von Brüggemann die Rechnung über die empfangenen und ausgegebenen Gelder gefordert und auch sonst von dem einen und anderen Rechenschaft verlangt. Dazu war ihm ziemlich lange Zeit gegeben worden, und dennoch hat er diese Prüfung sehr schlecht bestanden. Unterdessen hatte der ehemalige Legationssekretär Klage gegen ihn erhoben wegen der auf der Reise erlittenen Beleidigungen. Darüber haben beide Parteien unter Hinzuziehung hochgelehrter Advokaten Verhandlungen geführt. Schließlich ist Brüggemann durch rechtsgültiges Urteil zum öffentlichen Widerruf verurteilt worden.

Und weil sich auch erwiesen hat, daß der vielfach erwähnte Brüggemann von der schuldigen Treue zu Ihrer Fürstlichen Durchlaucht abgewichen ist und die Grenzen des Befehls gröblich übertreten, alle Ehrbarkeit, Ehre und Scham aus den Augen verloren und allerhand strafbare, von einem Gesandten niemals bekannt gewordene Verbrechen und Laster begangen hatte, haben Ihre Fürstliche Durchlaucht ihn dem Gericht übergeben müssen. Damit haben sie der ganzen Welt und insbesondere den hohen Potentaten, zu denen Brüggemann geschickt worden war, ihr hohes Mißfallen bezeugt. Durch das Gericht ist er durch einen ordentlichen Prozeß und ein rechtmäßiges Urteil zum Tod verurteilt worden.

Es wird bei keinem Geschichtsschreiber zu finden sein, daß ein Gesandter allein und auf einer einzigen Gesandtschaft so viele unterschiedliche Hauptverbrechen begangen haben soll. So hat Brüggemann nicht allein den Befehl Ihrer Fürstlichen Durchlaucht überschritten, sondern auch an hohe Persönlichkeiten gerichtete Schreiben erbrochen und gefälscht, unwahrhaften Bericht gegeben, Fälschung von Schreiben an Ihre Fürstliche Durchlaucht, Betrug seines Kollegen, schändlichen Ehebruch und liederliches Leben und vorsätzlichen Totschlag etc. verübt. Zudem hat er Ihrer Fürstlichen Durchlaucht Gelder und Güter im Wert von etlichen Tausend veruntreut, falsche Rechnungen aufgestellt und was dergleichen mehr exakt bewiesen wurde; solches wird bei keinem Geschichtsschreiber zu finden sein.

Was aber Brüggemanns Verhalten und Ende nach dem am 2. Mai gefällten Urteil betrifft, so ist dieses zu seinem Nachruhm zu erwähnen. Er hat vernommen, daß ihm durch Urteil und Recht das Leben aberkannt, und um Mitteilung des Urteils gebeten. Da hat er sich dann gefreut, daß Ihre Fürstliche Durchlaucht ihn zum Schwert verurteilt haben, und in einer Schrift für ein solch gnädiges und gelindes Urteil gedankt; diese Schrift behielt er bis zur Exekution bei sich. Unterdessen hat er sich willig und in christlichem Sinne zum Tode vorbereitet und sich erfreulich vernehmen lassen, daß er GOtt für die große Gnade, ihm Zeit und Raum zu seiner Bekehrung zu gönnen, nicht genug danken könne.

Auch ich bin zu ihm hingegangen, um ihm zu sagen, daß ich wegen der zwischen uns entstandenen Streitigkeit nichts Widriges mehr gegen ihn in meinem Herzen hätte und hoffte, daß es bei ihm ebenso sei. Darauf antwortete er im Beisein seines Seelsorgers und vieler Umstehender freundlich und bescheiden, daß es ihm sehr lieb sei, daß ich zu ihm komme und er solches vernehme; auch bitte er mich, ihm alles von Herzen zu verzeihen. Er habe desgleichen getan und wolle sich um nichts mehr als um ein seliges Ende kümmern. Er lud mich ein, bei ihm zu sitzen, zeigte mir seinen Sterbekittel und sein Betbuch, worin er seine Geburt, sein Alter und Ende verzeichnet hatte, und führte weiterhin verschiedene geistliche Gespräche, aus denen man sein bußfertiges Herz und die besondere Begierde zu sterben spüren konnte. So hat er auch am nächsten Tag, nämlich am 5. Mai, als er zur Richtstätte geführt wurde, sein todesmutiges Gemüt in vielerlei Hinsicht gezeigt. Darauf ist er getrost niedergekniet, hat Augen und Hände gen Himmel gehoben und seinen Tod erwartet, den er dann durch einen Schwertschlag empfing. Sein Körper ist auf eigenen Wunsch auf dem Michaeliskirchhof begraben worden.

Dies war aber abermals ein Exempel von Gottes langsamer, aber doch gerechter Strafe.

Das lateinische Epigramm auf Brüggemanns Konterfei lautet auf deutsch:

Mit solchem Mund und Stirn war ich in Stadt und Land,
Im Herzen aber nur dem Himmel wohl bekannt.
Das Leben Hamburg gab, Hispanien den Mut,
Und Holstein großes Glück, mein Tun den Tod mir tut.

ERLÄUTERUNGEN

Einführung (S. 13–46)

1 Heute im Nationalhistorischen Museum Schloß Frederiksborg; Abbildung in Willi Flemming: *Deutsche Kultur im Zeitalter des Barock*. Potsdam 1937, S. 238.
2 Es ist das Verdienst Hanno Becks, in jüngster Zeit auf die Bedeutung, die Olearius zukommt, hingewiesen zu haben. (»Die Brücke Deutschland – Iran. Zur Geschichte der Verbindung zweier Kulturvölker«. In: Iranzamin. Echo der iranischen Kultur. 1. Jg., 1. Ausg. 1981, S. 60–67.) Bereits in seinem grundlegenden Werk *Große Reisende. Entdecker und Erforscher unserer Welt* (München 1971) hat Beck Olearius den ihm gebührenden Platz zugewiesen.
An dieser Stelle muß die maßgebende Ausgabe der Reisebeschreibung genannt werden, die nicht allein den faksimilierten Text der zweiten Auflage bietet, sondern darüber hinaus ein umfassendes und weitgreifendes Nachwort, mit dem der Herausgeber in verdienstvoller Weise für die weitere Forschung die Grundlage legt (Adam Olearius: *Vermehrte Newe Beschreibung Der Muscowitischen vnd Persischen Reyse. Schleswig 1656.* Hrsg. v. Dieter Lohmeier. Tübingen 1971). Diese Ausgabe liegt unserer Bearbeitung zugrunde.
3 Vgl. die Anmerkung 4 auf Seite 365.
4 Das Emblem im engeren Sinn umfaßt drei Teile: eine abstrakte Überschrift, ein Sinnbild und einen erklärenden Text. Bild und Wort ergänzen und verschränken sich zu einem Sinngefüge, das seine Wirkung aus der Überzeugung bezieht, daß alles sichtbare Geschehen auf versteckten Bedeutungen beruhe und auf einen höheren Sinn der Weltordnung verweise. Dies gilt auch für das Titelbild des Buches von Olearius.
5 Hier sind zwei Ausgaben von 1927 zu nennen (Adam Olearius: *Die erste deutsche Expedition nach Persien [1635–1639]. Nach der Originalausgabe bearbeitet von Dr. Hermann von Staden.* Leipzig; und: *Olearius. Moskowitische Abenteuer.* Hrsg. v. Edmund Th. Kauer. Mit Ill. v. W. Repsold. Berlin). Sie enthalten nur ganz

kurze, anekdotische Ausschnitte; die erste weist eine Übersichtskarte ohne Route auf und eine nur flüchtige historische Einordnung der Reise. Nach dem Zweiten Weltkrieg erscheint 1959 eine umfangreichere Auswahl (Adam Olearius: *Moskowitische und Persische Reise. Mit zeitgen. Stahlstichen* [sic!]. *Bearb. v. Eberhard Meißner. Mit einer Nachbemerkung des Verlages.* Berlin. Nachdruck: Darmstadt: Progress-Verlag 1959). Abgesehen von Ungenauigkeiten der Erläuterungen bietet diese Auswahl einen Text, der ständig zwischen barockem Deutsch und Neuhochdeutsch schwankt. Der Leser vermißt eine Routenkarte ebenso wie eine geschichtlich orientierte Einführung. Zudem bleibt die ursprüngliche Form des Werkes nicht erhalten: Eigenmächtig nimmt der Herausgeber eine völlig neue Kapitel- und Absatzeinteilung des Buches vor! Auf diese Weise wird der barocke Charakter des Reiseberichtes vollständig beseitigt.

Der Abrundung halber sei noch auf zwei kurze Auszüge ohne reisegeschichtliche Bedeutung hingewiesen (Bilder aus Rußland. In: Valentin Gitermann. *Geschichte Rußlands.* Zürich 1944; Bd. 1, S. 483–493; und: Von der Beschaffenheit Persiens. In: *Die Entdeckung und Eroberung der Welt. Dokumente und Berichte.* Hrsg. v. Urs Bitterli. München 1980, 1981; Bd. 2 (1981), S. 53–57).

6 Die »Vermehrte Newe Beschreibung Der Muscowitischen und Persischen Reyse« besteht aus sechs Büchern, von denen in der vorliegenden Ausgabe vier in ausführlicher Form wiedergegeben werden, und zwar:
Das erste Buch (= Von der Reise nach Muscow und was sich auf ihr zugetragen hat)
Das ander Buch (= Von der zweiten Reise nach Muscow)
Das vierdte Buch (= Unsere Reise von Muscow nach Persien)
Das sechste Buch (= Von der Rückreise aus Persien nach Holstein)
Lediglich in einer Zusammenfassung erscheinen hier – an der entsprechenden Stelle eingeschoben – das dritte und das »fünffte« Buch.
Die nur referierten Kapitel sind – nach der Numerierung des Originals – die folgenden:
Das erste Buch . . . . : Kapitel 2–5, 7–14, 15–17
Das ander Buch . . . . : Kapitel 2–5, 8–15, 17

Das vierdte Buch. . . : Kapitel 4, 10, 16, 20, 26, 30, 32, 40, 42, 43
Da die Reihenfolge der einzelnen Bücher und Kapitel nicht und
deren Überschriften nur geringfügig verändert wurden, lassen sich
anhand der vier Buchüberschriften und der kursiv gesetzten Kapitelüberschriften dieser Ausgabe die entsprechenden Passagen im
Original leicht wiederfinden.

Zur Titelseite der Originalausgabe (S. 49)

Liffland (oder auch Liefland) ist bei Olearius die Region der drei
nachmaligen baltischen Provinzen Kurland, Livland und Estland.
Tartarien (Tatarien) ist die seit dem Mittelalter gebrauchte Bezeichnung für die Landschaften Innerasiens. Olearius meint eigentlich die
»Europäische Tatarei«, das heißt das Gebiet westlich der unteren
Wolga und nördlich des Kaukasus bis zum Schwarzen Meer.
Meden (oder auch Medien) ist jene seit dem Altertum bedeutende
Kulturlandschaft zwischen Kaspischem Meer, Armenien, Syrien
und Gilā, umfaßte also den Nordwesten Persiens. Ausgezeichnet
war es durch seinen großen Reichtum an Gold und Silber; die
nisäische Ebene in der Nähe des Kaspischen Meeres war für ihre
Stutereien bekannt. Mit der Eroberung durch Mithridates I. (152
v. Chr.) wird Medien dem Partherreich einverleibt; sein Name erlischt.
Die wissenschaftliche Leistung von Olearius ist nur zu ermessen,
wenn man die Persien- und Wolgakarte, die er erarbeitete, mit denen
seiner Vorgänger vergleicht. Über die Entwicklung der Kartographie geben folgende Werke Auskunft und können als erste Einführung in das Problemfeld dienen: Grundlegend und umfangreich ist
das Werk von Leo Bagrow und R. A. Skelton: *Meister der Kartographie*. Berlin 1963. Die vielen Abbildungen machen den Weg der
Erfassung der Erdoberfläche anschaulich. An ausgewählten Beispielen demonstrieren Georges Grosjean und Rudolf Kinauer die Entwicklung der Kartographie (*Kartenkunst und Kartentechnik vom
Altertum bis zum Barock*. Bern, Stuttgart 1970). In beiden Werken
ist die Entwicklung der Kartographie Persiens gut zu verfolgen.
Speziell mit derjenigen Rußlands beschäftigte sich H. Michow in:
Die ältesten Karten von Rußland, ein Beitrag zur historischen

Geographie. Hamburg o. J. [1884]. [Reprint Amsterdam 1962.] Die bei ihm nicht abgebildete Karte Herbersteins ist zu finden in Valentin Gitermann: *Geschichte Rußlands.* 1. Bd., Zürich 1944; S. 187, sowie in Sigismund von Herberstein: *Das alte Rußland.* Aus dem Lateinischen von Wolfram von den Steinen, Nachwort von Walter Leitsch. Zürich 1985.

Die Graphik auf dem Titelblatt ist nicht etwa eine entbehrliche Zierde, die den Leser auf eines der Themen des Buches – die persische Reise – einstimmen soll; es handelt sich dabei vielmehr um die »Bismillah«, die Eröffnungssure des Koran (Bism al-lāh-i al-raḥmān al-raḥīm – Im Namen des barmherzigen und gütigen Gottes). Olearius, der selbst einige Kenntnisse des Persischen hatte, nutzte die ornamentale Struktur der Schrift aus und gestaltete sie zu einer Illustration um. Richtig geschrieben wird die Sure wie folgt:

بسم الله الرحمن الرحيم

Widmung, Kaiserliches Privileg und
Vorrede an den geneigten Leser (S. 57–63)

1 *Erbsasse:* Possessor hereditarius oder Erbherr eines Gutes.
2 *Seneca:* Gemeint ist jene Stelle aus *De beneficiis,* in der der Philosoph sagt: »Quidam furtive gratias agunt et in angulo et ad aurem; non est ista verecundia, sed infitiandi genus; ingratus est, qui remotis arbitris agit gratias.« (Einige statten ihren Dank verstohlen ins Ohr des anderen in einer Ecke ab; das ist keine Diskretion, sondern vielmehr eine Art des Verheimlichens. Derjenige ist undankbar zu nennen, der Dank sagt, wenn die Zeugen sich entfernt haben.)
3 *Das... in hieroglyphicis bekannte Palmenholz:* Feuer ist eines der heiligen Elemente, und Palmenholz wurde, als Bestandteil des parsischen Ritus, als ewiges Feuer auf den Altären verbrannt.

Welche Bedeutung auch der Islam dem Feuer beimaß, wird ersichtlich, wenn man sich vor Augen hält, daß alle Moscheen über Feuertempeln der Parsen errichtet sind.

4 *Sechs Mark lötigen Goldes:* Die Mark ist ursprünglich ein deutsches Münzgewicht, dessen Wert zu den verschiedenen Zeiten und von Ort zu Ort allerdings schwankte. »Lötig« heißt, daß das Gold einen bestimmten Reinheitsgrad aufweisen mußte.

5 *L. S.:* Loco Sigilli (Ort des Siegels);
mp.: manu propria (eigenhändig).

6 *Jacques Goar* (1601–1653): Katholischer Liturgiker und Historiker. Seine Bedeutung beruht auf seiner Kenntnis der orientalischen Kirche. Hauptwerk: *Enchologion sive Rituale Graecorum* (Paris 1647, Venedig 1730); eine auf Handschriften beruhende Sammlung von griechischen liturgischen Texten mit lateinischer Übersetzung und Anmerkungen.

7 *Hauptstadt:* Ispahan, von Abbas I. 1598 zur H. ernannt. Olearius beschäftigt sich auch ausführlich mit Ortsnamen. Zu dem der persischen Hauptstadt schreibt er (S. 551 des Originals) wie folgt: »Ispahan soll kurz vor Tamerlans Zeiten ›Sipahan‹ genannt worden sein; einerseits, weil dort viele Völker lebten, andererseits, weil dort die Heere, bevor sie in das Treffen kamen, zusammengestellt wurden. Denn ›Sipahan‹ ist im Usbekischen und Altpersischen der Plural des Wortes ›Sipae‹, was soviel wie ›Kriegsheer‹ bedeutet. Daher nennt man noch jetzt bisweilen einen obersten Befehlshaber ›Sipesalar‹.«

8 *Kulistan:* Olearius selbst fertigte eine Übersetzung des berühmten *Rosengarten* von Sa'dī (1213/1219–1292) an. *Gulistān*, wie das Werk auf persisch heißt, ist die zu dichterischem Ausdruck gewordene Erfahrung des weitgereisten Autors. Sa'dī will aber nicht nur belehren, sondern auch unterhalten. Sufische Ethik und weiser Realismus, gepaart mit der vollendeten Form der Reimprosa, ließen ein Werk entstehen, das auf die europäische Geisteswelt einen nachhaltigen Eindruck ausübte. Goethe lernte den *Rosengarten* in der Übertragung Olearius' kennen und nennt diesen einen »trefflichen Mann«, seine Eindeutschung »tüchtig und erfreulich«. Vgl. Johann Wolfgang von Goethe: *West-östlicher Divan*. In: Goethes Werke, hrsg. v. Erich Trunz, Bd. 2, S. 243.

9 *Nicephorus Gregoras:* Es handelt sich dabei um folgendes Werk

des byzantinischen Historikers: *N. Gregorae Romanae, hoc est Byzantinae historiae libri XI.: quibus res a Graecis Imperatorib. per annos CXLV., a Theodoro Lascari priore, usque ad Andronici Palaeologi Posterioris ob tum gestae, describuntur, et Nicetae Acominati Choniatae Παραλειπομενα supplentur...* Basilea 1562.

10 *Barnabas Brisson* (1531–1591): Jurist, Generaladvokat im französischen Parlament, von Heinrich III. zu verschiedenen Gesandtschaften verwendet. Nach dem Aufstand 1589 gegen den König wurde er gehängt. Olearius meint sein Buch: *De regis Persarum principatu.* Paris 1606.

Von der Reise nach Muscow und was sich auf ihr zugetragen hat (S. 67–81)

1 *Zoon politikon:* Der Begriff, den Aristoteles geprägt hat (Politika 1,2 und 3,6), bedeutet, daß die Natur den Menschen als ein Wesen geschaffen hat, das auf Gemeinschaft angelegt ist und sich in dieser erst entfaltet.
2 *Justus Lipsius:* Eigentlich Joest Lips (1547–1606), klassischer Philologe, Humanist und einer der besten Kenner der klassischen Altertumswissenschaft seiner Zeit.
3 *Diodoros Siculus:* Griechischer Geschichtsschreiber aus Sizilien.
4 *Lokman:* Lukmān, eine Sagengestalt des arabischen Heidentums. In altarabischer Überlieferung war er schon als Weiser bekannt. Mohammed nennt ihn zudem noch einen Spruchdichter. Einige Jahrhunderte nach Mohammed bekam er zudem den Ruf eines Fabeldichters. Diese Fabeln tauchen aber erst im Mittelalter auf und sind als eine ins Arabische übersetzte Auswahl der Fabeln Äsops anzusehen.
5 *Jean Surlet de Chokier* (1571–ca. 1656): Belgischer Gelehrter und Vizegeneral der Diözese von Liège. Olearius bezieht sich auf das Werk: *Thesaurus politicorum aphoristicorum, in quo principium, consiliariorum, aulicorum institio proprie una cum exemplis omnis alvi; quibus insertae notae, sive etiam monita...* Auctore Ionne a Chokier. Editio iuxta romanam scunda. Moguntia (Mainz) 1613.
6 *Dic mihi musa...:*

»Sage mir, Muse, die Taten des vielgewanderten Mannes,
Welcher so weit geirrt nach des heiligen Troja Zerstörung,
Vieler Menschen Städte gesehn und Sitte gelernt hat [...].«
Horaz benutzt den Beginn der Odyssee in seiner Abhandlung über die Dichtkunst als ein Beispiel für den gelungenen Anfang eines großen Epos. Olearius hingegen benutzt ihn, um den sittlichen Wert des Reisens herauszustreichen. Vgl.: Horaz. *Sämtliche Werke*. Lateinisch und Deutsch. Hrsg. u. übersetzt v. Hans Färber. München, Zürich ⁹1982; *De arte poetica, Das Buch von der Dichtkunst*; S. 238/239, Vers 141 f.

7 *Ja, sie reisen..*: Bereits Sebastian Münster empfiehlt in seiner *Cosmographia* im Vorwort die Lektüre kosmographischer Bücher als guten Ersatz zum Reisen.

8 *Woiwode:* Oberster Beamter einer Provinz.

9 *Pristaff (Pristaw):* Russischer Polizeibeamter.

10 *Tolk:* Dolmetscher.

11 *Strelitzen:* Hier sind die Soldaten der Leibwache des Zaren gemeint, die von der Moskauer Garnison gestellt wurde. Sonst sind Strelitzen die Soldaten der Garnisonsstädte in den eroberten Gebieten.

12 *Truchseß:* Hier Gesandtschaftsmitglieder, denen die Verwaltung der auf die Reise mitgenommenen Güter oblag; sonst: Vorsteher der Hofverwaltung.

13 *Goldene Stücke:* Golddurchwirkter Prunkstoff.

14 *Der große Zar...:* Der Titel des Zaren umfaßt alle Gebiete Rußlands, über die er herrschte; da sie in Olearius' Schreibweise nicht immer wiederzuerkennen sind, werden sie im folgenden in moderner Umschrift wiedergegeben: Vladimir, Moskau, Novgorod, Kazan, Astrachan', Sibirien, Pskov, Tver', Jugorien (Halbinsel zwischen Petschora- und Karasee), Perm', Vjatka, Bolgary, Nishnij Novgorod (heute Gorkij), Rjazan', Rostov, Jaroslavl', Beloozero (später Belosersk), Udorien (am Udor), Obdorien (am Unterlauf der Ob'), Kondinien, Iberien, Kartalinien (an der Kura), Grusinien (Georgien) und der Länder der Kabardiner (Zweig der Tscherkessen), der tscherkessischen und Bergfürsten (Gorskij; im Kaukasus).

15 *Scharlacke:* Stoff in scharlachroter Farbe.

16 *Resident:* Botschafter.

Von der zweiten Reise nach Muscow (S. 83–107)

1 *Kardinal-Infant:* Kardinal-Infant Ferdinand, spanischer Statthalter in Brüssel.
2 *Personen der Gesandtschaft:* Brüggemann und Crusius als Gesandte werden hier nicht mehr genannt (siehe Text S. 70).
3 *Diskant:* Eine vom 15. bis zum 17. Jahrhundert gebräuchliche Bezeichnung für die Sopran-Stimmlage. Noch bis ins 18. Jahrhundert hinein hießen die Kapellknaben, die in dieser Tonlage sangen, Diskantisten.
4 Um dem Leser einen Eindruck von der Ausdruckskraft barocker Sprache zu vermitteln, werden diejenigen Gedichte Flemings, die in Olearius' Text in neuhochdeutscher Übertragung wiedergegeben sind (vgl. dazu S. 46), an dieser Stelle jeweils in der Form abgedruckt, wie Olearius sie in seiner Reisebeschreibung veröffentlicht hat. Die Übertragung im Text folgt der Ausgabe: *Paul Flemings Deutsche Gedichte.* Hrsg. von J. M. Lappenberg. 2 Bände. Stuttgart 1865 (= Bibliothek des Literarischen Vereins in Stuttgart. Band LXXXII) [Repr. Darmstadt 1965]. Die Orthographie wurde an den wenigen Stellen, an denen dies notwendig war, der heutigen Rechtschreibung angeglichen (zitiert als Lappenberg, Band, Seite).

Auff Oleariens Rede über deroselben erlittenen Schiffbruche auff
Hochland / im Novemb. des 1635. Jahres.

MIch dŭnckt ich hŏre noch den Zorn der tollen Wellen /
Den Grim̄ der wilden Fluth / daß mir die Ohren gellen.
Mir ist / als seh' ich noch die angereyhte Noht
Die Augenblicklich euch gesampten schwur den Todt /
In einer langen Quael / durch zweymahl sieben Tage.
Hilff Gott / was fŭhrtet ihr allda fŭr eine Klage!
Was vor ein Angstgeschrey! Noch war bey aller Pein
Die hårtste / daß ihr noch im Leben mustet seyn.
  Der Bawer hatte schon der Winter Feld bestellet /
Der Gårtner fŭr den Frost nach Notturft Holtz gefållet.
Die Sonne die verließ nun gleich den Scorpion /
Das unglŭckhaffte Thier. Der abgewandte Mon

Zog seine Hörner ein / wie furchtsam anzusehen /
Was bey der bösen Nacht euch würde bald geschehen.
Der Tag war ohne Tag. Die Nacht war mehr als Nacht /
Als die kein edler Stern durchaus nicht liechte macht.
Neptun kan keinem gut für seinen Schaden sagen /
Der sich in seiner Fluht auff späten Herbst wil wagen.
Er selbst ist nicht sein Herr / wenn Eolus sich regt /
Und ihm der Wellen Schaum in seine Haare schlägt.
Es war zur Abfahrt schon für euch ein böses Zeichen /
Zwey Schiffe kunten sich zu weichen nicht vergleichen.
Der übergebne Baum lieff fast wie taub und blind
In sein Verderben hin. Das Wetter und der Wind
Versetzt' euch ewren Lauff / daß er auff so viel Striche
Nach Norden / seinen Feind / ohn acht des Schiffers wiche.
Der sichre Stewermann that fast / als ob schlieff /
Biß das verirrte Schiff mit allen Segeln lieff
Auff Oelands harten Grund. Die starcken Plancken krachten.
Der Kiehl saß auff dem Fels. Es schlug der Zorn der Wachten
Cajüten hoch / und mehr. Und was noch mehr erschreckt /
Die Lufft war mit der Nacht und Wolcken gantz bedeckt.
Ihr wustet in der Angst nicht wie euch war geschehen.
Ein Wort war aller Wort: Ach möchten wir nur sehen!
Der eine fiel erblasst auff sein Gesichte hin.
Der andre rüffte laut: Hilff JEsu / wo ich bin!
Der Höchster liesse da so vieler Seelen Flehen /
So mancher Hertzen Angst ihm noch zu Hertzen gehen.
Schuff wieder die Vernunfft / daß bey so böser Fahrt
Auch das verzihne Schiff noch gantz behalten ward.
Ihr mustet weiter fort / GOtt weis mit was für Grawen /
Und ewer furchtsams Heyl der strengen See vertrawen /
Die gleich auff diese Zeit / in unerhörter That /
So manches kühnes Schiff in sich verschlucket hat.
Ihr würdet vorgespart noch einem grössern Glücke.
Was euch der Tag gab vor / das zog die Nacht zu rücke.
Der Sturm schlug Klippen hoch / der Mast gieng über Bort.
So must auch der Meisan von grund aus mitte fort.
So trieb das krancke Schiff mit Tieffen gantz beschlossen /
Mit Wassern unterschwemmt / mit Wellen übergossen /

Des Wetters leichter Ball. Der Grund war unbekandt.
Und thåte sich denn auff ein nicht zu fernes Landt /
Wer kant' es / was es war? Ihr / wie verlohrne pflegen /
Vergast der gantzen Welt / Riefft bloß nach Gottes Segen /
Auff ewren nahen Todt. Die Focke war zu schwach
Das schwere Schiff zu ziehn aus diesem Ungemach.
Ihr liesset euch so bloß dem feindlichen Gewitter.
Triebt sicher in Gefahr. Kein Todt der war euch bitter.
Das Leben war euch leid. Es war in aller Pein
Nur diß der årgste Tod / nicht stracks tod kőnnen seyn.

    Wir / die wir unser Heyl noch ferner mit euch wagen /
Was traff auch uns får Angst. Was fůhrten wir fůr Klagen?
In Hargens lieben Stadt / die offte nach euch sah' /
Und offte mir rieff zu / ach / sind sie noch nicht da?
Der Weg zum Strande zu ward ach wie viel getreten!
Die Cantzeln wůndschten euch mit sehnlichen Gebeten.
Das Rahthauß und der Marckt / ja fast ein jedes Hauß
Besprachte sich von euch / und sah erbärmlich aus /
Die Zeit war långst vorbey / in der ihr wollet kommen.
Kein Schiff von Holstein her kam durch den Belth geschwommen.
Wir schickten hin und her zu wissen wie es sey /
Die Post lieff wunderlich. Man sagte mancherley
Der hått' euch auff der See gesehn: Der gar gesprochen.
Der meynte / hier und da wår' ewer Schiff gebrochen.
Da wår' ein teutsches Pferd / ein solch und solcher Mann /
Dort wieder diß und das ans Land getrieben an.
Wie sicher anfangs wir auff ewer Glůcke waren /
So kleinlaut wurden wir / als nichts nicht zu erfahren
Als Trawern von euch war. Die Furcht wuchs mit der zeit.
Es dachte mancher schon gar auff ein Trawerkleidt.
Der trawrig schien' umb euch. Es war so bald nicht Morgen /
Wir eilten auff den Wall. Wir frewten uns mit Sorgen /
Wenn auff verdachter See ein falsches Segel kam.
So wurden wir zu letzt auch unser Hoffnung gram.

    Es liegt ein hohes Land in Amfitritens Armen /
Die manches Schiffes sich hier pfleget zu erbarmen /
Das deinen Scheren zu / O Finnland / wird gejagt /
Da sein gewisser Todt weit von ihm nach ihm fragt.

Das Land heisst / wie es liegt / hoch in die Lufft gestrecket,
Dem stets sein kahles Håupt mit Wolcken ist bedecket /
Kalt / felsicht / trunken / leer. Wild / doch ohn alles Wild.
Kaum dreyer Fischer Stall. Ein wahres Ebenbild
der Reichen Armuth selbst. Hier waret ihr gesonnen
Zu sehn / was Clotho euch wůrd' haben abgesponnen /
Gold / oder blasses Bley. Ihr lieffet willig an.
Das soll man gerne thun / was man nicht endern kan.
Das Schiff / das oben hier von Winden war zerrissen /
Ward von der Fluhten Macht von unten auch geschmissen
Hart an den blinden Glind. Das Rohr sprang plötzlich ab.
Hier saht ihr ewren Todt; Hier saht ihr ewer Grab.
Der Kiehl gieng morß entzwey mit krachen und mit schůttern.
Die Plancken huben sich mit zittern an zu splittern.
Die See brach heuffig ein. Das tode Schiff ertranck /
Das leichte Gut floß weg / das schwere das versanck.
Da war es hohe Zeit sich an das Land zu machen
Da saht fůr ewer Heyl ihr recht den Himmel wachen.
Ihr sprunget furchtsam aus / des nahen Landes froh.
Das reiche Gut des Schiffs mag bleiben wie / und wo /
Und wenn das Glůcke wil. Ein Mann / der Schiffbruch leidet /
Schåtzt nichts dem Leben gleich. Thut / was er dennoch meidet /
Stůrtzt bloß sich in die See. Fasst einen duppeln Muht.
Bringt er nur sich darvon / so hat er alles guht.
Das arme Land erschrack fůr diesen newen Gåsten /
Halb furchtsamb und halb froh. Es hatte nichts zum besten /
An allem Mangel reich. So namet ihr vorlieb /
Was an den holen Strand aus ewrem Schiffe trieb' /
An Fruchten / Brodt' und sonst. Dieß wehrte ziemlich lange /
Es war euch billich auch fůr nahem Winter bange /
Der euch den Todt auch schwur durch Hunger und durch Frost.
Biß daß uns endlich kam von euch die edle Post.
Gantz Lieffland weinte froh / nachdem es euch vernommen.
Gantz Revel lieff euch nach / da es euch sahe kommen.
Die Kirchen danckten Gott. Die Schulen wůndschten Heyl.
Was vor nur Seufftzen war / ward Jauchtzen in der eyl.
    Dieß hat mein thewrer Freund mit alles ausgestanden.
Dieß alles giebt er hier zu lesen allen Landen /

Sein wahrer Zeuge selbst. Hôrts / wers nicht lesen kan.
Schaw / Teutsche Christenheit / das wird für dich gethan.
Es hat Gewalt und Neid sich hart' an uns gewaget.
Wir haben sie getrost zu Felde doch gejaget.
So hat der lange Welt beglaubt genung gemacht /
Was List und was Gefahr uns hatten zugedacht.
Der Hôchste hat uns nun erfrewt auff allen Schaden.
Hat uns gesund gebracht nach seiner milden Gnaden /
Hier / da die Wolge sich in so viel Strôhme reist /
Und in die Casper See mit vollen Krůgen geust.
Der spreche ferner ja zu unsern hohen Sachen.
Der wolle weiter so fůr unsre Håupter wachen /
Sie fůhren hin und her. Das edle Holstein lacht /
daß dieß sein grosses Werck so weit nun ist gebracht.
Was Kåysern ward versagt / was Påbsten abgeschlagen /
Was Kônigen verwehrt / steht uns nun frey zu wagen.
Auff / Nordwind / lege dich in unser Segel ein!
Das wolgefaste Werck wird bald vollfůhret seyn.
      1636. Vor Astrachan, den 3. Octob.
(Lappenberg, I, S. 167 ff.)

Mon: Mond; seit alters her auch Zeichen für Gesundheit oder Krankheit, Glück oder Unglück.
Äolus: Aiolos, Eol, ein Sterblicher, dem Zeus die Herrschaft über die Winde gab.
Meisan: Besanmast.
Amphitrite: Gemahlin Poseidons, des griechischen Meergottes.
Klotho: Eine der drei Parzen (Moíren); sie spinnt den Lebensfaden. Gold und Blei sind Erze, denen eine symbolische Bedeutung zukommt. Hier etwa steht Gold für die glückliche Errettung, Blei für Schiffbruch.
Weinmonat: Oktober.
5 *Veste:* Anrede im frühen Neuhochdeutsch für ritterliche oder hochstehende Persönlichkeiten.
6 *Rekreditiv:* Antwortschreiben eines Staatsoberhauptes.
7 *Bojar:* Bezeichnung für den Angehörigen der gehobenen Schicht in der Gefolgschaft des Fürsten. Bojaren hatten teilweise hohe Stellungen im russischen Reich inne.

8 *Deak (Djak):* Kanzleiangestellter.
9 *Podiwodden (Podywody):* Ein- bis zweispännige Fuhrwerke.
10 *Golop (Cholop):* Feudalabhängiger, Sklave.
11 *Im Jahr 7144 ...:* Vor Peter dem Großen (1672–1725) wurde die Zeit in Rußland nach dem byzantinischen Kalender gezählt, das heißt von der Erschaffung der Welt an. Von jeder Jahreszahl ist daher für den Zeitraum vom 1.1. bis zum 1.9. die Zahl 5508 (sonst 5509) abzuziehen, um auf das Jahr unserer Zeitrechnung zu kommen.
12 *Deak Maxim. Matuschkin:* Hoher Kanzleibeamter des Zaren mit Namen Matuschkin.

Unsere Reise von Muscow nach Persien (S. 109–273)

1 *16. Juni 1636:* Die Unstimmigkeit zwischen diesem Datum und dem auf S. 102 geht auf Olearius zurück.
2 *Faktor:* Leiter einer Handelsniederlassung.
3 *Werst:* Russisches Wegmaß. Bis 1835 war 1 Werst = 1077 m.
4 *Petreus:* Olearius meint den schwedischen Historiker Petrus Petrejus de Erlesund (1570–?), der verschiedene Male als Gesandter nach Moskau reiste. Sein Bericht über das Großherzogtum Moskau *(Regni muschovitici sciographia)* erschien 1615 in vier Büchern in Stockholm und 1620 in deutscher Übersetzung in Leipzig.
5 *Strusen:* Flache Flußschiffe, vor allem zur Lastenbeförderung.
6 *Ceremissische Tataren:* Tscheremissen; ein ostfinnisches Volk, ansässig zwischen mittlerer Wolga und Jatka.
7 *Kama:* Der Strom entsteht aus dem Zusammenfluß einiger Flüsse, die aus dem Gebiet um Perm' kommen.
8 SChwimmt neher zu vns her / stelt euch so furchtsam nicht /
   Ihr wilden Fürstinnen des öden Permer Strandes.
   Kompt Nymfen an den Port. Das Vfer dieses Randes
Ist püschicht / kühl und frisch / da keine Sonne sticht.
Kompt schauet dieses Schiff / von dem gantz Reussen spricht.
   Auch diß ist eine Zier der erstling meines Landes /
   Des treuen Holsteins Pfand; der Knotten eines Bandes /
Das zwischen mir und ihm in Ewigkeit nicht bricht.

Vnd du / O Vater Kam, geuß deinen braunen Fluß
Mit vollen Krügen aus / daß unsern Föhrnen Fuß
Kein blinder Sand halt auff / kein falscher Grund versäume.
  Die Wolga fleußt vorweg / bestelt die Sicherheit;
    Deut auff gut Glück und Heil; setzt Wolfahrt ein / vnd schreyt:
  Das Anfall / Mord und Raub ihr beydes Vfer räume.
  Dann das Schiff war von Föhren Holtz.
(Lappenberg, I, S. 476 f.)

9 *Staketenzaun:* Zaun aus Stangen oder Latten; hier muß man wohl an eine Palisade denken.
10 *Pomeranzen:* Apfelsinenartige Zitrusfrucht (citrus aurantium) mit bitterem Geschmack.
11 *Timur Lenk:* Timur oder Timur Lenk (1333–1405) aus Kasch in Samarkand. Er unterwarf Persien und Georgien, drang sogar bis nach Moskau vor und eroberte Hindustan vom Indus bis zur Gangesmündung. Timur war ein türkisierter Mongole; er versuchte, das Reich Dschingis-Khans zu erneuern. Während der Vorbereitungen zu einem Feldzug gegen China starb er.
12 *Spill:* Winde, von deren Trommel die Leine oder Ankerkette nach mehreren Umdrehungen wieder abläuft.
13 ISts / wie ihr Russen es nicht lasset vnverwiesen /
  Was niemand von vns weiß. Ist diß derselbe Berg
  Auff dem auff eine Zeit gewohnt ein kluger Zwereg?
Vnd eine Jungfer auch / der Ankunfft von den Risen?
  Darvon er itzt noch heist / vnd langer biß nach Nisen /
    der weit gelegnen Stadt / was für ein Wunderwerck
  Bekråfftigt ewer Wort? Zeugt nichts nicht ihre Stårck'?
Ihr Leben vnd ihr Thun / der Tochter der Odrysen?
  Nein / die vergeßne Zeit hat alles mit sich fort.
  Ich wunder mich des Thuns / vnd ehre diesen Ort /
Der mir fast halbe Furcht mit seiner Wildniß machet.
  Der Wolcken gleiche Felß wirfft frech sein Håupt empor.
    So thut ein wilder Mensch / vnd trutzt der Götter Chor /
Der ihn doch mehr nicht schewt / als daß er seiner lachet.
(Lappenberg, I, S. 477 f.)

Odrysen: Thrakische, den Phrygern verwandte Völkerschaft.
14 *Nassade:* Lastschiff.

15 *Pontus:* Gemeint ist Pontos Euxeinos (»Gastliches Meer«), der Name des Schwarzen Meeres in der Antike; ursprünglich hieß es wegen der strengen Witterung, die in seinem Bereich herrschte, Pontos axeinos (»Unwirtliches Meer«). Diese Bezeichnung wurde aus religiösen Gründen aufgegeben. Der Name Schwarzes Meer leitet sich also von der Witterung, nicht von der Wasserfarbe ab.

16 *Schah Sefi:* Schah Safi I. (Regierungszeit 1629–1642). Er war der Enkel von Schah Abbas I. Seine vierzehnjährige Amtszeit ist blutrünstig. Er nahm den Turkmenen Khorāsān ab und schlug die Türken in Eriwan zurück.
Die Zeit der Safawidenherrscher stellt Roger Savory in seinem Buch *Iran under the Safavids* (Cambridge [u. a.] 1980) ausführlich dar. Er geht auch auf die Beziehungen der Perser zu den Europäern ein. (Vgl. auch die Bildunterschrift zum Porträt Schah Sefis.)

17 WIe Eol? was / Neptun? gefält euch Jovis Schluß /
  Der Rath der Götter / nicht / den nechst Mercur verfaste?
  Ihr selbst mit vnterschrieb im ewigen Pallaste.
Was Eol? wie / Neptun? was sol denn dieser Guß?
  Der Donner / dieser Sturm / der den erschreckten Fluß
Von Grund aus reitzet auff: daß er so schnell erblaste.
Der Grimm des Wetters raasst / vnd pfeiffet vmb die Maste
  Es setzet furchtsam ein der Ancker seinen Fluß.
Was aber ist mir das? wo kompt der lichte Strael?
Die schnelle Stille her die Jupiters Gemahl
  Von Ost in Westen führt? ich wunder mich des Wunders?
Wird ewer Grimm gestrafft? ist euch der Eyfer leidt?
Bedeutet es für vns gut / oder böse Zeit?
  Man sage was man wil / ich dencke was besonders.
(Lappenberg, I, S. 480)

Eol: Aiolos, ein Sterblicher, dem Zeus die Herrschaft über die Winde gab.
Neptun: Name der alten italischen Wassergottheit, die die Römer mit Poseidon, dem griechischen Gott der Meere identifizierten.

18 *Arpusen:* Wassermelonen (cucurbita citrullus).

19 *Kahawe:* Dazu schreibt Olearius in seiner persischen Landeskunde (S. 598 f. im Original):
»Bei dem Tabaktrinken haben sie alsbald das heiße schwarze Wasser Cahwae zur Hand. Es ist eine Frucht, die sie aus Misser oder Ägypten bekommen; in ihrer Substanz ist sie der türkischen, an Gestalt unserem Weizen nicht unähnlich, an Größe aber einer türkischen Bohne gleich. Sie gibt weißes Mehl. Die Körner braten oder brennen sie in einer trockenen Pfanne, reiben sie klein, kochen und trinken das Wasser. Es hat einen brandigen und unanmutigen Geschmack. Es soll sehr kühl machen und die Natur unfruchtbar, weswegen es die meisten trinken.
Wenn man aber solches Cahwae Wasser zuviel gebraucht, soll es die fleischliche Begierde ganz auslöschen.«
Nach Beispielen dafür zitiert Olearius folgenden Bait eines persischen Dichters:
Cahvvae du schwartzes Angesicht /
Daß man dich doch mag leiden?
Wo du hinkompst / muß man da nicht
Die Lust vnd Beyschlaff meiden;
20 *Angelica:* Engelwurz.
21 *Aldrovandi:* Ulyssis Aldrovandi *Ornithologia.* T. 1–3. Bononiae [Bologna] 1599–1603. Aldrovandi (1522–1605), Professor der Logik und Medizin an der Universität zu Bologna, war auch Direktor des dortigen Botanischen Gartens und Gründer eines kostbaren Naturalienkabinetts. Olearius nennt seine Vogelkunde auch in seiner Bibliographie zur persischen Reise.
22 *Pelikan:* Grundlegend für das Verständnis dieses Symbols ist seine Ausformung im *Physiologus,* dem ältesten und meistverbreitetsten Tierbuch des christlichen Mittelalters. Es wurde um 200 n. Chr. wahrscheinlich in Alexandrien geschrieben. Bereits hier erscheint der Pelikan als Symbol für Liebe, Christus und Auferstehung. Schon die frühesten Darstellungen zeigen den Pelikan mit drei (oder vier) Jungen im Nest, wie er sich mit dem Schnabel die Brust öffnet, damit die Jungen das lebensspendende Blut trinken können.
23 *Cyrcassien:* Land der »Cyrcassischen Tartern«, d. h. der Tscherkessen.

24 *Etmal:* Strecke, die in der Seefahrt von Mittag zu Mittag zurückgelegt wird.

25 *Kolchis:* Antike Landschaft, ostwärts des Pontos Euxeinos gelegen. Sie wurde im Norden durch den Kaukasus, im Osten durch Iberia (Landschaft am Kaspischen Meer) und im Süden durch den kappadokischen Pontos begrenzt.

26 *Apollonius Rhodius:* Trotz der vielfältigen kompositorischen Mängel, die der *Argonautika,* einem Epos von Apollonius dem Rhodier (um 295–215 v. Chr.), anhaften, wird es dennoch auch noch heute von der Fachwissenschaft geschätzt. Das Epos zeugt von dem poetischen Prinzipienstreit zwischen Apollonius und seinem Lehrer Kallimachos – hier die große, vieltausendversige epische Form, dort die gepriesene Kleinform –, der dazu führte, daß Apollonius sein Amt als Leiter der Bibliothek von Alexandrien aufgab und nach Rhodos ging. Sein Werk erfuhr bereits zu Lebzeiten Nachdichtungen, wirkte auf Vergil, Ovid und Nonnos und steht in der Nachfolge Homers.
Olearius bezieht sich auf die Ausgabe: *Argonauticorum libri 4, nunc primum latinitate donati atque in lucem ed. Joanne Hartungo interprete. Acc. locuples rerum & verborum memorabilium index.* Basileae 1550.

27 *Servius:* Olearius meint den lateinischen Grammatiker Maurus Servius Honoratus (um 400 nach Chr.). Bekannt ist er vor allem durch seinen Kommentar zu Vergils *Bucolica, Georgica* und zum *Aeneas (Explanatio in Bucolicon et in librum Georgicum atque Aeneadum).* Zu Servius informiert ausführlich *Paulys Realencyclopädie der classischen Altertumswissenschaft.* Neue Bearb. beg. v. Georg Wissowa. Zweite Reihe, Vierter Halbband (Selinuntia – Sila). Stuttgart 1923; Sp. 1834–1848.

28 *Meden:* Gemeint ist die Landschaft Medien (vgl. die Erläuterungen zum Frontispiz).

29 *Balgen:* Ausschöpfen.

30 *Oberlauf:* Hauptdeck des Schiffes.

31 *Besanmast:* Hinterster Mast einer Dreimastbarke.

32 *Da begriffen wir erst...:* Olearius spielt auf die Stellen in Markus 2, 2–4 und Markus 13, 15 an.

33 *Wichtige Person:* Brüggemann.

34 *Seid Ibrahim:* Eigentlich »Seyyed« = Herr. So wurden die Nach-

kommen des Propheten genannt, die zudem durch eine grüne Leibbinde und einen grünen oder schwarzen Turban kenntlich waren.

35 *Tiribabba:* »Babba« = Großväterchen. In ganz Persien gab es Tausende von lokalen Heiligen, die nie mehr als nur eine beschränkte Bedeutung hatten. Seid Ibrahim und Tiribabba sind solche Heilige, und daher ist über sie nichts Näheres festzustellen.

36 *Poslanik:* Gesandter, Botschafter.

37 *Schalmeien:* Ursprünglich war die Schalmei nur eine Rohrpfeife, hatte sich aber schließlich zu einem Instrument entwickelt, das der Oboe ähnlich war und sich von ihr durch das fehlende Daumenloch und den stärkeren Klang unterschied.

38 *Zimbeln:* Becken.

39 *Batman:* Persisches Gewicht. In Ardabil = 3,25 kg; in Täbris = 3 kg; in Schemacha und Karabach = 8 kg.

40 *Pandora:* Lautenartiges Saiteninstrument.

41 *Simson:* Vgl. Richter 16, 25.

42 *Grobbläser:* Welches Instrument Olearius mit diesem Wort meint, ist nicht zu klären. Da im Sprachgebrauch des 17. Jahrhunderts das Wort »grob« im Hinblick auf die Stimm- bzw. Tonlage die Bedeutung »tief« hatte, ist anzunehmen, daß Olearius Blasinstrumente mit einem tiefen, baßähnlichen Ton meint.

43 *Flaschenfutter:* Behältnis, in dem Getränke auf die Reise mitgenommen werden können.

44 *Konstabel:* Kanonier.

45 *Astrolabium:* Von den Arabern erfundenes Gerät zur Winkelmessung an der Himmelskugel.

46 *Molla:* Unterste Stufe der schiitischen Geistlichen, geistlicher Lehrer.

47 *7. Februar:* Dies ist der 10. Muharram (der erste Monat des islamischen Jahres), der Todestag Ali B. Abi Talibs (um 600–661), Cousin und Schwiegersohn Mohammeds durch seine Heirat mit dessen Tochter Fatima. Er war Mohammeds Gefährte in vielen Schlachten und begleitete ihn auf fast allen seinen Feldzügen. Nach Mohammeds Tod beanspruchte er die Nachfolge, wurde aber erst nach der Ermordung Othmans 4. Kalif. Auf seine Anregung hin wurde die Hidjra (Auswanderung des Propheten

nach Yathrib) zum Ausgangspunkt der mohammedanischen Zeitrechnung. Es gelang ihm nicht, seine Gegner vollständig zu schlagen, und so wurde er das Opfer eines Attentats. Nach der schiitischen Lehre des Islam ist er der »Wali Allah«, der Freund Gottes, woraus seine Heiligkeit abgeleitet wurde. Die Schiiten schreiben Ali einen dreifachen Charakter als Imam (Führer), als Krieger und als Heiliger zu. Schon früh hatte seine Person Stoffe für Legenden abgegeben. Nur sechzig der tausend Wunder, die er angeblich vollbracht haben soll, sind aufgezeichnet. Der eigentliche Sterbetag Alis ist der 24. Januar. Da der islamische Kalender nach Mondjahren gerechnet wird, verschieben sich die Feiertage jedes Jahr.

48 *1. März:* Das Fest, das Olearius als »Chummekater« bezeichnet, ist nach der Oase Ghadir al-Kumm genannt. Nach sunnitischer Überlieferung soll hier der Prophet Mohammed die Nachfolge an Ali mit den Worten übergeben haben: »Wessen Herr ich bin, dessen Herr ist auch Ali.«

49 *3. März:* Mit dem Fest Tzar schembesur meint Olearius den Feiertag Tschahāršanbe Sūrī, der stets auf den letzten Mittwoch vor Neujahr fällt.

50 *Wilhelm Schickard:* Olearius spielt auf den Erfinder der Rechenmaschine, den Orientalisten, Geographen und Astronomen Wilhelm Schickard (1592–1635) an, der die erste deutsche Ausgabe des *Rosengarten* einleitete (Wilhelmi Schickarts der Mathematic vnd Orientalischen Sprachen Professoris zu Tübingen / Newe Vorred an den günstigen Leser. In: *Gvlistan. das ist / Königlicher Rosengart. Welchen der fürnemste Poet, vnter den Türcken / vnd Persianern / Sadi genandt / vor ohngefähr drey hundert siben vnd sibentzig Jahren verfertiget. [...] Erstlichen von Herrn Andrea du Ryer [..] in das Frantzösisch gebracht / vnd anietzo durch Johan Friderich Ochssenbach in die Teutsche Sprach übergesetzt worden.* Tübingen / bey Philibert Brunn / Anno 1636). Dieser Ausgabe ist, im Gegensatz zu der Olearius', keine Nachwirkung beschieden gewesen.

Obwohl Olearius in seinem »Catalogus Autorum« Schickard nicht aufführt, zeigt die Erwähnung im Text, daß er mit den literarischen Erscheinungen seiner Zeit wohl vertraut war. Ausführlich würdigt Manfred Ullmann die Bedeutung der orientalischen Studien Schickards. Vgl. M. U.: Arabische, türkische und persische Studien. In: *Wilhelm Schickard. 1592–1635. Astronom, Geograph, Orientalist, Erfinder der Rechenmaschine.* Hrsg. v. Friedrich Seck. Tübingen 1978, S. 109–129.

51 *10. März:* An diesem Tag beginnt das persische Jahr (Nawrūz). Es beginnt am Frühjahrsäquinoktium, wenn die Sonne in das Sternbild des Widders tritt. Das Volk besprengte sich gegenseitig mit Wasser, den Königen wurden Geschenke gemacht. Diese Bräuche reichten bis in die islamische Zeit hinein.

52 *Scheich Sefi:* Olearius meint nicht Schah Safi I., sondern Scheich Safi al-Din, den Begründer der Safawidendynastie und Stifter einer religiösen Sekte (s. Erläuterung 92, S. 376). Er lebte in Ārdabil, welche Stadt unter den Safawiden ihre Blütezeit erlebte. Safi al-Din starb 1334 (?) im Rufe der Heiligkeit; unter seinen Nachkommen bildete sich in Ārdabil eine Art Priesterstaat aus. Das Mausoleum des Scheichs war im 16. und 17. Jahrhundert eines der besuchtesten Ziele von Wallfahrten.

Die Bezeichnung »Scheich« deutet keine besondere Beziehung des Trägers zum Propheten an, im Gegensatz zu »Seyyed«.

53 *Hauptgestelle:* Riemenwerk, das um Ohren, Backen und Kehle des Pferdes geht (Zaumzeug).

54 *Russische Jufften:* Juchtenleder, ein besonders gegerbtes und verarbeitetes Leder, das zu Olearius' Zeit ausschließlich aus der Gegend um Gorki kam. Es ist besonders widerstandsfähig gegen Wasser und Insekten.

55 *Tumain:* Geldwert von ungefähr 16 Reichstalern.

56 *Pyr Mardechan:* Auch er ist einer der vielen unbekannten Heiligen (s. Erläuterungen 34, 35 auf S. 369f.). »Pir« (= Ältester) deutet jedoch darauf hin, daß er einer der »geistigen Leiter« im Sufisystem war, die den Anspruch erhoben, in direkter Linie die Ausdeuter der islamischen Geheimlehre zu sein.

57 *Schiffsbrücke:* Pontonbrücke.

58 *Sprugeln:* Gebogene Weiden- oder Haselnußstäbe, über die Laken gespannt werden.

59 *10. Silhotzae:* Olearius meint den 10. Dhu 'l-Hidjdja (25. April). Dies ist der Tag, der im Gedenken an das Opfer (Kurban) Abrahams begangen wird.

60 *Janitscharen:* Die im 14. Jahrhundert gebildete Kerntruppe des

türkischen Sultans; im 17. Jahrhundert war sie bereits zehntausend Mann stark. 1826 wurde sie aufgelöst, da sie in immer stärkerem Maße ein eigenständiger Machtfaktor im türkischen Reich geworden war.
61 *Rundartzen:* Schilde von runder Form.
62 *14. Mai:* Dies ist der Todestag Al-Husains, des zweiten Sohnes (und nicht, wie Olearius meint, des jüngsten) von Ali. Nach Alis Tod folgte er, der Unentschlossenere, seinem Bruder Hasan, der sich nach Medina zurückzog. Die beiden Brüder verweigerten dem neuen Kalifen Yazid die Anerkennung und flohen nach Mekka. Husain fiel mit seinen Leuten über die weit überlegene Streitmacht Yazids her. Nach einer kurzen Schlacht wurde er getötet. Das ist die berühmte Tragödie von Karbala, die jedes Jahr von den Schiiten gefeiert wird.
63 *Wein:* Nach der Lehre Mohammeds war und ist der Genuß von berauschenden Getränken den Anhängern des Islam verboten. Besonders aber sozial Höhergestellte hielten sich nicht an dieses Gebot und feierten zuweilen – auch zu Olearius' Zeit – Orgien.
64 *Naphta:* Gemeint ist das leichte, helle und gut brennbare Erdöl aus den Gebieten um das Kaspische Meer (s. auch S. 212).
65 *Schwärmer:* Feuerwerkskörper.
66 *Spiritus Therebinthini:* Terpentin.
67 *Fratte Kinder:* Wundgeriebene Kinder.
68 *Chaldäische Feuer:* Dazu erläutert Olearius in seiner russischen Landeskunde (Buch III, S. 284 im Original):
»Die Chaldäer sage ich: denn es gab zu unserer Zeit gewisse liederliche Personen, die jährlich vom Patriarchen die Erlaubnis bekamen, in der Zeit vom achten Tag vor Weihnachten bis zum Fest der Heiligen Drei Könige in der Stadt mit einem besonderen Feuerwerk herumzulaufen. Sie zündeten den Leuten die Bärte an und trieben ihren Spott besonders mit den Bauern. Sie waren als Fastnachtsbrüder gekleidet, trugen auf dem Kopf hölzerne oder gemalte Hüte und schmierten ihren Bart mit Honig ein, damit diese, wenn sie die Feuer von sich warfen, nicht entzündet werden konnten. Sie wurden Chaldäer genannt; dieser Name sollte an die drei Knechte erinnern, die zur Zeit des Königs Nebukadnezar das Feuer schürten, das die drei Männer Sadrach, Mesach und Abed Nego verbrennen sollte. Vielleicht haben sich die

Alten auch des Wunders, das bei ihrer Bekehrung geschah, erinnern wollen. Die Feuer aber machten sie aus einem besonderen Pulver, das sie aus einem Erdgewächs klopfen und Plaun nennen.«

69 *Meszid:* Olearius meint »Masdjid«, also Moschee. Es gab verschiedene Typen: Gedächtnis-, Grab- und Stiftungsmoscheen. Über Moscheen und alle mit ihnen zusammenhängende Fragen informiert die *Enzyklopädie des Islam. Geographisches, ethnographisches und biographisches Wörterbuch der muhammedanischen Völker.* Hrsg. v. M. Th. Houtsma [u. a]. Bd. 1–4. Leiden, Leipzig 1913–1938. (Die neuere englische Ausgabe dieses Werkes ist noch nicht vollständig [1960 ff.].)

70 *Imam Sadae:* Imam Zadae, die ernannten Nachfolger der Imame (religiöse Führer). Der Name wird auch als Bezeichnung für deren Gräber verwendet.

71 *Sevenbäume:* Nadelgewächse (Juniperus sabina).

72 *Röhren:* Gewehre.

73 *Abas:* Schah Abbas I., der von 1581–1628 regierte, war keineswegs, wie diese Beobachtung Olearius' suggerieren könnte, ein grausamer und barbarischer Herrscher. Vielmehr wurde Persien unter seiner Herrschaft ein geschlossenerer und blühenderer Staat als zuvor. Sein Ziel war es, die innere Sicherheit zu stabilisieren, Armee und Finanzsystem zu reorganisieren und die von den Türken im Westen und Nordwesten und den Özbegs, einem Stamm aus dem Gebiet östlich des Kaspischen Meeres, in Khorāsān besetzten Territorien zu befreien. Jean Chardin (1643–1713), französischer Reisender, Juwelenhändler und Kenner Persiens, charakterisiert die Regierung Abbas' I. folgendermaßen: »Als dieser große König starb, war die Blütezeit Persiens vorbei.« (Savory, S. 103)

74 *Mahumed Choddabende:* Olcaitu Khudabanda war der 8. Ilkhan von Persien (Regierungszeit 1304–1316). Der Mongolenkhan setzte die Kriegführung seiner Vorgänger gegen das Mamelukenreich und die freundschaftlichen Beziehungen zu den christlichen europäischen Mächten fort. Er war ein an den Wissenschaften und besonders an der Astronomie interessierter Herrscher.

75 *Tigranocerta:* Residenzstadt des Tigranes (121 v. Chr.–56). Nach zwei verlorenen Schlachten unterwarf sich Tigranes 66 v. Chr. Pompejus und unterstellte Armenien römischer Oberhoheit.

76 *Mschaich:* Moschee.
77 *Fabel von den Teufeln:* Es handelt sich bei diesem Text nicht um einen Teil des Koran, sondern um eine selbständige Legende.
78 *Sternschneuzen:* Sternschnuppen.
79 *Myrsa:* Eigentlich Mīrzā, die Abkürzung von Mīr-zāda oder Amīr-zāda. Das Wort bedeutete ursprünglich »Prinz«. Neben der Verwendung in dieser Weise wurde der Titel auch Adligen und anderen Vornehmen verliehen.
80 *Springer:* Bezeichnung einer bestimmten Gruppe des fahrenden Volkes (dazu paßt Olearius' Bemerkung, daß zuerst Gaukler und Taschenspieler auftraten). Man hat sich unter ihrem »Springen« etwa einen kultischen Tanz-Kampf vorzustellen.
81 *Parieren:* Abwehren von Hieb oder Stoß, sich im Kampf schützen und decken.
82 *Oxenstern:* Gemeint ist der erste Schwede, der Persien bereiste, Bengt Bengtson Oxenstierna. Seine Reisebeschreibung ist verlorengegangen. Ausführlich rekonstruiert Sven Hedin die Spuren des »Reise-Bengt«, wie er bei seinen Landsleuten hieß, in seinem Buch *Verwehte Spuren. Orientfahrten des Reise=Bengt und anderer Reisenden im 17. Jahrhundert.* Leipzig 1923.
83 *Olim meminisse juvabit:* Einst wird man sich gern erinnern.
84 *Golius:* Jacobus Colius (1596–1667), niederländischer Altphilologe; er studierte Sprachen, Philosophie, griechische und lateinische Altertümer, Mathematik, Theologie und Medizin. Er unterrichtete Rochelle in Griechisch und wurde Professor für arabische Sprachen in Leiden. Weite Reisen unternahm er in das türkische Reich, von wo er viele Manuskripte mitbrachte. Olearius meint sein *Lexicon arabico-latinum.* Lugdunum (Lyon) 1653.
85 *Tyriac:* Theriak, ein altes Universalheilmittel in Form einer Latwerge (Brei), das angeblich vom Leibarzt des Kaisers Nero erfunden wurde. Von Galen (2. Jh. n. Chr.) wurde es gegen Stiche und Bisse von giftigen Tieren empfohlen. Später diente es gegen Vergiftungen aller Art und wurde schließlich zu einem Universalheilmittel. Zusammengesetzt war es aus sechzig bis achtzig Bestandteilen, darunter unter anderem Opium, Angelikawurzel, Kardamom, Myrrhe, Eisenvitriol und Honig.
86 *Konditen:* Eingelegte Früchte.

87 *Komentgen:* Kleine Schüssel, Kumme, Napf.

88 *Kontraminieren:* Jemandes Vorhaben untergraben.

89 *Ephemeridibus Origani:* Es handelt sich dabei um folgendes Werk: *Annorum posteriorum 30 incipientium ab anno Christi 1625, & desinentium in annum 1654, Ephemerides brandenburgia coelestium motuum et temporum summa diligentia in luminaribus calculo duplici Tychonico & prutenico, in reliquis planetis prutenico seu Copernicaeo elaborateae à Davide Origano Glacense...* Francofurti Cis Viadrum, typis Ioannis Eichornij... 1609. In diesem Buch bestimmt David Origanus (1558–1628; eig. David Tost aus Glatz) die Stellungen der Sonne, des Mondes und anderer Planeten für die genannte Zeit, und zwar für jeden Tag (Ephemeriden = astronomische Jahrbücher).

90 *Der von Hamburg:* Brüggemann.

91 *Küraß:* Brustharnisch.

92 *Kisilbasche:* Anhänger der Sekte der Kizil-Bash; ihre Mitglieder gaben sich selbst den Namen »Alawi«, das heißt »Anhänger des Ali«. Als äußeres Zeichen der Zugehörigkeit trugen sie eine zwölfzwickelige Mütze aus scharlachrotem Wolltuch, von der sich die türkische Bezeichnung Kizil-Bash = ›Rotkopf‹ ableitet. Sie kennen nicht die kanonischen Gebete des Islam, keine Waschungen, trinken Wein und halten den Fastenmonat Ramadan nicht ein. In den ersten zwölf Tagen des Muharram fasten sie und beweinen den Tod Husains und Hasans, der Söhne Alis. Dieser Derwisch-Orden wurde von Scheich Safi al-Din gegründet (siehe Erläuterung 52, S. 372).

93 *Tzinarbäume:* Platanen (persisch: tschenār).

94 *Reuchelbüschen:* Blumensträuße.

95 *Didos Gastmahl:* »Crateras magnos statuunt et vina coronant.« – »Gleich nachdem sie ruhen vom Mahl und die Tische entfernt sind, bringen gewaltige Krüge die Diener und kränzen die Becher.« *Vergil. Aeneis, Lateinisch-Deutsch.* In Zusammenarbeit mit Maria Götte hrsg. u. übersetzt v. Johannes Götte. 2. Aufl. München 1965; Buch I, Vers 724.

96 *Heimliche Schalmeien:* Einheimische, also persische Instrumente.

97 *Türkisch:* Die Safawiden sprachen Azari, einen türkischen Dialekt, die Sprache Aserbeidschans.

98 *Ringelrennen:* Reiterspiel, bei dem es darauf ankommt, im Anreiten mit der Lanzenspitze einen aufgehängten Ring zu treffen oder abzustreifen.
99 *Unser Sekretär:* Olearius selbst.
100 DEin tapffer Christen Muth / du werther Schweitzer du /
　　Bist ewig lobens werth / denn da du kõntest leben /
　　Hastu dich willig hin in deinen Todt gegeben.
　　　Was deinen Leib bringt vmb / das ist ein kurtzes / Nu.
　　　Die Seele flog darvon / ihr kam kein Sebel zu.
　　Nun sihstu vmb dich her die Seraphinen schweben /
　　Schaust auff diß grosse Nichts / vmb welches wir so streben /
　　　Lachst deine Mõrder aus / vnd jauchzest in der Ruh.
　　Hier ist dein Mårterkrantz / du redlicher / tu trewer /
　　　Den nim mit in dein Grab / wir wollen deinen Preiß
　　Durch die erlõste Welt bey allen machen thewer /
　　　Dein Vaterland sol sein der Erden weiter Kreiß.
　　Wer so wie du verdirbt / der bleibet vnverdorben /
　　Lebt wenn er nicht mehr lebt / vnd stirbet vngestorben.

»Diß grosse Nichts« – damit ist die Welt sowohl als Kugel als auch als Ziel menschlichen Strebens gemeint. In der bildenden Kunst verbreitet war die Darstellung des Vanitas-Motivs als Kugel. Vgl. auch das Gedicht Georg Philipp Harsdörffers (1607–1658) auf einen Knaben, der eine Seifenkugel bläst. Darin heißt es:

Was ist das Menschenkind? Erd' / Aschen / Schnöde / Schaum /
das GOtt auß eitlem Nichts nach seinem Wort erschaffen /
entnommen aller Hülff' entfernet aller Waffen /
gleich einer kleinen Welt gestaltet [...]

(Aus: *Epochen deutscher Lyrik. 1600–1700.* Hrsg. v. Christian Wagenknecht. München 1976 [= dtv WR 4018], S. 209 f.)
(Siehe Lappenberg, I, S. 457)
Vgl. auch das Ölbild von Antonio Pereda (1608–1678): »Allegorie der Vergänglichkeit«, auf dem der Genius unter anderem mit einem Globus dargestellt ist (um 1654). Kunsthistorisches Museum, Wien, Inv.-Nr. 771.
101 *Towinen:* Gewebe aus Tobin (Taft).

102 *Woher er sie nimmt...:* Olearius beschreibt in seiner persischen Landeskunde unter anderem, wie der Schah zu seinen Reichtümern kommt. Er habe dies dem System von Bestechungen zu verdanken, denn alle »Hofdiener« bis hin zum Reichskanzler nähmen gern Geschenke. Letzterer »bekommt den Titel daher, weil er sich befleißigt, den Reichtum des Königs zu vermehren«. Mit Wissen des Schahs nimmt und fordert er Präsente, und ein- bis zweimal hat er selbst »sehr köstliche Geschenke in ordentlicher Prozession darzubringen«. Olearius bemerkt dazu nicht ohne Spitze: »Der König hatte also an diesem Reichskanzler einen Canal oder fette Küche, durch die er das ganze Land hinterhältig und unangemessen aussaugen oder melken konnte.« (S. 670 im Original)
103 *Feuerröhren:* Flinten.
104 *Kollege:* Crusius.
105 *Trutzig:* Verwegen, herausfordernd, aufgeblasen, keck.
106 *Hassan Padschah:* Olearius meint Uzun Hassan = der lange Hassan (?–882), einen Fürsten aus einem nordpersisch/osttürkischen Herrschergeschlecht. Er war für die persische Geschichte insofern von Bedeutung, als er Kriege gegen die Osmanen führte und gleichzeitig gute Beziehungen zu den Venezianern und Christen in Trapezunt unterhielt.

Von der Rückreise aus Persien nach Holstein (S. 275–351)

1 *Digitos:* Olearius beschreibt eine Sonnenfinsternis, die er nicht in ihrem Zentrum, sondern am Rande gesehen hat. Das heißt, die Zone der größten Verfinsterung lag bei 102° Länge und 54° Breite (Qom liegt auf 35° Breite). Allerdings stimmt seine Datumsangabe nicht, denn die Verfinsterung fand am 15. Januar 1638 statt; dieser Fehler läßt sich nur durch einen Irrtum Olearius' erklären. Die Maßangabe »digitos« konnte nicht eindeutig bestimmt werden; sie bezeichnet die Größe der Verfinsterung. (Herrn Dr. Erich Lamla vom Astronomischen Institut der Universität Bonn sei für seine Auskunft an dieser Stelle herzlich gedankt.)
2 *Gradum Ecclipticae:* Olearius meint die Ekliptik oder den Zodiakus. Dies ist der größte Kreis der scheinbaren Himmelskugel, den

die Sonne im Verlauf eines Jahres durchläuft. Ekliptik und Himmelshorizont schneiden sich an zwei Punkten, der Frühjahrs- und der Herbst-Tagundnachtgleiche. Der Name »Ekliptik« kommt aus dem griechischen »ékleipsis« (Sonnen- oder Mondfinsternis), da man schon früh bemerkte, daß die Finsternisse nur dann eintreten, wenn der Mond in diesem Kreis steht.

3 *Faucibus Hyrcaniae:* Kilanischer Engpaß.

4 *Pylä* (griech.): Tor, Pforte, Engpaß.

5 *So furchtsam wir...*: An dieser Stelle drückt Olearius einen Grundgedanken barocken Lebensgefühls aus: Es ist die Vorstellung einer übergreifenden, das Leben des Menschen wie des Weltganzen bestimmenden Ordnung. In diesem System (Trunz) haben bestimmte Gegensatzpaare, die einander bedingen, ihren Platz. So entspricht dem Elend des irdischen Daseins das ewige Leben nach dem Tod, Freude und Leid sind nicht ohne ihren jeweiligen Widerpart zu denken. Diese Antithetik schimmert auch durch Olearius' Bemerkung über Sommer und Winter hindurch. Der Sommer als Zeit der Freude und blühenden Lebens währt nicht dauernd, er muß im natürlichen Kreislauf der Jahreszeiten dem Winter, der Jahreszeit des Todes und Absterbens, weichen. Dieser aber kann ebenfalls seine Macht nicht unbegrenzt entfalten: Neue Hoffnung und neues Leben sind im Frühling gewiß. Zwei Beispiele mögen genügen, um dieses Gedankenbild zu illustrieren. So bringt Christian Hofmann von Hofmannswaldau (1617–1679) in seinem Gedicht »Die allgemeine Vergänglichkeit« den Lebenslauf des Menschen mit dem Jahreskreis in ursächlichen Zusammenhang:

Die Kindheit ist verwest / und kommt zu uns nicht wieder /
Der Frühling der Gestalt / der Sommer unsrer Glieder /
Der Sinnen weiser Herbst / der That mit Rath verbringt /
Verstreicht / erstirbt / erblast. An stat der weissen Seyde /
Gehn wir mit grauem Haar und Runtzeln in dem Leide /
Weil Hust- und Keuchen uns ein heisser Grab-Lied singt.

So zeigt sich, wie der Dichter gleich zu Beginn sagt, »der Tod in iedem Augenblicke«. (Zit. nach: Chr. Hofmann von Hofmannswaldau. *Gedichte.* Auswahl und Nachwort v. Manfred Windfuhr.

Stuttgart 1969 [= Reclams Universal-Bibliothek. Nr. 8889/90], S. 103 3 ff.) Ähnlich drückt Gabriel Voigtländer (1596–1643) diesen Gedanken in seinem »Sommer Liedlein« aus, in dessen letzter Strophe es heißt:

> Sticht die Sonne dann / wir sprechen /
>   Ach es ist so heise Zeit /
> Da denn wol ist außzurechen /
>   Keine Frewd ist ohne Leid /
> Die Blum verwelckt / das Graß
> Wird abgemeyt / so daß
>   Nichts ist bestendig auff der Erden /
> Was Irrdisch ist verdirbt /
>   Der Mensch wird Alt vnd stirbt /
>   Die Welt muß auch zu nichte werden.

(Zit. nach: *Epochen der deutschen Lyrik. 1600–1700.* Hrsg. von Christian Wagenknecht. München 1976 [= dtv WR 4018], S. 128 ff.) Irdisches und Weltliches »verderben«, sind aber dennoch nicht verloren. Sie sind in Gott aufgehoben und finden in seiner alles durchdringenden Harmonie ihren letzten uns sicheren Grund.

6 Auff den lustigen Flecken Rubar.
DU Lustthal der Natur / aus welchem wir von weiten
  Des Taurus langen Gast / den Winter / lachen aus
  Hier tieff spatziren gehn in einer Nais Hauß
Die gůlden heist vnd ist: da alle Fruchtbarkeiten
Auff Cloris grůner Brust / vnd Thetis Schoß sehn streiten.
  Dort so viel Dryaden / die Hůgel machen krauß /
  Darvon Silenus bricht so manchen dicken Strauß /
Und jauchzet durch den Pusch mit allen seinen Leuten
  Osyris der vmbarmt die Oreaden hier.
Pomona legt das Gold der hohen Pomerantzen /
Låst die Narcissen stets mit den Violen tantzen.
  Fůrst aller Lieblichkeit / was sing ich deine Zier?
Das Lufft Volck fůhrt vmb dich ein ewiges Gethône /
Daß ja nichts vmb vnd an gebreche deiner Schône.
(Lappenberg, I, S. 486)

Nais: Nymphe.
Cloris: Ursprünglich eine Vegetationsgöttin; nach Ovid ist sie Flora, die Göttin der Blumen und Blüten.
Thetis: Tethys (»Muschelfrau«), Schwester und Gattin des Okeanos.
Dryaden: Baumnymphen, die mit den Unsterblichen tanzen, so mit Apoll, aber auch Pan, Faunen und Satyrn.
Silenus: Der Anführer der Satyrn; früher keine Beziehung zu Dionysos, später ist diese ausgestaltet worden.
Osyris: Ägyptischer Totengott, in ältester Zeit symbolisiert er als Fruchtbarkeitsgott Erde *und* Nil zugleich. In Hellas wurde er als Serapis dem Dionysis angeglichen, welcher Interpretation die Verwandtschaft des ägyptischen und des griechischen Mythos entgegenkam.
Oreaden: Bergnymphen.
Pomona: Römische Schutzgöttin des Obstes, einschließlich der Rebe und des Ölbaumes.

7 *Vergils Aeneis:* »Caucasus Hyrcanaeque admorunt ubera tigres.« – [Dido zu Aeneas]: »Nein, Dich gebar keine Göttin, nicht Dardanus ist dein Ahnherr, Treuloser, sondern dich zeugte der Kaukasus, starrend von hartem Felsgestein; dir boten die Brust hyrkanische Tiger.« Vergil: *Aeneis;* vgl. oben Anmerkung 95 Seite 376; hier Buch IV, Vers 367.

8 *Talisch (Tališ):* Küstenregion am Kaspischen Meer um Lenkoran, nördlich von Gilān.

9 *Kilekisch:* Sprache der Bewohner von Gilān (= Kilan).

10 *Haniföisten:* Hanafiten, Anhänger der von Abu Hanifa (699–767, Begründer der orthodoxen [sunnitischen] Richtung des Islam) begründeten Schulrichtung. Eine der vier vom sunnitischen Islam anerkannten Gesetzeslehren, die im osmanischen Reich schließlich eine unbestrittene Vorherrschaft errang.

11 *Margiana in Chorasan:* In der Antike eine Provinz, südöstlich vom Kaspischen Meer gelegen.

12 *Strabo:* Strabon aus Amaseia (um 64/63 v. Chr.–19 oder 23/24 n. Chr.). Eines seiner Hauptwerke sind die *Geōgraphika* (Geographiebücher); der weitgereiste Autor schildert, auch an Hand von Gewährsmännern, die damals bekannte Welt von Spanien bis Indien. Sein Hauptgewicht liegt weniger auf einer

geometrisch und physikalisch exakten Erdkunde, sondern er versteht die gesamte Geographie als Dokument der Geschichte des Menschen.
13 *Georg Dectander:* Der Sachse Georg Tectander war als Geheimschreiber Teilnehmer der Gesandtschaft, die Kaiser Rudolf II. an Schah Abbas I. geschickt hatte, um sich nach dessen Plänen zu erkundigen und Informationen über seine Machtfülle zu erhalten. Der Gesandtschaft war kein günstiger Verlauf beschieden, da der Botschafter den Strapazen der Reise erlag. Nur unter vielen Gefahren konnte Tectander nach Deutschland zurückkehren. Seine Reisebeschreibung, die im wesentlichen die Gegenden beschreibt, durch welche er hindurchmarschierte, erschien 1610 in Altenburg (Meißen).
Über Tectander berichtet unter anderem Alfons Gabriel in seinem ausführlichen Buch *Die Erforschung Persiens. Die Entwicklung der abendländischen Kenntnis der Geographie Persiens.* Wien 1952. Während er die Reisen chronologisch aneinanderreiht – die Vielzahl der Daten und bibliographischen Angaben ist dabei höchst verdienstvoll –, betrachtet Peter G. Bietenholz die Beziehungen Europas und des Orients von einer kulturgeschichtlichen Position. Ihm gelingt dabei ein höchst instruktives Bild des höchst wechselvollen und fruchtbaren Verhältnisses beider Kulturbereiche. P. G. B.: *Pietro Della Valle (1586–1652). Studien zur Geschichte der Orientkenntnis und des Orientbildes im Abendlande.* Basel, Stuttgart 1962 (= Basler Beiträge zur Geschichtswissenschaft. Bd. 85).
14 *Rosenmond:* Juni.
15 *Meine... guten Freunde:* Siehe oben S. 186ff.
16 *Prozession...:* Siehe oben S. 181f.
17 *Skorpion...:* Siehe oben S. 239f.
18 *Fesuli:* Muhammed B. Sulaiman Fuzuli (?–1556/1562). Türkischer Dichter kurdischer Abstammung aus Bagdad. Sein Stil ist originell und ohne die zeittypischen Phrasen.
19 *Eissi:* Gemeint ist 'Isa, die arabische Bezeichnung für Jesus.
20 *Abbildung (I):* Siehe das Kupfer von Derbent auf S. 306/7.
21 *Crabrones:* (lat.) Hornissen.
22 *An den Flüssen Babylons...:* Vgl. Psalm 137, 1–4.
23 *Hürten:* Flechtwerk aus Reisig.

24 Auff hundert Ach vnd Weh / auff tausend Noth vnd Mühen /
   Auff hunderttausend Leyd kömpt ein Tag endlich her /
   Der alles Ach vnd Weh / Noth / Mühe / Leyd / Beschwer /
   Auff einmahl nimmet hin. Der Himmel hats verliehen /
   Daß wir nun sehn für vns ein newes Glücke blühen.
   Der Weg ist überhalb. Es kömpt nicht ohngefähr
   Daß wir / nach dem vns hat gequält diß Land vnd Meer
   In vnser Vaterland / daß Liebe / wieder ziehen.
   Sey / Bruder / froh mit vns / vnd stell vns an ein Fest /
   Dann daß vns auch für dich Gott heut ihm dancken läßt /
   Das thut er ihm zur Ehr vnd dir vnd vns zum Glücke;
   So feyre deinen Tag / vnd schaff vns Lust genung.
   Greiff hurtig in das Geld. Es geht nunmehr zu rücke /
   Auff eine reiche Fraw ist diß der erste Sprung.
   (Lappenberg, I, S. 487)
25 *Scaliger:* Olearius meint Joseph Justus Scaliger (1540–1609), der als Sprachforscher (klassische und orientalische Sprachen) besonders in der Inschriften- und Münzkunde sowie antiken Chronologie wegweisend für die junge klassische Philologie war. In dem Literaturverzeichnis führt Olearius Scaligers Werk *De emendatione temporum* (Lyon 1580, Frankfurt am Main 1593) auf, in dem er sich mit Fragen der Datierung und Epocheneinteilung antiker Zivilisationen auseinandersetzt.
26 *Palus Maeotis:* Asowsches Meer. Mit den »Zygos« sind die Sarmaten gemeint, die den Raum zwischen Weichsel und Wolga bewohnten. Das Gebiet teilte sich, nach der antiken Geographie, in das europäische und asiatische Sarmatia, deren Grenze beim südlichen Lauf des Don (Tanais) verläuft.
27 *Scythae:* Auch hier bezieht sich Olearius auf die antike Geographie. Die Gebietsgrenzen, die er nennt, umgreifen genau das Albanien der antiken Schriftsteller (das Land um Aras und Kura und die keraunischen Berge (Ostkaukasus).
28 *Eliastag:* Der Tag des Heiligen ist der 20. Juli.
29 ––– die dritte Nacht brach an /
   Ich hatte weder Mahl / noch Schlaff / noch nichts gethan.
   Die Erde war mein Pfül / mein Uberzug der Himmel /
   Der Trunck zerschmeltztes Saltz / das Essen fauler Schimel /
   Wie nah' hätt' vns doch da nicht gäntzlich vmbgebracht

Bey Tage Hitz vnd Durst / die Mücken bey der Nacht.
   Verzeih mirs / Evian / dem sich der Himmel neiget /
Ich habe mich noch nie so tieff vor dir gebeuget /
Als vor der Wolgen zwar / als ich ihr Ufer sah /
Vnd einen langen Zug thât aus der Hand der Rha /
Aus ihrer sůssen Hand. Ich schwere bey den Schalen /
Daraus ihr Gôtter trinckt auff ewren besten Mahlen /
Der schlechte trûbe Trunck durchgienge mir das Blut
Mehr als dem Diespieter sein bester Nec[t]ar thut.
(Lappenberg, I, S. 185–197, hier S. 195)

Evian: Beiname des Bacchus, der Gott des Weines und der Ekstase.
Rha: Antiker Name der Wolga.
Diespieter: Anderer Name für Jupiter. Olearius zitiert nur einen kleinen Ausschnitt aus der langen Ode »An Herrn Hartmann Grahman, Fürstl. Holstein. Gesandten Leibarzt, geschrieben in Astrachan MDCXXXIIX. In welchem der Verlauf der Reise nacher Moskaw und Persien meistenteils angeführet wird. 1638 September 6.«

30 *Werkschuh:* Längenmaß der Werkleute von unterschiedlicher Länge; am verbreitesten ist der Werkschuh von 12 Zoll (ungefähr 30 cm).
31 *Beister:* Niederdeutsch »Beest« = Tier.
32 *Kamelott:* Altfranzösisch »chamelot« zu »chameau« = Kamel; feines Kammgarngewebe.
33 *Nicht unter die Augen sehen lassen:* Der Schleier bedeckt das ganze Gesicht der Frau und reicht bis an die Augen.
34 *Wobei sein Kompaß immer verrückter spielte:* Wobei er jedes Maß verlor.

Verzeichnis der im Text und in den Karten vorkommenden geographischen Bezeichnungen

Trotz beträchtlicher Schwierigkeiten konnte ein Großteil der von Olearius erwähnten Namen ermittelt werden. Wenn dennoch Lücken bleiben mußten, so aus dem Grunde, weil es sich bei den meisten Bezeichnungen um winzige Ortschaften oder ganz eng begrenzte topographische Punkte handelt, die nur mit besonderen Spezialkarten in der jeweiligen Landessprache hätten erfaßt werden können. Bei zeitlichen Abständen von jahrhundertelanger Dauer tritt zudem die formende Geschichte hinzu: Dörfer und Karawansereien werden zerstört, die Bevölkerung zerstreut – und der Name ist ausgelöscht. Dennoch ist eine befriedigende Aufzeichnung der Route möglich geworden, da sowohl bedeutende als auch sehr kleine Stationen erfaßt sind und somit der Nachvollzug des Weges möglich wird. Er folgt – und dies kann jeder Leser bereits mit einem Schulatlas feststellen – großen und kleineren Flüssen und Tälern.

Die vor den alten, links stehenden Namen hinzugefügten Zahlen beziehen sich auf die Zahlen in den Routenkarten. Die Namen sind ohne Rücksicht auf ihr Vorkommen im Text alphabetisch geordnet. Fehlende Entsprechungen auf der rechten Seite (neue Form der Namen) zeigen an, daß diese Bezeichnung nicht ermittelt werden konnte, ein Strich hingegen, daß diese Bezeichnung nicht mehr existiert. Die in runden Klammern hinzugefügten Namen bezeichnen veraltete russische Namen (Gorkij = Nishnij Novgorod).

1	Aalybaluch	Aalībulāġ
	Achibaba	Āgha Bāba
	Adirbeitzan	Azabaiġān
	Aggis	
	Aksai	Aktash
	Aleppo	Haleb
2	Araseng	Arsanǰ
	Araxin	Aras
	Ardebil	Ardabīl
	Astara	Āstārā

Astarabath | Gorgān
Astrachan | Astrachan'

Babylon | Bagdad
Bakrü | Berg im Sefidkuh-Gebirge
Baku | Baku
Barmach |
Beloserski | Belosersk (Beloozero)
Betziruan | Azabaiġān
Bolgarski | Bolgary
3 Buinak | Achi-Su (Buinak)
Büstro | Novy Terek

Cama, s. Kama
4 Casan | Kazan
Casanka | Kasanka
Caswin | Qazwīn
Chorasan | Khorāsān
5 Choskeru | Kushgāk
Chotza Kassim |
Colomna | Kolomna (südl. v. Moskau)
Columna | Cholm
Condinski | Kondinien
Constantinopel | Istanbul
Cyrcaski | (Cyrcassien) Zirkassien
Cyrus | Kura

6 Dagerort | Dagerort (auf Dagö)
Derbend | Derbent
Diwiza Gora |
Don | Don

Elburs | Olearius meint den Kaukasus, nicht das Alborz-Gebirge
Elwend | Demāvend-Kūh
Eruan | Erivan

Fakerlu

Gereslaffski	Jaroslavl'
Hogland	Hochland
7 Hunds Ort	Hunds Ort (auf Ösel)
Igrusinski	Grusinien (Georgien)
Iloba	
Ingermanland	Ingermanland
Ispahan, Isfahan	Esfahān
Isperath	Sefid rūd
Jaika	
Jorski	(Gorskij; im Kaukasus)
Jugerski	Jugorien (Halbinsel zwischen Petschora- und Karasee)
Kabardinski-Länder	(Stammesgebiet der Tscherkessen)
Kama, Cama	Kama
Kamahl	
Kamnagar	
Kamuschinka	
Karasu	Quarasū
Kartalinski	Kartalinien (an der Kura)
Kasachstan	Kasachstan
8 Kasimowa, Kasimow	Kasimov
9 Kaschan	Kashan
Kaswin	Qazvin
Kelechol	
Kelheran	Kalhorān
Kellabach	Galla-baġ
Kesker = Kurab	
Kilan	Gilān
Kilissim	
10 Kisilagatsch	Qizil Aghach
Kisilosein	Qizil Uzūn
Kohm	Qom
Koisu	Sulak
Kokschage	Urzhumka?

Koltoff
Kossar					Kusarchay
Küllüskür
Kuma
11 Kunda					Kunda
Kurab = Kesker
Kurgani					Gyul'gerychay
Kusmademianski				Koz'modem'yansk

Ladoga					Novaja Ladoga
12 Lenkoran				Lenkoran
Liffland					Livland, Estland, Kurland

Meden					(= Medien)
Memberè
Merragè					Marāgheh
Mokan					Muġān
Mordow
Moskwa					Moskva
13 Murama, Murom			Murom
Muscow					Moskau
Müskür

Nargo					Nargö
Narwa					Narwa
14 Natens				Naṭanz
Naugardt					Novgorod
Neuschanz				Leningrad
Niasabath				Nisovaja Pristan' / Nisābād
Niris					Nair
Nisen, Naugardt in			Gorkij (Nishnij Novgorod)
Niedrigen Landen
Nöteburg					Petrokrepost'

Obdorski					Obdorien (am Unterlauf der Ob')
Oka					Oka
Orlin					Sludizy (Orlino)
Ormus					Hormuz

388

Pereslaw, Peresla	
Permia	Gegend um Perm'
Permski	Perm'
Pleskau	Pskov
Pyrmaraas	
Rescht	Rašt
15 Rosanski, Resan	Rjazan'
Rostoffski	Rostov
16 Rubar	Rūdbār
17 Saba	Sāwah
Sabaksar	Cheboksary
Samara	Kuibyšev
Samur	Samur
Sari	Sara
Schaferabath	Sharīfābād
18 Schaheruth	Schah-Rud
Schamachie	Schemacha
Sebelan	Kūh-I-Savelān
Senkan	Zanjān
Soratoff	Saratov
Sultanie	Sultānīya
Sura	Sura
Surrat	Zarat
Swiatzki	Sidel'nikovo
Tabris	Täbris, Tabrīz
Talisch	Tališ
19 Tarku	Talgi (Tarki)
Tarum	Tārum
Tatarien	
Taurus	Taurus
Terki	Aleksandriyskaya
Tetus	
Timenki, Terk Alonta	Staryy Terek
Torsok, Tarsok	Toržok
Twere	Kalinin (Tver')

Twerski	Tver'
Tychi	
Tzabedar	
Tzanlü	
20 Tzawat	Djewat
21 Tzetlan / Tzenzeni	Ostrov Chechen'
Tzitzetlu	
Tzornogar	Tschernij Jar

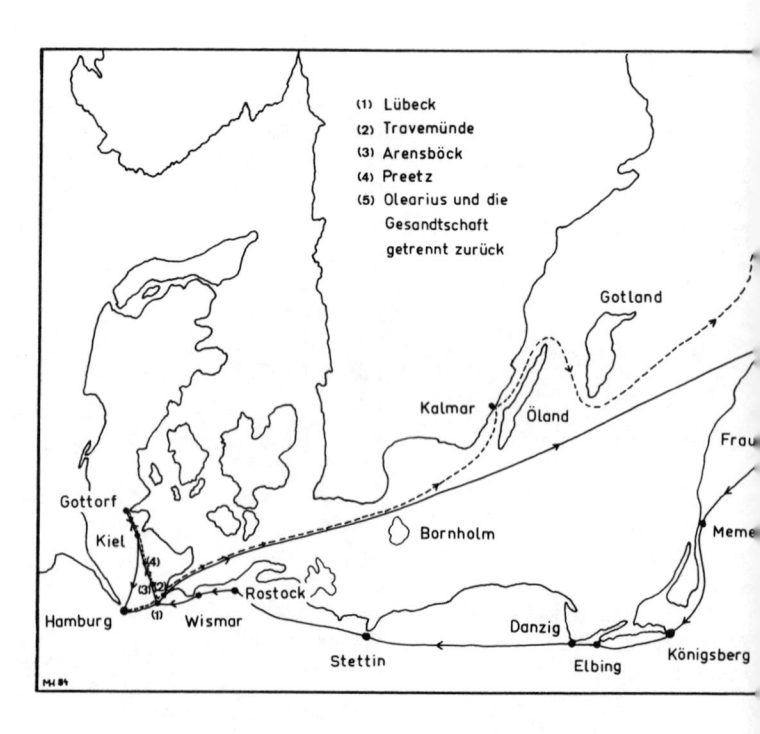

(1) Lübeck
(2) Travemünde
(3) Arensböck
(4) Preetz
(5) Olearius und die Gesandtschaft getrennt zurück

Udorski	Udorien (am Udor)
Urakoffskarul	
Wadski	Vjatka
22 Wasiligorod	Vasil'sursk
Wladimir	Vladimir
Wolchda	Volchov
Zagra	
Zariza	Volgograd (Stalingrad)

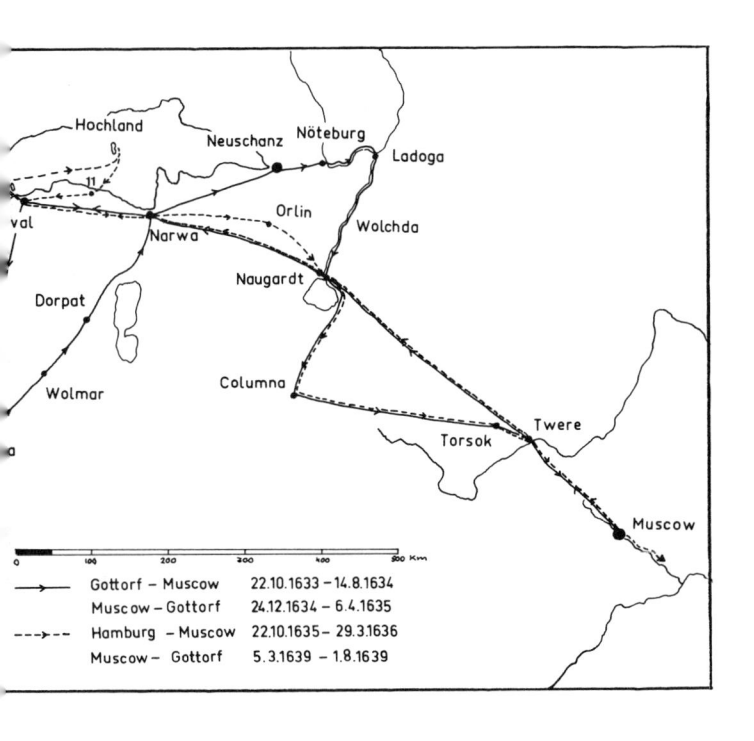

```
⟶       Gottorf – Muscow    22.10.1633 – 14.8.1634
        Muscow – Gottorf    24.12.1634 – 6.4.1635
--⟶--   Hamburg – Muscow   22.10.1635 – 29.3.1636
        Muscow – Gottorf    5.3.1639 – 1.8.1639
```

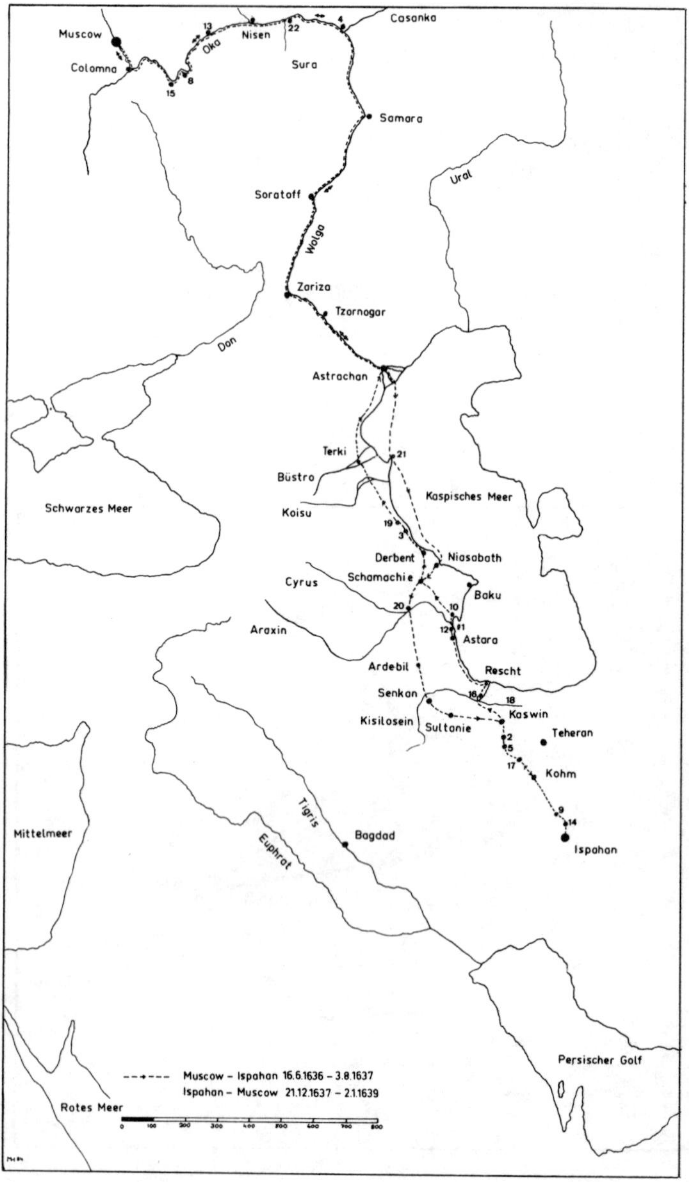
Muscow
Colomna
15
8
13
Oka
Nisen
22
4
Casanka
Sura
Samara
Soratoff
Ural
Wolga
Zariza
Tzornogar
Don
Astrachan
Terki
21
Büstro
Kaspisches Meer
Schwarzes Meer
Koisu
19
3
Derbent
Niasabath
Schamachie
Cyrus
Baku
20
10
12
11
Astara
Araxin
Ardebil
Rescht
Senkan
16
18
Kaswin
Kisilosein
Sultanie
2
Teheran
5
17
Kohm
9
14
Ispahan
Tigris
Mittelmeer
Bagdad
Euphrat
Persischer Golf
Muscow – Ispahan 16.6.1636 – 3.8.1637
Ispahan – Muscow 21.12.1637 – 2.1.1639
Rotes Meer
0
100
200
300
400
500
600
700
800

IS

a. Meidan
b. Alla capy
c. Ædes Regis
d. Mesgid Schach
e. Fzil mesgid
f. Basar
g. Kelminar
h. Kalæ armentariùm

i. Cænobium Augustin.
k. Cænob. Carmelit.
l. Cænob. Capuzinor.
m. Carssanserw
n. diversorium Legatorum
o. Hortus Regius Zarbagh
p. Schich Schabna
q. Senderut fl.

Tabrisabath z. d. Abazabath

Senderit

Pulfa